REBECCA MICHÉLE
Die Steinmetzin

AF177953

Rebecca
Michéle

DIE
STEIN
METZIN

Historischer
Roman

Lübbe

Originalausgabe

Dieses Werk wurde vermittelt durch die litmedia.agency, Germany.

Copyright © 2025 by
Bastei Lübbe AG, Schanzenstraße 6 – 20, 51063 Köln, Deutschland

Bei Fragen zur Produktsicherheit wenden Sie sich bitte an:
produktsicherheit@bastei-luebbe.de

Vervielfältigungen dieses Werkes für das
Text- und Data-Mining bleiben vorbehalten.
Die Verwendung des Werkes oder Teilen davon zum Training
künstlicher Intelligenz-Technologien oder -Systeme ist untersagt.

Textredaktion: Christa Pohl, Heßdorf
Umschlaggestaltung: Johannes Wiebel | punchdesign, München
unter Verwendung von Motiven von © stock.adobe.com: IRStone
| Kanea | Stephen | Andrea Izzotti & © Johannes Wiebel
Satz: Dörlemann Satz, Lemförde
Gesetzt aus der Caslon
Druck und Verarbeitung: GGP Media GmbH, Pößneck

Printed in Germany
ISBN 978-3-404-19463-6

2   4   5   3

Sie finden uns im Internet unter luebbe.de
Bitte beachten Sie auch: lesejury.de

I.

Kalt und glatt fühlte sich die kleine Figur unter ihren Fingern an. Behutsam, als würde sie ein Kätzchen liebkosen, strich Roisin über den Stein, spürte die Erhebung der Nase, den Schwung der wulstigen Lippen und eine kleine Unebenheit auf der rechten Wange des aus Sandstein gemeißelten Kopfes. Zielsicher griff sie zu der passenden Feile und raspelte zwei-, dreimal über die raue Stelle, dann hielt sie das steinerne Gesicht eine Armlänge von sich. Roisin lächelte zufrieden. Die Figur, gerade so groß wie der Kopf eines neugeborenen Kindes, schien zu leben und sie aus listigen Augen direkt anzusehen.

Roisin fuhr herum, als in ihrem Rücken die Tür knarrte und ein Luftzug das Talglicht flackern ließ. Automatisch presste sie die filigrane Arbeit schützend gegen ihre Brust.

»Edward!« Ein Seufzer der Erleichterung löste sich aus ihrer Kehle. »Musst du dich immer so anschleichen?«

Ein großer, schlanker junger Mann mit angenehmen Gesichtszügen trat in den Lichtschein. Roisin wähnte den Bruder längst im Bett, aber Edward war noch vollständig angekleidet. In weichen, dunkelbraunen Wellen fiel sein Haar bis auf die Schultern.

»Ich wusste, ich würde dich hier finden, Schwester. Mutter hat sich den Magen verdorben und will, dass du ihr einen Kamillensud machst.«

Wenn ich zum Abendessen ebenso viele kandierte Früchte gegessen hätte, wäre es mir jetzt auch schlecht, dachte Roisin. Sie behielt die Worte jedoch für sich. Edward war der Frau, die der Vater geheiratet hatte, herzlich zugetan, während sie, Roisin, auch nach den vielen Jahren nicht imstande war, eine Mutter in ihr zu sehen. Bei Edwards Geburt, die ihre Mutter das Leben gekostet hatte, war Roisin vier Jahre alt gewesen. Damals, vor siebzehn Jahren, waren sie, ihr Vater und die Hochschwangere nach einer tagelangen Reise aus den Bergen im nördlichen Conwy angekommen, dà sich Elian Talwyn Arbeit auf der großen Baustelle der mächtigen Burg erhofft hatte. Während er sofort zum zuständigen Baumeister geeilt war, war die Mutter niedergekommen und hatte Edward direkt am Hafen, im Staub der Straße, zur Welt gebracht. Den ersten Schrei des Jungen hatte sie nicht mehr erlebt, denn Gott hatte sie zu sich gerufen.

Roisin vertrieb die schmerzlichen Erinnerungen, legte den Steinkopf auf die Tischplatte und erhob sich von dem Schemel. Edward trat näher und betrachtete im flackernden Schein des Talglichts das bis ins kleinste Detail ausgearbeitete Antlitz.

»Bist du verrückt«, zischte er. »Das ist das Gesicht des neuen Zunftmeisters Castellmare. Wenn das jemand sieht, wirft man dich ins Verlies! Es ist verboten, Skulpturen nach realen Vorbildern zu hauen.«

»Wer sollte die Figur je zu sehen bekommen, Edward?« Roisin seufzte. »Noch vor Morgengrauen werde ich sie in den Fluss werfen.« So wie alle anderen, fügte sie in Gedanken hinzu.

»Das ist angeraten, Schwester.« Edward drehte die Skulptur zwischen den Fingern. »Trotzdem muss ich zugeben, dass du den Alten gut getroffen hast. Sogar den gierigen Blick seiner Schweinsaugen hast du herausgearbeitet. Sag, Schwester, wie machst du das? Wie gelingt es dir, solch lebensechte

Gesichter aus einem unscheinbaren Stück Stein zu hauen?« Er legte den Kopf schief und zwinkerte Roisin vertraulich zu. »Du kannst mir dein Geheimnis ruhig verraten.«

»Es steckt kein Geheimnis dahinter, nur eine gute Beobachtungsgabe, die Liebe zum Stein und vor allen Dingen Fleiß«, antwortete Roisin ernst. »Wenn du konzentrierter bei der Arbeit wärst und mehr auf Vater hören würdest, dann könntest du das auch.«

Unwillig verzogen sich Edwards volle Lippen. Mit ihnen küsste er lieber die Mädchen, als dass seine Hände kalten und toten Stein bearbeiteten. Der Bruder war ein hübscher junger Mann, dem die Herzen der Maiden nur so zuflogen, worüber er das Handwerk seines Vaters sträflich vernachlässigte.

»Du solltest jetzt besser zu Mutter gehen, Roisin«, mahnte Edward. »Ich räume hier auf und lösche das Licht.«

»Danke«, murmelte Roisin und hüllte sich in ihrem Umhang.

Während sie den Innenhof von der Werkstatt zum Wohnhaus durchquerte, schlug die Glocke von St. Marys die elfte Stunde. In den letzten Tagen war ein heftiger Sturm über Nordwales hinweggezogen. Der Regen hatte die Straßen unpassierbar gemacht, daher war der Vater noch nicht wieder heimgekehrt. Vor fünf Wochen war er in den Westen zur Stadt Caernarvon gegangen, um in der dortigen Burg junge Steinmetze zu unterweisen. Obwohl Roisin den Vater vermisste, ermöglichte ihr seine Abwesenheit, häufig in der Werkstatt zu arbeiten. Lavinda kümmerte sich nicht darum, was Roisin tat, solang der Haushalt nach ihren Wünschen geführt wurde. Unter Roisins geschickten Fingern entstanden kunstvolle Ornamente und Figuren. Wenngleich jedes Stück im Fluss Conwy, der der Stadt seinen Namen gegeben hatte, landete, konnte Roisin ihre Leidenschaft, aus Stein etwas zu gestalten, nicht unterdrücken.

Mit nur einem Beutel voller Werkzeuge, körperlicher Kraft, klarem Verstand und in erster Linie Ehrgeiz und Arbeitseifer hatte sich Elian Talwyn zu einem der führenden Steinmetze der Stadt hochgearbeitet. Sein Entschluss, im Norden des Landes einen neuen Anfang zu wagen, hatte sich für ihn ausgezahlt. Ebenso wie an den Tod der Mutter erinnerte sich Roisin auch an den strengen Winter am Südrand der Berge, in dem sie gehungert und das Fieber beide ältere Brüder geholt hatte. Daraufhin hatte der Vater beschlossen, nach Conwy zu ziehen.

Mühsam kletterte Roisin die steile Stiege ins Obergeschoss hinauf, eine Hand fest ans Geländer geklammert. Sie war mit einem zu kurzen rechten Bein und einem nach innen gedrehten Fuß zur Welt gekommen. Im Laufe der Jahre hatte sie sich zwar mit der Behinderung arrangiert, bei feuchtem, kaltem Wetter hatte sie allerdings ständig Schmerzen in der Hüfte. Dennoch klagte oder jammerte sie nicht, denn es änderte nichts an der Tatsache, dass sie anders war. Der Vater war mit seiner Arbeit so ausgelastet, dass er die Befindlichkeiten seiner Tochter gar nicht wahrnahm. Lavinda hingegen, wenn Roisin sich Schmerzen anmerken ließ, hatte sofort eine spitze Bemerkung parat.

Im Schlafzimmer, das sich die Eltern teilten, schlug Roisin stickige Luft entgegen, gemischt mit dem Geruch nach Erbrochenem. Neben Lavindas Bett brannte ein Talglicht. Als Roisin eintrat, beugte sich Lavinda über den Bettrand und übergab sich in den Nachttopf, wobei ihr Mageninhalt über die Dielenbretter spritzte. Mit dem Ärmel ihres Nachthemdes wischte sich Lavinda über die Lippen.

»Wo hast du gesteckt, Mädchen?«, fragte sie dann und sah Roisin verärgert an. »Ich rufe seit einer Stunde nach dir. Ich kann hier wohl verrecken, und niemand würde es bemerken. Mach das sauber!«

Roisins Gesichtsausdruck zeigte keine Regung. Sie würde nicht nur den Fußboden schrubben, sondern auch das Leintuch und Nachthemd waschen müssen.

»Es tut mir leid, dass dir unwohl ist.« In den vergangenen Jahren hatte Roisin gelernt, ihre wahren Empfindungen zu verbergen und Lavinda die von ihr geforderte Unterwürfigkeit zu zeigen. »Es wird das Abendessen sein, das dich im Bauch drückt.« Leicht legte sie eine Hand auf die schweißnasse Stirn der Stiefmutter. »Fieber hast du keines.«

»Brüh mir einen Kamillensud auf«, forderte Lavinda. »Sofort! Und trödle nicht wieder herum. Wo warst du eigentlich die halbe Nacht? Es kann doch nicht sein, dass du so tief geschlafen und mein Rufen nicht gehört hast. Wüsste nicht, wovon du müde sein solltest. Bestimmt nicht von der Hausarbeit, die du langsamer als eine Schnecke erledigst. Wie solltest du auch schneller sein? Du brauchst für jeden Weg immer viel länger als andere.«

So schlecht konnte es Lavinda gar nicht gehen, dass sie vergaß, Roisin zu beleidigen.

Das Mädchen verzog keine Miene. »Ich werde mich beeilen … Mutter«, sagte Roisin und verließ die Kammer.

In der Küche entfachte sie die Glut im Kamin, hängte den Kessel über das Feuer und entnahm einem tönernen Topf eine Handvoll getrockneter Kamillenblüten. Während sie darauf wartete, dass das Wasser kochte, trat ihr Bruder in die Küche.

»Wie geht es Mutter?«, fragte Edward besorgt. »Sie ist hoffentlich nicht ernsthaft erkrankt?«

Roisin schüttelte den Kopf. »Es ist nur ein verdorbener Magen. Sie schwitzt, hat aber kein Fieber. Der Kamillensud wird ihr helfen.«

»Gut.« Breitbeinig lehnte Edward mit dem Rücken gegen die Wand. Er trug immer noch sein Wams aus dunkelbraunem Tuch, hellere Beinlinge und einen warmen, wollenen Umhang aus gutem Tuch. Edward mochte elegante Kleider, die zeigten, dass er der Sohn des besten Steinmetzes der Stadt war.

»Warst du wieder im Wirtshaus?«, fragte Roisin, obwohl sie die Antwort kannte. »Wenn Vater aus dem Westen zurückkehrt, erwartet er die fertigen Schlusssteine für das Gewölbe der Burgkapelle. Soweit ich vorhin in der Werkstatt gesehen habe, ist noch viel daran zu tun.«

Unwillig runzelte Edward die Stirn. »Ich werde es schon noch machen, Roisin. Jetzt bin ich zu müde. Du kümmerst dich um Mutter, ja?«

Ohne eine Antwort abzuwarten, polterte Edward die Stiege zu seiner Kammer hinauf. Roisin wusste, wo und mit wem Edward seine Abende verbrachte. Der Bruder war nicht nur ein attraktiver, sondern auch ein großzügiger Mann, daher in den Schenken ein gern gesehener Gast. Obwohl Roisin noch nie ein Wirtshaus betreten hatte, wusste sie wie alle anderen in der Stadt, wie es in den Schenken zuging, in denen die Männer um Geld würfelten und die Mädchen mehr als nur Essen und Bier anboten. Der Vater und Lavinda ließen Edward gewähren.

»Ein junger Mann muss sich die Hörner abstoßen«, war Elians Meinung, dabei hatte er anzüglich gegrinst. »In meiner Jugend war ich nicht anders, und es hat mir wahrlich nicht geschadet.«

Unter Edwards nächtlichen Ausschweifungen litt allerdings seine Arbeit. Roisin hatte längst erkannt, dass der Bruder kaum Interesse an der Steinmetzkunst zeigte. Anders sie selbst. Als Kind war sie oft neben dem Vater in der Werkstatt gesessen und hatte gebannt zugesehen, wie unter seinen Händen zarte Reliefs, Skulpturen mit menschlichen Zügen und Schlusssteine mit filigranen Wappen entstanden. Elian Talwyn hatte sie gewähren lassen, solang sie schwieg und ihn nicht störte. Sie war ja nur ein Mädchen. Ihr Vater war ein verschlossener, in sich gekehrter Mann, der selten Emotionen zeigte und sich in die Angelegenheiten des Haushaltes nicht einmischen wollte. Roisin gegenüber war er streng und nahm seine Tochter vor den Anfeindungen Lavindas nicht in Schutz. Das Mädchen spürte aber, dass sie dem Vater etwas bedeutete. Sie war zehn oder elf Jahre alt gewesen, als sie einen kleinen Hammer in die Hand genommen und einen Stein, den der Vater als Abfall zur Seite gelegt, bearbeitet hatte. Ihre ersten Versuche waren dilettantisch und nicht zu gebrauchen, trotzdem schlich sie sich so oft wie möglich in die Werkstatt, denn der Stein hatte Roisin in seinen Bann gezogen. Instinktiv spürte sie, dass der Vater es missbilligen würde, darum arbeitete sie heimlich, wenn er auf der Baustelle war, oder in den Nächten, wenn alle schliefen. Eines Tages jedoch rutschte sie mit dem Meißel ab und schlitzte sich den linken Handballen so tief auf, dass sie die Wunde vor den Eltern nicht hatte verbergen können. Der Vater war, für ihn eher ungewöhnlich, ausgesprochen wütend geworden und hatte Roisin befohlen: »Lass die Finger vom Stein, Kind, sonst wirst du den Lederriemen zu spüren bekommen! Ein Mädchen ist für die Steinmetzkunst nicht geeignet, dafür sind eure Gehirne viel zu klein. Offenbar bist du mit der Arbeit im Haus nicht ausgelastet, dabei ist dies die einzige, die einem Weib ansteht.«

Ergänzend spie Lavinda verächtlich aus: »Der Krüppel soll in der Küche bleiben! Da kann sie keinen Schaden anrichten.«

Dass der Vater mit Züchtigung drohte, zeigte Roisin, wie zornig er über ihr Tun war. Gewalt war bei ihm nicht an der Tagesordnung, manchmal jedoch rutschte ihm die Hand aus, wenn Roisin seinen Unwillen erregte. Edward hingegen war noch nie geschlagen worden. Einerseits verstand Roisin Vaters Zorn, aber sie schadete doch niemandem, wenn sie ihrer Leidenschaft frönte. Wenn unter ihren Händen aus dem Stein kleine Figuren und Gesichter entstanden, fühlte sie sich wie in einer anderen Welt, in der alles plötzlich ganz leicht und einfach war. So hatte sie des Vaters Anweisung ignoriert und bei jeder sich bietenden Gelegenheit heimlich weitere Figuren gehauen. Nun passte sie besser auf. Sie verletzte sich nicht mehr, und nach getaner Arbeit achtete sie darauf, dass alle Werkzeuge wieder genauso auf der Werkbank lagen, wie der Vater sie hinterlassen hatte.

Über all dies dachte Roisin nach, als Lavinda – der Kamillensud hatte ihr Linderung gebracht – endlich eingeschlafen war und sie das Haus verlassen konnte. Da der Vater nun täglich zurückerwartet wurde, holte Roisin die kleine Skulptur mit den Zügen des feisten Zunftmeisters aus der Werkstatt und trug sie in einem Lumpen verborgen unter ihrem Kittel. Obwohl es finstere Nacht war und weder Mond noch Sterne am Himmelszelt standen, fürchtete sich Roisin nicht vor der Dunkelheit. Die Nacht war ihr Freund, verschluckte sie doch die zarte, hinkende Gestalt. Niemand war unterwegs, der Roisin verspottete und beschimpfte. Angst vor Männern, die eine Frau belästigen und ihr Schlimmes antun könnten, empfand Roisin keine. Ihr verkrüppeltes Bein schreckte jeden Mann ab, sich ihr zu nähern.

Sie kam am Mill Gate vorbei, dem südlichen Stadttor, dessen Fallgitter heruntergelassen war. Soldaten waren keine zu sehen, hinter den Schießscharten im oberen Stockwerk flackerte jedoch der Schein von Fackeln. Dort vermutete Roisin die Wachstube. Sie wandte sich nach rechts und folgte der hohen Mauer, die bis zum Fluss hinunterführte. Conwy sollte von einer durchgehenden Stadtmauer mit insgesamt einundzwanzig Türmen umschlossen werden. Zwei Drittel der Befestigung waren bereits fertiggestellt. Drei mächtige, hoch aufragende Stadttore, je eines nach Süden, nach Westen und gen Norden, glichen uneinnehmbaren Festungen und waren dauerhaft mit Soldaten besetzt. Im Osten wurde Conwy von der Burg und dem Fluss begrenzt. Die Tore wurden bei Einbruch der Dunkelheit geschlossen und erst wieder am Morgen geöffnet. Roisin und ihre Familie lebten außerhalb der Stadtmauer. König Edward hatte erlassen, dass nur Engländer in den befestigten Städten ihre Häuser bauen durften. Den Walisern wurde erlaubt, in Conwy ihren Geschäften nachzugehen, aber am Abend mussten sie die schützenden Mauern verlassen und sich in die Quartiere außerhalb zurückziehen. Immer wieder kam es in Wales zu Aufständen gegen die englischen Besatzer, und so wollte der König seine Landsleute schützen. Die Waliser waren im eigenen Land nur ein geduldetes Volk, das zwar Gebräuche und Teile ihres Zivilrechtes hatte behalten dürfen, aber alle Sitten und Gesetze, die den englischen Herrschern nicht behagten, waren abgeschafft und verboten worden. Bei Zuwiderhandlungen drohte der Galgen. Doch in Conwy herrschte Frieden, da die Stadt zu einer der wohlhabendsten im Norden von Wales geworden war.

Sanft schlugen kleine Wellen auf den flachen Strand des breiten Flusses. In der Luft lag der Geruch nach Salz, denn das offene Meer war nicht weit. Roisin nahm die Skulptur unter ihrem Kittel hervor. Ein letztes Mal strichen ihre Finger über das perfekt ausgeformte Gesicht, dann holte sie aus und warf mit einer Kraft, die man der zierlichen Frau nicht zugetraut hätte, das Kunstwerk in das Wasser. Die Fischer mit ihren Netzen fuhren weiter hinaus, so fürchtete Roisin nicht, dass das steinerne Sammelsurium, das sich im Laufe der Jahre auf dem Grund des Flusses angehäuft hatte, jemals entdeckt werden würde. Sie konnte es nicht wagen, die Arbeiten im Haus aufzubewahren. Den Zorn des Vaters konnte sie sich nur zu gut vorstellen, ebenso wie das Klatschen des Lederriemens auf ihrem bloßen Rücken.

Während Roisin durch die Dunkelheit zurückging, erinnerte sie sich an den Tag vor rund zwei Jahren, als Edward ihr heimliches Tun entdeckt hatte. Sie hatte sich vor dem Zorn des Bruders gefürchtet. Wenngleich Edward leichtfertig und arbeitsscheu war, hatte er mit einem Blick das Talent und die Kunstfertigkeit seiner Schwester erkannt und versprochen, sie nicht zu verraten.

»Vater wäre außer sich, sollte er merken, dass deine Arbeiten besser sind als seine.« Bei diesen anerkennenden Worten war Roisin verlegen errötet. »Allerdings wundere ich mich, wie du bei all deinen Aufgaben im Haus noch Zeit findest, den Stein zu metzen.«

Das wusste Roisin manchmal selbst nicht. Obwohl die Stiefmutter sie verachtete und sich schämte, einen Krüppel unter ihrem Dach zu beherbergen, hatte Lavinda keine Skrupel, Roisin härter als eine Magd schuften zu lassen. Vor Sonnenaufgang stand Roisin auf, versorgte die Hühner, brachte das Herdfeuer zum Brennen, kochte den Morgenbrei, säuberte das Geschirr, nachdem sich alle gestärkt hatten, wusch die Wäsche, schrubbte die Dielenböden und kochte das Mittag- und das Abendessen. Zweimal in der Woche ging sie zum Markt, der innerhalb der Stadtmauer lag, und schleppte mühsam den schweren Korb nach Hause. Die Stiefmutter bestimmte zwar, welche Gerichte es geben sollte, sie selbst jedoch war in der Küche nur anzutreffen, um Roisin zu überprüfen, ob sie alles nach ihren Wünschen zubereitete.

Elian hielt sich aus den Weibersachen, wie er die Angelegenheiten des Haushalts nannte, raus. Schon zu Lebzeiten ihrer richtigen Mutter hatte Roisin gespürt, dass ihre Behinderung den Vater davon abhielt, sie in den Arm zu nehmen, und sie hatte ihn sagen hören: »Eine solche Missbildung muss eine Strafe Gottes sein. Dabei hat das Kind ein hübsches Gesicht, doch als Lahme wird sie niemals einen Mann finden, und wir werden für sie sorgen müssen.«

»Du bist gegenüber Gott ungerecht, Elian«, hatte die Mutter geantwortet. »Alles, was der Herr tut, hat einen Sinn. Auch ich hätte lieber ein gesundes Kind, aber vielleicht liebe ich unsere Tochter gerade deswegen, weil sie anders ist.«

Die Zuneigung der Mutter hatte Roisin immer gespürt. Daher war es umso schrecklicher gewesen, als sie starb und Lavinda deren Platz einnahm. Bis heute verstand Roisin nicht, warum der Vater die kühle, hartherzige Frau nur wenige Wochen nach dem Tod der Mutter geheiratet hatte. Ja, der Säugling Edward brauchte eine Mutter, und sie, Roisin, war mit vier Jahren natürlich noch viel zu klein, um sich um den Vater zu kümmern. Trotzdem …

Über diese trübe Gedanken hatte Roisin das Haus am Rande der Waliser-Siedlung erreicht und schlich geräuschlos in die Küche. Sie überlegte, ob sie noch einmal nach Lavinda sehen sollte. Mitternacht war jedoch bereits vorüber, und Roisin fühlte sich erschöpft. Aus einem Winkel hinter dem Regal mit den Töpfen und Pfannen zog sie einen Strohsack und eine grob gewebte Wolldecke hervor. Beides breitete sie auf dem Fußboden aus gestampftem Lehm aus und legte sich nieder. Obwohl es im Dachgeschoss eine kleine unbenutzte Kammer gab, schlief Roisin wie eine Magd in der Küche.

»So hast du immer einen Blick auf das Feuer«, hatte Lavinda gesagt.

Jetzt, im Herbst und dann im kommenden Winter, war Roisin über ihren Schlafplatz nicht unglücklich, denn in der Küche war es immer mollig warm, während sie in die Dachkammer mühsam Holz hinaufschleppen musste, um sie zu beheizen.

Roisin haderte nicht mit ihrem Schicksal. Von ihrem Leben erwartete sie nichts. Sie war einundzwanzig Jahre alt und würde den Eltern noch lange den Haushalt führen und sie pflegen, wenn sie alt und krank waren. Das Schicksal – oder eben doch Gott – hatte ihr die Behinderung auferlegt, und sie hatte sich damit abgefunden. Auch wenn sie hart arbeiten musste, hatte sie doch ein dichtes Dach über dem Kopf und jeden Tag eine warme Mahlzeit in der Schüssel. Dank Elians Begabung und Fleiß gehörte die Familie sogar zu den Bessergestellten in der Siedlung der einheimischen Handwerker. Elian und Lavinda zollte man Respekt, und Edward hatte mehr Münzen im Beutel, als es gut für ihn war. An Lavindas Beschimpfungen hatte sich Roisin ebenso gewöhnt wie an Vaters Missachtung und dass er sie nie in Schutz nahm.

Erschöpft, mit feuchter, schmutziger Kleidung, kehrte Elian Talwyn zwei Tage später zurück. Bei der Beschreibung des riesigen Baus im Westen leuchteten seine Augen.

»Caernarvon ist eine große und aufblühende Stadt, und die Burg ist das imposanteste Gebäude, das ich jemals gesehen habe, um ein Vielfaches größer als die Burg von Conwy. Wie eine eigene Stadt, und die Mauern sind so dick, dass sie jedem Angriff standhalten können.« Hastig griff Elian nach dem Becher mit warmem Würzwein, den Roisin ihm reichte, und leerte ihn bis zur Neige, dann fuhr er fort: »Die königlichen Gemächer sind bereits fertiggestellt und mit einer solchen Pracht ausgestattet, dass es mir die Augen blendete. Die Pfosten des Bettes der Königin sind vergoldet, kostbare Behänge in leuchtenden Farben schmücken die Wände, und es heißt, die Binsen würden jede Woche erneuert.«

»All das bezahlt der König von dem Geld, das er durch immer höhere Steuern und Abgaben aus dem walisischen Volk herauspresst.«

Bevor Roisin nachgedacht hatte, waren ihr die Worte entschlüpft. Elian fuhr zu ihr herum und hob die Hand, als wolle er ihr eine Ohrfeige verpassen. Roisin wich einen Schritt zurück.

»Wie kannst du es wagen, Tochter!«, herrschte er sie an. »Ohne König Edward wären wir alle längst verhungert. Als Weib steht es dir nicht an, Kritik zu üben.«

»Dich hat niemand nach deiner Meinung gefragt!«, fügte Lavinda an. »Kümmere dich lieber um den Schinken. Dein Vater ist hungrig.«

Demütig senkte Roisin den Blick und hinkte ohne ein weiteres Wort zur Tür, um den Schinken zu holen. Bevor diese hinter ihr ins Schloss fiel, hörte sie den Vater sagen: »Ich wünschte, irgendjemand würde kommen und sie zur Frau nehmen.«

Lavinda lachte spöttisch. »Die Hoffnung können wir begraben, Elian. Selbst wenn wir einen ganzen Sack Münzen bezahlen würden – wer will schon so ein Weib heiraten? Das Mädchen ist nicht nur ein Krüppel, sondern auch vorlaut, frech, und es mangelt ihr an jeglichem Respekt. Es wäre besser gewesen, wenn damals nicht deine Söhne, sondern das Mädchen gestorben wäre.«

Obwohl sie an solche Worte von Lavinda gewöhnt war, drückte ein Kloß in Roisins Kehle, weil der Vater auch dieses Mal Lavinda nicht widersprach. Sie schluckte die aufsteigenden Tränen hinunter, strich sich eine Locke ihres dichten roten Haares aus der Stirn und ging in die kleine Vorratskammer, um den Schinken und das Gemüse zu holen. Als sie in die Küche zurückkehrte, hatten Elian und Lavinda sie verlassen. Edward hingegen saß immer noch auf einem Hocker.

Er stand auf, trat zu ihr und legte ihr eine Hand auf die Schulter. »Es tut mir leid, wie sie über dich sprechen.«

Roisin sah ihn erstaunt an. »Das braucht dir nicht leidzutun. Ich bin selbst schuld, denn ich weiß, dass meine Worte unüberlegt waren. Vater und Lavinda wollen, dass ich meine Arbeit, mich aber sonst nicht bemerkbar mache.«

»Hm …« Edward wusste auf diese richtige Aussage hin nichts zu erwidern, stattdessen fragte er: »Hast du die Skulptur des Zunftmeisters verschwinden lassen?«

Roisin nickte. »Keine Sorge, Edward, sie liegt bei den anderen auf dem Grund des Flusses.«

»Du musst damit aufhören, Schwester!« Eindringlich sah Edward sie an.

»Aufhören? Mit dem Steinmetzen?«

»Für eine Frau ist das wider die Natur. Gott schuf eure Hände nicht, um Männerarbeit zu verrichten …«

»Ach ja, ich vergaß, Gott schuf uns, um Ehefrauen und Mütter zu sein!«, unterbrach Roisin ihren Bruder aufgebracht. »Warum hat er mir dann einen Körper gegeben, der weder das eine noch das andere jemals sein wird? Was meinst du, hat Gott sich dabei gedacht, mich als Krüppel in diese Welt zu schicken? Du hast Lavinda gehört: Damals, in den Bergen, hätte Gott mich sterben lassen sollen anstatt unsere beiden gesunden Brüder. Gott hat nicht nur einen Fehler gemacht.«

Erschrocken hob Edward die Hände und wich vor Roisin zurück. »Das ist Blasphemie, Schwester! Wenn ein Priester deine Worte hört, könnte es deinen Tod bedeuten! Alles, was Gott erschafft, hat seinen Grund.«

Trotz aller Vernunft konnte Roisin jetzt nicht schweigen. So vieles hatte sie lange Zeit in sich verborgen, jetzt platzte es aus ihr heraus: »Wenn das, was du sagst, stimmt, dann beantworte mir bitte eine Frage: Außer der Behinderung hat Gott mir auch das Talent gegeben, Steine zu bearbeiten, sogar besser als mancher Mann. Das hast du selbst gesagt, Bruder! Warum hat Gott das getan, wenn es eine Frau angeblich nicht kann und es niemand wissen darf?«

Darauf wusste Edward keine Antwort. Er wandte sich ab und murmelte: »Die Priester haben recht, wenn sie sagen, dass man mit Frauen nicht über Religion diskutieren soll. Ihr seid unfähig, so komplexe Vorgänge zu verstehen. Du solltest jetzt mit dem Kochen beginnen, sonst gibt es nur wieder Ärger.«

Nachdem sich die Tür hinter Edward geschlossen hatte, presste Roisin die Lippen zusammen und hieb mit dem scharfen Messer so heftig auf die Steckrübe ein, als könne die etwas für die Missstimmung. Ihre unbedachte Äußerung über die Ausbeutung des Volks durch den König tat ihr nicht leid, der Disput mit dem Bruder hingegen schon. Edward war der Einzige, der ihr freundlich begegnete. Für Lavinda war sie ein lästiges Anhängsel. Auch für den Vater, sonst würde er seine Frau nicht so sprechen lassen. Nur die christliche Nächstenliebe verbot es den Eltern, sie aus der Familie auszustoßen. Nachdem ihre Mutter gestorben war, hatte sie eine zärtliche Zuneigung für den kleinen Bruder entwickelt und sich um ihn gekümmert. Lavinda hatte Edward immer wie ein eigenes Kind behandelt und ihn verwöhnt, so hatte es dem Jungen nie an etwas gemangelt. Sie, Roisin, verdankte Edward noch mehr als nur sein Schweigen über ihre Arbeit in der Werkstatt. Als er mit acht Jahren zu den Mönchen geschickt worden war, um in den folgenden vier Jahren Lesen, Schreiben und Rechnen zu erlernen, hatte er dem Drängen seiner Schwester nachgegeben und sie unterrichtet. Natürlich heimlich, denn hier waren sich der Vater und Lavinda einig: Solches war wider die Natur. Ein Junge konnte die Kenntnisse durchaus gebrauchen, ein Mädchen hingegen würde nicht mehr als ein paar Grundbegriffe verstehen und sie ohnehin niemals anwenden können. Gott hatte die Gehirne der Frauen nicht geschaffen, dass sie wie die Männer das Lesen und Schreiben beherrschen. Wenn der Vater bei der Arbeit war und Lavinda sich wieder einmal so krank fühlte, dass sie meinte, ihr letztes Stündlein hätte geschlagen, hatte Edward seiner Schwester geduldig die Buchstaben und Zahlen erklärt. Der Bruder lernte leicht, zeigte aber kein Interesse an den Schriften, die ihm von den Mönchen zur

Verfügung gestellt wurden. Roisin bedauerte dies zutiefst. Der Bruder bekam die Möglichkeit, all die wundervollen Bücher zu lesen, und für ihn war es nur eine lästige Pflicht, um den Willen des Vaters zu erfüllen. Sie hingegen hätte nur zu gern die Schriften, die die Mönche verwahrten, gelesen. Im Haus der Talwyns gab es nur ein einziges Buch: die Bibel. Wie bei Handwerkern und einfachen Leuten üblich war das Buch Gottes in gegerbtes Ziegenleder gebunden, nur lateinisch geschrieben und ohne bildhafte Verzierungen.

Bis heute wussten Elian und Lavinda nicht, dass Roisin des Lesens und Schreibens mächtig war und auch gut mit Zahlen umgehen konnte. Tief im Inneren empfand sie einen gewissen Stolz, denn die Stiefmutter konnte nur mit Mühe ihren eigenen Namen kritzeln. Sie selbst beherrschte nicht nur die englische Sprache in Wort und Schrift, sondern verstand auch so viel Latein, um die Verse in der Bibel lesen zu können.

Allerdings würde es ihr und Edwards Geheimnis bleiben, das zweite, das sie miteinander teilten, denn Roisin würde ihr Wissen niemals anwenden können. Beim Einkaufen hingegen war es von Vorteil, dass sie rechnen konnte. So mancher Händler versuchte, sie zu betrügen, weil sie nur ein Weib war, und reagierte überrascht, wenn Roisin die Beträge exakt zusammenzählte und akribisch das Wechselgeld prüfte.

Nachdem Roisin eine Stunde später dem Vater, Lavinda und Edward den gekochten Schinken, das Rübenmus und Brot gereicht und selbst eine Kleinigkeit gegessen hatte, hüllte sie sich in ihren grauen Umhang und ging zum Friedhof. Vor dem Grab ihrer Mutter kniete sie nieder und bat sie um Kraft, gehorsamer zu sein. Lavinda, Elian und Edward waren ihre Familie, die einzigen Menschen, die sie auf der Welt hatte. Sie musste ihr Temperament zügeln und mehr Dankbarkeit zeigen.

2.

Im November wurden die Tage kürzer und immer kälter. An diesem Nachmittag prasselten Graupelschauer gegen die geschlossenen hölzernen Fensterläden. Dadurch war es im Haus so dunkel, dass Roisin mehrere Talglichter angezündet hatte. Sie saß neben dem Feuer in der Küche und flickte das einzige Kleid, das sie besaß und nur an den Sonntagen trug, wenn sie den Gottesdienst besuchte. Lavinda hatte ein weiteres Mal über Kopfschmerzen geklagt und war nach dem Mittagsmahl wieder zu Bett gegangen. Glücklicherweise schlief sie tief und fest, so hatte Roisin jetzt etwas Ruhe. Edward war bereits am Morgen verschwunden, ohne zu erklären, wohin er gehen wollte, und am Nachmittag hatte Elian mit einem Sack voll steinerner Kunstwerke das Haus verlassen.

»Ich bin mit der Ausschmückung des Gemachs der Königin fertig«, hatte er erklärt, »und will die Figuren noch heute einsetzen. Wenn ich zurückkomme, werde ich einen prallen Beutel mit Münzen haben.«

»Nächste Woche ist Wollmarkt in der Stadt.« Lavindas Augen hatten erwartungsvoll gefunkelt. »Der letzte in diesem Jahr, bevor der Schnee die Wege versperrt. Ich brauche unbedingt Stoffe für neue Gewänder.«

»Du wirst dir alles kaufen können, was dein Herz begehrt. Zum Abendessen bin ich zurück.« Der Vater sah zu Roisin. »Da ich heute ein so gutes Geschäft tätige, möchte ich keine

Gemüsesuppe, sondern ein ordentliches Stück Fleisch auf dem Teller haben. Und Bier! Ich erwarte einen großen Krug Bier. Den habe ich mir redlich verdient!«

»Selbstverständlich, Vater«, hatte Roisin erwidert und dem großen, breitschultrigen Elian nachgesehen, wie er beschwingt in Richtung des westlichen Stadttores schritt. Den Sack hatte er sich über die Schultern geworfen, als beinhaltete er Entendaunen und keine schweren Steinarbeiten.

Die Bauarbeiten an der gewaltigen Außenanlage der Burg Conwy waren vor acht Jahren beendet worden. Ursprünglich als uneinnehmbare Festung geplant und dementsprechend schmucklos errichtet, hatte der König dann doch entschieden, die Innenräume auszuschmücken. Die Lage der Burg über der Bucht des Conwy schützte vor allzu heftigen Unwettern, und das Klima war für die Gegend angenehm. Besonders für die Königin sollten prachtvolle Gemächer entstehen. Leider hatte Eleonore von Kastilien die Fertigstellung der Innenräume nicht mehr erlebt. Sie starb vor fünf Jahren.

»Der König trauert aufrichtig«, hatte Lavinda gesagt. »Die Ehe galt als besonders glücklich.«

»Das kann ich mir nicht vorstellen«, hatte Elian gebrummt. »Könige und Königinnen heiraten aus politischen und wirtschaftlichen Gründen, nicht aus Liebe.«

»Das schließt nicht aus, dass zwischen dem Paar auch gegenseitige Zuneigung entsteht«, hatte Roisin eingeräumt.

»Mädchen, was weißt du denn von solchen Dingen?«, hatte Lavinda von oben herab gemeint. »Du solltest nicht alles glauben, was die Leute reden.«

Roisin hatte geschwiegen. Eben noch hatte die Stiefmutter gemeint, der König habe Eleonore geliebt. Kaum jedoch sagte sie, Roisin, etwas zu dem Thema, verbot Lavinda ihr den Mund. Egal, was sie tat – der Frau würde sie es wohl nie recht machen können.

Inzwischen verhandelte König Edward mit dem spanischen König Philipp IV. über eine Vermählung mit dessen Schwester. Allerdings drangen nur wenige Informationen über den Stand der Dinge in den Norden von Wales. Tatsache war, dass König Edward angewiesen hatte, den Innenausbau der Burg voranzutreiben, für Roisin das Zeichen, dass England bald eine neue Königin haben würde.

Elian hatte berichtet, dass selbst die kleineren Kammern in den acht nahezu identischen Wehrtürmen mit Ornamenten verziert, die Simse der Kamine nicht schlicht, sondern geschnörkelt gearbeitet und die Deckengewölbe mit Rosetten und kleinen Steinfiguren geschmückt wurden. Vom Baumeister James of St. George war Elian mit den Arbeiten betraut worden. Zufrieden hatte der Vater sich die Hände gerieben. Der Auftrag bedeutete Arbeit, Lohn und Brot für viele weitere Jahre. Elian hatte die Räume, Kammern und Gemächer der Burg nie gezählt, schätzte aber, es mussten mindestens einhundert sein. Während die anderen Steinmetze bei Wind und Wetter an der gigantischen, ringförmigen Stadtmauer arbeiten mussten, konnte Elian in seiner warmen Werkstatt sitzen und in aller Ruhe jede Figur aus dem Stein hauen. Wohl bemerkte Elian die neidvollen Blicke der anderen, aber er ignorierte sie. Er hatte sich die Privilegien durch stetigen Fleiß, absolute Zuverlässigkeit und Können verdient. Einzig, dass Edward sich nach wie vor schwertat, auch nur annähernd die Fertigkeit des Vaters zu zeigen, bereitete ihm Sorge. Der Sohn war aber noch jung. Ebenso wie der Vater glaubte auch Roisin, dass Edward bald erkennen würde, welch wundervolle Tätigkeit und damit gute Zukunftsaussichten sich ihm boten.

Roisin seufzte und hielt mit der Näharbeit inne. Es war an der Zeit, das Abendessen zuzubereiten. Die Speckseite in der Speisekammer war eigentlich für den kommenden Sonntag gedacht gewesen, der Vater hatte aber allen Grund, sich heute ein kräftiges Mahl vorsetzen zu lassen. Roisin würde morgen wieder in die Stadt gehen und versuchen, frisches Fleisch zu einem vernünftigen Preis zu bekommen. Um diese Jahreszeit war Fleisch selten und daher teuer, jedenfalls für die einfachen Bürger und Handwerker, die sich vorrangig von Fisch ernährten. Roisin bezweifelte nicht, dass der königliche Haushalt jeden Tag knusprige Braten auf den Tellern hatte. Ein Krug Bier war noch im Haus. Hoffentlich würde sich der Vater damit zufriedengeben.

Es pochte kräftig und mehrmals hintereinander. Roisin stand auf, hinkte zur Vordertür und öffnete sie. Im strömenden Regen stand ein Junge, kaum älter als acht Jahre und klatschnass.

»Ein Unfall in der Burg«, rief er mit geröteten Wangen. »Ihr müsst kommen.«

Der Junge drehte sich um und wollte davonlaufen. Schnell hielt Roisin ihn am Ärmel fest und fragte: »Was ist passiert?«

»Weiß nichts Genaues, es sind aber wohl welche tot. Ein Mann hat mich geschickt, Euch das zu sagen. Muss weiter zu den anderen.«

Er befreite sich aus Roisins Griff und stob davon.

Roisin ging in die Küche, um ihren Umhang zu holen, da erschien Lavinda auf dem Treppensturz. »Was war das eben für ein Lärm? Nimmt denn hier niemand Rücksicht auf meine Beschwerden?«

»Auf der Baustelle scheint etwas passiert zu sein«, erklärte Roisin. »Man hat einen Jungen geschickt, damit wir kommen.«

»Bei dem Wetter?« Lavindas schüttelte sich. »Beim Fußmarsch zur Burg werde ich mir das Fieber holen. Du weißt doch, wie leidend ich bin, Tochter.«

»Der Junge hat gesagt, es gäbe Tote. Wenn nun was mit Vater –«

»Ach was«, schnitt Lavinda ihr das Wort ab. »Was soll

ihm schon passiert sein? Elian wollte nur ein paar Figuren in einem Gemach anbringen. Andere Männer kümmern mich nicht. Aber von mir aus geh und sieh nach.«

Roisin war es ganz recht, dass die Stiefmutter sie nicht begleitete. Sie glaubte zwar nicht, dass dem Vater etwas geschehen war, trotzdem hatte sie ein drückendes Gefühl im Magen. Sie kam nur langsam voran und rutschte immer wieder auf dem von Regen und Schnee durchgeweichten Boden aus. Erst als sie das Stadttor passierte, wurde es besser, denn die Straße, die zur Burg führte, war gepflastert. Bereits aus der Ferne sah sie, dass sich rund um die Burg Dutzende von Frauen und Männern versammelt hatten, viele hielten Fackeln in den Händen. Roisin drängte sich durch die Menschen hindurch.

»Was ist passiert?«, fragte sie einen älteren Mann.

»Es heißt, ein Deckengewölbe sei eingestürzt«, erhielt sie zur Antwort, »und mehrere Männer wurden darunter begraben.«

»Weiß man, wer?«, fragte Roisin, aber der Mann beachtete sie nicht länger und eilte weiter.

Roisin trat durch das große, der Stadt zugewandte Haupttor der Anlage. Auch der Burghof war voller Menschen mit Fackeln. Aus einem der Seitengebäude trugen Männer andere heraus und legten sie nahe einer Mauer zu Boden. Alle waren sie mit Staub und Schmutz bedeckt, hatten blutige Wunden, manche husteten.

Niemand hielt Roisin auf, als sie sich zu den Männern durchdrängte. Im flackernden Lichtschein erkannte sie in einem der Verunglückten Genthin, den jüngsten Sohn ihres direkten Nachbarn, einen Zimmermann. Die Familie hielt zwei Kühe und verdiente sich durch den Verkauf der Milch ein paar Pennys hinzu. Eine klaffende, blutige Stirnwunde entstellte Genthins sonst hübsches Gesicht, seine weit geöffneten Augen waren starr.

»Wo ist Elian?«, rief sie laut, ohne jemand Bestimmtes anzusprechen. »Elian Talwyn, der Steinmetz.«

»Den kenne ich. Er liegt dort drüben.« Ein Mann deutete vage nach rechts und hastete wieder in das Gebäude. Offenbar waren noch nicht alle Opfer geborgen worden.

Roisin fand ihren Vater schnell. Nicht darauf achtend, dass ihr Kittel und Umhang beschmutzt wurden, kniete sie sich neben ihn auf die schlammige Erde. Elians Gesicht war zwar staubbedeckt, aber ohne Blut, und auf den ersten Blick konnte Roisin keine Wunden entdecken. Als sie ihn an der Schulter rüttelte, schlug er die Augen auf.

»Tochter …« Roisin legte ihr Ohr an seinen Mund, um seine Worte verstehen zu können. »Die Decke brach plötzlich in sich zusammen, und Steine fielen herab.«

»Bist du verletzt, Vater? Hast du Schmerzen?«

»Meine Brust …« Elians Atem rasselte unnatürlich. »Und meine Hände …« Er versuchte, sich aufzurichten, stöhnte und sank wieder zu Boden. Speichel trat auf seine Lippen. Erleichtert erkannte Roisin, dass er hell und ohne Blut war. Des Vaters Lunge schien unverletzt zu sein.

»Bleib ganz ruhig liegen«, sagte sie eindringlich. »Du wirst dir wohl ein paar Rippen gebrochen haben. Ich hole jemanden, der dich nach Hause trägt. Bald wirst du wieder gesund sein.«

»Meine Hände …«, wiederholte Elian mit schmerzverzerrtem Gesicht.

Roisin schlug den Umhang zurück, unter dem seine Hände verborgen gewesen waren, und konnte einen Schrei nicht unterdrücken. Elians Hände waren eine einzige blutige Masse. Spitz stachen Knöchelchen durch das Fleisch, der Daumen an der rechten Hand fehlte. Sie sank auf die Fersen und presste die Faust gegen ihren Mund, um nicht ein weiteres Mal laut aufzuschreien.

Zwei Männer halfen Roisin, den Vater nach Hause zu tragen und ihn in die Schlafkammer zu bringen. Sie war dankbar, dass Elian das Bewusstsein verloren hatte. So spürte er die Schmerzen nicht.

»Seine Verletzungen scheinen nicht lebensgefährlich zu sein«, erklärte sie der Stiefmutter. »Wir sollten sicherheitshalber trotzdem nach dem Bader schicken.«

»Der kostet Geld«, wandte Lavinda ein.

»Das wird dir die Gesundheit deines Mannes wohl wert sein«, erwiderte Roisin. »Ich suche einen Burschen, der den Bader holt. Erhitz derweil Wasser und säubere Vaters Gesicht.«

»Wie sprichst du mit mir?« Lavinda stützte die Hände in die Seiten. »Ich bin nicht deine Magd.«

»Ach, zum …« Roisin unterdrückte einen Fluch, kletterte die Stiege hinunter, nahm aus der Küche einen rotbackigen Apfel und trat in die Gasse hinaus. Sie hielt den nächstbesten Jungen an und bat ihn, den Bader aufzusuchen und ihn zu bitten, so schnell wie möglich hierherzukommen. Nachdem sie dem Jungen den Apfel in die Hand gedrückt hatte, nickte er und rannte davon.

Lavinda hatte sich tatsächlich dazu herabgelassen, Elians Gesicht zu waschen, seinen zertrümmerten Händen schenkte sie indes keinen Blick.

Für Roisin dauerte es eine schiere Ewigkeit, bis es endlich an die Tür klopfte. Der Bader war ein großer Mann mit lichtem Haar und einem struppigen, grauen Bart. Sein Wams war mit Staub und Blut bedeckt.

»Acht sind tot«, sagte er mit tiefer Stimme. »Dutzende verletzt. Nun, das bringt mir eine gute Nacht ein.«

Roisin meinte, einen zufriedenen Zug um die Lippen des Baders zu erkennen. Vielleicht war es aber nur der Schatten des Talglichtes. Sie führte ihn in die Kammer hinauf.

Der Bader legte ein Ohr auf Elians Brust, dann tastete er mit seinen fleischigen Fingern über die Haut und drückte mehrmals fest auf den Brustkorb. Elian stöhnte, wachte aber nicht auf.

»Müsst Ihr so grob sein?«, fragte Roisin.

»Habt Ihr mich gerufen, damit ich die Verletzungen feststelle, oder nicht?«, blaffte der Bader. »Ich kann auch wieder gehen.«

»Entschuldigt bitte«, sagte Lavinda. »Das Mädchen ist schrecklich vorlaut. Bitte, macht weiter! Wird mein Mann überleben?«

Der Bader setzte seine derbe Untersuchung fort. Wieder stöhnte Elian.

»Es werden wohl drei oder vier Rippen gebrochen sein«, sagte der Bader. »Ruhe und kalte Umschläge mit Arnikasud werden baldige Linderung bringen.«

»Was ist mit seinen Händen?«, flüsterte Lavinda mit aschfahlen Wangen.

Der Bader nahm erst eine, dann Elias andere Hand in die seine. Fest zog er an den verbleibenden Fingern, als wollte er die Knochenbrüche einrichten. Die Wunden begannen sofort wieder zu bluten, und Elian wand sich vor Schmerzen.

»Ich muss sie abschneiden.«

»Auf keinen Fall!«, rief Roisin.

»Wollt Ihr, dass er den Brand bekommt?«, fragte der Bader, die buschigen Augenbrauen hochgezogen.

»Ich werde Vater pflegen und dafür sorgen, dass die Wunden heilen«, erklärte Roisin.

»Tut, was Ihr tun müsst, Bader«, mischte sich Lavinda mit fester Stimme ein.

»Aber Mutter, wir können zunächst versuchen …«

Mit einer Geste unterband Lavinda Roisins Einwand und sagte kühl: »Mein erster Mann starb am Brand. Er hatte einen

Holzsplitter im Oberschenkel. Damals hatten wir kein Geld, einen Heilkundigen zu bezahlen, der ihm das Bein abnimmt. Hätten wir es getan, wäre er heute wohl noch am Leben.«

»Das habe ich nicht gewusst«, raunte Roisin. Sie straffte die Schultern und sagte entschlossen zu dem Bader: »Lasst mich versuchen, Vater zu heilen. Beim ersten Anzeichen des Brandes könnt Ihr immer noch amputieren.«

Der Bader sah fragend zu Lavinda. Diese zuckte die Schultern, und er brummte: »Wie du willst, Mädchen.« Er streckte die Hand aus. »Zwei Silberpennys!«

»Zwei Silberpennys?«, wiederholte Roisin entsetzt. »Das ist Wucher! Außer seine Brust abzutasten und an seinen Händen herumzuzerren, habt Ihr nichts getan.«

»Entweder Ihr bezahlt, oder ich lasse den Büttel holen«, erwiderte der Bader ungerührt. »Schließlich habe ich meine kostbare Zeit hier verbracht. Es warten andere Verletzte darauf, dass ich mich um sie kümmere. Vielleicht ist auch schon jemand gestorben, weil ich nicht rechtzeitig zur Stelle sein konnte.«

»Gib ihm das Geld«, raunte Lavinda. »Der Mann tut nur seine Arbeit.«

Widerwillig zog Roisin den kleinen Lederbeutel aus ihrer Rocktasche und nahm die zwei Silberpennys heraus. Es war fast die gesamte Summe, die sie vom Vater für die kommende Woche erhalten hatte, um Lebensmittel zu kaufen. Blitzschnell grapschten die blutbesudelten Finger des Baders nach den Münzen. Er ließ sie in seiner Tasche verschwinden und polterte dann mit schweren Schritten die Stiege hinunter. Krachend fiel die Haustür hinter ihm zu.

»Zuerst müssen wir die Wunden vorsichtig auswaschen«, sagte Roisin zu Lavinda. »Dann werde ich versuchen, die gebrochenen Knochen mit dünnen Holzleisten zu schienen.«

»Da du den Bader weggeschickt hast, wirst du dich um

Elian kümmern«, erwiderte Lavinda mit schmalen Lippen. »Ich eigne mich nicht für Blut und Wunden. Mir ist speiübel, und meine Kopfschmerzen bringen mich beinahe um. Ich schlafe künftig in der hinteren Kammer. Mach dort Feuer, ich muss mich unverzüglich hinlegen.«

Obwohl Roisin von der Stiefmutter allerhand gewöhnt war, stockte ihr bei so viel Kaltschnäuzigkeit der Atem. Lavinda war bereits an der Tür, als Roisin ihr nachrief: »Wo steckt eigentlich Edward? Hat er von dem Unglück denn gar nichts mitbekommen?«

Lavinda zuckte mit den Schultern. »Selbst wenn? Was sollte der Junge schon ausrichten können?« Sie runzelte die Stirn und kehrte ans Bett ihres Mannes zurück. »Hast du in seinen Taschen nachgesehen, ob er das Geld hat?«

»Welches Geld?«

»Elian wollte den Lohn für die Figuren, die er in dem Gemach anbringen sollte, mitbringen.«

»Wie kannst du jetzt an Geld denken! Ich glaube nicht, dass er bezahlt wurde, bevor das Unglück geschah.«

»Sieh in seinen Taschen nach, Tochter!«, forderte Lavinda.

Ich bin nicht deine Tochter, lag es Roisin auf der Zunge, dennoch folgte sie Lavindas Wunsch. Wie erwartet, waren Elians Taschen leer.

»Es ist zu befürchten, dass Vaters Figuren bei dem Einsturz zerstört wurden und er kein Geld zu erwarten hat.«

Selbst im schwachen Licht des Talglichtes erkannte sie, dass Lavindas Wangen aschfahl wurden. Da legte sie auch schon den rechten Handrücken auf ihre Stirn und stöhnte. »Nachdem du Feuer gemacht hast, bring mir einen heißen Würzwein«, befahl sie. »Er wird mir helfen, zur Ruhe zu kommen. Das ist alles zu viel für mich. Ich bin nur eine schwache Frau, und ich bin kränklich, worauf in diesem Haus keine Rücksicht genommen wird. Und jetzt das!«

Mit gebeugtem Rücken schleppte sich Lavinda von dannen, als läge alle Last der Welt auf ihren Schultern.

Zornig ballte Roisin die Hände zu Fäusten. Wäre nicht ihr schwer verletzter Vater gewesen, der ihre Hilfe brauchte, wäre sie auf der Stelle davongerannt und hätte wie der Bader die Tür hinter sich zugeknallt. So jedoch entfachte sie erst die Flammen in der Feuerstelle in der kleinen Kammer, dann erwärmte sie den Wein für Lavinda. Die Stiefmutter, bereits im Bett liegend, nahm den Becher ohne Dank entgegen und trank gierig. Da sie dann keine weiteren Wünsche mehr äußerte, konnte sich Roisin endlich um den Vater kümmern. Er hatte das Bewusstsein wiedererlangt, und es gelang ihr, ihm so viel Bier einzuflößen, dass er wieder einschlief. So spürte er nicht, wie Roisin die wunden Hände wusch und versuchte, die gebrochenen Knöchelchen zu schienen.

Sie hatte keine Vorstellung, wie spät es war, als die Haustür klappte und Schritte auf der Stiege zu vernehmen waren. Sie öffnete die Tür und sah auf den Korridor hinaus.

»Habe ich dich geweckt?«, fragte Edward. Seine Zunge schlug an, und Roisin roch seinen biergeschwängerten Atem. »Was machst du im Zimmer der Eltern?« So betrunken war Edward nicht, um nicht zu bemerken, dass etwas nicht stimmte.

»Komm rein.« Roisin öffnete die Tür ganz. »Gegen Abend gab es ein Unglück auf der Burg«, sagte sie.

Edward nickte. »Ich habe davon gehört. Ein Deckengewölbe ist eingebrochen, es soll Tote gegeben haben. Aber was …?« Er sah zum Bett, seine Augen weiteten sich entsetzt. »Ist Vater schwer verletzt? Wie geht es ihm?«

Es sprach für Edward, dass er sich trotz seiner Trunkenheit Sorgen um Elian machte.

»Vater wurde unter den Steinen begraben«, erklärte Roisin.

»Neben ein paar gebrochenen Rippen scheint er keine schweren inneren Verletzungen zu haben. Ich habe einen Bader holen lassen. Allerdings …« Sie schlug das Tuch zurück, mit dem sie Elians Hände abgedeckt hatte.

Entsetzt zog Edward die Luft ein. »Großer Gott!« Er ließ sich auf die Knie vor dem Bett nieder und streckte eine Hand aus, zog sie aber schnell wieder zurück. Edward erkannte, dass er Elians Wunden nicht berühren durfte. »Leidet er große Schmerzen?«, flüsterte er.

»Er schläft. Ich konnte ihm den ganzen Krug Bier, der noch im Haus war, einflößen. So spürt er die Schmerzen im Moment nicht. Der Bader und Mutter wollten die Hände abschneiden. Ich sagte, ich will alles versuchen, um einen Brand zu verhindern.«

»Wie soll Vater ohne Hände arbeiten können?«, fragte Edward mit einem bangen Unterton. »Ich meine …« Er schluckte schwer. »Das wird doch alles heilen, oder? Vater wird doch wieder ganz gesund werden?«

»Edward, Bruder …« Roisin trat hinter ihn und legte eine Hand auf seine Schulter. »Auch wenn wir eine Amputation vermeiden können, du siehst es selbst: Einer seiner Finger fehlt, und die anderen werden wohl für immer unbeweglich bleiben.«

»Das bedeutet, dass …« Erschüttert brach Edward ab.

»Dass Vater nie wieder den Stein behauen wird«, ergänzte Roisin gefasst. Warum sollte sie die Wahrheit verschweigen? »Er kann weder die Rosetten, Wappen und Figuren für die hiesige Burg anfertigen noch den großen Auftrag in Caernarvon annehmen.«

Die schonungslose Erkenntnis ernüchterte Edward vollständig. Mochte er auch etwas leichtfertig sein, eines war er nicht: dumm.

»Vater muss wieder arbeiten können!«, flüsterte er mit dem

Unterton der Verzweiflung. »Unser Haus, die ganze Siedlung untersteht dem Vogt, hier dürfen nur die Handwerker leben, die auf der Baustelle angestellt sind. Wir werden das Dach über dem Kopf verlieren, wenn Vater nicht mehr arbeiten kann. Was soll dann aus uns werden?«

Roisin nickte, einen bitteren Zug um den Mund. In den letzten Stunden war sie zu der gleichen Erkenntnis gekommen. Wenn Elian nicht mehr als Steinmetz arbeiten konnte, war die Existenz der ganzen Familie bedroht.

»Wer ist für das Unglück verantwortlich?«, fuhr Edward fort. »Wohl der leitende Baumeister, der die Tragkraft des Deckengewölbes falsch berechnet hat. Er wird sich der Verantwortung stellen und für die Verletzten bezahlen müssen.«

»Du weißt, dass das nicht geschehen wird«, sagte Roisin leise. »Ebenso wenig, wie der Vogt uns weiterhin hier wohnen lassen wird. Es wird ein neuer leitender Steinmetz berufen werden, der Haus und Hof übernimmt.«

»Doch nur, weil der verdammte Baumeister ein Engländer ist!«, brauste Edward auf.

»Das ist kein Grund, um zu fluchen, Bruder.«

»Ach, verdammt!«, wiederholte Edward zornig. »Was sollen wir jetzt tun?«

»Nun, es lebt ein weiterer Steinmetz in diesem Haus«, sagte Roisin und sah Edward eindringlich in die Augen. »Wenn er sich ein bisschen Mühe gibt, kann er Vaters Arbeiten fortsetzen. Nicht sofort als leitender Steinmetz, dazu muss der Zunftmeister seine Zustimmung geben, wenn die Aufträge jedoch in zufriedenstellender Qualität ausgeführt werden, beschert uns das zumindest eine Frist.«

Jetzt verstand Edward die ganze Tragweite von Roisins Aussage.

»Ich kann das nicht!«, presste er hervor. »Du weißt, dass meine Fähigkeiten bei Weitem nicht an Vaters heranreichen.«

»Es wird dir nichts anderes übrig bleiben, Bruder, als deine Besuche in den Schenken zu beschränken und dich endlich in der Werkstatt nützlich zu machen. Ob der Bauleiter und der Zunftmeister sich darauf einlassen, dass du Vaters Aufgaben übernehmen kannst, sei dahingestellt. Du musst es aber zumindest versuchen. Vaters Figuren wurden bei dem Unfall alle vernichtet. Gleich bei Sonnenaufgang gehst du zum Baumeister und sagst ihm, dass du so schnell wie möglich neue Skulpturen und Reliefs anfertigen und alle erteilten Aufträge erfüllen wirst.«

»Ich kann das nicht!«, jammerte Edward und raufte sich mit zitternden Händen die Haare. »Ich bin noch viel zu jung, mir fehlt die Erfahrung, außerdem …«

»Warst du bisher zu faul«, fiel Roisin ihm ins Wort, »es zumindest zu versuchen. Es ist keine Frage des Könnens, Edward. Du musst! Sonst ziehen wir als Bettler durch die Straßen. Vaters Ersparnisse reichen vielleicht noch zwei oder drei Monate, um uns zu ernähren, keinesfalls über den gesamten Winter und für die Miete eines anderen Hauses.« Sie empfand Mitleid mit dem jüngeren Bruder. Sanfter fuhr sie fort: »Versuch es zumindest, Edward. Es ist gar nicht so schwer, den Stein zu bearbeiten. Du musst dir nur Mühe geben und konzentriert arbeiten.«

Edward sank auf die Bettkante, schlug die Hände vors Gesicht und weinte nun tatsächlich wie ein kleines Kind.

3.

Das Weihnachtsfest und der Jahreswechsel gingen ruhig vorüber. Hier oben an der Küste fiel zwar Schnee, wegen der starken Seewinde blieb er aber nie lange liegen. Allerdings war es seit Anfang Januar eisig kalt geworden. Wie in jedem Winter bereitete der Frost Roisin körperliche Probleme. An manchen Tagen konnte sie kaum einen Fuß vor den anderen setzen, ohne vor Schmerzen zu stöhnen. Trotzdem ging sie ihren Pflichten im Haus und bei der Pflege des Vaters nach. Elians robuste Natur siegte. Die Rippenbrüche und die Wunden an seinen Händen waren verheilt, ohne dass es zu einer Entzündung gekommen war. Er aß und trank wieder reichlich, was seine Genesung beschleunigte. Bis vor zwei Wochen hatte Roisin den Vater noch füttern und ihm das Bier einflößen müssen, da er mit den offenen Wunden an den Händen weder Löffel noch Krug hatte halten können. Auch hatte sie den Vater waschen und ihm bei seiner Notdurft helfen müssen. Sie verstand, dass Elian ihre Hilfe bei diesen Vorgängen peinlich war, es blieb ihm aber keine andere Wahl, als sie anzunehmen. Edward kam dafür nicht in Frage. Krankenpflege war Frauensache, und Lavinda saß nur einmal täglich für einige Zeit an Elians Seite, ohne Roisin zu helfen. Mit Leichenbittermiene klagte sie wie üblich über ständige Kopfschmerzen und sonstige Beschwerden und verbrachte die meiste Zeit in ihrer Kammer, in der sie immer noch allein schlief. Nicht ein einziges Mal war Lavinda ein »Danke« über die Lippen gekommen, weil Roisin sich durchgesetzt hatte, Elians Hände nicht amputieren zu lassen, und ihn unermüdlich pflegte. Auch der Vater dankte ihr nicht. Für ihn war Roisins Pflege selbstverständlich, zudem war er verbittert geworden. In seiner Gegenwart sprachen es weder Roisin, Edward noch Lavinda offen aus, aber Elian wusste genau, dass er nie wieder als Steinmetz würde arbeiten können. Neben dem fehlenden Daumen wuchsen zwei Finger an seiner rechten und einer an seiner linken Hand schief zusammen und standen in einem unnatürlichen Winkel zueinander ab.

Jetzt, in der zweiten Woche des neuen Jahres, war Elian in der Lage, wieder selbstständig zu essen, sich zu waschen und anzukleiden.

»Du brauchst nicht länger ständig an meiner Seite sein«, brummte Elian an diesem Abend, nachdem Roisin ihm eine Schale Gemüsesuppe, Brot und Käse in die Kammer gebracht hatte. »Ich komme inzwischen gut allein zurecht.«

»Das weiß ich, Vater, und bald kannst du das Bett auch wieder verlassen«, erwiderte Roisin sanft.

»Ich will mit Edward sprechen«, forderte Elian. »Wir müssen uns Gedanken über die Zukunft machen.«

»In der Werkstatt waren noch Ornamente und Rosetten, die du vor dem Unfall gemacht hast. Edward hat sie dem Baumeister verkauft und gutes Geld bekommen. Du musst dich nicht sorgen, Vater.« Sie ging zur Tür, um den Bruder zu holen. Auf dem Korridor seufzte sie, denn ganz so rosig, wie sie den Vater glauben ließ, sah sie die Zukunft nicht.

»Du bist jetzt ein richtiger Mann, mein Sohn, und der Versorger der Familie«, sagte Elian wenige Minuten später zu seinem Sohn. »Ich bin sehr stolz auf dich!«

»Ich tue nur meine Pflicht, Vater«, erwiderte Edward

bescheiden. »Wie wir befürchteten, bleibt der Einsturz des Deckengewölbes ohne Konsequenzen für den Baumeister, und von Entschädigungen für die verletzten Arbeiter und die Angehörigen der Toten ist ebenfalls keine Rede. Inzwischen ist das Gemach wieder aufgeräumt und die Decke neu eingezogen worden.«

»Und über alles wird der Mantel des Schweigens gelegt«, ergänzte Roisin, sie klang bitter.

Edward runzelte die Stirn. »Da bei dem Unglück vor allem Einheimische getötet oder verletzt wurden, haben die Engländer kein Interesse daran, sie zu unterstützen. Da draußen«, er vollführte eine vage Handbewegung, »warten viele Handwerker auf eine Anstellung. Ein toter Waliser wird schnell durch den nächsten lebenden ersetzt.«

»In meinem Haus will ich solche Reden nicht hören«, schnaubte Elian unwillig. »Die Dinge sind nun einmal so, wie sie sind. Seit einigen Jahren werden drüben in Frankreich anstelle von steinernen Tunnelgewölben in Gemächern Balkendecken eingezogen«, wechselte er das Thema. »Die französischen Baumeister sind die besten der Welt, die verstehen ihr Handwerk. Ich vermute, dass hier in der Burg bei der Statik und dem Gewicht schwerwiegende Rechenfehler gemacht worden sind.«

»Es wird wohl kein zweites Mal geschehen«, warf Edward ein. »Meister Castellmare überprüft akribisch die Berechnungen.«

»Ich bin froh, dass der Baumeister des Königs und der Zunftmeister Castellmare dich als meinen Nachfolger behalten haben«, fuhr Elian fort. »Wahrscheinlich werde ich niemals wieder den Stein behauen können, aber du, mein Sohn, führst meine Arbeit fort, und wir behalten das Dach über dem Kopf.«

»Man ist mit meinen Arbeiten zufrieden«, erwiderte Edward. »Meine Skulpturen sind allerdings nicht so perfekt wie deine, Vater.«

Elian lächelte bescheiden. »Das macht die jahrelange Erfahrung. Es wäre arg, wenn ein junger Bursche die gleiche Perfektion wie ein gestandener Steinmetz vorweisen könnte. Eifer und Fleiß, mein Sohn, und bald wirst du der beste Steinmetz von ganz Nordwales sein. So wie ich es gewesen bin.«

Roisin senkte schnell den Kopf, damit keine Regung in ihrem Gesicht dem Vater die Wahrheit verriet. Edward verschwieg nämlich, dass besonders die filigranen Figuren, die er in der Burg ablieferte, an Perfektion die von Elian sogar übertrafen und diese von Roisin bearbeitet worden waren.

»Ich weiß nicht, ob ich in Caernarvon arbeiten kann«, bemerkte Edward. »Dafür müsste ich Conwy für viele Wochen verlassen.«

Elian sah ihn beschwörend an. »Wenn der Baumeister die mit mir geschlossene Vereinbarung auf dich überträgt, dann musst du gehen und dich an die Arbeit machen, Edward! Bald werde ich aufstehen können, Roisin kümmert sich um deine Mutter, mich und den Haushalt. Wir können durchaus einige Zeit auf dich hier verzichten.«

»Ja, Vater.«

Elian schien nichts zu bemerken, Roisin sehr wohl. Mit unbewegter Miene nahm sie die hölzerne Schale, aus der Vater die Suppe gegessen hatte, verließ die Kammer und ging in die Küche. Dort saß Lavinda am Tisch, das Kinn in die Hände gestützt und mit sorgenvoll gerunzelter Stirn.

»Wann wird Elian wieder arbeiten können?«, fragte sie.

»Ich habe dir schon oft erklärt, dass Vater nie wieder als Steinmetz arbeiten kann«, erwiderte Roisin mit einem Hauch Ungeduld in der Stimme.

»Wie willst ausgerechnet du das beurteilen? Bist du ein Bader oder was?«

»Ach, Mutter …« Es fiel Roisin schwer, ruhig zu bleiben. »Wenn du nur einen Blick auf Vaters Hände werfen würdest, wüsstest du, wie es um ihn steht. Du kannst natürlich nach einem Bader schicken, oder, wenn es dir lieber ist, nach einem der englischen Ärzte, die sich in der Burg von Caernarvon aufhalten sollen. Vergiss jedoch nicht, dass die Männer entsprechend bezahlt werden wollen.«

»Geld! Geld! Geld!«, schnaubte Lavinda. »Seit dem Unglück höre ich von dir nichts anderes, als dass wir sparen müssen. Sieh mich an, Tochter! Seit Monaten trage ich dasselbe Kleid, weil ich auf dem Wollmarkt im vergangenen November keinen neuen Stoff habe kaufen können. Ständig gibt es Gemüsesuppe! Fleisch und von dem süßen Kuchen kam schon lange nichts mehr auf den Tisch. Das ist doch kein Leben!«

Überraschend kam Edward, der während Lavindas Lamento zu ihnen gestoßen war, Roisin zu Hilfe. »Mutter, Roisin versucht, uns das Dach über dem Kopf zu erhalten.«

»Ach, was.« Lavinda winkte ab und zog verächtlich die Mundwinkel herunter. »Du bist jetzt der Steinmetz und arbeitest unermüdlich. Es gibt keinen Grund, uns das Haus zu nehmen.«

Roisin und Edward tauschten einen Blick, und der Bruder sah schnell wieder weg.

»Nächsten Sonntag backe ich einen Kuchen«, schlug Roisin versöhnlich vor, »und morgen versuche ich, frischen Fisch zu bekommen.« Das würde zwar ein Loch in ihre Börse reißen, sie war die ständigen Streitereien aber leid.

Schwerfällig wie eine alte Frau stand Lavinda auf. »Ich gehe jetzt schlafen. Räum endlich auf, Mädchen, die Küche sieht aus wie ein Schweinestall.«

Das war zwar maßlos übertrieben, aber die Abfälle des Kohls und der Karotten, aus denen Roisin die Suppe gekocht hatte, lagen noch auf dem Tisch, und an der Seite stapelte sich auch das benutzte Essgeschirr des Tages. Bisher hatte Roisin keine Zeit gefunden, Ordnung zu schaffen. Gott sei Dank war der Vater nun nicht länger auf ihre ständige Hilfe angewiesen, trotzdem war sie von früh bis spät in Bewegung – und darüber hinaus.

Edward wartete, bis Lavindas Schritte auf der Stiege nach oben verklungen waren, dann trat er dicht neben Roisin und raunte, obwohl sie niemand belauschen konnte, in ihr Ohr: »Bis morgen früh brauche ich die fertigen Rosetten mit den Wappen.«

»Sie werden fertig sein.«

»Gut.« Zufrieden nickte Edward. »Ich gehe noch einen Sprung zu Nate rüber.«

»Jetzt noch? Es ist schon spät …«

»Nate hat heute Geburtstag«, erklärte Edward. »Da gibt es einen Krug Bier umsonst. Außerdem habe ich mir etwas Entspannung verdient.«

Entspannung wovon?, lag es Roisin auf der Zunge, doch sie schwieg. Es war ihre Entscheidung gewesen, das Spiel mitzumachen, und jetzt musste sie es bis zum Ende weiterspielen.

Edward griff nach seinem pelzverbrämten Umhang aus dickem, dunkelbraunem Stoff, setzte sich die gleichfarbige Kappe auf und ging, eine Melodie pfeifend, beschwingt davon. Seufzend sah sich Roisin in der Küche um. Obwohl Edward wusste, dass sie in der Nacht keinen Schlaf finden würde, käme er nie auf die Idee, ihr beim Aufräumen zu helfen. Das war keine Arbeit für einen Mann. Trotz der veränderten Situation behandelte Lavinda ihre Stieftochter weiterhin wie eine Magd, während sie, gleich einer Königin, im Bett lag, sich ihren angeblichen Krankheiten hingab und von Roisin bedienen ließ.

Roisin hatte vier Lampen entzündet. Dadurch verschwendete sie das teure Fischöl, aber ohne ausreichendes Licht konnte sie nicht arbeiten. Auf dem niedrigen Beistelltisch in der Werkstatt lagen bereits zwei fertige Rosetten, jede eine Handspanne im Durchmesser groß. In der Mitte prangte das Wappen der englischen Könige: drei nach links springende Leoparden mit peitschenden Schwänzen, die Köpfe zum Betrachter gedreht. Roisin hatte keine Vorstellung, was genau Leoparden waren, offenbar lebten sie weit weg in einem Land, das Afrika genannt wurde. Die Wappen hatte sie nach einer Kohlezeichnung angefertigt, die Edward ihr gegeben hatte.

Roisin nahm den runden, flachen Stein, den sie in der gestrigen Nacht vorbereitet hatte, dann den langen, dünnen Meißel und setzte ihn an. Sie arbeitete so konzentriert, dass sie bald jedes Zeitgefühl verlor. Bis ins Detail mussten die Tiere einander gleichen. Bei der geringsten Abweichung würden die Rosetten vom Baumeister abgelehnt und Edward nicht bezahlt werden. Die ovalen eingearbeiteten Wappen waren für die Ummantelung des Kamins in der großen Halle der Burg bestimmt. Gern würde Roisin diese Feuerstelle mit eigenen Augen sehen. Edward hatte erzählt, der Kamin sei so hoch, dass ein ausgewachsener Mann bequem darin stehen, und so breit, dass ein ganzer Ochse am Stück darin gebraten werden konnte. Offenbar verfügte jedes Gemach in der Burg über einen eigenen Kamin, durch den der Rauch durchs Dach nach draußen stieg. Bevor die Engländer nach Wales gekommen waren, hatte die Hütten eine offene Feuerstelle in der Mitte des größten Raumes gehabt. Der Rauch war nur unvollständig durch die strohgedeckten Dächer gedrungen und hatte alles mit schwarzem, fettigem Ruß überzogen. Die Steinhäuser vor den Toren Conwys waren für die Handwerker errichtet worden, die auf der Baustelle der Burg arbeiteten. Dementsprechend verfügten sie ebenfalls über gemauerte Kamine, die aber niedrig, schmal und schmucklos waren. Roisins Gefühle gegenüber den Engländern waren gemischt. Als sie geboren wurde, hatten die Fremden das Land bereits besetzt gehabt, in dem Weiler war von ihnen aber kaum etwas zu bemerken gewesen. Nachdem sie nach Conwy gekommen waren, hatten Roisin und Elian schnell die Sprache der neuen Herrscher erlernt, und Edward kannte die alte walisische Sprache überhaupt nicht. Sie war den Einheimischen zwar nicht verboten worden, da man sich mit den neuen Herren aber arrangieren und für sie arbeiten musste, war es unabdingbar, sich mit ihnen zu verständigen. Unter König Edward war aus dem einstigen kleinen Zisterzienserkloster die blühende, wohlhabende Stadt Conwy geworden. Nun ja, dachte Roisin, während sie mit der feinen Raspel die Konturen des Leoparden glättete, wohlhabend für die, die treu und aufrecht an der Seite der Engländer standen. Nur vage erinnerte sich Roisin an ihre ersten Lebensjahre. Zwei Dinge würde sie aber niemals vergessen: die Wärme und die liebevolle Stimme ihrer Mutter und der ständig nagende Hunger. Die Mutter hatte sie in Conwy verloren, gehungert hatte sie seitdem nicht mehr. Die Talwyns hatten ein gutes Auskommen, und als erster Steinmetz genoss Elian ein gewisses Ansehen unter den Handwerkern. Nach dem Unglück war alles ins Wanken geraten. Edward, der als Steinmetz an die Perfektion seines Vaters nicht annähernd heranreichte, hatte sich jeden Abend betrunken und am nächsten Tag seine Kammer nicht vor dem Mittag verlassen.

Roisin, aufgerieben zwischen der Pflege des Vaters und der Sorge um die Zukunft, hatte die Lösung gefunden.

»Ich mache es«, hatte sie zu Anfang des Jahres zu Edward gesagt, als er ausnahmsweise einmal nüchtern gewesen war.

Zuerst hatte der Bruder nicht verstanden und gefragt: »Was willst du machen?«

»Vaters Aufträge. Soweit ich weiß, wurde Vater für die

Ausstattung der königlichen Gemächer beauftragt. Stets hat er die Arbeiten hier in der Werkstatt angefertigt und dann in der Burg eingesetzt. So wie am Tag des Unglücks. Das Einsetzen wirst du wohl fertigbringen, oder? Etwas musst du doch von Vater gelernt haben!«

Zuerst hatte Edward sie fassungslos angestarrt, dann laut aufgelacht.

»Schwester, du bist gar nicht so dumm, wie du aussiehst! Kein Mensch wird es merken, dass nicht ich die Skulpturen haue. Das muss aber unser Geheimnis bleiben. Auf keinen Fall dürfen Vater und Lavinda davon erfahren.«

Dem hatte Roisin zugestimmt. Obwohl es für alle Beteiligten die beste Lösung und damit ihr Wohnrecht gerettet war, hätte Elian die Arbeit seiner Tochter niemals gutgeheißen und es ihr verboten. Lieber hungerte er, als zuzugeben, dass eine Frau ein guter Steinmetz sein konnte.

Seitdem arbeitete Roisin jeden Abend und meistens bis spät in die Nacht hinein in der Werkstatt, nachdem Lavinda zu Bett gegangen war. Unter ihren geschickten Fingern entstanden filigrane Blumenornamente, Putten mit pausbäckigen Gesichtern, Rosenrosetten und Wappen. Roisin tat das, was sie schon seit Jahren tat. In der Gestaltung der Motive war sie zwar nicht frei und musste sich an die Vorgaben des Baumeisters halten, trotzdem erfüllte sie die Arbeit mit großer Freude und auch mit Stolz, den sie außer mit Edward mit niemandem teilen konnte. Lavinda schien nicht zu bemerken, wie erschöpft Roisin jeden Morgen war, wie müde sie ihr Tagwerk verrichtete. Die Stiefmutter bemerkte ohnehin nichts, was sie nicht unmittelbar betraf. Ebenso wie der Vater war sie der Ansicht, dass Edward die Zukunft der Familie gerettet hatte.

Mit einem feinen Pinsel reinigte Roisin die in Stein gemeißelten Leoparden, bis kein einziges Staubkorn mehr übrig war. Dann schlug sie die drei Rosetten in ein Wachstuch ein und steckte alles in einen Lederbeutel. Sie streckte den Oberkörper durch und hob die Arme. Ihr Rücken schmerzte und, als sie sich vom Schemel erhob, schoss ein scharfer Schmerz durch ihre verdrehte Hüfte. Nach dem langen Sitzen musste sie erst ein paarmal das Bein hin- und herschwingen, bevor sie es belasten und die Werkstatt verlassen konnte. Draußen war es eiskalt. Ein blasser Halbmond und unzählige Sterne standen am schwarzen Himmel, der Sonnenaufgang war also noch fern. Für einen Moment dachte Roisin daran, sich eine oder zwei Stunden hinzulegen. Sie seufzte. So verlockend die Aussicht auf ein bisschen Schlaf war – sie würde dann wohl nicht rechtzeitig aufwachen. Roisin überquerte den Innenhof und öffnete das Gitter des Verschlags, in dem sie einige Hühner hielten. Das Federvieh war bereits wach und begann in Erwartung des Futters zu gackern. Roisin verstreute die Körner, dann sammelte sie die Eier ein. Es waren nur vier Stück, viel zu wenig für sie alle zum Frühstück. Bei der Kälte und um diese Jahreszeit legten die Hühner aber immer schlecht.

In der Küche entfachte Roisin das Feuer und erhitzte eine Schale Milch, die sie innerlich wärmte, dann sammelte sie das benutzte Geschirr vom Vorabend ein, um es draußen am Brunnen abzuwaschen. An der Tür traf sie auf Edward.

»Du kommst erst jetzt nach Hause?«, rief Roisin. »Du warst die ganze Nacht im Wirtshaus?«

»Das siehst du doch, Schwester«, antwortete Edward mit anschlagender Zunge. »Warum stellst du so blöde Fragen?«

»Weil es verboten ist, sich nach Mitternacht in einer Schenke aufzuhalten«, erwiderte Roisin. »Außerdem sind die Stadttore geschlossen und so früh am Morgen noch nicht geöffnet. Wie bist du herausgekommen?«

Edward lachte. Es klang ähnlich wie das Gegacker der Hühner. »Es gibt immer ein Schlupfloch. Wir waren Nates persönliche Gäste, das Wirtshaus hatte er natürlich pünktlich abgeschlossen. Dagegen kann kein dummer Engländer etwas ausrichten.«

»Pass auf deine Worte auf, Edward!«

Er lehnte sich gegen den Türrahmen und musterte Roisin abschätzend. »Warum soll ich nicht die Wahrheit sagen? Die Engländer haben unser Land überfallen und in Besitz genommen, als wäre es ein Stück billiges Tuch. Wir sind Leibeigene und müssen nach deren Pfeifen tanzen.«

»Die Engländer errichten mächtige Burgen, Stadtmauern und Wehranlagen«, gab Roisin zu bedenken. »Wo wären wir ohne diese Bauten, die uns für viele Jahre Lohn, Brot und ein Dach über dem Kopf geben?«

»Woher kommt dieser Gesinnungswandel, Schwester? Noch vor ein paar Wochen hast du die Bastarde ebenfalls als Ausbeuter bezeichnet.«

»Ja, unser Land wurde überfallen und erobert«, antwortete Roisin bedächtig, »aber im Großen und Ganzen geht es uns doch gut.«

»Pah!« Verächtlich spuckte Edward aus. Sein Speichel verfehlte nur knapp Roisins Schuhe. Er beugte sich vor und raunte: »Die Zeit wird kommen, da lassen wir Waliser uns das nicht mehr gefallen. Beim großen Aufstand im vergangenen Jahr war ich noch ein halbes Kind. Jetzt bin ich ein Mann, der zu kämpfen versteht!«

»Ja, ein ganzes Jahr ändert natürlich alles«, bemerkte Roisin leicht spöttisch. »Du wirst dich wohl daran erinnern, dass es in Conwy vor Soldaten gewimmelt hat, als die Burg belagert wurde und wochenlang niemand sein Haus verlassen durfte. Glücklicherweise hatten wir ausreichend Lebensmittel eingelagert und die Hühner, sonst wären wir verhungert. In Caernarvon wurde der Constable der Burg von den Rebellen grausam ermordet, die Burg selbst und die Stadtmauern nahezu zerstört. Schlussendlich waren die Engländer aber stärker. Der Aufstand wurde blutig niedergeschlagen und alle Beteiligten hingerichtet. Es waren Hunderte, die ihr Leben lassen mussten! Nein«, sie schüttelte heftig den Kopf, »das darf niemals wieder geschehen!«

»Beim nächsten Mal werden wir taktischer vorgehen.«

Roisin erschrak. »Wir? Was meinst du mit wir? Edward, du hast dich doch nicht auf eine Sache eingelassen, die uns alle ins Verderben stürzen wird!«

Edward zog die Brauen über der Nasenwurzel zusammen und blaffte: »Was verstehst du schon davon? Du bist nur ein Weib, das keine Ahnung vom Kämpfen hat.«

»Ja, du bist groß und stark, an Mut mangelt es dir sicher auch nicht«, erwiderte Roisin, »wie willst du jedoch kämpfen? Den Walisern ist es verboten, Waffen zu tragen oder überhaupt nur zu besitzen. Bitte, sag nicht, dass du dir heimlich ein Schwert besorgt hast und den Umgang mit ihm übst!«

»Und wenn?« Selbstbewusst warf Edward den Kopf in den Nacken. »Du brauchst nicht alles zu wissen, ich bin erwachsen.« Er seufzte. »Wie kam Vater nur auf die Idee, mir ausgerechnet den Namen des Tyrannen, der sich König von England nennt, zu geben? Ich wünschte, ich könnte ihn ablegen und einen guten, alten walisischen Namen tragen.«

»Edward, hör auf!« Roisin hob abwehrend die Hände. »Deine Worte sind Hochverrat! Man kann dich dafür hängen.«

»Du wirst mich bestimmt nicht verraten.« Entschlossen schob Edward das Kinn vor. »Ich habe keine Angst! Vor nichts und niemandem!«

»Daran zweifle ich nicht«, sagte Roisin leise. »Ich hoffe nur, im Wirtshaus schwingst du keine großen Reden. Wenn Männer betrunken sind, sagen sie schnell etwas, das …«

»Woher willst du das wissen, Schwester?«, unterbrach Edward sie spöttisch lachend. »Gehst du etwa heimlich ins

Wirtshaus? Und deine Erfahrung mit Männern, außer mit mir und mit Vater, ist wohl nicht erwähnenswert.« Er deutete auf Roisins verkürztes Bein und fügte an: »Das wird wohl auch so bleiben. Kein einigermaßen vernünftiger Mann will einen Krüppel zum Weib.«

Roisins Kehle wurde eng. Lavindas Beleidigungen prallten schon lange an ihr ab, dass Edward nun auch in dieselbe Kerbe hieb, verletzte sie zutiefst. Bisher war ihr Verhältnis zwar nicht innig, aber kameradschaftlich gewesen. Edward hatte sie und ihre Steinmetzarbeiten gedeckt, so wie sie jetzt alle im Glauben ließ, er wäre in die Fußstapfen seines Vaters getreten.

Sie musste zweimal schlucken, bevor sie leise sagen konnte: »Mein Bein mag verkrüppelt sein, meine Hände sind es nicht. Wenn ich Vaters Arbeit nicht fortsetzen würde, dann … dann …« Roisin konnte nicht weitersprechen, denn sie wollte vor dem Bruder nicht in Tränen ausbrechen.

»Sei dankbar, dass du das machen kannst«, erwiderte Edward kühl, »was du immer tun wolltest, und dass die Stücke nicht länger auf dem Grund des Flusses landen. Vater ist auf dem Weg der Besserung, und beim nächsten Jahrmarkt wird sich Mutter neues Tuch kaufen können. Für alle Beteiligten ist es die perfekte Übereinkunft, also beklag dich nicht.«

»Was geschieht, wenn du nach Caernarvon gehst?«, fragte Roisin. »Dort wirst du selbstständig arbeiten müssen.«

»Du meinst, man wird schnell merken, dass ich keine Begabung habe?«

»Das habe ich nicht gesagt!«

»Aber gedacht.« Edward presste die Lippen zusammen, dann wechselte er das Thema: »Sind die Rosetten fertig?«

»Sie sind in der Holzkiste in der Werkstatt.«

»Ich haue mich bis zum Sonnenaufgang aufs Ohr«, fuhr Edward fort. »Ich rate dir, endlich hier aufzuräumen, bevor Mutter herunterkommt.«

Nachdem sich die Tür hinter Edward geschlossen hatte, sank Roisin auf einen Hocker. Sie zitterte am ganzen Körper. Der Bruder hatte plötzlich eine Seite gezeigt, die ihr bisher fremd gewesen war. Der schlechte Einfluss seines Freundes und der reichliche Biergenuss ließen ihn so reden, vermutete Roisin. Wenn er seinen Rausch ausgeschlafen hatte, würde er sein Verhalten bestimmt bereuen. Sie wusste nicht, was sie mehr entsetzt hatte: Edwards Bemerkungen über die Engländer und die Behauptung, die Waliser würden sich ein weiteres Mal gegen die Besatzer erheben und er wolle seinen Beitrag dazu leisten, oder sein hässliches Verhalten ihr gegenüber. Er brauchte sie doch! Dass ausgerechnet eine Frau zur Ernährerin der Familie geworden war, musste Edward zutiefst demütigen. Hatte er sich deswegen einer Gruppe von Verschwörern angeschlossen, um zu beweisen, dass er ein ganzer Mann war? Oder waren es nur großmäulige Reden gewesen? Nate, Edwards sechs Jahre älterer Freund, dessen Vater das Wirtshaus *Silver Dragon* gehörte, traute Roisin durchaus zu, heimlich Waffen zu kaufen und Männer daran auszubilden. Den bulligen Wirtssohn mit dem Stiernacken hatte sie noch nie gemocht und ging ihm stets aus dem Weg. Das war nicht schwer, denn nur Frauen mit zweifelhaftem Ruf suchten die Schenken der Stadt auf. Roisin hatte nie verstanden, warum Edward ausgerechnet mit Nate befreundet war. Der Mann ging keiner Rauferei aus dem Weg, und die tief liegenden grauen Augen unter der vorspringenden Stirn schauten immer etwas einfältig.

Roisin seufzte. Alles Grübeln brachte sie nicht weiter. Den Gedanken, dem Vater von Edwards verräterischen Worten zu erzählen, verwarf sie so schnell, wie er gekommen war. Elian war schon immer stolz auf seinen Sohn gewesen, selbst dann, als Edward kaum Interesse an der Steinmetzarbeit gezeigt hatte. Der Vater würde keine Kritik gelten lassen und

Roisin vorwerfen, sie sei nur neidisch, weil Edward endlich Verantwortung übernehme.

Roisin holte Wasser aus dem Ziehbrunnen hinter dem Haus, erhitzte es und wusch die benutzten Schalen und Becher ab. Danach fegte sie den Boden aus gestampftem Lehm so heftig aus, als könnte dieser etwas für Vaters Unfall und Edwards Wesensveränderung.

4.

Ausgiebig streckte Edward seine Glieder, gähnte ungeniert, ohne sich die Hand vor den Mund zu halten, dann furzte er und atmete erleichtert auf.

»Liebster …« Eine Hand tastete über Edwards bloße Brust. »Du warst wieder großartig.«

»Ich weiß.« Rüde schob Edward erst die Hand, dann den nackten Leib der Frau zur Seite, schwang die Beine aus dem Bett und setzte sich auf die Kante. »Du sollst mich nicht Liebster nennen«, wies er sie zurecht. »Wir sind kein Liebespaar, ich bezahle dich, damit du nett zu mir bist.«

»Unter Umständen würde ich auch umsonst …«

»Schlag dir das ganz schnell aus dem Kopf.«

Seine Worte schreckten sie nicht ab, ihre Arme umschlangen ihn von hinten. Fest drückte sie ihre prallen Brüste gegen Edwards nackten Rücken. »Wie wäre es mit einer neuen Runde?«, flüsterte sie neckisch. »Es ist noch früh.«

Er griff an ihre Handgelenke und bog ihre Arme zur Seite. »Nicht jetzt.«

»Warum?«, fragte sie schmollend. »Gefalle ich dir nicht mehr?«

Edward grinste, wandte den Kopf und musterte die nackte Frau ungeniert. Sie war nicht mehr jung, einige Jahre älter als Edward, eine pralle Schönheit mit festen, schweren Brüsten, runden Hüften und einem ausgeprägten Hinterteil. In ihren dunkelblonden Haaren zeigte sich noch keine graue Strähne. Idris wohnte im *Silver Dragon* und schenkte jedem Mann ihre Gunst, der sich diese entsprechend kosten ließ.

»Du weißt, ich bin verrückt nach dir«, schmeichelte Edward mit einem Blick, der Steine erweichen könnte. »Auch wenn mich jede Nacht mit dir eine Menge Geld kostet.«

»Ach, mein Penny!« Fordernd streckte sie eine Hand aus.

Aus dem Beutel, den Edward am Vorabend achtlos auf den Bettvorleger geworfen hatte, fischte er eine Münze und warf sie Idris zu. Geschickt fing sie das Geldstück auf, lächelte kokett und drückte es zwischen ihre üppigen Brüste. Edward lachte. Er angelte nach seinen Beinlingen und dem Hemd und schlüpfte hinein.

»Bring mir ein Bier, Brot und etwas Käse«, forderte er die Hure auf.

Idris kletterte auf der anderen Seite aus dem Bett und hüllte sich in ein weites, hellbraunes Gewand, das perfekt mit der Farbe ihrer Augen harmonierte. Dann tappte sie barfüßig aus der Dachkammer. Aus dem Krug goss sich Edward Wasser in eine Schüssel, wusch sich das Gesicht, dann kleidete er sich vollständig an. Obwohl er und Idris sich in der vergangenen Nacht dreimal geliebt hatten, fühlte er sich frisch und ausgeruht wie nach einem stundenlangen Schlaf. Die Regentropfen, die auf das Dach prasselten, minderten nicht seine gute Stimmung. Im *Silver Dragon* war Idris das einzige Weib, dessen Dienste Edward regelmäßig in Anspruch nahm, nicht jedoch die Einzige in der Stadt. Am anderen Ende, gleich neben dem südlichen Tor, suchte er oft auch die Gesellschaft von einem noch jungen Mädchen mit einem zierlichen, knabenhaften Körper und einem engelsgleichen Gesicht mit blauen Augen. Die Frauen waren grundverschieden, denn Edward liebte die Abwechslung.

Idris brachte das Frühstück. Edward schickte sie aber fort,

als sie Anstalten machte, sich zu ihm zu setzen. Er hatte gerade einen kräftigen Schluck Bier getrunken, als sich die Tür öffnete und sein Freund in die Kammer kam. Er sah auf die zerwühlten Bettlaken und grinste anzüglich.

»Idris ist jeden Penny wert«, stellte Nate fest. »Du musst vorsichtig sein, Eddy! Ich fürchte, sie hat ein Auge auf dich geworfen und verspricht sich mehr als hin und wieder eine Liebesnacht.«

Edward prustete laut los. »Da befindet sie sich mächtig auf dem Holzweg! Ich habe nicht die Absicht, zu heiraten, und wenn, dann bestimmt keine Hure, die für jeden die Beine breit macht, der ihr eine Münze zusteckt. Womöglich schiebt ihr noch jemand einen Braten in die Röhre.«

»Idris kennt Mittel und Wege, es zu verhindern.« Nate nahm den zweiten Stuhl, drehte ihn um, setzte sich, legte die Arme um die Lehne und sah Edward skeptisch an. »Du hast dich doch unter Kontrolle?«, fragte er. »Wenn es heiß zugeht, kann ein Mann schon mal vergessen zu schweigen.«

»Ach, Nate!« Edward winkte ab. »So gut kann keine Frau im Bett sein, dass ich meinen Verstand verliere. Was ist mit deinem Vater? Wird er nicht misstrauisch, wenn so viele Fremde kommen?«

»He, Eddy, das hier ist ein Gasthaus!« Nate lachte. »Wir leben von den Fremden. Und vom Keller kann ich meinen Vater fernhalten. Seine Knie sind kaputt. Er ist froh, wenn er nicht die steile Treppe hinuntersteigen muss.« Nate beugte sich vor. »Wir brauchen aber mehr Geld«, flüsterte er. »Der Lieferant will mehr haben. Er sagt, er ginge ein großes Wagnis ein.«

Edward nickte. »Wenn man ihn erwischt, wird er hängen. So wie wir alle.«

»Das Joch der Besetzer ein für alle Mal abzustreifen, ist jedes Risiko wert«, erwiderte Nate grimmig. Seine Hände ballten sich zu Fäusten. »Ich hoffe, du besinnst dich nicht plötzlich anders, mein Freund. Schließlich profitiert dein Vater von den Engländern und dem Wahn des Königs, die Küste von Wales in eine riesige Festung zu verwandeln.«

»Das ist wohl wahr«, stimmte Edward zu. »Und an der mächtigen Anlage in Caernarvon wird noch viele Jahre, wenn nicht gar Jahrzehnte, gebaut werden. Trotzdem möchte ich nicht länger in der Knechtschaft der Engländer leben.« Mit dem Handrücken fuhr sich Edward über die Stirn, seufzte und fuhr fort: »Ob Vater jemals wieder den Stein behauen kann, ist fraglich. Aus diesem Grund bin ich derzeit nicht flüssig. Wir müssen jede Münze sparen.«

Auch der Freund seufzte. »So leid es mir tut, dass Elian so schwer verletzt wurde, der Unfall zeigt, wie wenig wert wir den Engländern sind. Oder hat sich jemand bei deinem Vater entschuldigt oder ihm gar eine Entschädigung angeboten?« Eine Antwort Edwards war nicht nötig. Nate fuhr fort: »Wie geht es jetzt mit euch weiter, wenn Elian nicht mehr arbeiten kann? Müsst ihr das Haus räumen?«

»Keineswegs«, erwiderte Edward kühl. »Ich habe die Aufträge meines Vaters übernommen.«

»Du?« Nates Augen weiteten sich. »Von eurem Handwerk verstehe ich nichts, will ich auch nicht. In den letzten Jahren ist mir aber entgangen, dass du Lust oder Begabung für das Steinmetzen zeigst. Du wirst dir doch nicht deine zarten Fingerchen ruinieren wollen.«

Edward setzte sich aufrecht hin, streckte das Kinn vor und sagte von oben herab: »Du unterschätzt mich, Nate, und wirst sehen, dass ich meine Familie gut ernähren werde, sollte Vater dazu nicht länger in der Lage sein.«

»War nicht so gemeint, Kumpel«, lenkte Nate ein. »Wenn du nur deine hässliche Schwester verheiraten könntest! Eine Esserin weniger. Aber die will ja niemand.« Er kniff ein Auge zu, mit dem anderen musterte er Edward. »Roisins Gebrechen … Kann es nicht sein, dass sie nicht mehr lange lebt?«

»Du weißt doch, dass sie so geboren wurde«, antwortete Edward. »Sonst ist sie bester Gesundheit. Darüber bin ich froh, denn ich wünsche niemandem einen frühen Tod.«

»Außer den dreckigen Engländern«, ergänzte Nate.

»Außer den dreckigen Engländern«, wiederholte Edward. Er reichte Nate den Krug. Nachdem der Freund getrunken hatte, nahm Edward einen langen Schluck und sagte: »Vor uns liegt noch ein langer, steiniger Weg. Ein neuer Aufstand muss gut geplant werden. Nicht so dilettantisch wie beim letzten Mal. Mit Knüppeln und Schaufeln können wir die Soldaten nicht besiegen, und unsere Männer müssen gut ausgebildet sein.«

»Wir haben Zeit und werden nichts überstürzen«, raunte Nate. Er stand auf und schlug Edward kameradschaftlich auf die Schulter. »Eines Tages werden unsere Namen als die Befreier des walisischen Volkes verewigt werden. Noch in hundert Jahren wird man sie voller Ehrfurcht nennen.«

Diese Euphorie teilte Edward zwar nicht, wollte dem Freund aber nicht widersprechen. Wie viele Soldaten allein in Conwy und Caernarvon stationiert waren, von den anderen Landesteilen ganz abgesehen, wussten sie nicht. Es mussten Tausende sein. Bestens ausgebildete Kämpfer in stabilen Rüstungen und mit geschmiedeten Schwertern aus Stahl. Dann noch die Bogen- und Armbrustschützen, die auf Hunderte von Yards ihre Ziele trafen. Dagegen waren sie bisher nur etwa vier Dutzend Männer, vorrangig Bauern und Handwerker.

»Bingham will in ein paar Wochen, wenn der Frühling anbricht und die Wege wieder frei sind, die nächste Lieferung bringen«, sagte Nate.

»Können wir dem Mann trauen?«, fragte Edward. »Immerhin ist er Engländer.«

Nate schnaubte. »Ein Engländer, der von seinen Landleuten schändlich verraten wurde! Er hat sein Leben aufs Spiel gesetzt und im Kampf ein Auge verloren. Als Lohn bekam er einen Fußtritt ins Elend. Kein Wunder, dass er auf die Engländer nicht gut zu sprechen ist.«

Edward nickte verstehend. Bingham, sie kannten ihn nur unter diesem Namen, war ein früherer Soldat, der nach seiner Verwundung aussortiert worden war. Die Hintergründe, warum Bingham Beziehungen zu Waffenschmieden hatte, waren Edward nicht genau bekannt. Nate meinte, je weniger Leute Bescheid wussten, desto besser. Edward vertraute seinem älteren Freund.

Bisher war Bingham zweimal nach Conwy gekommen, getarnt als Bierlieferant. Nur steckten in der Hälfte der Fässer nicht der köstliche Gerstensaft, sondern Kurzschwerter und Armbrüste, die jetzt im Keller des *Silver Dragon* lagerten. Was ihnen fehlte, war ein Gelände, auf dem sie die Männer im Umgang mit den Waffen schulen konnten. Östlich von Conwy lag ein Hügel, auf dessen Kuppe noch die Überreste einer uralten Festung zu erkennen waren. Das wäre ein perfekter Platz. Immer wieder ging Nate in der Gegend herum, um auszukundschaften, ob die Soldaten hier patrouillierten. Offenbar war das nicht der Fall. Trotzdem zögerten Nate und Edward, die Kumpane zu dem Ort zu bestellen, zumal sie sich tagsüber würden treffen müssen, was ein weiteres Risiko barg. Bei Dunkelheit mit Schwertern und Armbrüsten zu üben, machte wenig Sinn.

Nate wandte sich zum Gehen. Edward zögerte, dann bat er den Freund: »Sag Idris, sie soll noch mal heraufkommen.«

Wissend zog Nate eine Augenbraue hoch. »Du stehst wieder im vollen Saft.« Es war eine Feststellung, keine Frage.

»Da meine Schwester mir sowieso Vorwürfe machen wird«, erwiderte Edward grinsend, »weil ich die ganze Nacht fort war, kann ich es noch etwas auskosten.«

»Wieso lässt du dir von dem Krüppel Vorschriften machen?«, fragte Nate.

Edward zuckte mit den Schultern. »Roisin ist halt meine ältere Schwester. Keine Sorge, Nate, gängeln lasse ich mich von keinem Weib. Allerdings will ich auch keinen Ärger. Durch Vaters Unfall haben wir sowieso genügend Probleme.«

Nate zwinkerte Edward zu. »Ich sage Idris Bescheid. Sie soll gleich einen neuen Krug Bier mitbringen.«

Nachdem der Freund gegangen war, entledigte sich Edward wieder seiner Kleidung. Vielleicht war es nicht recht, Roisin mit allem allein zu lassen, aber – verdammt noch mal! – sie war nur eine Frau! Er war alt genug, seine Nächte wo und mit wem er wollte zu verbringen, ohne irgendjemandem Rechenschaft ablegen zu müssen.

5.

In diesem Jahr hatte Petrus ein Einsehen. Bereits Mitte März schmolz der Schnee, und an manchen Tagen schien die Sonne frühlingshaft. Mit einem erneuten Wintereinbruch war zwar noch mal zu rechnen, aber allein, dass es nicht länger frostkalt war, hob die allgemeine Stimmung. In den letzten drei Tagen hatte es ununterbrochen geregnet und alle Wege in Schlammpfützen verwandelt. Selbst mit den hohen Trippen drang der Schmutz in Roisins Schuhe, wenn sie in die Stadt ging, um Besorgungen zu machen.

An ihrem Tagesablauf hatte sich nichts geändert, die Abende und halbe Nächte verbrachte sie in der Werkstatt. Niemandem fiel es auf, dass Roisin an Gewicht verloren hatte, denn während des Winters gab es wenig Nahrhaftes auf den Tellern. Auch auf die dunklen Schatten unter ihren Augen wurde Roisin nicht angesprochen. Hauptsache, im Haus ging alles seinen gewohnten Gang.

Nächste Woche kam wieder der Markt nach Conwy. Lavinda sprach von nichts anderem, als sich endlich neue Wollstoffe und bunte Bänder zu kaufen.

»Ich laufe ja herum wie die Bettelweiber draußen am Fluss«, jammerte sie. »Roisin, du musst einen Riss in meinem blauen Kleid flicken. Mach es so, dass es nicht gleich jedem ins Auge sticht. Die Leute sollen nicht denken, dass wir uns in Lumpen kleiden müssen.«

Von einem Lumpen war Lavindas Kleid weit entfernt, dachte Roisin, und erwiderte: »Ich kümmere mich heute Nachmittag darum.«

Es störte niemanden, dass Roisins Kleider mehrmals geflickt waren. Sie brauchte keine feinen Gewänder. Ihre Skulpturen, die Edward nach wie vor gut verkaufte, brachten zwar einen regelmäßigen Verdienst ein, den größten Teil musste Roisin aber für Feuerholz und Lebensmittel ausgeben. Der Baumeister hatte Edward zwar als Elians Nachfolger anerkannt, aufgrund seiner Jugend erhielt er aber wesentlich weniger Lohn als der Vater. Im *Silver Dragon* vertrank und verspielte Edward viele Münzen, und Elian forderte nun wieder den täglichen Krug Bier. Regelmäßig wurde von Nate ein Fass geliefert, wofür der Wirtssohn einen Extrapenny verlangte. Als Roisin bemerkte, Edward könne das Fass selbst aus dem *Silver Dragon* mitbringen, hatte der Bruder empört reagiert und spitz bemerkt: »Ich bin doch nicht dein Laufbursche, Schwester!« Die zusätzlichen Kosten störten Edward offenbar nicht.

Elian Talwyn war nahezu wieder gesund, konnte das Bett verlassen und nahm an den gemeinsamen Mahlzeiten in der Küche teil. Das stellte Roisin und Edward jedoch vor ein Problem.

»Junge, in den letzten Monaten hast du gute Arbeit geleistet und ganz auf dich gestellt uns alle ernährt«, sagte Elian während des Frühstücks. »Es wird jedoch nicht schaden, wenn ich mich nun wieder in der Werkstatt nützlich mache. Es gibt bestimmt eine Menge zu tun, wobei ich dir behilflich sein kann.«

»Du willst mir auf die Finger sehen?« Edward verharrte mit dem Löffel auf dem Weg zum Mund. »Ich komme sehr gut allein zurecht«, fügte er hastig hinzu. Für Roisin zu hastig, aber Elian schien Edwards Schrecken nicht zu bemerken.

»Es gibt noch vieles, das du von mir lernen kannst. Mit

diesen Händen ...«, Elian hob die Arme und sah traurig auf das, was von seinen Fingern übrig geblieben war, »werde ich nie wieder den Stein bearbeiten können, aber mein Kopf ist in Ordnung. Ich werde dir Ratschläge geben, wie du unsere Kunst verbessern kannst. Du kannst es weit bringen, mein Junge.«

Edwards Kinnlade fiel nach unten. Mühsam presste er hervor: »Das ist sehr freundlich, Vater.«

Elian nickte zufrieden. Zum ersten Mal seit dem Unglück wirkte er vergnügt. »Lass uns gleich beginnen. Woran arbeitest du gerade?«

»Äh ...« Edwards Wangen färbten sich rosa.

»An einem gebogenen, über zwei Armlängen reichenden Lorbeerornament für das Gemach der Königin«, sprang Roisin dem Bruder bei.

»Wer hat dich denn gefragt?«, bemerkte Elian unwillig. »Hast du meine Krankheit etwa ausgenutzt, dich wieder in der Werkstatt rumzutreiben?«

»Roisin sieht mir manchmal zu«, warf Edward ein. Er und Roisin tauschten, von den Eltern unbemerkt, einen beschwörenden Blick. »Dagegen ist doch nichts einzuwenden, Vater.«

»Das ist mal wieder typisch für das faule Ding«, rief Lavinda. »Anstatt sich um die Wäsche und das Essen zu kümmern, lungert der Krüppel in der Werkstatt herum. Kein Wunder, dass wir immer mehr verwahrlosen.«

»Das ist nicht wahr!«, ereiferte sich Roisin. »Das Haus ist einwandfrei sauber, jeden Tag gibt es zwei warme Mahlzeiten, und es nicht meine Schuld, dass du ständig deine Kleider zerreißt, weil du unachtsam bist.«

Lavinda stützte sich mit den Handflächen auf die Tischplatte und stemmte sich hoch. »Was fällt dir ein, so mit mir zu reden, du undankbares Ding? Wo wärst du denn heute, wenn ich euch nicht in mein Haus aufgenommen hätte?«

»In dein Haus?« Die Nachricht überraschte Roisin. Sie erinnerte sich zwar, dass der Vater, Edward und sie nach dem Tod der Mutter schnell in dieses Haus gezogen waren, aber nicht, dass es Lavinda gehört hatte.

»Edward, wir gehen!« Elian stand auf. »Ich habe keine Lust, zwei zänkischen Weibern zuzuhören. Tochter, eines lass dir gesagt sein: Du solltest deiner Mutter mehr Respekt entgegenbringen. Da keine Aussicht besteht, dass du jemals heiraten und uns für immer auf der Tasche liegen wirst, musst du mehr Dankbarkeit zeigen, dass Edward dich von seinem schwer verdienten Geld ernährt.«

Ach, ich würde so gern heiraten und ganz weit fortgehen, lag es Roisin auf der Zunge. Dann hätte Edward mächtig was zum Erklären, und Lavinda müsste sich wirklich in Lumpen hüllen. Aber sie schwieg. War es die Zuneigung, die sie trotz allem dem Vater und dem Bruder entgegenbrachte? Sie waren schließlich ihr Fleisch und Blut. Wäre es nur um Lavinda gegangen, hätte Roisin längst die Wahrheit offenbart.

Sichtlich unbehaglich verließ Edward hinter Elian das Haus. Zu gern hätte Roisin heimlich beobachtet, wie der Bruder vor den Augen des Vaters an dem Ornament arbeiten würde. Die Girlande war etwa zur Hälfte fertiggestellt. Hoffentlich verdarb Edward nicht den Stein, sodass Roisin in der kommenden Nacht alles wieder in Ordnung bringen musste. Sie befürchtete, der Vater würde schnell bemerken, wie ungeschickt sich Edward anstellte.

Mit der Stiefmutter allein fragte Roisin: »Was meintest du, dass es damals dein Haus war?«

Lavinda lächelte überlegen. »Hat Elian dir nie erzählt, was geschah, als Edward geboren wurde?«

Roisin schüttelte den Kopf und gab zu: »Ich habe auch nie danach gefragt. Meine Erinnerung an den Tag, an dem wir in Conwy eintrafen, ist beinahe verblasst. Ich weiß nur noch, dass meine Mutter plötzlich starke Schmerzen bekam, sich unter Schreien wand und wenig später tot war.«

»Es ist ganz einfach.« Lavinda verschränkte die Arme vor der Brust und lehnte sich zurück. »Kaum waren Elian und deine Mutter in der Stadt angekommen, bekam deine Mutter ihr Kind. Edward tat seinen ersten Schrei und deine Mutter ihren letzten Atemzug. Sie verblutete inmitten des schlammigen Drecks der Straße. Es grenzte an ein Wunder, dass der Junge überlebte. So stand Elian da: mit einem kleinen, verkrüppelten Mädchen und einem Säugling, der nach Milch schrie. Glücklicherweise war ich zur Stelle. Ich hatte eine Ziege, die gute Milch gab, ein Haus und eine Werkstatt im Hinterhof. Mein Mann war wenige Wochen zuvor gestorben. Er arbeitete ebenfalls in der Burg, deren äußere Mauern gerade fertiggestellt worden waren. Nach seinem Tod hätte ich das Haus verlassen müssen.«

Roisin nickte verstehend. »So kamen Vater, Edward und ich zu dir.«

»Für alle Beteiligten war es das Beste«, fuhr Lavinda fort. »Dein Bruder war versorgt, und Elian konnte die einstige Schreinerwerkstatt für seine Steinmetzarbeiten nutzen. Schnell erhielt er auch Arbeit in der Burg.«

So aufgeschlossen hatte Lavinda nie zuvor zu Roisin gesprochen. Es war gut, nun die Wahrheit zu wissen. Sie hatte sich immer gefragt, warum Elian so kurz nach dem Tod der Mutter wieder geheiratet hatte. Roisin war erleichtert zu erfahren, dass es eine zweckmäßige Verbindung gewesen war. Das machte ihr Lavinda zwar nicht sympathischer, und die Vorstellung, was ohne deren Hilfe mit ihnen geschehen war, war unangenehm, nun aber verstand sie, warum der Vater forderte, sie möge freundlich zu Lavinda sein.

»Danke, dass du es mir gesagt hast«, sagte sie, es gelang ihr sogar ein unbeschwertes Lächeln. »Ich gehe jetzt einkaufen.«

Huldvoll, als sei sie die Königin, hob Lavinda eine Hand und winkte zur Tür. »Du kannst gehen. Trödle aber nicht wieder herum. Du bist sowieso langsam wie eine Schnecke.«

Tief sog Roisin die frische Luft ein. Sie roch nach Salz und Tang und den ersten Anzeichen des Frühlings. Am Ende der Gasse, in dem ihr Haus lag, kam ihr eine Frau entgegen. Sie trug einen Umhang aus dunkelrotem Wollstoff, auf den schwarzen Haaren eine gleichfarbige Kappe. Ihre Augen waren veilchenfarben, standen aber etwas zu eng beisammen.

Sie trat Roisin in den Weg, musterte sie abschätzend und sagte: »Ich suche Edward Talwyn, den Steinmetz. Er soll hier irgendwo sein Haus haben.«

Roisin deutete über ihre Schulter zurück in die Gasse. »Das vierte Haus auf der linken Seite. Warum willst du ihn sprechen?«

Unwillig runzelte die Fremde die Stirn. »Das werde ich kaum einer Magd erklären. Und sprich mich gefälligst gebührend an.« Sie strich über den feinen Stoff ihres Umhanges und fügte hochmütig hinzu: »Mein Vater ist der erste Schreiber des Stadtvogts und hat dementsprechend Einfluss.«

Roisin zog eine Augenbraue hoch. »Das ändert natürlich alles, edle Dame. Ein Schreiber ist eine wirklich bedeutende Persönlichkeit.« Der Fremden entging der Spott völlig. »Soviel ich weiß, arbeitet Edward zusammen mit seinem Vater in der Werkstatt. Ihr findet diese im Hof hinter dem Haus.«

Ohne ein Wort des Dankes drängte sich die Fremde an Roisin vorbei und schritt davon. Roisin fragte sich, was die Frau von ihrem Bruder wollte. Auf den ersten Blick war sie recht ansprechend, in ihren Augen lag aber ein Ausdruck, der Roisin nicht gefallen hatte.

Am Hafen war der erste Ansturm abgeflaut und die besten Fische bereits weg. Roisin bekam aber noch einen fetten

Wolfsbarsch. Ein paar Häuser weiter kaufte sie Zwiebeln und Lauch. Das würde ein schmackhaftes Mittagessen für alle geben. Langsam humpelte Roisin die Gasse entlang, die am Kirchhof vorbeiführte und an einer Seite von einer übermannshohen Steinmauer begrenzt war. Sie musste aufpassen, in dem Schlamm nicht das Gleichgewicht zu verlieren. In Conwy waren bisher nur die beiden breiten Straßen von Ost nach West und von Süd nach Nord gepflastert worden. Da hörte Roisin das Getrappel mehrerer Hufe hinter sich. Sie drehte sich um. Fünf Schlachtrösser preschten auf sie zu, die Reiter in den Farben des Königs Rot und Gold gekleidet. Sie machten keine Anstalten, ihre Pferde zu zügeln. Bis zum Ende der Gasse, wo es wieder breiter wurde, konnte Roisin nicht mehr gelangen, bevor die Reiter sie einholen würden. Mit einem Satz sprang sie auf den Kirchhof und strauchelte. Keinen Augenblick zu spät, sonst wäre sie von den Hufen der Rösser zermalmt worden. Wie gelähmt lag Roisin im Matsch. Die Ritter des Königs hätten sie gnadenlos niedergeritten und ihren Tod in Kauf genommen. Edwards verräterische Worte gegen die Engländer waren nicht völlig aus der Luft gegriffen. Für sie waren die Einheimischen lediglich Arbeitskräfte, ihr Leben zählte nicht viel. Niemand hätte die Reiter angeklagt oder gar verurteilt.

Die Nässe durchdrang Roisins Rock, und sie fror. Mühsam rappelte sie sich auf die Knie. Da schob sich eine Hand vor ihre Augen.

»Ist Euch etwas geschehen?«

Roisin hob den Kopf. Ein Mann sah sie besorgt an. Dankbar nahm Roisin seine Hilfe an und kam auf die Füße.

»Ich danke Euch, Sir.«

Er lächelte, feine Fältchen in den Augenwinkeln.

»Ich bin kein Sir, nur ein Kaufmann.« Er sprach ein fast schon geschliffenes Englisch ohne den typischen Akzent der

Gegend. »Geht es Euch gut? Vom Ende der Gasse habe ich den Vorfall beobachtet, war aber zu weit entfernt, um einzuschreiten.«

»Was hättet Ihr auch tun können?«, fragte Roisin und seufzte. »Sich den Schlachtrössern in den Weg werfen? Dann wären wir jetzt beide tot.«

Sein Lächeln wurde bitter. »Bei uns im Süden ist die Präsenz der königlichen Truppen gering. Man sieht nur selten einen Ritter des Königs.«

»Ich danke Euch«, wiederholte Roisin. Sie sah an sich herunter. Ihr Rock war schmutzig und an der Seite eingerissen. Dann suchte Roisin den Korb. Bei ihrem Sprung war er ihr aus der Hand gefallen und in einem Busch gelandet. »Oh, nein!« Sie stöhnte. Die Lebensmittel waren herausgefallen und lagen verstreut im Matsch.

»Ihr könnt den Fisch abspülen und säubern«, sagte der Fremde. »Mit reichlich Zwiebeln und Lauch in heißer Asche gegart, wird der kleine Zwischenfall nicht zu schmecken sein.«

»Ihr seid nicht nur Kaufmann, sondern auch Koch?«

»Das möge Gott für die, die ich bekochen würde, verhüten«, rief er lachend. Er kniff ein Auge zu und musterte sie mit dem anderen. »Ich freue mich, dass Ihr wieder lachen könnt. Soll ich Euch nach Hause begleiten?«

»Das ist nicht nötig«, wiegelte Roisin ab. »Mein weiterer Weg führt nicht wieder an den Reitwegen der königlichen Ritter vorbei.«

Er nickte und half Roisin, die Lebensmittel einzusammeln. Der Fisch sah wirklich nicht gut aus. Da die Händler am Hafen inzwischen geschlossen hatten und Roisins Geld sowieso nicht für einen neuen Kauf ausreichte, musste sie eben mit ihm vorliebnehmen.

»Einen angenehmen Tag wünsche ich Euch«, sagte der Fremde und ging in Richtung der Burg davon. Roisin sah ihm nach. Sein hüftlanges, dunkelbraunes Wams war mit Pelz verbrämt, seine ockerfarbenen Strümpfe makellos sauber, und an den dunklen Lederschuhen trug er silberne Schnallen. Augenscheinlich machte er als Kaufmann gute Geschäfte. Der Schrecken über die Reiter saß Roisin zwar noch in den Knochen, dennoch fühlte sie sich beschwingt. Sie war es nicht gewohnt, so freundlich behandelt zu werden. Obgleich ihre schlichte Kleidung auf eine niedrige Herkunft hinwies, hatte er seine Hilfe angeboten. Sollte ihm ihre Behinderung aufgefallen sein, hatte er sich nichts anmerken lassen.

Roisin beeilte sich, nach Hause zu gelangen. Beim Sturz hatte sie sich ihre gesunde Seite geprellt, die zusätzlich schmerzte, so hinkte sie stärker als sonst und war froh, als ihr Haus in Sicht kam. Sie hoffte, Lavinda würde wieder im Bett liegen und Roisins schmutzige Kleidung und den desolaten Zustand der Lebensmittel nicht bemerken. Ihr Wunsch wurde nicht erhört, denn in die Küche hielten sich nicht nur Lavinda, sondern auch der Vater und Edward auf. Der Bruder kauerte auf dem Hocker, den Kopf gesenkt, und starrte auf seine Fußspitzen. Der Vater hatte einen unnatürlich geröteten Kopf und die Lippen zu einem schmalen Strich gepresst.

Roisin vermutete sofort, dass der Vater bemerkt hatte, dass nicht Edward, sondern sie die Rosetten angefertigt hatte. Schnell stellte sie den Korb in die Vorratskammer neben dem Kamin, damit niemand das Malheur mit den verschmutzen Lebensmitteln bemerkte, und wappnete sich dem nun kommenden Donnerwetter.

»Wo hast du dich wieder herumgetrieben?«, blaffte Lavinda, nachdem Roisin wieder zu ihnen getreten war.

»Keine Sorge, Mutter«, antwortete sie mit trockener Kehle. »Das Essen wird pünktlich auf dem Tisch stehen.«

»Essen!«, brüllte der Vater los. »Als ob ich jetzt ans Essen denken könnte! Es ist ungeheuerlich!« Er beugte sich vor und knuffte Edward gegen die Schulter. »Was hast du dir dabei gedacht, Junge? Wie konntest du uns nur so in Verruf bringen?«

Roisin wurde es immer unbehaglicher zumute. Sie versuchte, Edwards Blick einzufangen, aber der Bruder starrte weiterhin zu Boden. Da sich des Vaters Zorn gleich auch über sie ergießen würde, überlegte Roisin, was sie zu ihrer und Edwards Verteidigung anführen sollte. Es lag ihr bereits auf der Zunge, zu fragen: »Was hätten wir denn tun sollen, um unsere Existenz nicht zu verlieren?«, als Elian zornig fortfuhr:

»Hast du deine Stimme verloren, Sohn? Nicht, dass es irgendetwas gibt, das die Sache auch nur ansatzweise entschuldigt, aber ich will wenigstens hören, dass es dir leidtut.«

»Was ändert das?«, warf Lavinda ein. Sie war weniger aufgebracht als Elian und wirkte auf Roisin eher niedergeschlagen als zornig. »Es ist nun mal geschehen, und Edward muss die Konsequenzen tragen.«

»Der Junge ist noch keine zwanzig Jahre alt«, erwiderte Elian, »und verbaut sich seine Zukunft. Denk doch nur an den Auftrag in der großen Burg von Caernarvon! Wenn du fort bist, soll sich deine Mutter wohl um das Balg kümmern, oder wie stellst du dir das vor?«

Roisins Augen weiteten sich. Sie verstand zwar noch nicht den Grund für Vaters Zorn, offenbar ging es aber nicht um ihr und Edwards Geheimnis.

»Ich muss nicht unbedingt nach Caernarvon gehen«, murmelte Edward. »In Conwy gibt es genügend Arbeit.« Er sah seinem Vater in die Augen und fuhr entschlossen fort: »Ich liebe Melyn nicht. Sie ist ein hübsches, nettes Mädchen, aber ich war nur zwei- oder dreimal mit ihr zusammen. Und ich bin nicht der Einzige, dem sie ihre Gunst geschenkt hat.«

»Sie behauptet, du bist der Vater«, stellte Lavinda sachlich fest. »Natürlich wirst du Melyn Argall heiraten! Es ist ein anständiger Zug von dem Mädchen, zuerst zu uns zu kommen und dir die Möglichkeit zu geben, sie zu heiraten, bevor ihr Vater von der Schwangerschaft erfährt. Ein Zerwürfnis mit dem Stadtvogt könnte unsere Existenz vernichten.«

»Argall ist zwar nur der Schreiber des Vogts«, entgegnete Elian, »übt aber bestimmt Einfluss auf ihn aus. Und der Vogt steht in engem Kontakt zum König.«

»Was, wenn ich nicht der Vater bin?«, fragte Edward. »Das könnte nämlich durchaus sein, wie ich euch eben zu erklären versuchte. Soll ich etwa den Bastard eines anderen aufziehen? Von Anfang an wollte Melyn mich als Ehemann, aber ich habe ihr nie Hoffnungen gemacht.«

»Wenn eine Frau mit einem Mann das Lager teilt«, warf Lavinda spitz ein, »dann nur, wenn sie berechtigte Hoffnung auf eine Ehe hat. Wenngleich es vor dem kirchlichen Segen eine Sünde ist, wissen wir alle, dass viele Paare nicht abwarten, bis sie vor dem Altar stehen.«

»Dagegen ist auch nichts einzuwenden«, bemerkte Elian. Seine Wangen hatte wieder die normale Farbe angenommen. »Junge, für diese … Bedürfnisse gibt es spezielle Frauen! Ich dachte, du wüsstest das. Aber ausgerechnet die Tochter eines hochgestellten Beamten …«

»Melyn wollte es selbst!«, brauste Edward nun auf. »Sie hat es darauf angelegt, mir Ketten anzulegen.«

»Ist das nicht merkwürdig?«, fragte Roisin aus dem Hintergrund. »Auch wenn ein Steinmetz ein angesehener Handwerker ist und gutes Geld verdient – die Tochter eines Schreibers hat doch bestimmt Aussicht auf eine bessere Partie …«

»Wer hat dich um deine Meinung gebeten?«, fuhr Lavinda Roisin an. »Das ist eine Sache zwischen deinem Vater, Edward und mir.«

Roisin trat einen Schritt zurück und schwieg. Ihre Erleichterung, dass der Vater ihre Arbeit in der Werkstatt nicht entdeckt hatte, verbarg sie. Sie erinnerte sich an die Frau, die sie nach Edward gefragt hatte. Das musste die besagte Melyn Argall gewesen sein. Zweifelsohne war sie hübsch. Wahrscheinlich war sie aufrichtig in Edward verliebt, was Roisin ihr nicht verübeln konnte. Er war ein schmucker Bursche, äußerlich würden sie ein schönes Paar abgeben.

»Natürlich muss ein Junge seine Erfahrungen machen«, sagte Elian, »dann aber auch zu den Konsequenzen stehen.« Er legte die Stummel seiner Hände auf die Tischplatte und stemmte sich halb aus seinem Stuhl hoch. Sein Blick bohrte sich in Edwards Augen. »Du wirst das Mädchen heiraten und ihr die Schande eines unehelichen Kindes ersparen.«

»Ich stimme deinem Vater zu«, bemerkte Lavinda mit schmalen Lippen. »Mag es dein Balg oder das eines anderen sein – du wirst es nie mit Bestimmtheit wissen. Wenn ich darüber nachdenke, könnten wir aus einer verwandtschaftlichen Verbindung zum Stadtvogt durchaus Vorteile ziehen.«

»Wo sollen wir leben?«, wandte Edward ein. »Das Haus ist viel zu klein …«

»Fürs Erste werdet ihr in der hinteren Kammer schlafen«, antwortete Elian. »Es ist sowieso Zeit, dass du, Lavinda, wieder in mein Bett kommst, jetzt, da ich gesund bin. Wenn das Kind geboren ist, werden wir einen Raum anbauen.«

»Der Schreiber ist sicher bereit, seinen Schwiegersohn zu unterstützen«, sagte Lavinda.

Elian sah seine Frau anerkennend an. »Das ist ein guter Gedanke, Weib! Wir dürfen aber nichts überstürzen. Noch hat Argall einer Heirat nicht zugestimmt.«

»Warum sollte er Einwände gegen die Ehe erheben?« Lavinda lachte spöttisch. »Edward übt einen angesehenen Beruf aus, er kann lesen und schreiben und ist auch sonst nicht dumm. Bevor der Schreiber seine Tochter der Schande aussetzt, wird er jeden Burschen, der sie heiraten will, mit offenen

Armen begrüßen.« Sie stützte das Kinn in eine Hand und seufzte. »Wenn Roisin endlich heiraten und das Haus verlassen würde, wäre das Problem des Platzes gelöst.«

»Nein, Roisin muss bleiben!«, begehrte Edward auf.

»In der Tat ist Roisin alt genug, um einen eigenen Hausstand zu gründen«, sagte Elian nachdenklich. »Leider bin ich nicht in der Lage, einen Mann für das Mädchen zu kaufen, denn ohne klingende Münze wird niemand einen Krüppel zur Frau nehmen.«

»Ich werde Melyn nur heiraten, wenn Roisin in diesem Haus bleibt«, beharrte Edward.

»Bisher hatte ich nicht den Eindruck, dass dir das Schicksal deiner Schwester so sehr am Herzen liegt«, warf Lavinda spöttisch ein.

»Wer soll denn den Haushalt führen?«, fragte Edward herausfordernd. Er hatte zu seiner üblichen Selbstsicherheit zurückgefunden. »Melyn ist nicht daran gewöhnt, zu kochen und die Wäsche zu waschen, denn ihr Vater beschäftigt eine Magd. Wenn das Kind geboren ist, muss sie sich um das Baby kümmern.«

»Wenn ich darüber nachdenke, muss ich Edward zustimmen«, sagte Lavinda. »Auf Roisin können wir tatsächlich nicht verzichten. Da sie sowieso in der Küche schläft, nimmt sie nicht viel Platz ein. Geld, um eine Magd zu bezahlen, haben wir ja leider keines.«

Elian nickte zustimmend. »Trotz des lahmen Beins kümmert sie sich zufriedenstellend um den Haushalt. Du, Edward, wirst künftig aber zwei Personen mehr satt bekommen müssen. Sprich so bald wie möglich mit dem Zunftmeister. Castellmare wird dir weitere Aufträge besorgen. Nach Conwy kommen immer mehr vermögende Engländer und bauen innerhalb der Stadtmauer neue Häuser. Für einen guten Steinmetz fällt da stets Arbeit an.«

»Das werde ich, Vater«, stimmte Edward zu. »Hauptsache, du schickst Roisin nicht fort.«

Die Erleichterung stand ihm ins Gesicht geschrieben.

Elian seufzte. »Was denkt ihr denn von mir? Ich werde meine Tochter doch nicht vor die Tür setzen! Sie versteht sich gut in der Krankenpflege, so jemanden kann man immer im Haus gebrauchen.«

»Ich bin auch nicht gesund«, warf Lavinda ein. »Das Mädchen lässt es zwar an Respekt mangeln, aber schlussendlich tut sie ihre Pflicht.«

Roisin hatte das Gespräch schweigend verfolgt.

»Edward, du suchst noch heute den Schreiber Argall auf und bittest ihn um die Hand seiner Tochter«, befahl Elian. »Danach gehst du zum Priester. Die Hochzeit soll kommenden Sonntag sein.«

»So schnell?«, fragte Edward.

»Worauf warten?«, fragte Elian. »Soll deine Braut etwa mit dickem Bauch vor den Altar treten? Die Leute werden sowieso reden, manche können auch rechnen, aber man kann das Kind dann immer noch als Frühgeburt ausgeben.«

»Kann ich nicht zuerst essen?«, fragte Edward. Augenscheinlich wollte er die Sache so lange wie möglich hinauszögern. »Ich habe Hunger.«

Elian hieb auf den Tisch. »Du tust, was ich dir sage, Junge, und vermassle es nicht, sonst lernst du mich kennen!«

»Ja, Vater.« Edward stand auf, nahm seinen Umhang und verließ mit schleppenden Schritten das Haus.

Roisin empfand Mitleid mit dem Bruder. Dass Edward eine seiner Geliebten geschwängert hatte, überraschte sie nicht. Früher oder später hatte es passieren müssen. Sie wusste, dass sein Zögern, das Mädchen zu heiraten, nicht allein darauf beruhte, dass er keine tieferen Gefühle für Melyn hegte. Wenn Edward verheiratet, seine Frau und das Kind in diesem Haus lebten, würden für ihn die ausschweifenden Nächte in den Schenken wohl Vergangenheit sein. Ein größeres Problem indes war, wie es gelingen sollte, dann auch vor Melyn zu verbergen, dass er seine Arbeiten von Roisin machen ließ.

»Mein Kopf tut wieder so weh!« Lavinda presste eine Hand gegen ihre Schläfe. »Elian, der ständige Ärger mit deinen Kindern wird mich noch frühzeitig ins Grab bringen.«

»Übertreib nicht derart«, blaffte Elian. »Du kannst mich nicht dafür verantwortlich machen, dass Edward jedem Rock nachsteigt. Jetzt muss er eben die Konsequenzen tragen.«

Lavinda stand auf und wankte zur Tür, als hätte sie ein schweres Leiden. »Es ist alles viel zu viel für mich, ich muss mich hinlegen.«

»Edwards Arbeiten hingegen sind tadellos«, sagte Elian hörbar stolz. »Die Lorbeerrosette hätte ich nicht kunstfertiger gestalten können.«

»Sagtest du nicht immer, dein Sohn ließe es an der Fertigkeit fehlen?«, fragte Lavinda unter dem Türsturz. »Noch vor ein paar Monaten warst du besorgt, weil Edward einen Stein nach dem anderen verdorben hatte und kaum etwas von dem, was du ihm gezeigt hast, umsetzen konnte.«

Elian winkte ab. »Ach, er war nur faul. Mein Unfall hat ihn wachgerüttelt und zum Mann gemacht. Einem Mann, der bereit ist, Verantwortung für eine Familie zu tragen. Edward ist jung, stark und gesund. Er wird in meine Fußstapfen als erster Steinmetz treten und genügend Geld verdienen, um uns alle zu ernähren.«

Lavinda seufzte, verzog dann schmerzverzerrt das Gesicht und schloss die Tür hinter sich.

»Hilf mir, Tochter«, sagte Elian und stand auf. »Ich muss etwas erledigen.«

Roisin nahm seinen wollenen Umhang vom Haken, legte ihn dem Vater um die immer noch breiten und kräftigen

Schultern und band die Kordel vor seiner Brust zu. Mit seinen verstümmelten Fingern war Elian dazu nicht mehr in der Lage. Kein Wort des Dankes kam über seine Lippen. Er verließ das Haus, ohne zu sagen, wohin er gehen wollte.

Sie holte den Korb hervor, säuberte den Fisch und schnitt das Gemüse klein. Seit dem Unglück war alles gut gegangen, jetzt kamen neue Probleme auf die Familie zu. Zwei zusätzliche Personen zu versorgen, deren Wäsche zu waschen und für sie zu kochen, würde Roisins Zeit noch mehr beanspruchen. Zeit, die ihr für die Steinmetzarbeiten fehlen würde. Obwohl sie mit Edwards künftiger Frau nur kurz gesprochen hatte, konnte sich Roisin des Gefühls nicht erwehren, dass ihr Melyn keine große Hilfe im Haushalt sein würde. Aber sie wollte niemanden vorschnell verurteilen. Sie musste abwarten, wie sich die Dinge entwickelten.

6.

Roisin erwachte durch ein klägliches Jammern. Nach ihrem Gefühl hatte sie sich erst vor Kurzem auf ihr Lager in der Küche gelegt. Es war noch dunkel, nur das Glimmen der Holzscheite im Kamin spendete ein wenig Licht. Das Jammern ging jetzt in ein lautes Schreien über. Roisin stand auf und nahm den Säugling aus der Holzwanne, die auf einem niedrigen Tisch neben dem Kamin stand. Sie drückte das Bündel an sich und hauchte einen Kuss auf die rosige Stirn.

»Ich weiß, es tut weh. Gleich wird es besser werden.«

Sie legte das Baby zurück in die Wanne, entzündete am glimmenden Feuer einen Holzspan und mit ihm die Kerze. Aus dem Regal nahm Roisin eine kleine Dose und tauchte den Zeigefinger in die gelartige Substanz. Mit ihr rieb sie den zarten Oberkiefer des Kindes ein. Inzwischen weinte der Kleine so sehr, dass sein Gesichtchen dunkelrot war. Den Vorgang wiederholte Roisin noch zweimal. Endlich wurde das Baby ruhiger, wimmerte aber immer noch vor sich hin.

Die Küchentür öffnete sich. »Kannst du nicht dafür sorgen, dass er still ist?«, blaffte Melyn, dann gähnte sie ausgiebig. »Deine Mutter und ich brauchen schließlich unseren Schlaf.«

»Ellis zahnt, das schmerzt eben«, erwiderte Roisin. »Ich habe seinen Kiefer mit Salbei eingerieben. Wenn das Baby bei dir wäre, würde es vielleicht ruhiger sein.«

Melyn sah zum Fenster und tat, als hätte sie Roisins unterschwelligen Vorwurf nicht gehört. Inzwischen färbte sich der Himmel in einem hellen Grau. »Ich lege mich wieder hin«, sagte sie. »Wenn du schon wach bist, kannst du ja alles für das Frühstück herrichten. Und sieh zu, dass das Haus sauber ist, schließlich kommt Edward heute zurück.« Sie wandte sich ab. An der Tür zögerte sie, drehte sich nochmal um und fügte hinzu: »Ich hoffe, du bekommst heute in der Stadt eine gepökelte Speckschwarte. Die mag Edward am liebsten.« Dann verklangen ihre Schritte auf der Treppe nach oben.

Roisin beschloss, sich nicht mehr hinzulegen. Schlaf würde sie keinen mehr finden. Die Salbe hatte geholfen, denn das Baby war jetzt ruhiger, aber noch wach. Sie tunkte den Zipfel eines Lappens, den sie täglich auswusch, in die kleine Dose und steckte ihn dem Kleinen in den Mund. Sofort begann Ellis daran zu nuckeln.

»Schlaf wieder ein«, flüsterte sie und strich dem Baby über die noch gerötete Wange. »Deine Mama hat dich ganz bestimmt lieb.«

Es war vielleicht eine Lüge. Roisin konnte Melyns Gefühle für ihr Kind nicht einschätzen. Seit der kleine Ellis auf der Welt war, zeigte Melyn nur geringes Interesse an dem Jungen. Schlussendlich war Edward dann doch mächtig stolz gewesen, einen Sohn und Erben gezeugt zu haben, und hatte das Ereignis zwei Tage und Nächte lang im Gasthaus gefeiert. Die Frage, ob Ellis wirklich seinen Lenden entsprungen war, wurde nie wieder aufgeworfen. Die Geburt war schnell und leicht gewesen. Nach Einsetzen der ersten Wehen hatte es nur wenige Stunden gedauert, bis das Baby da gewesen war. Trotzdem war Melyn drei Wochen im Bett geblieben, um sich von den Strapazen zu erholen. Roisin wusste, dass viele Frauen es schwerer hatten. Erst letzten Monat war das Weib des Radmachers vier Tage lang in den Wehen gelegen und hatte dann ein totes Kind zur Welt gebracht. Trotzdem hatte die Frau einen Tag später wieder ihren Haushalt versorgt. Ihren Sohn hatte Melyn zwar gestillt, aber Roisin hatte dabei das Glücksgefühl in ihrem Gesicht vermisst. Die Schwägerin hatte das Stillen als lästige Pflicht empfunden und war froh gewesen, als die Milch in ihren Brüsten versiegte und der Junge mit Brei gefüttert werden konnte. In ihrer Haltung war sie von ihrer Schwiegermutter bestärkt worden.

»Endlich jemand, der mich versteht«, hatte Lavinda bald nach der Hochzeit und Melyns Einzug ins Haus mit einem zufriedenen Lächeln gesagt. »Über meine Krankheit macht sich Melyn nicht lustig, im Gegenteil, sie zeigt Verständnis und hilft mir, wo sie kann.« Lavindas Blick war abschätzend auf Roisin gerichtet gewesen. »Melyn denkt eben nicht nur an sich selbst, wie es andere in diesem Haus tun.«

Roisin fiel es immer schwerer, Ruhe zu bewahren. Lavinda und Melyn – zwei Frauen, die sich gesucht und gefunden hatten. Nicht nur, dass Melyn im Haushalt so gut wie keinen Finger rührte. Wie Lavinda dachte auch die Schwägerin nur daran, wie sie das von Edward verdiente Geld so schnell wie möglich wieder ausgeben konnte.

Dem Hof zugewandt hatte Edward einen schmalen Anbau mit einer eigenen Feuerstelle errichtet. Dort schliefen er und Melyn, wenn Edward zu Hause war. Sonst hatte Melyn ihr Nachtlager in Lavindas Zimmer aufgeschlagen, was gerade über die Wintermonate sinnvoll gewesen war, um Holz zu sparen. Elian, Roisins Vater, schlief immer noch allein in seiner Kammer. Ob es ihn störte, dass sein Weib die Nächte nicht länger mit ihm teilte, konnte Roisin nicht einschätzen. Seit dem Unfall hatte er sich verändert. Das Wissen, seine Familie nicht länger ernähren zu können und auf die Hilfe anderer angewiesen zu sein, hatte Elian unzufrieden und reizbar gemacht. Inzwischen verlangte er bereits am Morgen nach einem Krug Bier. Bis zum Abend kamen gut und gern vier oder fünf zusammen. Nicht selten fiel Elian sturzbetrunken ins Bett und verließ es selten vor dem Mittag des folgenden Tages. Für seinen Enkelsohn hatte er keinen Blick. Das Kind war schließlich der Grund, warum zwei Personen mehr durchgefüttert werden mussten. Über den Winter hatte Lavinda an wiederkehrenden Erkältungen gelitten, zusätzlich zu ihren ständigen Kopfschmerzen, und die meiste Zeit im Bett verbracht. So war Roisin quasi zur Mutter von Ellis geworden. Offenbar konnte sie gut mit Kleinkindern umgehen. Wenn der Junge griente, wurde er schnell wieder ruhig, wenn Roisin ihn auf den Arm nahm, ihn wiegte und sanfte Melodien an seinem Ohr summte. Lavinda ließ keine Gelegenheit verstreichen, um zu sticheln: »Kein Wunder, dass du den Jungen verhätschelst. Eigene Kinder wird du schließlich nie bekommen.«

Melyn hatte in dieselbe Kerbe geschlagen. »Ach, lass sie doch, Mutter. Das arme Mädchen hat ja sonst nichts, wofür es sich zu leben lohnt.«

Nein, ich habe nichts, außer für euch die Magd zu spielen, dachte Roisin. Und dafür zu sorgen, dass Edward regelmäßig Geld nach Hause bringt. Manchmal war sie kurz davor, die Wahrheit herauszuschreien, wessen Hände es waren, die die Familie ernährten. Fortzugehen und die anderen ihrem Schicksal zu überlassen, konnte Roisin nicht in Erwägung ziehen. Wohin sollte sie gehen? Wovon leben? Für eine Frau gab es nur zwei Möglichkeiten: Entweder sie heiratete und schuf ihren eigenen Hausstand, oder sie blieb bei ihrer Familie. Da Ersteres für Roisin niemals Wirklichkeit werden würde, hatte sie keine Wahl, als zu schweigen und ihre Arbeit zu tun.

Edward hatte den Auftrag des Vaters, die Gemächer in der Burg in Caernarvon auszustatten, übertragen bekommen. Die Zunft hatte zunächst zwar Zweifel wegen seiner Jugend gehabt, sich aber schließlich von den hervorragenden Arbeiten überzeugen lassen. Der königliche Baumeister James of

St. George persönlich hatte Edward die Urkunde ausgestellt, in beiden Städten arbeiten zu dürfen. So reiste Edward, sofern es das Wetter zuließ, regelmäßig von Conwy nach Caernarvon. Zwischen den Städten herrschte ein reger Warenverkehr. Daher fand Edward immer jemanden, der ihn für ein paar Münzen auf dem Wagen mitnahm. Der Bau der riesigen Burganlage in Caernarvon schritt rasch voran, und für die Steinmetze gab es jede Menge zu tun. Edward schlief zusammen mit dem Lehrling eines anderen Steinmetzes in deren Kammer vor den Toren der Stadt. Bisher hatte sich niemand daran gestört oder Fragen gestellt, dass Edward bereits fertige Figuren und Rosetten aus Conwy mitbrachte und sie vor Ort lediglich etwas bearbeitete und in die Gemächer einsetzte.

Heute wurde Edward zurückerwartet. In den vergangenen zwei Wochen hatte Roisin zahlreiche neue Stücke aus dem Stein gemeißelt. Die nahezu andauernde Trunkenheit des Vaters spielte ihr ebenso in die Hände wie Lavindas und Melyns Desinteresse an ihr als Person. Hauptsache, das Haus war ordentlich, die Wäsche sauber und das Essen kam pünktlich auf den Tisch. Obwohl mit der Pflege von Ellis eine weitere Aufgabe auf Roisin zugekommen war, empfand sie das Kind nicht als Last. Seine anfänglich blaue Augenfarbe verfärbte sich langsam, der Flaum auf seinem Kopf wurde immer dunkler. Wenn Roisin das Kind intensiv betrachtete, stellte sie eine gewisse Ähnlichkeit mit Melyn fest. Allerdings keine mit ihrem Bruder, doch den Gedanken, Edward könnte nicht Ellis' leiblicher Vater sein, schob sie schnell beiseite. Ellis war erst wenige Monate alt und würde sich noch verändern. Häufig ähnelte ein Kind auch nur einem Elternteil. Es war nicht ihre Angelegenheit. Sie betraf allein Edward und Melyn.

Während Roisin das Baby mit Hafergrütze gefüttert und frisch gewickelt hatte, war es hell geworden. Das Zwitschern der Vögel erfreute Roisin und vertrieb jede Müdigkeit. Der letzte Winter war nicht so hart gewesen wie im Jahr zuvor. Es war schön, wenn nun wieder alles grünte und blühte und die Sonne täglich an Kraft gewann. Roisin ging in den Hühnerstall und sammelte die Eier ein. Auch das Federvieh begrüßte den Frühling, denn es legte ausgesprochen gut. Heute konnte sie neun Eier einsammeln. Fünf brachte Roisin in die Küche, mit den übrigen ging sie zum Nachbarhaus.

»Nia?« Roisin klopfte an die Tür. »Bist du schon wach?«

»Schon lange!«, erhielt sie zur Antwort. »Komm rein, Mädchen.«

Roisin stieß die Tür auf. Ihrer beider Häuser ähnelten sich. Auch hier trat man direkt in die Küche, die ebenfalls über eine gemauerte offene Feuerstelle verfügte. Über den Flammen hing ein Kessel, aus dem es nach gekochtem Kohl roch.

Von einem Bündel Lumpen in der Ecke schoss ein zottliger Hund auf Roisin zu, kläffte laut, stellte sich dann auf die Hinterpfoten und leckte ihr einmal übers Gesicht.

»Ist gut, Jack!« Roisin lachte und kraulte den mittelgroßen Rüden zwischen den Ohren. »Mein Gesicht habe ich mir heute Morgen schon am Brunnen gewaschen.«

»Jack, Platz!«, befahl Nia. Der Hund mit dem langen, graubraunen Fell gehorchte unverzüglich und legte sich wieder auf sein Lager. Seine dunklen, sanften Augen ließen Roisin aber nicht aus dem Blick.

»Heute habe ich vier Eier für dich«, sagte Roisin und legte die Eier vorsichtig in eine Holzschale, die auf dem Tisch stand.

Nia, eine klein gewachsene ältere Frau, nickte zufrieden und deutete auf ein Regal. »Ich habe bereits gemolken. Du kannst den Krug gleich mitnehmen.« Plötzlich verzog sie die Lippen und stöhnte.

»Geht es dir nicht gut?«, fragte Roisin besorgt.

»Seit einiger Zeit plagt mich meine rechte Hüfte«, erklärte

Nia. »In den Nächten ist es am schlimmsten, dann finde ich kaum Schlaf. Aber ich will nicht jammern, Mädchen.« Sie winkte ab und lächelte. »In meinem Alter zwickt und zwackt es eben jeden Tag an anderer Stelle.«

Nia, die Frau des Zimmermanns Seth Corris, war um die fünfzig Jahre alt. Ihr Rücken war bereits gebeugt, ihr Gesicht von Falten durchzogen, aber ihre braunen Augen waren klar und ihr Blick hellwach. Das Paar hielt zwei Milchkühe. Regelmäßig tauschte Roisin die Eier ihrer Hühner gegen frische Milch. Manchmal, wie heute, wenn Roisin früh aufgestanden war, blieb auch Zeit für ein Schwätzchen. Nia war immer schon vor Sonnenaufgang auf den Beinen. Für Roisin war die Nachbarin eine Art mütterliche Freundin, Lavinda hingegen mochte sie nicht, da Nia stets aussprach, was sie dachte. Und ihre Meinung über Lavinda war nicht gerade die beste.

»Du siehst müde aus«, stellte Nia nach einem Blick auf Roisin fest.

»Der Kleine hat unruhig geschlafen«, erklärte Roisin. Ein unbeschwertes Lächeln wollte ihr jedoch nicht gelingen. »Ich danke dir für den Ratschlag, seinen Gaumen mit Salbeiextrakt einzureiben. Ellis nuckelt auch gern an dem Tuch, das ich mit der Tinktur tränke.«

Nia runzelte die Stirn. »Kümmert sich die Mutter eigentlich auch einmal um ihr Kind?«

»Ich mach es gern, Nia.«

»Häng dein Herz nicht zu sehr an das Kind!«, mahnte die Nachbarin. »Eines Tages wirst du fortgehen und dann …«

»Ich werde niemals fortgehen«, unterbrach Roisin und lachte bitter. »Wohin sollte ich gehen? Außerdem braucht mich meine Familie.«

»Sie braucht dich nicht«, erwiderte Nia bestimmt. »Sie nutzt dich aus. Es ist lobenswert, wie du dich seit dem Unfall um Elian kümmerst, aber Lavinda und deine Schwägerin könnten durchaus für sich selbst sorgen. Stattdessen haben die Weiber nur ihr Vergnügen im Kopf und lassen dich die ganze Arbeit tun. Dein Vater ist zum Trinker geworden, es obliegt aber deinem Bruder, ein Machtwort zu sprechen.«

Die direkten Worte nahm Roisin der Nachbarin nicht übel. Im Grunde hatte sie ja recht.

»Es ist nicht einfach, da Edward immer wieder fort ist.« Sie hob den Kopf, schob das Kinn vor und sagte mit einem trotzigen Unterton: »Mein Bruder sorgt gut für uns. Er arbeitet hart und kann erwarten, dass zu Hause alles in Ordnung ist.«

Nia trat näher und berührte für einen Moment Roisins Arm. »Mädchen, keineswegs wollte ich die Leistung deines Bruders schmälern«, sagte sie sanft. »Es heißt, seine Steinmetzarbeiten seien die besten der ganzen Gegend. Ich sehe nur, wie du dich für deine Familie aufreibst und keinen Dank dafür bekommst.«

»Mir geht es gut, Nia, und ich kümmere mich wirklich gern um Ellis.« Für einen Augenblick war Roisin geneigt, der mütterlichen Freundin anzuvertrauen, wer nächtens den Stein bearbeitete. Nia würde es sicher verstehen. Edwards und ihr Geheimnis durfte aber niemals offenbart werden. Roisin nahm den Krug mit der Milch. »Ich muss jetzt gehen.«

»Wenn du jemanden zum Reden brauchst: Meine Tür steht dir immer offen. Du weißt, ich hatte gehofft, dass du und Genthin ...« Sie brach ab. Ihre Augen schimmerten feucht.

»Dein Sohn hat nie mehr als höfliche Worte mit mir gewechselt«, erwiderte Roisin leise. »Außerdem ...« Sie seufzte und sah an sich hinunter.

»Ach, Mädchen, Genthin waren Äußerlichkeiten nicht wichtig. Es hätte nicht lange gedauert, dann hätte mein Sohn erkannt, dass du ihm eine gute Frau geworden wärst.« Nias

Stimme wurde rau, sie schluckte, bevor sie fortfuhr: »Sieben Kinder habe ich geboren. Vier Mädchen und drei Söhne. Einzig Genthin überlebte das Säuglingsalter. Manchmal zweifle ich an Gott, warum er mir auch noch diesen Sohn bei dem schrecklichen Unglück auf der Burg genommen hat. Der Junge hat doch niemandem etwas getan und für alle immer ein freundliches Wort gehabt.«

»So darfst du nicht sprechen«, sagte Roisin voller Mitgefühl. »Bei dem Unfall sind einige aufrechte Männer gestorben oder wurden schwer verletzt.«

Mit dem Handrücken wischte sich Nia über die Augen. »Wie dein Vater, Mädchen. Gut, dass dein Bruder Elians Talent geerbt hat und dessen Arbeit fortsetzt.«

Roisin lächelte, wenngleich etwas gezwungen. »Ja, wir haben Glück gehabt. Ich muss jetzt gehen, Nia. Danke für die Milch.«

Roisin war bereits an der Tür, als Nia ihr nachrief: »Du darfst nicht glauben, dass alle Männer nur auf ein hübsches Äußeres Wert legen. Es gibt viele, denen dein Hinken egal ist, sie sehen dein gütiges Herz.«

»Ein solcher Mann ist mir bisher nicht begegnet«, erwiderte Roisin leichthin. Die Nachbarin meinte es sicherlich gut, die Realität war aber eine andere. Vielleicht gäbe es wirklich einen Mann, der Roisins Energie und Tatkraft schätzte. Sie wollte aber nicht heiraten, nur um versorgt zu sein. Obwohl ... Ein eigenes Kind wäre schön. Ein kleines Wesen, das ganz ihr gehörte, das sie verwöhnen und lieben konnte und das sie so liebte, wie sie war. Derzeit war es Ellis, dem sie all das geben konnte, was sie selbst nie erfahren durfte. Aber der Junge war Edwards und Melyns Kind. Vielleicht hatte Nia recht, und sie sollte ihr Herz nicht zu sehr an Ellis hängen.

In bester Stimmung ließen sich Lavinda und Melyn die gebratenen Eier, das Roggenbrot, bestrichen mit goldgelber Butter, und die frische Milch schmecken.

»Ob Edward wohl wieder viel Geld mit nach Hause bringt?«, fragte Melyn zwischen zwei Bissen.

»Daran ist nicht zu zweifeln«, antwortete Lavinda. »Sein Vater hat Edward unterschätzt. Elian glaubte, sein Sohn wäre ein Taugenichts. Es ist bedauerlich, dass erst der Unfall passieren musste, damit der Junge sein außerordentliches Talent beweisen kann.«

Melyn nickte zustimmend. »Er sagte mir einmal, er habe sich von Vater immer unterdrückt gefühlt. Wenn Elian auf seine Finger gesehen hatte, waren diese wie gelähmt, unfähig, den Stein zu behauen. Ich verstehe von den Sachen ja nichts. Aber niemand kann so schöne Figuren mit menschlichen Gesichtern machen, bei denen man meint, sie würden jeden Moment zum Leben erwachen und zu einem sprechen.«

»Wir können auf Edward sehr stolz sein«, stimmte Lavinda zu, »und von ihm noch Großes erwarten.«

Roisin verschluckte sich an der Milch, von der sie gerade getrunken hatte, und hustete.

»Ist was?«, fragte Lavinda scharf.

»Es geht mir gut, Mutter«, antwortete Roisin sanft.

»In vier Wochen ist endlich der Frühlingsmarkt in Conwy«, wechselte Melyn das Thema. »Vielleicht kommen auch wieder Gaukler und Musiker.«

»Ich denke schon«, erwiderte Lavinda. »Conwy ist eine aufstrebende Stadt. Die Spielleute machen hier gute Geschäfte.« Sie stand auf. »Wir sollten aufbrechen, Melyn. Die Damen lässt man nicht warten.«

Auch Melyn erhob sich. »Ich hole schnell meinen Umhang, Lavinda. Die Luft ist noch recht kühl.«

»Ach, das kann doch Roisin machen.« Lavinda drehte

sich zu ihrer Stieftochter um. »Na los, du hast es gehört. Aber trödle nicht wieder herum. Wir haben es eilig.«

Wenig später verließen Lavinda und Melyn untergehakt das Haus. Roisin wusste nicht, wohin sie gingen und mit welchen Damen sie sich trafen. Es interessierte sie auch nicht. So konnte sie ungestört die Holzschalen am Brunnen im Hof säubern und die Küche aufräumen. Ellis fing wieder an zu weinen. Roisin benetzte seinen Gaumen erneut mit der Salbeitinktur und summte eine Melodie, die sie selbst erfunden hatte. Schnell schlief der Junge wieder ein. Mit Ellis auf dem Arm kletterte sie die Stiege hinauf. Sie konnte sich nur mit einer Hand am Seil festhalten, das als Geländer diente. Mit ihrem Bein war es sowieso schwierig, und der Junge wurde immer schwerer. Der Vater schlief noch. Da es in der Kammer intensiv nach Bier roch, öffnete Roisin das Fenster. Glücklicherweise hatte sich Elian in der Nacht nicht wieder erbrochen. Sie legte Ellis ans Fußende des Bettes.

»Vater!« Sanft rüttelte Roisin an Elians Schulter. »Wach auf.«

Elian grunzte mehrmals, dann öffnete er die Augen.

»Was ist?«

»Du musst eine Weile auf Ellis aufpassen«, sagte Roisin. »Ich muss in die Stadt. Heute Abend kommt Edward zurück, und ich möchte etwas Schmackhaftes kochen.«

Umständlich stemmte sich Elian auf die Ellenbogen. Das Weiße in seinen Augen war rot geädert, und sein Atem roch nach Bier, als er sagte: »Wo ist die Mutter? Ich bin keine Kindsmagd.«

»Melyn und Lavinda sind fortgegangen«, antwortete Roisin. »Dein Enkel ist satt und frisch gewickelt. Das Zahnen macht ihm etwas Probleme, aber ich habe seinen Gaumen eben mit der Tinktur eingerieben. Das wird Ellis für zwei, drei Stunden beruhigen. Länger werde ich nicht fort sein, Vater.«

»Ich will ein Bier.«

»Bevor ich gehe, bringe ich dir noch einen Krug hinauf. Möchtest du auch ein gebratenes Ei, Brot und Käse?«

»Nur ein Bier«, brummte Elian. Er kniff ein Auge zusammen, mit dem anderen musterte er Ellis. »Wenn das Balg bei der Geburt gestorben wäre, hätten wir es einfacher.«

»Vater!« Entsetzt zog Roisin die Luft ein. »Du meinst nicht, was du sagst!«

»Ist doch wahr, Tochter. Weil dein Bruder seinen Schwanz nicht unter Kontrolle hatte, haben wir die Frau und den Jungen am Hals.«

»Es ist nun mal so, wie es ist«, erwiderte Roisin. Elian war noch nie ein besonders einfühlsamer Mann gewesen. Während er früher aber ruhig und in sich gekehrt gewesen war, war seit dem Unglück seine Sprache derb geworden. Roisin schrieb es seiner Verbitterung zu. »Wir sollten Gott danken, dass Ellis ein gesundes, kräftiges Kind ist, und Edward macht eine gute Arbeit. Es geht uns doch gut.«

Elian schien sich zu besinnen, denn sein Blick wurde freundlicher. »Du bist nur ein Weib. Du kannst nicht verstehen, wie schrecklich es ist, von der Mildtätigkeit anderer abhängig zu sein. Mein Leben lang habe ich hart gearbeitet. Jetzt bin ich nur noch nutzlos und eine Last für euch.«

»Ich verstehe dich sehr gut, Vater«, erwiderte Roisin sanft. »Es ist der Lauf der Zeit, dass sich die Kinder um ihre Eltern kümmern, wenn sie alt und krank werden. Du darfst nicht undankbar sein. Bei dem Unglück hättest du ebenso gut dein Leben verlieren können.«

»Es wäre besser gewesen.« Elian hob die Arme und starrte auf seine verkrüppelten Hände. »Das Steinmetzen war für mich mehr als nur Mittel zum Zweck, Geld zu verdienen. Wenn all die Figuren unter meinen Fingern entstanden, fühlte ich mich glücklich und zufrieden. Ich wusste, das, was vor mir lag, würde viele Generationen überdauern. Wenn ich einst im Grab liege, werden meine Figuren immer noch von den Kaminen und Decken auf die Menschen herabsehen.«

Roisin wollte am liebsten sagen: »Oh, Vater! Wie gut ich dich verstehe!«, besann sich aber schnell. Sie machte einen Schritt auf das Bett zu, verharrte dann aber. Den Vater hatte sie noch nie umarmt. Er würde nicht verstehen, warum sie es jetzt tat. »Ich muss gehen«, sagte sie energisch. »Ich beeile mich, dann nehme ich Ellis wieder zu mir.«

Elian brummte etwas Unverständliches. Sein Blick, mit dem er Ellis nun betrachtete, war milder als zuvor.

7.

Hier noch an der Nase feilen, damit der Bogen harmonischer wird, das Oberlid verfeinern und die Wangenpartie rundlicher ausarbeiten … Schnell, trotzdem vorsichtig, glitt die Feile über den Stein. Feiner Staub stieg in Roisins Nase, sie musste unterbrechen, um mehrmals hintereinander zu niesen. Auch ihre Augen brannten und tränten ungewöhnlich stark. Es kam nicht von der Arbeit im schwachen Licht, daran war Roisin gewöhnt. Sie fürchtete, sich erkältet zu haben, denn seit drei Tagen fühlte sie sich unwohl und immer wieder wurde ihr schwindelig. Trotzdem hatte sie ihre Aufgaben gewissenhaft erledigt. Heute fühlte sie sich nun richtig schlecht, und in ihrem Hals war ein Kratzen, das täglich schmerzhafter wurde. Sie sah zu der Kiste, die neben ihr stand. Von ihrem mehrmaligen Niesen war Ellis nicht aufgewacht. Allerdings war sein Schlaf den ganzen Abend über unruhig. Roisin hatte den Eindruck, das Kind fieberte leicht, was beim Zahnen nicht ungewöhnlich war. Sie hoffte, sie hatte den Kleinen nicht angesteckt.

Die Tür der Werkstatt öffnete sich, und Edward trat ein. Unter dem pelzverbrämten, braunen Umhang aus festem Wollstoff trug er eine dunkelgrüne, knielange Tunika, die am Saum mit schwarzem Garn bestickt war, und hellbraune Beinlinge, auf dem wallenden Haar eine flache, grüne Kappe.

»Wie geht es voran?«, fragte und betrachtete die Steinarbeiten auf dem Tisch, seinem Sohn schenkte er keinen Blick.

Edwards Atem roch nach Bier, betrunken war er jedoch nicht.

»Gut.« Roisin zeigte ihm den kleinen Kopf des kindlich anmutenden Engels, an dem sie eben die letzten Unebenheiten abgefeilt hatte. »Zwei Figuren muss ich noch machen. Die Rosette ist bereits vollendet.« Sie deutete auf die Bretter an der Wand, auf denen die fertigen Steinarbeiten lagen.

Er nahm den kindlichen Kopf in die Hand, legte ihn aber schnell wieder hin, als hätte er sich an dem kalten Stein die Finger verbrannt. »Der Gesichtsausdruck ist unheimlich. *Du* bist unheimlich, Schwester.«

»Ich?«

Edward nickte bedächtig. »Das Ding hier … als ob es jeden Moment die Lippen öffnen und zu sprechen anfangen würde.«

Roisin lachte laut auf. »Ach, Brüderchen! Du wirst dich wohl nicht vor einer kleinen steinernen Skulptur fürchten!«

Betont barsch antwortete er: »Ich fürchte mich vor nichts und niemandem.«

»Daran zweifle ich nicht«, bemerkte Roisin trocken. »Gott gab mir diese Gabe. Vielleicht wollte er damit den Makel meiner Behinderung ausgleichen. Auch wenn mein Körper eingeschränkt ist, bin ich doch zu etwas nütze.«

Scharf zog Edward die Luft ein. »Ich habe dir schon einmal gesagt, dass du nicht so sprechen sollst, Schwester! Andere Leute könnten es so auslegen, dass nicht Gott, sondern der Teufel dir das außergewöhnliche Talent gegeben hat. Es ist einfach nicht normal.«

»Es ist nicht normal«, erwiderte Roisin mit einem Hauch von Bitterkeit in der Stimme, »weil ich eine Frau bin. Wurde dir jemals gesagt, deine Arbeiten seien abnormal? Es sei nicht recht, lebensechte Gesichter aus dem Stein zu meißeln?« Wie erwartet schüttelte Edward den Kopf. Sie fuhr fort: »Deine

Skulpturen gelten als die besten, hier und in Caernarvon. Kein anderer Steinmetz bringt es fertig, den Gesichtern so viel Leben einzuhauchen.« Sie zögerte, konnte sich dann aber nicht zurücknehmen und fügte hinzu: »Und dafür wirst du gut bezahlt.«

Edward kniff ein Auge zusammen und musterte seine Schwester. »Willst du mir etwa Vorwürfe machen, dass ...«

Unterbrechend hob Roisin die Hand. »Bitte, lass uns nicht streiten, Edward. Wir sind eine Familie und wir halten zusammen. Vaters Unfall hätte uns an den Rand des Abgrundes bringen können. Mögen meine Fertigkeiten dir unheimlich erscheinen – bisher ermöglichen sie uns allen ein gutes Leben. Wir müssen schließlich auch für deine Frau und deinen Sohn sorgen. Wenngleich wir nicht vermögend sind, mangelt es uns an nichts. Lavinda, Melyn und du seid gut gekleidet, regelmäßig kommt Fleisch und Fisch auf unseren Tisch, und wir können zusätzlich noch ein paar Münzen zurücklegen.«

Edward presste seine vollen, sinnlichen Lippen zu einem Strich. Roisin bereute ihre Anspielung. Es war ungerecht, dem Bruder vorzuhalten, dass ohne sie die Familie am Abgrund stehen würde. Versöhnlich sagte sie: »Es ist alles gut so, wie es ist. Solange niemand hinter unser Geheimnis kommt, besteht kein Grund zur Sorge um die Zukunft.«

Urplötzlich kribbelte es wieder in Roisins Nase. Schnell presste sie ein sauberes Tuch vors Gesicht, dann musste sie so heftig mehrmals niesen, dass sie kaum noch Luft bekam. Als der Anfall vorüber war, schnäuzte sie sich die Nase, wobei sich die Werkstatt um sie herum zu drehen begann und der Boden unter ihr schwankte. Haltsuchend klammerte sie sich an den Tischrand.

»Fühlst du dich nicht wohl?«, fragte Edward. »Deine Augen glänzen, als hättest du Fieber.«

Roisin winkte ab. »Es ist nur der Staub und das Lampenlicht.« Die Halsschmerzen und ihr allgemeines Unwohlsein verschwieg sie. »Vielleicht eine leichte Erkältung«, ergänzte sie und versuchte, unbekümmert zu lächeln. »Seit dem Nachmittag fiebert Ellis ein wenig. Nicht ungewöhnlich für einen Säugling, der zahnt.« Sie deutete auf die Kiste, in der Ellis ruhig auf dem Rücken lag, einen Daumen in sein Mündchen gesteckt. »Wenn ich einen Schnupfen habe, sollte sich Melyn um den Jungen kümmern, damit er sich nicht bei mir ansteckt.«

»Das wird er schon nicht«, wiegelte Edward ab und betrachtete seinen Sohn. »Er sieht völlig gesund aus. Du sagst selbst, dass ein leichtes Fieber üblich ist, wenn ein Kind zahnt.« Er musterte wieder Roisin. »Du darfst jetzt nicht krank werden, Schwester, denn die Ausstattung der königlichen Gemächer der hiesigen Burg soll bis zum Sommer abgeschlossen sein. Deswegen werde ich in Conwy bleiben, denn es gibt viel zu tun. James of St. George ließ mir einen Plan zukommen, welche Ornamente und Figuren in welchen Räumen gewünscht sind.«

»Es wird alles rechtzeitig fertig sein.« Roisin tauchte ein Tuch in eine Schale mit Wasser, wrang es aus und hüllte den Engelskopf darin ein, damit der Stein nicht austrocknete. Dabei zitterten ihre Hände. »Ich fürchte, heute wird mir nichts mehr gelingen. Wenn ich ein paar Stunden schlafe, fühle ich mich morgen bestimmt besser.«

»Es ist noch nicht einmal Mitternacht«, wandte Edward ein. Roisin merkte, wie er innerlich mit sich kämpfte, dann schlug er vor: »Ich kann Ellis in unsere Kammer nehmen, wenn er dich stört.«

»Dein Sohn stört mich nicht«, entgegnete Roisin, jetzt krächzte ihre Stimme und jedes Wort war wie ein Feuerstrahl in ihrem Hals. »Für Ellis wäre es aber zumindest heute Nacht besser.«

Die Hände auf die Tischplatte gestemmt, stand Roisin auf. Der Tisch schien zur Seite zu gleiten und die dahinterliegende Wand kam auf sie zu. Stützend umfasste Edward ihre Hüfte.

»Du scheinst wirklich krank zu sein, Schwester.«

Sein besorgter Tonfall rührte Roisin. Fest auf Edwards Arm gestützt humpelte sie über den Hof und durch die Hintertür in die Küche. Inzwischen schien ihr ganzer Körper in Flammen zu stehen, gleichzeitig war ihr eiskalt. Erschöpft, als hätte sie stundenlang im Steinbruch hart gearbeitet, sank sie auf ihr Lager und wickelte sich in die Decke ein.

»Soll ich dir eine warme Milch machen?«, bot Edward an. Im schwachen Lichtschein erkannte Roisin an seinem Blick, dass er aufrichtig besorgt war.

»Ich möchte nur schlafen«, murmelte sie.

Edward nickte. »Ich lösche die Lichter in der Werkstatt und nehme Ellis zu uns.«

Er zögerte, dann beugte er sich hinunter und küsste Roisin auf die Stirn. Vor Überraschung weiteten sich ihre Augen. Sie konnte sich nicht erinnern, wann der Bruder sie das letzte Mal zärtlich berührt hatte. Ob er sie überhaupt jemals geküsst hatte.

Ihr Kopf fiel zur Seite. Edward hatte die Küche noch nicht verlassen, da war sie bereits eingeschlafen.

»Du hast mein Kind krank gemacht!« Der laute Ruf weckte Roisin. Ihre Lider waren wie Blei und schmerzten, als sie die Augen öffnete. Vor ihrem Lager stand Melyn, die Hände in die Seiten gestützt. »Ellis ist sehr krank!«, rief die Schwägerin. »Sein ganzer Körper ist voller Flecken, und er hat hohes Fieber.«

»Edward geht den Bader holen.« Lavinda schob sich in Roisins Blickfeld. »Ich mag gar nicht daran denken, was der wieder kosten wird.«

»Das Leben deines Enkelsohns wird dir wohl ein paar Pennys wert sein«, giftete Melyn. »Du musst dir eben eine Spitze weniger kaufen.«

»Das musst gerade du sagen«, erwiderte Lavinda bissig. »Wer stolziert denn wie ein eitler Gockel in dem neuen Samtumhang umher?«

Trotz des Gefühls, auf einer Wolke hoch über den zänkischen Frauen zu schweben und sie zu beobachten, dachte Roisin, dass Lavinda und Melyn zum ersten Mal miteinander stritten. Wenn sie gekonnt hätte, hätte Roisin gelächelt. Es kostete sie große Kraft, sich auf die Ellenbogen zu stützen und aufzurichten.

»Ich wollte Ellis nicht anstecken«, presste sie mühsam hervor. Die Halsschmerzen waren besser geworden, aber jetzt juckte und brannte die Haut ihres Oberkörpers.

»Wer macht jetzt das Frühstück?«, fragte Melyn. »Wer sammelt die Eier ein und holt die Milch?«

Lavinda seufzte, als läge alle Last der Welt auf ihren Schultern. »Wie wäre es, wenn du dich darum kümmerst, Melyn? Es sieht alles danach aus, dass sich Roisin wohl einen faulen Tag machen wird.«

»Durst!«, flüsterte Roisin. »Ich habe Durst.«

Lavinda zögerte, dann bequemte sie sich, einen Becher aus dem Wasserfass zu füllen. Sie setzte ihn an Roisins Lippen. Das Wasser war gestern Abend aus dem Brunnen geholt worden und abgestanden, aber es löschte Roisins Durst.

»Noch einen Moment«, bat sie leise, »dann kann ich aufstehen.« Lavinda reichte ihr helfend die Hand. Kaum stand Roisin jedoch auf den Füßen, wurde ihr so schwindelig, dass sie wie ein nasser Sack in sich zusammenfiel und hart auf den Boden aufprallte. Ihr Körper zitterte unkontrolliert.

»Vielleicht ist sie wirklich krank«, raunte Melyn. »Dann hat sie die Krankheit ins Haus geschleppt und Ellis angesteckt.«

Roisin war zu schwach, um zu sagen, dass sie hoffte, Ellis fieberte nur, weil er zahnte. Der Gedanke, sie habe den Kleinen angesteckt, erschreckte sie zutiefst. Sie ahnte, dass es sich nicht nur um eine harmlose Erkältung handelte.

Melyn musste wohl die Eier eingesammelt und wegen der Milch zur Nachbarin gegangen sein, denn plötzlich stand Nia in der Küche. Die ältere Frau kniete sich nieder, legte eine Hand auf Roisins Stirn und musterte sie besorgt.

»Darf ich mir deinen Oberkörper ansehen?«, fragte sie. Schwach nickte Roisin. Nia schob Roisin den Kittel über die Schultern und zog geräuschvoll die Luft ein. »Das Fleckfieber!«

»Woher willst du das wissen?«, fragte Lavinda aus dem Hintergrund. »Du bist kein Bader. Verflixt, wo bleibt der nur? Edward wird wohl wieder im Wirtshaus sein, anstatt Hilfe zu holen.«

»Der Bader ist sehr beschäftigt«, erklärte Nia. »Seit Tagen grassiert das Fleckfieber in der Stadt. Habt ihr davon nichts mitbekommen?« Lavinda und Melyn sahen sich an, beide schüttelten den Kopf.

»Vor vier Tagen war ich das letzte Mal in der Stadt«, sagte Melyn. »Ich habe meinen Vater besucht. Es reißt zwar in seinen Gliedern, sonst fühlte er sich wohl.«

»Seht ihr die Flecken auf Roisins Haut?«, fragte Nia. »Das ist ein deutliches Zeichen für die Krankheit. Was ist mit dem Kind? Hat es auch die Flecken?«

»Ich habe noch nicht nachgesehen«, musste Melyn eingestehen. »Ellis hat allerdings hohes Fieber.«

Nia sah von einer Frau zur anderen. »Es ist wichtig, Roisin in eine Kammer zu bringen, wo sie allein ist. Das Fleckfieber ist ansteckend.«

»Das heißt, ich könnte es auch bekommen?«, kreischte Lavinda. Sie wich bis an die entgegengesetzte Wand zurück.

»Vorhin habe ich Roisin zu trinken gegeben und sie dabei berührt.«

»Oh, Gott! Oh, Gott, beschütze uns«, fiel Melyn jammernd ein. »Werden wir jetzt alle sterben?«

Bevor Nia antworten konnte, kehrte Edward zurück. Hinter ihm betrat derselbe Bader das Haus, der sich nach dem Unglück in der Burg um Elian gekümmert hatte. Er warf einen Blick auf Roisin, die kaum noch bei Besinnung war, und sagte, ohne sie zu untersuchen: »Das Fleckfieber. Wo ist das Kind?«

»Nebenan«, flüsterte Melyn. »Ich fürchte, mein Sohn hat ebenfalls das Fieber.«

»Tja, dann steht es schlecht um ihn«, entgegnete der Bader gefühllos. »Gerade Kinder, die Alten und Schwachen sterben wie die Fliegen. Gibt es noch mehr Kranke in diesem Haus?«

»Ich habe noch nicht nach Vater gesehen«, antwortete Edward und sah zu Lavinda. »Oder hast du es getan?«

Sie schüttelte den Kopf. »Meine Güte, ich kann mich doch nicht um alles kümmern!«

»Macht ihnen kalte Umschläge, damit das Fieber sinkt«, schlug der Bader vor »Und betet. Mehr kann man nicht tun.«

Nia trat vor den Bader. Im Vergleich zu dem großen, kräftigen Heiler wirkte sie wie ein kleines Kind. »Gegen den Ausschlag helfen Lindenblütenauflagen. Die Kranken müssen viel trinken. Am besten verdünnten, lauwarmen Wein.«

»Woher wollt Ihr das wissen?«, knurrte der Bader unwillig.

»Vor drei Jahren hatte meine Nichte das Fleckfieber«, erklärte die Nachbarin. »Ich habe sie gepflegt, und sie wurde wieder gesund.« Sie sah zu Lavinda. »Wenn du einverstanden bist, kümmere ich mich um Roisin und den kleinen Ellis. Da ich mich damals nicht angesteckt habe, werde ich es jetzt wohl auch nicht.«

»Manche sind tatsächlich gegen das Fieber gefeit«, gab der Bader zu. »Führt mich jetzt zu dem Jungen, dann zu Eurem Vater.«

In den nächsten Tagen merkte Roisin nur, dass ihr jemand immer wieder warmen, süßen Wein einflößte und ihren Körper mit kaltem Wasser wusch. In den wenigen klaren Momenten dachte sie an die Skulpturen in der Werkstatt und dass sie Edward im Stich ließ.

»Scht!«, hörte sie eine Stimme an ihrem Ohr. »Es ist alles gut, Roisin. Du kannst jetzt nicht arbeiten. Du musst dich ausruhen, damit du wieder gesund wirst.«

»Ich muss … Edward, er kann nicht …«

»Ich weiß, mein Kind. Ich weiß alles. Wenn du aber am Leben bleiben willst, musst du jetzt nur an dich denken.«

Eines Morgens, die Sonne schien hell durch das kleine Fenster im Anbau, erkannte Roisin die Nachbarin. Nia saß auf einem Schemel neben dem Bett, in dem Edward und Melyn normalerweise schliefen und in dem sie jetzt lag. Der Kopf der älteren Frau war auf die Brust gesunken, und sie schnarchte laut. Roisin war es, als hätte jemand das dichte Tuch, das auf ihrem Gesicht gelegen war, fortgezogen. Ihr Körper brannte und juckte nicht länger. Und sie hatte Hunger! Langsam stemmte sie sich hoch. Es kostete sie viel Kraft, aber die Gliedmaßen gehorchten ihr wieder. Als sie die Beine aus dem Bett schwingen wollte, stieß sie mit dem Ellenbogen gegen den hölzernen Becher, der auf dem Tischchen neben dem Bett gestanden war. Er fiel herunter und rollte über die Dielen.

Das Geräusch weckte Nia. Sie fuhr hoch, blinzelte verschlafen, dann lächelte sie erleichtert.

»Willkommen zurück, Roisin! Wie fühlst du dich?«

»Ich weiß nicht. Schwach, aber ich habe keine Schmerzen. Was ist geschehen?«

Nia stand auf und legte eine Hand auf Roisins Stirn. »Du hast kein Fieber mehr. Der Ausschlag ist schon seit einigen Tagen abgeheilt.« Sie sah Roisin ernst an und erklärte: »Du warst sehr krank, Mädchen. Es war das Fleckfieber. In der Stadt sind viele daran gestorben.«

Roisins Erinnerung kehrte zurück. »Was ist mit Ellis?«, fragte sie bange.

»Ihm geht es gut«, erwiderte Nia. »Bei ihm war das Fieber nicht so stark wie bei dir.«

Erleichtert sank Roisin in das Kissen zurück. Es mutete sie seltsam an, in einem richtigen Bett zu liegen. »Jetzt, da ich wieder gesund bin, darf ich nicht länger die Kammer von Edward und Melyn mit Beschlag belegen. Melyn ist bestimmt furchtbar böse auf mich, weil ich das Fieber ins Haus gebracht habe. Ich muss mich wohl beim Einkaufen angesteckt haben.« Nachdenklich runzelte sie die Stirn und fügte an: »Ich erinnere mich, dass der Fischhändler glänzende Augen und eine triefende Nase gehabt hat.«

»Es kann überall in der Stadt geschehen sein«, erwiderte Nia. »Deiner Schwägerin indes habe ich wohl Unrecht getan. Melyn war völlig außer sich, als bei Ellis die ersten Flecken auftraten. Sie wollte den Jungen sogar selbst pflegen, sah aber ein, dass es besser ist, wenn ich es tue, damit sie nicht auch noch krank wird.«

Roisin sah sich in der Kammer um und fragte: »Wo ist Ellis jetzt?«

»Drüben im Haus«, antwortete Nia. »Melyn und Ellis haben in Lavindas Zimmer geschlafen, sie ist gesund geblieben.« Sie nahm den Becher vom Boden auf, füllte ihn mit Wein aus dem Krug und reichte ihn Roisin. »Der Wein ist zwar kalt, aber ich denke, er wird dir trotzdem schmecken.«

Durstig leerte Roisin den ganzen Becher bis zur Neige, dann fragte sie: »Wie lange war ich krank?«

»Seit deinem Zusammenbruch sind zwei Wochen vergangen.«

»Zwei Wochen! Hast du mich die ganze Zeit über gepflegt?« Nia nickte. »Das kann ich dir niemals vergelten! Du hättest ebenfalls das Fieber bekommen können.«

»Mir geht es gut, ich bin nur etwas müde.«

»Dein Mann wird froh sein, wenn du wieder zu Hause bist. Ich weiß nicht, wie ich dir jemals danken kann, Nia.«

»Indem du dich ausruhst, bis du wieder völlig gesund bist«, erwiderte Nia. »Es ist niemandem damit gedient, wenn du zu früh aufstehst.«

»Ist an dem Fieber jemand gestorben, den wir kennen?«, fragte Roisin.

Ein Schatten fiel über Nias Gesicht. Sie schluckte erst, dann räusperte sie sich. »Es hat keinen Sinn, es dir zu verschweigen, Mädchen, daher sage ich es direkt. Vor zwei Tagen wurde dein Vater beerdigt.«

»Vater?« Roisins Augen weiteten sich. »War er denn auch krank?«

Nia nickte. »Am selben Tag, als bei dir die ersten Flecken erschienen, bekam Elian das Fieber. Ich habe alles versucht, aber … Es tut mir sehr leid, Roisin.«

»Hat er sehr leiden müssen?«

»Er ist einfach eingeschlafen.«

Roisin hatte einen Kloß im Hals, es kamen ihr aber keine Tränen. Die Trauer würde sie wohl erst später einholen, wenn es richtig in ihr Bewusstsein gedrungen war, dass der Vater für immer fort war.

»Was ist mit Edward?«, stellte sie die nächste Frage.

»Deinem Bruder geht es gut. In den vergangenen zwei Wochen hat er viel gearbeitet.«

Roisin wand sich unbehaglich. Hoffentlich hatte Edward nichts von ihren Arbeiten verdorben.

Als hätte Nia ihre Gedanken gelesen, sagte sie leise: »Edward hat es gut gemacht.« Sie setzte sich auf die Bettkante und nahm Roisins Hand. »Keine Sorge, Mädchen, euer Geheimnis ist bei mir sicher aufgehoben.«

»Ich weiß nicht, was du meinst ...«

»Pst!« Nia legte den Zeigefinger der anderen Hand auf Roisins Lippen. »Während deiner Fieberträume hast du gesprochen. Viel Wirres, aber du hast immer wieder gesagt, du musst in die Werkstatt, sonst würdet ihr alle verhungern. Ich mag zwar schon an die fünfzig Winter erlebt haben, aber hier oben«, sie deutete auf ihren Kopf, »ist noch alles wie bei einem jungen Mädchen. Schon lange ahnte ich, wer all die schönen Sachen macht. Die Werkstatt liegt zwar hinten im Hof, vom Obergeschoss unseres Hauses sehe ich aber, dass fast jede Nacht dort das Licht brennt. Auch, wenn dein Bruder fort ist.«

»Aber, aber ...« Roisin suchte nach den richtigen Worten. »Ich helfe meinem Bruder lediglich ab und zu ein wenig. Er hat sehr viele Aufträge, die schafft er nicht allein.«

Nia ließ Roisins Hand los und stand auf.

»Ich hole frisches Wasser, damit du dich waschen kannst«, sagte sie betont burschikos. »Vergiss, worüber wir gerade gesprochen haben. Meine Lippen sind versiegelt.«

In Roisins Kopf schwirrte es wie in einem Bienenstock. Sie wusste nicht, was sie mehr bedrückte: die Nachricht vom Tod des Vaters oder die Erkenntnis, dass Nia Bescheid wusste, was im Hause der Talwyns vor sich ging. Nia konnte sie wohl vertrauen, sie würde ihr Geheimnis bewahren. Und Vater ... Roisin gab sich die Schuld an seinem Tod. Es wies alles darauf hin, dass sie das gefürchtete Fleckfieber ins Haus getragen hatte. Wenn sie jetzt an Elian dachte, dann kamen ihr nur die Erinnerungen an die gute Zeit in den Sinn. Sie bedauerte, oft traurig oder gar zornig auf den Vater gewesen zu sein, weil er sie vor Lavindas Boshaftigkeit nicht in Schutz genommen hatte. Wenigstens hatte er nicht mehr erfahren, dass Edward keineswegs der begabte Steinmetz war, für den ihn alle hielten. Elian war mit Stolz auf seinen Sohn gestorben.

Roisin faltete die Hände, sprach ein stummes Gebet und dankte Gott, dass Ellis überlebt hatte. Wenn das Kind ebenfalls gestorben wäre, hätte sie es sich nie verzeihen können.

8.

Die Arme in die Seiten gestemmt, die Augen zusammen-
gekniffen, beobachtete Meister Castellmare die beiden
Burschen, die das Rippengeflecht auf der Holzschalung an-
brachten. Die Leiter unter ihnen wackelte bedenklich.

»Passt auf, dass ihr nicht abstürzt!«, rief der Zunftmeister.
»Wir wollen keinen weiteren Unfall erleben.«

»Keine Sorge, Meister, ich stehe sicher«, rief einer der jungen Männer.

»Es ist ja nicht tief«, ergänzte der andere. »Und auf dem
Boden liegt Stroh. Uns passiert schon nichts.«

Castellmare nickte, sein Blick richtete sich aber fest auf
die Leiter, an deren Spitze die Burschen standen. Zweieinhalb
Jahre waren seit dem Einbruch des Deckengewölbes vergangen. Bevor es wieder neu errichtet worden war, hatten Castellmare, die Maurer und Zimmermänner die Traglast der Wände
und der mittigen Säule ganz genau berechnet, damit sich ein
solches Unglück nicht wiederholte. James of St. George war
über die zeitliche Verzögerung zunächst verärgert gewesen.

»Der König wird sich wohl in Kürze vermählen«, hatte
der Architekt und zuständige Baumeister gesagt. »Er wird die
neue Königin dann nach Wales bringen wollen, dafür müssen
wir hier sowie in Caernarvon bereit sein. Ich könnte an Euren
Fähigkeiten zweifeln, weil sich die Sache zu lange hinzieht.«

»Bei allem Respekt, Sir«, hatte Castellmare geantwortet,

»aber Ihr wollt bestimmt nicht, dass die Decke ein weiteres Mal einstürzt. Besonders, wenn die neue Königin schlafend in ihrem Bett liegt. Das Fleckfieber hat unter den Handwerkern leider viele Opfer gefordert, sodass gute Leute fehlten. Ich muss die neuen Männer erst anlernen, was oftmals recht mühselig ist.«

St. George hatte schließlich eingesehen, dass Meister Castellmare wahre Worte sprach.

»Tut, was notwendig ist«, hatte St. George gebrummt. »Stellt von mir aus weitere Männer ein, damit die Arbeiten schneller vorangehen.«

Das Gespräch hatte vor rund einem Monat stattgefunden. Seitdem war der königliche Baumeister nicht mehr in Conwy gewesen.

»Meister!« Castellmare wurde aus seinen Erinnerungen gerissen und sah zu dem Rufer hinauf. »Die linke Seite ist fest.«

»Gut! Dann bringt vorsichtig die zweite Strebe an«, erwiderte er.

Ein großer, breitschultriger Mann mit angegrauten Schläfen trat zu ihm, deutete eine Verbeugung an und sagte: »Ich muss mit Euch sprechen, Meister Castellmare.«

»Später, Llewellyn. Ihr seht, ich bin beschäftigt.«

»Es ist wichtig, Meister!«, drängte der andere.

»Ihr werdet warten müssen«, erwiderte Castellmare barsch. »Im Moment ist diese Decke wichtiger als alles andere.«

Stephen Llewellyn, ein älterer Steinmetz, senkte den Kopf und zog sich ein paar Schritte zurück. Seine Miene verriet Unwillen, es blieb ihm aber nichts anderes übrig, als zu warten, bis der Zunftmeister Zeit für ihn hatte.

Die zwei steinernen Streben waren nun sicher befestigt, und die Burschen stiegen von der Leiter. Zufrieden nickte Castellmare.

»In zwei, spätestens drei Wochen, wenn der Mörtel ausgetrocknet ist, können wir den hölzernen Aufbau entfernen.« Abschätzend betrachtete Castellmare die Konstruktion. »Diese Decke wird halten, bis wir alle nicht mehr am Leben sind und darüber hinaus.« Er gab den Burschen einen Wink. »Ihr habt gute Arbeit geleistet. Geht und lasst euch ein Bier geben.«

»Danke, Meister«, riefen die jungen Männer und eilten in der Aussicht auf ein kühles Bier davon.

»So, Llewellyn«, Castellmare wandte sich an den Mann, der ihn sprechen wollte. »Was ist so wichtig, dass es kaum warten kann?«

Llewellyn sah sich im Raum um. Niemand schenkte ihm und dem Zunftmeister Beachtung. Unter seinem grauen Umhang zog er eine unterarmlange Statuette hervor und reichte sie Castellmare. Es handelte sich um eine Marienfigur. In den Armen hielt sie einen Säugling: den Sohn Gottes.

Castellmare betrachtete die Figur in aller Ruhe. »Eine ausgezeichnete Arbeit«, bemerkte er sichtlich beeindruckt. »Die Liebe, mit der die Mutter Gottes ihren Sohn ansieht, ist nahezu greifbar. Und der Faltenwurf des Gewandes perfekt. Eine solche Präzision finden wir sonst nur bei den Holzschnitzern, aber nicht aus Stein gemeißelt.« Er sah Llewellyn fragend an. »Wer hat die Figur gefertigt? Nicht Ihr, oder?«

»Nein.« Llewellyns Lippen wurden zu einem schmalen Strich, zwischen denen er hervorpresste: »Die Statuette soll Edward Talwyn gehauen haben.«

»Eine ausgezeichnete Arbeit«, wiederholte Castellmare, dann stutzte er. »Soll?«

»Deswegen muss ich mit Euch sprechen, Meister.«

»Woher habt Ihr eigentlich die Figur?«, fragte der Zunftmeister. »Hat Edward Sie Euch überlassen?«

»Ich habe sie aus seiner Kiste genommen«, antwortete Llewellyn.

»Ihr habt gestohlen?«

»Natürlich nicht, Meister!«, erwiderte Llewellyn empört. »Ich habe sie mir nur geborgt, um sie Euch zu zeigen.«

»Nun, das habt Ihr jetzt getan.« Castellmare verbarg nicht seine Ungeduld. »Ich habe die Arbeit entsprechend gelobt, und jetzt lasst mich weitermachen, Llewellyn.«

»Meister, ich glaube nicht, dass Edward Talwyn die Madonna aus dem Stein gehauen hat.« Endlich ließ der ältere Steinmetz die Katze aus dem Sack. Schnell sprach er weiter, bevor der Zunftmeister ihn unterbrechen konnte. »Bereits als Elian Talwyn zum Invaliden wurde, präsentierte uns sein Sohn nahezu perfekte Arbeiten. Jetzt, nachdem der alte Talwyn tot ist, scheint Edward von Tag zu Tag besser zu werden. Dabei hat sich der junge Mann zuvor nie für das Steinmetzen interessiert. Elian Talwyn hat mir gegenüber mehrmals seine Sorgen geschildert, dass es seinem Sohn an Fleiß und Talent mangelt.« Llewellyn schnaubte. »Es ist allgemein bekannt, dass Edward seine Zeit lieber in zwielichtiger Gesellschaft in Schenken verbringt.«

Meister Castellmare verstand. Er gab Llewellyn die Madonnenfigur zurück, verschränkte die Arme vor der Brust und musterte den anderen.

»Wir alle waren überrascht, welchen Eifer Edward Talwyn an den Tag legt«, sagte er bedächtig. »Aber der Junge ist erwachsen geworden. Er *musste* erwachsen werden, nachdem sein Vater nicht mehr arbeiten konnte und jetzt tot ist. Die Familie hätte alles verlieren können. Ihr wisst: Keine Arbeit auf der Baustelle, kein Haus vor den Toren der Stadt. So tragisch Elians Verstümmlung und dann sein Tod auch ist – der Junge wurde auf den richtigen Weg gebracht, um seine Familie zu ernähren. Waren nicht Edwards Sohn und seine Schwester ebenfalls von dem Fieber befallen? Gott sei es gedankt, haben beide überlebt.«

Unruhig winkte Llewellyn mit der freien Hand ab. »Bei allem Respekt, Meister Castellmare, aber Ihr scheint mir nicht richtig zugehört zu haben. Meiner Ansicht nach ist es schlichtweg unmöglich, dass Edward Talwyn all die Figuren, Statuetten, Rosetten und filigranen Girlanden selbst macht. Kein Mann kann es binnen so kurzer Zeit zu einer solchen Perfektion bringen.«

»Das ist eine schwerwiegende Beschuldigung«, erwiderte Castellmare kühl. »Eine Beschuldigung, die Ihr besser nicht wiederholen solltet, Meister Llewellyn. Hier in Conwy arbeiten sieben Steinmetze, Ihr und mich eingeschlossen, und wir helfen Edward sicherlich nicht. Oder habt Ihr Wheeler, Bevan und Dodd in Verdacht, dem jungen Mann zu helfen? Wenn ja: Warum sollten sie es tun und nicht selbst das Lob für ihre Arbeiten entgegennehmen?«

»Ich denke nicht, dass Edward von jemandem, den wir kennen, unterstützt wird. Es muss ein Fremder sein.«

Spöttisch hoben sich Castellmares Mundwinkel. »Denkt Ihr nicht, jeder in der Stadt würde sehr schnell erfahren, wenn sich ein Steinmetz mit solch außergewöhnlichen Fertigkeiten hier aufhalten würde?« Er hob die Hand, als Llewellyn etwas einwenden wolle. »Bitte schweigt! Selbst wenn Edward Hilfe hat: Warum sollte der Mann heimlich arbeiten und bewirbt sich nicht selbst? Wir können jeden guten Steinmetz gebrauchen. Dem königlichen Baumeister geht alles sowieso viel zu langsam voran.« Demütig senkte Llewellyn den Kopf. Aber nicht schnell genug, denn Castellmare hatte das unwillige Funkeln in dessen Augen gesehen. »Was habt Ihr eigentlich gegen Edward Talwyn?«, fragte er. »Neidet Ihr ihm seinen Erfolg, weil Ihr aus keiner Steinmetzfamilie stammt?«

»Wollt Ihr mir zum Vorwurf machen«, begehrte Llewellyn auf, »dass mein Vater Metzger gewesen ist und ich erst spät meine Leidenschaft für den Stein entdeckte?«

Beschwichtigend hob Castellmare die Hände. »Keineswegs, Meister Llewellyn! Es ist zwar unüblich, dass ein Sohn nicht dem Handwerk des Vaters folgt, aber Ihr seid ein guter Steinmetz. Ich denke, ich brauche Euch nicht zu schmeicheln, denn das wisst Ihr selbst.« Castellmare drehte den Kopf und deutete auf den Türbogen. »Da kommt Edward. Ihr solltet ihm die Madonna zurückgeben, bevor er bemerkt, dass ihm das Werk …«, er schmunzelte, »entliehen wurde. Oder soll ich es tun?«

»Das wäre sehr freundlich«, antwortete Llewellyn. Das Unbehagen, wie er Edward erklären sollte, die Statuette an sich genommen zu haben, konnte er nicht verbergen.

Castellmare seufzte und streckte die Hand aus. »Gut, gebt die Figur her. Dieses Mal helfe ich Euch noch einmal aus der Klemme. Aber, Meister Llewellyn, lasst Euch gesagt sein: Seht nicht überall Verschwörer und lasst den Jungen in Ruhe.«

Mit der kunstvollen Steinmetzarbeit ging Castellmare Edward entgegen. Dessen Augen weiteten sich überrascht, als er die Statuette in den Händen des Zunftmeisters sah.

»Woher habt Ihr das?«, fragte Edward. »Warum habt Ihr die Figur aus der Kiste genommen?«

»Es ist eine wunderbare Arbeit, Edward«, antwortete Castellmare sanft und ohne eine Erklärung abzugeben. »Nahezu perfekt, vom Gesichtsausdruck der Mutter Gottes bis zu jedem einzelnen Faltenwurf ihres Gewandes. Ihr habt ein außergewöhnliches Geschick.« Castellmare überreichte dem jungen Steinmetz die Madonna. Edward riss sie ihm nahezu aus den Händen und presste sie gegen seine Brust.

»Ich gebe mir Mühe«, sagte er zurückhaltend.

»Das erkenne ich an, Edward«, entgegnete der Zunftmeister. »In Anbetracht Eurer Jugend ist es besonders bemerkenswert. Ich denke, Ihr wisst selbst, dass Ihr die Fähigkeiten Eures Vaters, Gott hab ihn selig, inzwischen übertrefft.«

»Alles, was ich kann, habe ich von meinem Vater gelernt«, erwiderte Edward.

»Nun, man könnte denken, Ihr habt Hilfe.«

Edwards Augenbrauen schossen nach oben. »Hilfe? Wer sollte mir helfen? Vielleicht Gnome, die in den Nächten die Steine behauen? Oder Feen und Elfen?«

»Nehmt es nicht persönlich, Edward«, sagte Castellmare. »Ihr werdet noch lernen, dass Erfolg auch Neid mit sich bringt.«

»Llewellyn!«

Castellmare schwieg, die Antwort stand ihm aber ins Gesicht geschrieben. Schnaubend stieß Edward die Luft aus und fragte: »Kann ich nun weiterarbeiten? Solange es noch hell ist, möchte ich die Figur in der Nische neben der Kapelle mit Mörtel anbringen.«

Castellmare nickte. »Macht sie gut fest. Nicht, dass jemand auf den Gedanken kommt, die Madonna zu stehlen.«

Edward nickte, drehte sich um und eilte zu dem östlichen Portal der Burg, das zu der kleinen Kapelle führte.

Meister Castellmare mochte den Burschen. Sein Vater, Elian Talwyn, war ein wortkarger Mann gewesen, der zwar eine gute Arbeit geleistet hatte, sonst aber wenig gesellig gewesen war. Edward hingegen wirkte, als würde er das Leben leichtnehmen, und begegnete jedem offen und freundlich, dementsprechend wurde er von fast allen gemocht. Das mochte seiner Jugend geschuldet sein, trotzdem hatte Edward einige Schicksalsschläge überwinden müssen. Ein solch heiteres, sorgloses Naturell war wohl von Gott gegeben. Castellmare war es bekannt, dass Edward viel Zeit in Schenken und beim Würfelspiel verbrachte. Solang er seine Arbeit pünktlich, zuverlässig und in so guter Qualität verrichtete, gab es für den Zunftmeister keinen Anlass zu einer Rüge.

9.

Nachdem das Fieber gesunken und die Flecken abgeheilt waren, erholte sich Roisin schnell. Ihr Bein mochte verkrüppelt sein, ihre Konstitution war kräftig. In den nächsten Tagen hatte sie allen Grund, sich über ihre Familie zu wundern. Lavinda hatte sich in ihre Kammer zurückgezogen und sie fünf Tage lang nicht verlassen. Wenn Roisin ihr das Essen brachte, das Lavinda kaum anrührte, waren ihre Augen geschwollen und gerötet. Roisin hatte gedacht, Lavindas und Elians Ehe wäre aus rein praktischen Gründen geschlossen worden, damit die Kinder eine Mutter, ein Dach über dem Kopf und Elian eine Arbeitsstätte hatte, Lavinda hingegen einen Mann, denn als alleinstehende Witwe hatte sie kein Einkommen und hätte das Haus und die Werkstatt an einen Handwerker übergeben und verlassen müssen. Im Stillen leistete Roisin gegenüber der Stiefmutter Abbitte. Sie hatte doch tiefe Gefühle für Elian gehegt, denn ihre Trauer war echt. Am Sonntag, neun Tage nach Elians Beerdigung und als Roisin sie begleiten konnte, ließ Lavinda in der Kirche des einstigen Zisterzienserklosters Aberconwy eine Messe für ihren Ehemann lesen. Seit König Edward das Kloster einige Meilen südlich nach Llanrwst hat verlegen lassen, diente die Kirche den Leuten von Conwy als Gotteshaus. Roisin wusste nicht, wie viel Geld die Stiefmutter dem Priester gegeben hatte. Es musste aber nicht wenig gewesen sein, denn der

Gottesmann sprach mehrere Minuten über Elian Talwyn. Wie üblich in lateinischer Sprache, sodass nur Roisin und Edward verstanden, was er sagte.

Auch Melyn hatte sich verändert. Ellis Erkrankung hatte offenbar Muttergefühle in ihr geweckt. In den Nächten schlief das Kind jetzt bei Melyn und Edward, und die Schwägerin fütterte, wusch und wickelte den Jungen. Gegenüber Roisin verhielt Melyn sich zwar nicht herzlich, aber freundlicher als zuvor. Ihren Vorwurf, Roisin sei für Ellis' Krankheit verantwortlich, wiederholte sie nicht wieder. Roisin arbeitete weiterhin den ganzen Tag im Haushalt und in den Nächten viele Stunden in der Werkstatt – das Verhältnis der Frauen zueinander war nun jedoch entspannt, und Roisin haderte nicht länger mit ihrem Schicksal. Sie sagte Edward nicht, dass Nia Corris wusste, wer für die Steinarbeiten verantwortlich war. Sie konnte der Nachbarin zwar vertrauen, des Bruders Stolz würde es aber verletzen, könnte Nia denken, er sei nicht in der Lage, seine Familie zu ernähren.

Während Roisins Erkrankung hatte Edward die Tage in der Werkstatt verbracht und einige neue Stücke angefertigt. Er hatte das tun müssen, sonst wären Melyn und Lavinda misstrauisch geworden.

Heute Abend, als die anderen zu Bett gegangen waren, kam Roisin zum ersten Mal wieder in die Werkstatt und setzte sich neben den Bruder.

»Hast du in den letzten Wochen Fortschritte gemacht?«, fragte sie.

»Ich habe mein Bestes versucht«, sagte Edward und schob ihr eine Rosette hin, deren geschwungene Bögen krumm und schief waren. »Ich kann es einfach nicht!«

»Du kannst es, du musst es nur ernsthaft wollen.«

Roisin legte eine Hand auf den Arm ihres Bruders. Leider hatten sich ihre Befürchtungen bewahrheitet. Edwards Versuche, den kleinen Skulpturen ansprechende Gesichtszüge zu verleihen, waren mehr als kläglich. Sie ähnelten eher Fratzen als lebensechten Gesichtern.

»Wenn du gestorben wärst, was wäre dann aus uns geworden?«

»Ich bin aber nicht tot«, antwortete Roisin und versuchte, unbeschwert zu klingen. »Ich kann wieder arbeiten. Es ist unser Glück, dass du derzeit lediglich kleinere Aufträge hast.«

In aufwallendem Zorn hieb Edward mit der Faust auf den Tisch. »Ich bin nicht in der Lage, meine Familie zu ernähren! Welch unwürdiges Leben für einen Mann! Es wäre besser gewesen, wenn ich das Fleckfieber bekommen und daran gestorben wäre.«

Schnell legte Roisin eine Hand auf seinen Mund. »Das darfst du nicht einmal denken, Edward!«, sagte sie eindringlich. »Auch Vater haderte mit seinem Schicksal. Wo steht denn geschrieben, dass es immer die Männer sein müssen, die das Geld nach Hause bringen?«

»Das steht in der Bibel«, antwortete Edward mit hochrotem Kopf. »Der Mann wurde geschaffen, um Weib und Kinder zu ernähren.«

»Ach, du kennst du Bibel?«, fragte Roisin spöttisch. »Hast du während meiner Krankheit dein Interesse an der Kirche entdeckt?«

»Die Priester sagen es«, beharrte Edward. »Gott hat die Frauen geschaffen, damit sie Kinder gebären, sie großziehen und ihren Männern den Haushalt führen. Männer sind auch kräftiger. Sie kämpfen, jagen, pflügen und säen oder üben ein Handwerk aus. Alles Arbeiten, für die Frauen rein körperlich nicht fähig sind. Männer ertragen Schmerzen auch besser. Sie heulen nicht sofort los. Außerdem sind unsere Gehirne um ein Vielfaches größer als das von Frauen.«

»Ja, ja, das predigt die Kirche seit jeher.« Roisin hob eine

Augenbraue. »Was jedoch die Schmerzen betrifft, Bruder: Erkläre mir, warum dann die Frauen die Kinder gebären. Ich fürchte, wären es die Männer, hätte kaum eine Familie mehr als ein Kind.«

»Du klingst zynisch, Schwester.« Mahnend hob Edward die Hand. »Weil Eva die Frucht vom verbotenen Baum genascht hat, wurde den Frauen die Qualen der Geburten auferlegt. Für die Sünde müssen sie ewig leiden.« Spöttisch fügte er hinzu: »Es ist bedauerlich, aber du wirst wohl nie den Vorgang einer Geburt erleben.«

»Dessen bin ich mir bewusst«, erwiderte Roisin kühl. »Lass uns die Zeit nicht mit sinnlosen Diskussionen verschwenden. Bis zum Morgengrauen gibt es noch viel zu tun.«

»Noch etwas, Roisin.« Edward räusperte sich. Sie befürchtete eine schlechte Nachricht, was ihr Bruder dann aber sagte, verschlug ihr beinahe die Sprache. »Nächste Woche kommt wieder der Jahrmarkt in die Stadt. Wir sollten ihn gemeinsam besuchen. Ich denke, du könntest Tuch für ein neues Gewand gebrauchen. Vielleicht auch eine Spange für dein Haar oder sonst irgendetwas Schmückendes?«

»Sehr gern würde ich zum Markt gehen«, erwiderte Roisin ungläubig. Von Lavinda war sie nie aufgefordert worden, sie zu begleiten, im Gegenteil, die Stiefmutter wollte nicht, dass man sie zusammen mit einem Krüppel sah. An den Markttagen hatte Roisin zu Hause bleiben müssen. Daher kannte sie das bunte Treiben nur von den Erzählungen. »Ich brauche keinen Zierrat«, sprach sie weiter. »Über strapazierfähiges Tuch für einen neuen Kittel und einen Umhang würde ich mich aber sehr freuen.«

»Das hast du dir verdient, Schwester.« Edward stand auf und klopfte sich den Staub von seinem Wams. »Ach, noch etwas.«

»Ja?«

»Bei den nächsten Figuren, besonders bei denen mit den Gesichtern, musst du ein paar Fehler machen und sie nicht ganz so menschlich aussehen lassen.«

»Warum sollte ich das tun?«

»Manche Leute werden misstrauisch«, gestand Edward ein. »Einer der Steinmetze sagte zu Meister Castellmare, ich wäre zu jung, um so gute Sachen zu machen.«

»Es hat doch nichts mit deiner Jugend zu tun.«

»Deine versteckten Vorwürfe kannst du bleiben lassen!«, entgegnete Edward unwillig.

»Das war nicht meine Absicht, Bruder«, lenkte Roisin ein. Sie wollte nicht mit ihm streiten, um nicht seine Einwilligung zum Marktbesuch zu riskieren. »Gut, ich werde etwas weniger perfekt sein.«

»Trotzdem musst du gute Arbeit leisten«, ermahnte Edward sie. Er gähnte ungeniert. »Ich gehe jetzt zu Bett.«

»Wer kümmert sich um Ellis, wenn wir am Markttag in der Stadt sind?«, fragte Roisin.

»Wir nehmen ihn mit«, schlug Edward vor. »Der Kleine wird sicher viel Spaß haben, besonders an den Gauklern.«

Das glaubte Roisin zwar nicht, denn Ellis war noch ein Baby. Sie ahnte, dass die Betreuung des Kleinen ihr aufgebürdet würde, doch das war ihr egal. Für die Möglichkeit, zum ersten Mal in ihrem Leben den Jahrmarkt zu besuchen, würde sie beinahe alles tun. Auch wenn es bedeutete, das eine oder andere Gesicht, das sie aus dem Stein zauberte, etwas weniger ebenmäßig zu gestalten.

Am Markttag hatte Petrus ein Einsehen. Es war trocken, und immer wieder blitzte die Sonne zwischen den weißen Wolken hervor. Auch der vom Meer kommende Wind war angenehm mild. Roisin war aufgeregt wie nie zuvor in ihrem Leben. Sie trug ihr bestes Kleid aus rostbraunem, grob gewebtem Tuch, das sie sonst nur zu den Kirchgängen anzog. Ihr dunkelgrauer Umhang war fadenscheinig, an vielen Stellen geflickt, aber einwandfrei sauber.

Sie verließen alle gemeinsam das Haus. Roisin trug Ellis in ein Tuch gewickelt vor ihrer Brust. In der Tür des Nachbarhauses stand Nia und winkte ihr zu.

»Gehst du nicht zum Markt?«, fragte Roisin.

»Der laute Trubel ist nichts mehr für mich«, antwortete Nia. »Unglücklicherweise plagt mich heute auch wieder meine Hüfte. Jede Bewegung schmerzt. Ich setze mich lieber vor das Feuer und lasse mir von Jack die Füße wärmen.«

Hinter Nia erschien Seth Corris in seinem besten Wams. »Darf ich mich euch anschließen?« Roisin nickte. Liebevoll küsste er Nia auf die Wange und sagte: »Ich bringe dir etwas Hübsches mit.«

»Gib kein unnötiges Geld aus«, mahnte Nia. »Wenn du aber ein paar getrocknete Kamillenblüten bekommen kannst, wäre es gut. Der Vorrat vom letzten Jahr ist aufgebraucht.«

Seth versprach, das Gewünschte zu besorgen.

Roisin wurde etwas wehmütig. Die tiefe Liebe, die die Nachbarn auch nach so vielen Jahren und dem Tod all ihrer Kinder verband, berührte ihr Herz.

Vor dem südlichen Tor hatte sich eine Schlange gebildet. Vier Soldaten kontrollierten jeden, der in die Stadt wollte, ob er Waffen bei sich führte. Selbst ein kleines Messer war nicht erlaubt. Mit grimmig zusammengepressten Lippen musste Edward die Leibesvisitation über sich ergehen lassen. Die Frauen wurden nur kritisch gemustert. Roisin schenkten sie einen flüchtigen Blick. Von einem hinkenden Krüppel, der einen Säugling mit sich trug, war wohl keine Gefahr zu erwarten.

Auf dem weitläufigen Platz direkt vor der Burg hatten

Dutzende von Händlern ihre Stände aufgebaut. Seth Corris trennte sich von der kleinen Gruppe und ging auf zwei Männer zu, die bereits auf ihn gewartet hatten. Sie begrüßten sich mit kräftigen Schlägen auf die Schultern und gingen gemeinsam davon. Staunend sah sich Roisin um. An den Ständen wurde alles angeboten, was das Herz begehrte: Stoffe, Kappen, Beinlinge, bunte Tücher, Gürtel, Schuhe, Töpferwaren, Kochtöpfe, Eisenwaren und jede Menge lebende Tiere wie Hühner, Enten, Gänse, Ferkel und Schafe. Roisin schnupperte fremdländisch duftende Gerüche. Auch unter dem Jahr gab es in Conwy Salz, Pfeffer und andere Gewürze zu kaufen. Diese waren aber so teuer, dass Roisin sie nur für ganz besondere Gelegenheiten und dann in geringen Mengen kaufte. Zwischen den Ständen drängten sich Männer, Frauen und Kinder jeden Alters. An ihren Gewändern erkannte Roisin, dass alle Gesellschaftsschichten gekommen waren. Vorrangig sprachen die Menschen Englisch, aber auch einige französische Brocken, die Sprache der Herrscher, drangen an ihr Ohr. Walisisch hingegen war nicht zu hören. Die Sprache war vom König verboten worden. Die vielen Soldaten, in den königlichen Farben Dunkelrot und Gold gekleidet, an den Seiten Schwerter tragend, drückten etwas auf die Stimmung.

»Verdammte Bastarde!«, presste Edward hervor. Er ballte die Hände zu Fäusten. »Selbst an einem Tag, der die Einheimischen erfreuen soll, müssen sie einem die Laune verderben.«

»Solang sich jeder anständig verhält«, entgegnete Roisin, »werden sich die Soldaten zurückhalten.«

»Was weißt du denn schon?«, blaffte Lavinda. »Den Engländern reicht es schon, dich einzusperren, wenn ihnen deine Nase nicht gefällt.«

Melyn unterstrich Lavindas Worte mit einem kräftigen Nicken. Sie hakte sich bei ihr unter und sagte: »Mutter, da drüben ist ein Händler mit buntem Leinentuch. Sieh doch, wie die Farben leuchten!«

»Ich möchte lieber ein gutes Tuch für einen hellen Umhang«, sagte Lavinda.

Die beiden Frauen gingen davon. Unsicher trat Edward von einem Fuß auf den anderen. »Kommst du allein zurecht?«, fragte er.

»Natürlich«, antwortete Roisin. Sie drückte Ellis fester an sich. »Danke für die Pennys, Edward. Ich denke, ich werde mir einen schlichten, strapazierfähigen Stoff aussuchen, um mir einen Kittel zu nähen.«

Edward war wirklich großzügig gewesen. Roisin konnte es immer noch nicht fassen, dass die Münzen ganz allein ihr gehörten und sie sie nach Lust und Laune ausgeben konnte.

Edward stapfte davon, ohne die Angebote der Händler zu beachten. Roisin vermutete, sein Weg führte in direkt ins *Silver Dragon*, wo er den Tag mit Nate verbringen und dem Bier reichlich zusprechen würde.

Sie zog das Tuch, das sie Ellis über den Kopf gelegt hatte, ein Stück beiseite. Trotz des Trubels, der Stimmen und des allgemeinen Gelächters schlief der Kleine tief und fest. Roisin schlenderte durch die Reihen. Sie wollte sich zuerst einen Überblick verschaffen und nicht zu schnell etwas kaufen, was ein anderer Händler vielleicht günstiger anbot. Auf einem hölzernen Podest jonglierte ein junger, bunt gekleideter Mann mit verschiedenen Bällen. Roisin mischte sich unter die rund zwei Dutzend Leute, die den Mann anfeuerten und Beifall klatschten, als er schließlich sechs blaue Bälle durch die Luft sausen ließ, ohne dass einer herunterfiel. Etwas weiter spielten Musikanten mit Flöten, Trommeln und Schalmeien lustige Melodien. Unwillkürlich wippte Roisin mit einem Fuß mit. So herrlich und unbeschwert hatte sie sich den Markt nicht vorgestellt. Als Nächstes wurde ihr Blick von bunten Tüchern angezogen, die an einer Stange hingen und sich sanft im Wind bewegten. Sie ging näher und betrachtete ein hellgrünes, luftiges Tuch mit silbernen Fäden. Der Händler, ein Männlein mit listigen dunklen Augen, bemerkte Roisins Interesse. Ehe sie protestieren konnte, hatte er ihr die Haube vom Kopf gezogen und das fein gewirkte Tuch um ihr rotes Haar geschlungen.

»Ein edler Schmuck für eine edle Dame«, sagte er mit einem Akzent, der ihn als nicht Hiesigen auswies.

»Edle Dame!« Roisin kicherte. »Wohl eher eine Magd.«

Der Händler tat, als hätte er die Bemerkung nicht gehört. Unter dem Tisch zog er eine silbern glänzende, mittelgroße Platte hervor und hielt sie Roisin vors Gesicht. »Seht selbst, edle Dame. Das Tuch entspricht exakt der Farbe Eurer Augen.«

Roisins Gesichtszüge waren zwar verzerrt, dennoch erkannte sie, dass der Händler die Wahrheit gesprochen hatte. Das Tuch war wirklich wunderschön. Wann sollte sie es jedoch tragen? Wohl kaum während der Hausarbeit, und für den Kirchgang war die Farbe zu auffällig.

»Nur einen Viertelpenny, edle Dame«, sagte der Händler. Seine eng stehenden Augen funkelten, gleichzeitig wirkte er bedrückt. »Bei dem Preis mache ich zwar Verlust, aber für eine schöne Frau nehme ich das gern in Kauf.«

Roisin fühlte sich nicht geschmeichelt. Obwohl es ihr erster Besuch auf dem großen Jahrmarkt war, wusste sie, dass die Händler den potenziellen Kunden Honig ums Maul schmierten, um ihre Waren an den Mann zu bringen. Vor ihrer Brust begann Ellis zu strampeln und leise zu weinen. Sie zog das Tuch vom Kopf, reichte es dem Händler und nahm ihre Haube, die er auf den Tisch gelegt hatte.

»Ich werde es mir überlegen«, sagte sie freundlich, obwohl sie wusste, dass sie das Tuch nicht kaufen würde. Ihr Geld wollte sie für wichtigere Sachen ausgeben. »Jetzt muss ich mich um das Kind kümmern.«

»Überlegt nicht zu lange, gute Frau«, ermahnte der Händler sie. »Auf dem Markt werdet Ihr keine schöneren Tücher aus besserer Qualität finden. Bis zum Abend werde ich bestimmt alle verkauft haben.«

Roisin verabschiedete sich mit einem Lächeln. Sie ging ein paar Schritte bis zur Stadtmauer, wo sich niemand aufhielt, und sah nach Ellis. Der Junge nuckelte jetzt an seinem Daumen und schien mit sich und der Welt zufrieden zu sein.

Jemand zupfte Roisin am Ärmel. »Für einen Halfpenny sag ich dir die Zukunft voraus.«

Unverhohlen, weil überrascht, starrte Roisin das Mädchen an. Nie zuvor hatte sie einen Menschen mit einer so dunklen Hautfarbe gesehen. Zwei große Augen, schwarz wie Pech, wurden von dichten, dunklen Wimpern umrahmt. Zusätzlich waren ihre Lider dunkel gefärbt, ihre vollen Lippen glänzten blutrot. Um die ebenfalls tiefschwarzen Haare hatte sie ein dunkelrotes Tuch mit feinen, goldenen Stickereien geschlungen. An ihren Ohrläppchen baumelten runde, goldfarbene Ringe in der Größe von Roisins Handteller.

»Brauchst dich nicht zu fürchten«, fuhr das Mädchen fort. In ihrer Stimme schwang ein harter, fremdartig klingender Akzent mit. Beim Lächeln zeigte sie zwei Reihen makelloser, weißer Zähne. »Dein Kind wird gesund aufwachsen. Auch du wirst von jeglichem Leid verschont bleiben.« Erneut zupfte sie an Roisins Ärmel. »Komm in mein Zelt. Dort wirst du noch mehr erfahren. Ich kann dir auch vieles über die Zukunft deines Kindes sagen.«

»Ich bin unverheiratet, und das ist nicht mein Kind«, erwiderte Roisin lächelnd. »Du liegst also völlig falsch mit deiner Voraussage. Für solchen Unsinn habe ich kein Geld übrig.«

Das Mädchen kniff die Augen zusammen, und ihre Mundwinkel zogen sich herunter. Plötzlich wirkte sie gar nicht mehr so reizvoll. »Unsinn?«, stieß sie heraus, ihre Finger krallten sich an Roisins Ärmel fest. »Wie kannst du es wagen, mich so zu beleidigen! Meinst wohl, du bist was Besseres?«

»Lass mich los«, bat Roisin, noch höflich, machte sich aber mit einem Ruck aus dem Griff der Frau los. Die stellte sich ihr jedoch in den Weg. Fordernd streckte sie die Hand aus. »Einen halben Penny!«

»Warum sollte ich dir Geld geben? Ich habe deine Dienste nicht in Anspruch genommen.«

»Ich habe dir gesagt, dass deine Zukunft gut sein wird. Das gibt es nicht umsonst.«

»Ich habe dich nicht darum gebeten.« Roisin versuchte, sich an dem Mädchen vorbeizudrücken. Da traten aus dem Hintergrund zwei Männer hervor und versperrten ihr den Weg. Sie waren ebenso dunkelhäutig und schwarzhaarig, ihre Augen standen eng beisammen, ihre Oberlippen zierten dichte, dunkle Schnurrbärte. Unwillkürlich presste Roisin Ellis enger an sich und wich zurück, bis sie die Stadtmauer in ihrem Rücken spürte. Keinesfalls war sie sicher, dass die beiden düsteren Gestalten einer Frau mit einem Kleinkind nichts antun würden.

Der Ältere grinste breit. Im Gegensatz zu dem Mädchen fehlten ihm etliche Zähne, und die verbliebenen waren voller brauner Flecke.

»Ich denke, meine Tochter hat sich ihren Lohn redlich verdient.« In Roisin kroch die Angst wie ein kalter Hauch über den Rücken. Der andere schlug sein braunes Wams in Hüfthöhe so weit zurück, dass Roisin in seinem Hosenbund einen kleinen Dolch sehen konnte. Irgendwie hatte er die Waffe durch die Kontrollen geschmuggelt.

»Einen Halfpenny«, forderte er und streckte die Hand aus. »Wenn du Ärger machst, wollen wir das Doppelte.«

Roisin war fast schon geneigt, den dreien das Geld zu geben, da hörte sie hinter sich eine laute, herrische Stimme: »Lasst die Frau in Ruhe und verschwindet. Sonst hole ich die Soldaten! Mit Gesindel wie euch machen sie kurzen Prozess.«

Roisin wandte den Kopf. Ihre Augen weiteten sich überrascht. Es war über ein Jahr her, aber sie erkannte den Mann, der ihr damals aus dem Matsch aufgeholfen hatte, sofort wieder. Er war unbewaffnet, strahlte aber so eine Präsenz aus, dass die Spitzbuben merkten, dass es besser war, sich zu verdrücken. Der Ältere nahm seine Tochter an der Hand und zog sie mit sich. Der mit dem Dolch warf dem Fremden zwar wütende Blicke zu, verschwand dann aber ebenfalls schnell um die nächste Ecke.

»Ich danke Euch«, sagte Roisin und atmete erleichtert auf.

Er schnaubte. »Dem fahrenden Volk ist nicht zu trauen. Künftig solltet Ihr einen großen Bogen um solche Leute machen.« Er musterte sie interessiert. Dann lächelte er. In seinen Augenwinkeln tanzten feine Fältchen. »Ich glaube, ich bin immer zur Stelle, wenn Ihr Hilfe benötigt, Miss.«

»Ihr erinnert Euch an mich?«, fragte Roisin perplex.

»Sicherlich. Schöne Frauen vergesse ich niemals.«

Roisins Miene verschloss sich. Sie schob Ellis vor ihrer Brust zurecht, damit er bequem lag, und erwiderte kühl: »Ich muss jetzt gehen.«

»Ich verstehe. Euer Gatte erwartet Euch und das Kind. Warum hat er Euch allein gelassen?«

Roisin zögerte. Die Vernunft sagte ihr, sie solle es dabei belassen und den Fremden stehen lassen. Aber sie wollte den freundlichen Mann nicht beschwindeln.

»Ich bin unverheiratet, und der Junge ist mein Neffe«, erklärte sie.

»Ach so.« Sein Lächeln wurde breiter. Roisin meinte, Erleichterung in seinem Blick zu erkennen. Bestimmt bildete sie sich das nur ein. »Darf ich Euch zu einem warmen Würzwein einladen?« Bevor Roisin ablehnen konnte, sagte er schnell: »In aller Ehre, versteht sich. Sozusagen auf den Schreck, dass Ihr den Halunken entkommen seid.« Er sah sich um. »Eure Familie ist nicht in der Nähe?«

»Ich weiß nicht, wo die anderen sind«, antwortete sie offen. »Meine Mutter und meine Schwägerin wollten Stoffe kaufen, und mein Bruder ist wohl im Gasthaus.« Sie zögerte. Wenngleich er sie aus einer bedrohlichen Lage befreit hatte: Es war unsittlich, einem Fremden zu folgen und sich von ihm auch noch einladen zu lassen.

»Ich kenne Euren Namen nicht«, sagte sie forsch.

»Es ist unverzeihlich, dass ich mich noch nicht vorgestellt habe.« Er machte eine übertriebene Verbeugung. »Dylan Rhys, ich stamme aus Cardiff, einer kleinen Stadt im Süden des Landes, und ich handle mit Wolle. Wir haben da unten nämlich jede Menge Schafe.« Er sah sie fragend an. »Verratet Ihr mir nun auch Euren Namen?«

»Roisin Talwyn. Mein Vater war Steinmetz, jetzt führt mein Bruder Edward die Werkstatt.«

»Demzufolge ist Euer Vater tot?«

»Kürzlich grassierte das Fleckfieber in der Stadt«, erklärte Roisin.

Ein Schatten fiel über sein Gesicht. »Ich habe davon gehört. Zunächst war nicht klar, ob der Jahrmarkt überhaupt stattfinden kann. Die Seuche ist nun aber vorüber. Glücklicherweise. Sonst wäre ich Euch nicht wieder begegnet.«

Seine Offenheit machte Roisin verlegen. An Komplimente war sie nicht gewöhnt, schon gar nicht von einem gut aussehenden Mann. Sie schätzte Dylan Rhys auf etwa dreißig Jahre. Wie bei ihrer ersten Begegnung war er schlicht gekleidet, sein Wams und der Umhang waren aber aus guten Wollstoffen, was bei seiner Tätigkeit nicht überraschte. Sie gab sich einen Ruck. Bisher waren sie hier an der Stadtmauer gestanden. Wenn sie ihm zum Weinstand folgte, würde er ihre Behinderung erkennen. Dann wäre es mit seiner Freundlichkeit schnell vorbei.

»Nun gut, aber nur einen Becher Wein.«

Aufmerksam reichte Rhys ihr den Arm. Sie legte ihre Hand auf den weichen Stoff. Während sie neben ihm zum Trubel des Marktes ging oder vielmehr hinkte, fühlte sie sich wie eine Dame, die ein Ritter zum Hof führte. Verstohlen musterte sie ihn aus dem Augenwinkel. Er tat, als bemerke er ihre Gehbehinderung nicht.

»Ein herrlicher Tag für den Markt«, plauderte er zwanglos. »Alle werden gute Geschäfte tätigen.«

»Könnt Ihr Euren Stand einfach allein lassen und herumwandern?«, fragte Roisin.

»Ich wollte mir etwas die Beine vertreten«, antwortete er. »Mein Gehilfe passt derweil auf die Ware auf.«

Roisins erster Eindruck, dass der Mann über etwas Vermögen verfügen musste, vertiefte sich. Er nahm die weite Reise aus dem Süden auf sich und hatte einen Gehilfen angestellt.

An dem Weinstand war wenig Betrieb. Dylan Rhys kaufte zwei Becher und reichte einen Roisin. Der Duft nach Rotwein und Gewürzen stieg ihr in die Nase. Sie nippte an dem warmen Getränk.

»Was sind das für Aromen?«, fragte sie.

»Außer Nelken auch Zimt, Kardamom und ein Hauch Vanille«, erklärte Rhys. »Die Gewürze kommen aus dem Orient. In England sind sie schon lange bekannt. Nach Wales kamen die Köstlichkeiten aber erst mit den Eroberern.«

»Nicht alles, was die Engländer uns brachten, ist von Nachteil«, entfuhr es Roisin. Schnell hielt sie sich die freie Hand vor den Mund. Einem Fremden gegenüber sollte sie nicht so offen sprechen.

»Ihr sagtet, Euer Bruder ist Steinmetz«, sagte er scheinbar zusammenhanglos. »Der König lässt viele Burgen und Stadtbefestigungen bauen. Da gibt es für Handwerker viel Arbeit.«

Über den Themenwechsel erleichtert, nickte Roisin. »Mein Bruder arbeitet ebenfalls in Caernarvon. Es soll die mächtigste Burg im ganzen Land werden.«

Er sah sie wieder mit dem interessierten, eindringlichen Blick an, den Roisin nicht deuten konnte. »Ihr seid sehr stolz auf Euren Bruder.«

»Edward ist einer der besten Steinmetze der Stadt.« Jetzt kam die Lüge leicht über Roisins Lippen. Sie und Edward hüteten das Geheimnis jetzt schon so lange, dass Roisin manchmal selbst dachte, ihr Bruder würde die Stücke anfertigen. Schnell trank sie einen weiteren Schluck, um nicht weitersprechen zu müssen. Warm rann ihr der Wein durch die Kehle. Sie fühlte sich wie in einem Traum. Die Episode mit dem fahrenden Volk war vergessen. Wenn es auch verwerflich war, mit einem Fremden Würzwein zu trinken, wollte sie dennoch den Moment auskosten. Ein zweites Mal würde es wohl nicht geschehen. Zum ersten Mal in ihrem Leben fühlte sie sich völlig unbeschwert. Als hätte Ellis gemerkt, dass sie nahe dran war, seine Existenz zu vergessen, strampelte er vor ihrer Brust und begann zu weinen.

»Euer Neffe möchte vielleicht auch einen Schluck Wein«, sagte Rhys lachend.

»Eher nicht, aber er wird hungrig sein.« Roisin streichelte die Wange des Kindes. »Ich muss jetzt gehen und mich um Ellis kümmern.«

»Ellis heißt der Junge also.« Rhys nickte zustimmend. »Ein guter alter walisischer Name. Ihr sagtet, Euer Bruder heißt Edward. Wurde er nach dem König benannt?«

»Unser Vater hat sich mit den Engländern immer gut gestellt«, antwortete Roisin. »Mein Bruder jedoch ...« Roisin brach ab. Es war wohl der Wein, der sie einem Fremden gegenüber so offen über ihre Familie sprechen ließ.

»Verzeiht, Miss, ich wollte nicht neugierig sein«, sagte Rhys leise. »Ich nehme an, Euer Bruder muss sich ebenso wie Euer Vater gewissen Vorgaben fügen, um in Lohn und Brot zu stehen.«

Roisin nickte. »Wie ist die Lage bei Euch im Süden?«

Rhys zuckte mit den Schultern. »König Edwards Interesse an Wales richtet sich vorrangig auf den Norden des Landes. Auch in Cardiff gibt es eine Burg. Sie wurde von den Normannen auf den Resten eines römischen Kastells erbaut und schon lange nicht mehr benutzt. Bisher gibt es keine Bestrebungen, die Festung instand zu setzen und auszubauen, um einem eventuellen Angriff standzuhalten. Wie ich Euch bei unserer ersten Begegnung sagte, ist die Präsenz der Engländer im Süden nicht so ausgeprägt wie hier.«

»Kommt Ihr regelmäßig in den Norden?«, fragte Roisin.

»So oft es möglich ist«, erwiderte er nickend. »In einer aufstrebenden Stadt wie hier, ebenfalls in Caernarvon, kann ich meine Wolle zu guten Preisen verkaufen.« Er leerte seinen Becher und fragte: »Noch einen Wein, Miss Roisin? Ich darf Euch doch Roisin nennen?«

»Nein … äh, ich meine, ja …« Roisin merkte, wie Röte in ihre Wangen stieg. »Ich glaube, ich sollte jetzt zu meiner Familie zurückkehren. Ich danke Euch für den Wein und wünsche weiterhin gute Geschäfte.«

Ellis begann nun lauthals zu schreien und strampelte so heftig, dass Roisin den Weinbecher abstellte, weil sie beide Hände brauchte, um den Jungen zu halten. Wie aus dem Nichts erschienen Lavinda und Melyn.

»Was machst du mit meinem Kind?«, keifte Melyn und riss Roisin das Baby aus den Armen. Dann bemerkte sie Dylan Rhys und den noch halb vollen Becher vor Roisin. Ihre Augen verengten sich zornig. »Du bist unmöglich, Roisin! Anstatt dich um meinen Sohn zu kümmern, trinkst du mit Fremden Wein.«

»Ich wusste gleich, dass Roisin es ausnützt, wenn man einmal kein Auge auf sie hat«, hieb Lavinda in dieselbe Kerbe.

Dylan Rhys, von den unfreundlichen Worten unbeeindruckt, verneigte sich vor Lavinda und Melyn. »Zürnt bitte nicht Eurer Verwandten«, sagte er sanft. »Es ist meine Schuld. Ich habe Miss Roisin genötigt, den Wein mit mir zu trinken.«

»Aus welchem Grund?«, fragte Melyn verwundert.

Bevor er antworten konnte, fragte Lavinda: »Ach, Ihr nennt sie schon beim Vornamen?« Sie wandte sich an Roisin: »Wie lange kennst du den Mann schon? Kaum kehrt man dir mal den Rücken, vergisst du Anstand und Moral. Wenn Edward davon erfährt, wird er streng mit dir ins Gericht gehen. Ich hoffe, er verabreicht dir eine Tracht Prügel.«

Roisins Gesicht brannte vor Scham. So ganz unrecht hatte die Stiefmutter ja nicht, sie fühlte sich vor dem freundlichen Händler aber ungemein blamiert. »Es tut mir leid«, murmelte sie und senkte den Kopf.

»Das will ich hoffen.« Lavinda wandte sich an Dylan Rhys. »Und Ihr, wer immer Ihr sein mögt, habt einen seltsamen Geschmack, Euch mit einem Krüppel einzulassen.«

Roisin hob den Kopf. Für einen Moment kreuzten sich ihre und Rhys' Blicke. In seinen Augen stand eine Mischung aus Mitleid und Unwillen. Er zog seine Kappe und deutete eine weitere Verbeugung an.

»Ich wünsche Euch einen angenehmen restlichen Tag, meine Damen«, sagte er ruhig, allerdings zuckte eine Ader an seiner Schläfe. »Euch, Miss Talwyn«, er sah Melyn an, »kann ich versichern, Eure Schwägerin hat sich liebevoll um den Knaben gekümmert. Ich kann das beurteilen, denn ich habe selbst einen Sohn.«

Eine Welle der Enttäuschung schwappte über Roisin. Obwohl es keinen Grund gab, hatte sie angenommen, Dylan Rhys sei unverheiratet. Die Nachricht, er habe Familie, stimmte sie betrübt, worüber sie sich ärgerte. Der Händler hatte nur so gehandelt, wie sich jeder Ehrenmann verhalten hätte, wenn eine Frau in Not war. Wie dumm, in seiner Freundlichkeit mehr zu sehen. Tatsächlich hatte sie in den vergangenen Minuten ihre Behinderung vergessen und sich wie eine ganz normale Frau gefühlt. Jetzt war sie wieder zurück auf dem Boden der Tatsachen.

Lavinda knuffte Roisin in die Seite. »Geh nach Hause«, zischte sie. »Ellis bleibt besser bei uns. Nur gut, dass dein armer Vater nicht mehr erleben muss, wie sich seine Tochter wie eine …« Im letzten Moment schluckte Lavinda das Wort hinunter.

Roisins Augen wurden feucht. Es waren Tränen des Zorns über die ungerechte Behandlung. Sie wandte sich um und eilte in Richtung des Stadttores, sich bewusst, dass ihr Hinken jetzt besonders ausgeprägt war. Der Versuchung zurückzublicken, widerstand sie. Sie wusste auch so, dass der Wollhändler ihr nachsah und sich fragte, warum er so dumm gewesen war, einen Krüppel auf einen Becher Wein einzuladen.

Ohne Bedauern kehrte Roisin dem Markt den Rücken. Das Tuch, das sie hatte erwerben wollen, war vergessen. Erst als sie Conwy hinter sich ließ und die Siedlung der Handwerker vor sich liegen sah, versiegten ihre Tränen und der Druck in ihrer Brust ließ nach. In Gedanken ging sie das Gespräch mit Dylan Rhys durch, ob sie etwas Dummes gesagt und sich zum Narren gemacht hatte. Es war indes nur eine harmlose Plauderei gewesen. Roisin war sich keineswegs sicher, ob ihre Blicke nicht verraten hatten, wie sehr sie seine Gesellschaft genossen hatte.

Die Gasse lag in ruhiger Beschaulichkeit vor ihr. Niemand

war zu sehen, und aus keinem Dach stieg Rauch auf. Alle waren auf dem Markt und genossen den Tag. Vor dem Haus des Zimmermanns verharrte Roisin im Schritt. Sie musste mit jemandem über das Geschehene sprechen, sonst meinte sie, zu platzen. Nia würde nicht über sie spotten oder sie gar verurteilen. Sie klopfte an die Tür der Nachbarn.

»Nia, bist du da?«

Im Haus blieb es still. Roisin erinnerte sich, dass die mütterliche Freundin über Schmerzen geklagt hatte. Bestimmt nutzte sie die Stunden der Ruhe und hatte sich hingelegt. Roisin öffnete die Tür. Hier verschloss niemand seine Türen, denn in den Häusern gab es kaum etwas, was sich zu stehlen lohnte.

»Nia?«, rief sie laut.

Wieder kam keine Antwort. Roisin trat in die Küche. Im Herd brannte kein Feuer. Jack, der Hund, war nirgendwo zu entdecken, obgleich er sie sonst immer wie eine alte Freundin begrüßte. Wie in ihrem Haus schloss sich der Küche ein schmaler Flur an und eine Stiege führte ins obere Stockwerk mit zwei Schlafkammern. Roisin zögerte. Obwohl sie mit Nia eine langjährige Freundschaft verband, fühlte sie sich wie ein Eindringling. Am besten ging sie und würde es am Abend noch mal versuchen. Eine innere Stimme und ein beklemmendes Gefühl sagten ihr jedoch, sie solle nach Nia sehen. Langsam kletterte sie die Stiege hinauf. Oben öffnete sie die Tür auf der rechten Seite. Helles Sonnenlicht fiel in den niedrigen Raum. Nia lag im Bett, eine Wolldecke bis zum Hals hinaufgezogen. Roisin lächelte. Sie wollte die schlafende Frau nicht stören. Sie drehte sich um und war schon wieder auf dem Gang, als sie stutzte. Die Beklemmung verstärkte sich. Roisin kehrte in die Kammer zurück und trat neben das Bett. Bewegungslos, mit geschlossenen Augen, lag Nia auf dem Rücken. Ihr Brustkorb unter der Decke hob und senkte sich nicht. Auch waren Nias Wangen von gräulich blasser Farbe und ihre Lippen bläulich. Dabei hatte die Nachbarin am Vormittag noch frisch und munter ausgesehen. Roisin griff nach Nias Hand. Sie war eiskalt. Mit einem verhaltenen Schrei ließ sie die Hand los und wich zurück.

Nia Corris war tot.

10.

Nachdem Roisin die Freundin aufgefunden hatte, war sie wieder in Richtung Stadt geeilt. Am Tor traf sie auf den Zunftmeister Castellmare, der offenbar auf dem Heimweg war. Er kannte sie als Schwester von Edward, hörte ihre hastig gestammelten Worte und versprach, nach Seth Corris zu suchen. Roisin kehrte an Nias Bett zurück, zündete ein Talglicht an, dann hielt sie die Hand der Toten und murmelte die Gebete, die sie in englischer Sprache kannte. Sie wusste nicht, wie viel Zeit vergangen war, als Seth, Edward, Lavinda und Melyn gleichzeitig eintrafen.

»Es tut mir so leid, Seth«, sagte Roisin betrübt.

»Sie hatte nie etwas mit dem Herzen«, sagte der Zimmermann. »Heute Morgen schmerzte zwar ihre Hüfte, aber sonst war Nia wie immer.«

Edward legte dem älteren Mann eine Hand auf die Schulter. »In dem Alter kommt Gevatter Tod sehr schnell.«

»Ob sie wohl gelitten hat?«, fragte Lavinda. »So ganz allein zu sterben, vielleicht unter großen Schmerzen …« Sie schüttelte sich. »Das muss furchtbar sein.«

»Sie sieht ganz gelöst aus«, sagte Roisin. Wie taktlos von Lavinda, Seth zusätzlichen Kummer zu bereiten. »Ich bin sicher, Nia hat sich hingelegt und ist dann friedlich eingeschlafen.«

Edward räusperte sich und meinte: »Seth, soll ich dem Totengräber Bescheid geben?« Seth nickte wortlos. Edward gab Roisin, Lavinda und Melyn einen Wink und flüsterte: »Wir lassen ihn jetzt allein, damit er Abschied von Nia nehmen kann.«

Leise verließen sie das Haus. In ihrer Küche zapfte Roisin für alle einen Becher Bier. Sie wartete darauf, dass Lavinda Edward von ihr und Dylan Rhys erzählen würde. Ausnahmsweise hielt die Stiefmutter den Mund, auch Melyn sprach die Sache nicht an. Roisin bezweifelte, dass Lavinda um Nia trauerte, sie besaß aber so viel Pietät, sich ruhig zu verhalten.

Nachdem Nia vom Totengräber in einen Sack gehüllt und auf seinem Karren davongefahren worden war, klopfte Seth an die Tür der Talwyns.

»Ich möchte jetzt nicht allein sein«, gab er offen zu. Roisin bat ihn, sich zu setzen und gab Seth einen Becher Bier. »Ich habe alles verloren, was mir lieb und teuer war. Erst unseren Sohn und jetzt mein Weib. Nun gibt es nur noch mich.«

»Du könntest auf der Baustelle in Caernarvon arbeiten«, schlug Edward vor. »Für einen tüchtigen Zimmermann gibt es dort immer Arbeit. Ein Ortswechsel würde dich ablenken. Komm mit mir, wenn ich nächste Woche wieder in den Westen reise.«

»Edward, das ist jetzt nicht der richtige Moment …«, bemerkte Roisin tadelnd.

Seth sah sie an und erwiderte: »Dein Bruder hat wahrscheinlich recht. Ich könnte Abstand gewinnen. Was wird aber aus den Kühen? Ich werde sie wohl verkaufen müssen.«

Roisin rührte Edwards Vorschlag. So viel Feingefühl hatte sie dem Bruder nicht zugetraut. Sie legte eine Hand auf Seths Unterarm. »Ich kann mich um die Kühe kümmern«, bot sie an. »Und auch um euer …«, sie schluckte, »um dein Haus.«

»Du kannst doch gar nicht melken«, gab Melyn zu beden-

ken. »Außerdem musst du regelmäßig den Stall ausmisten.«
Für einen Moment wirkte Melyn so angewidert, als würde
man von ihr verlangen, den Mist zu beseitigen.

»Man kann alles lernen«, bemerkte Roisin kühl. »Nia war
immer sehr freundlich zu mir. Nicht zu vergessen, dass sie ihre
eigene Gesundheit riskiert hatte, um mich, Vater und Ellis
während des Fiebers zu pflegen. Es ist das Mindeste, was wir
nun für dich, Seth, tun können, uns um dein Hab und Gut zu
kümmern. Wenn du wirklich aus Conwy fortgehen willst.«

»Zumindest für ein paar Wochen«, erwiderte Seth.

Lavinda zuckte mit den Schultern. »Mach, was du für richtig hältst, Roisin. Die Milch können wir gut gebrauchen. Wir
können sie doch trinken, Seth? Wenn wir schon die Arbeit
mit den Kühen haben.«

»Selbstverständlich könnt ihr die Milch haben«, sagte Seth.
Müde wischte er sich mit dem Handrücken über die Stirn und
stand auf. »Ich danke euch und gebe zu, bisher habe ich nicht
gewusst, welch gute Nachbarn ihr seid.«

»Das ist doch selbstverständlich«, sagte Lavinda mit einem
zuckersüßen Lächeln. »Du kannst jederzeit zu uns kommen,
Seth.«

»Noch etwas.« Bittend sah Seth Roisin an. »Ich denke, ich
sollte Jack nicht mit nach Caernarvon nehmen. Kannst du
dich auch um ihn kümmern?«

»Sehr gern, Seth. Den Hund habe ich nirgendwo entdecken können, als ich Nia …«

»Er war in der Werkstatt«, erklärte Seth. »Irgendwie muss
er dort hineingelaufen sein, dann ist die Tür hinter ihm zugefallen.« Er seufzte. »Jack hätte Nia auch nicht retten können.«

»Das verlauste Vieh kommt mir nicht ins Haus!«, wandte
Lavinda ein.

»Jack hat keine Läuse!«, rief Roisin aufgebracht. »Und auch
keine Flöhe!«

»Egal.« Lavinda zuckte mit den Schultern. »Ich will das Tier nicht im Haus haben.«

»Ich stimme Mutter zu«, sagte Melyn. »Der zottlige Hund macht mir Angst, und Ellis ist noch so klein …«

»Jack tut keiner Menschenseele etwas zuleide«, erklärte Seth. »Er ist zufrieden, regelmäßig einen Knochen zum Abnagen und ein warmes Plätzchen neben dem Feuer zu haben.«

»Er ist bestimmt ein guter Wachhund«, mischte sich Edward ein. »Das Tier kann auf euch aufpassen, wenn ich fort bin. Er eignet sich doch als Wachhund, Seth, oder?«

»Selbstverständlich!«, versicherte Seth. »Sollte jemand versuchen, bei euch einzubrechen, wird Jack ihn sofort in die Flucht schlagen.«

Roisin sagte lieber nichts dazu. Jack kannte sie nur als verspielten und nach Streicheleinheiten süchtigen Hund. Besser, wenn sie das nicht erwähnte.

»Gut, das Tier kann bei uns bleiben«, bestimmte Edward. »Er wird bei Roisin in der Küche schlafen, auch sonst wird sich meine Schwester um ihn kümmern und ihn nicht aus den Augen lassen.«

Obwohl das noch mehr Arbeit für sie bedeutete, freute sich Roisin über die Verantwortung. Jack hatte immer gezeigt, dass er sie mochte. Einem Tier waren Äußerlichkeiten gleichgültig.

»Ich danke euch.« Mit gekrümmtem Rücken schleppte sich Seth zur Tür. Bevor er das Haus verließ, sagte er noch: »Gut, dass wir eine zweite Schlafkammer haben. Ich könnte mich nicht in das Bett, in dem Nia starb, legen.«

Als sie allein waren, sagte Lavinda: »Meine Güte, macht der ein Theater! Sein Weib war alt und krank. Dein Angebot, Edward, ist sehr edel. Du bist eben ein feinfühliger, guter Junge.«

»Ein Junge bin ich schon lange nicht mehr.« Edward lachte. Aus dem Fass zapfte er sich ein weiteres Bier in den Becher und trank durstig. »Welch unschönes Ende des Tages. Ich brauche Abstand und gehe noch mal in die Stadt, bevor die Tore geschlossen werden.«

»Können wir jetzt endlich essen?«, fragte Melyn unwillig, nachdem Edward das Haus verlassen hatte. »Auf dem Markt hatte ich nur eine kleine Schale Eintopf mit Kohl und Zwiebeln.«

Lavinda stupste Roisin in die Seiten. »Du hast Glück gehabt, dass Nia gestorben ist, Mädchen. Ich überlege, ob ich Edward morgen von deinem schlechten Benehmen erzählen werde.«

»Mach, was du nicht lassen kannst«, murmelte Roisin. »Ich habe nichts getan, für das ich Gott um Verzeihung bitten müsste.«

»Lass Gott aus dem Spiel«, zischte Lavinda. »Er wird dich richten, wenn deine Zeit gekommen ist. Bis dahin machst du uns nicht zum Gespött der Nachbarn.«

»Ach, Mutter, lass uns nicht wieder mit Roisin streiten«, lenkte Melyn überraschend ein. »Sie hat ihren eigenen Kopf und macht sowieso, was sie will. Bis Roisin das Abendessen fertig hat, verwenden wir unsere Zeit besser auf die Stoffe und überlegen, welche Gewänder wir daraus schneidern können.«

Lavinda zögerte, warf noch einen unwilligen Blick auf Roisin, dann verließen sie und Melyn die Küche.

Roisin sank auf einen Hocker. Sie fühlte sich erschöpft. Zu viel war an dem Tag geschehen. Zunächst die vielfältigen Eindrücke des Marktes, die bedrohliche Begegnung mit dem fahrenden Volk, das Einschreiten von Dylan Rhys, dann der beschämende Streit mit Lavinda in Gegenwart des Händlers. Der schlimmste Moment war gewesen, als sie Nia gefunden hatte. Die Nachbarin war nicht die erste Tote, die Roisin gesehen hatte. Die Gewissheit, Nias freundliches Gesicht und ihre verständnisvolle, mitfühlende Stimme nie wieder zu hören, war mehr, als Roisin im Moment ertragen konnte. Nia hatte gewusst, wem die Familie in Wahrheit ihr gutes Auskommen zu verdanken hatte. Niemals hätte sie auch nur ein Sterbenswörtchen von dem Geheimnis verraten. Nun war Roisin wieder ganz allein auf sich gestellt. Dazu hatte sie noch angeboten, jeden Morgen die Kühe zu melken und den Stall sauber zu halten. Über die Mehrarbeit hatte Roisin sich keine Gedanken gemacht. Es war eine Selbstverständlichkeit, einem Nachbarn zu helfen. Schließlich hatte Edward ebenfalls selbstlos angeboten, sich für Seth einzusetzen, damit der Zimmermann beim Bau der Burg in Caernarvon eine Anstellung bekam.

»Wer jedoch hilft mir?« Sie seufzte. Alles Jammern und Selbstmitleid änderte nichts. Vor ihr lag ein Berg Arbeit. Das Abendessen zubereiten, sich um Ellis kümmern und dann, wenn alle schliefen, die Werkstatt. Wenn Edward in einer Woche wieder fortging, musste er einwandfreie Steinmetzarbeiten mitbringen, die er vor Ort dann nur noch an den entsprechenden Stellen einsetzen musste. Wenigstens das schien Edward gut zu machen. Jedenfalls hatte es bisher keine Klagen gegeben.

Roisin schürte das Feuer in der Herdstelle und hängte den Kessel auf. Am Morgen hatte sie bereits den Kohl klein geschnitten und mit dem Schweinespeck vermengt, ebenso hatte sie Haferfladen gebacken. Jetzt musste alles nur noch heiß werden. Glücklicherweise hatte Melyn den Kleinen mit sich in ihre Kammer genommen. So gern sie Ellis um sich hatte – jetzt war sie froh, sich nicht auch noch um ein Baby kümmern zu müssen.

Am nächsten Morgen waren Lavinda und Melyn zu Melyns Mutter gegangen. Dort wollten sie schneidern, weil in ihrem Haus zu wenig Platz war. Roisin wusste, dass sich Edwards

Schwiegermutter sehr gut auf das Anfertigen von Gewändern verstand. Sie vermutete, dass Lavinda und Melyn nur Kleinigkeiten machten, um die guten Stoffe nicht zu verderben. Da Edward wieder erst am frühen Morgen, nachdem die Stadttore geöffnet worden waren, nach Hause gekommen war, schlief er noch. Sie selbst war lange in der Werkstatt und mit ihren Arbeiten sehr zufrieden gewesen. Wenn nichts weiter geschah, würde ihr Bruder zwei Kisten mit kunstvoll gehauenen Skulpturen, Rosetten und Bordüren mit nach Caernarvon nehmen können.

Nachdem Roisin die Küche gefegt hatte, nahm sie ihren leichten Umhang vom Haken. An vielen Stellen war er bereits geflickt, an anderen fadenscheinig. Wie dumm, dass der Jahrmarkt immer nur für einen Tag in die Stadt kam. Der Vater hatte ihr erzählt, dass in anderen Städten die Märkte manchmal eine ganze Woche andauerten. So waren für die Händler und Gaukler diese Reisen lohnenswerter. Nun würde sie neuen Stoff in Conwy kaufen müssen. Bis zum Herbst würden Umhang und Rock nur noch Lumpen sein. Sie fragte sich, welche Angebote Dylan Rhys wohl gehabt hatte. Er war Wollhändler, aber mit Wolle allein konnte Roisin nichts anfangen. In der Siedlung gab es einen Weber. Nia hatte dort öfters Wolle zu Tuch weben lassen. Daher wusste Roisin, dass die Stoffe von ausgezeichneter Qualität, deswegen auch sehr teuer waren.

»Immer das leidige Geld«, murmelte Roisin. Verflixt, sie arbeitete Tag und Nacht, Edward verdiente gut, trotzdem musste sie jeden Penny dreimal umdrehen, bevor sie ihn ausgab. Die Münzen, die ihr Edward für den Marktbesuch gegeben hatte, lagen unter Roisins Bettstatt. Der Bruder hatte das Geld nicht zurückgefordert. Wohl, weil Nias Tod alles andere überschattet hatte.

Roisin öffnete die Tür, um den Schmutz hinauszukehren.

Sie prallte zurück, denn nur wenige Schritte vor ihr stand Dylan Rhys.

Er zog seine Kappe und verbeugte sich. »Ich wünsche einen guten Tag, Miss Roisin.«

»Was wollt Ihr hier?«, fragte Roisin unfreundlicher, als es sonst ihre Art war. »Woher wisst Ihr, wo ich wohne?«

»Um Eure zweite Frage zuerst zu beantworten: Ihr nanntet mir Euren Familiennamen, und der Steinmetz Edward Talwyn ist in der Gegend wohlbekannt.«

»Warum seid Ihr gekommen?«, wiederholte Roisin ihre Frage. Sie lehnte den Besen an die Wand und verschränkte ablehnend die Arme vor der Brust. »Wollt Ihr mir noch mehr Ärger bereiten?«

»Das Gegenteil ist der Fall«, antwortete er mit einem um Verzeihung bittenden Lächeln. »Es ist mir ein Bedürfnis, das gestrige Missverständnis aufzuklären. Meine Einladung zum Wein war nicht richtig, Miss Roisin. Eine ehrbare junge Frau hätte ich in keine solche Lage bringen dürfen. Ich habe nicht nachgedacht. Dafür möchte ich mich bei Euch und Eurer Familie aus tiefstem Herzen entschuldigen.«

Jack, der noch am gestrigen Abend von Seth zu Roisin gebracht worden war, schien zu spüren, dass sein neues Frauchen über den Besucher nicht erfreut war. Er trat neben sie, knurrte leise und ließ Rhys nicht aus den Augen.

Der Händler lachte. »Wie ich sehe, habt Ihr bereits einen Beschützer.« Er beugte sich ein Stück herunter und streckte unerschrocken eine Hand nach dem Tier aus. »Du bist ja ein besonders Hübscher. Wie heißt du denn?«

»Sein Name ist Jack«, entfuhr es Roisin. »Und hübsch ist er wahrlich nicht. Er ist eine Promenadenmischung und gehörte unserem Nachbarn. Dieser wird Conwy in Bälde verlassen.«

Rhys nickte verstehend. »Und jetzt kümmert Ihr Euch um

das Tier. Ich mag Hunde. Bis kurz vor meiner Abreise hatte ich selbst einen. Er starb im biblischen Alter von fünfzehn Jahren.« Jack merkte, dass von dem Fremden keine Gefahr drohte. Er stellte das Knurren ein und ließ sich von dem Wollhändler am Kopf kraulen.

Wahrlich ein perfekter Wachhund, dachte Roisin und konnte ein Schmunzeln nicht verbergen. Milde gestimmt sagte sie: »Ihr habt mich aus einer äußerst unangenehmen Situation befreit, Sir. Da Ihr verheiratet seid, sehe ich nichts Unehrenhaftes in unserer Begegnung. Sie geschah auf einem belebten Markt vor den Augen vieler Menschen.«

Rhys runzelte die Stirn. »Wie kommt Ihr darauf, ich sei verheiratet?«

»Nun, Ihr erwähntet Euren Sohn.«

»Gereth.« Er nickte. »Er ist vier Jahre alt. Bedauerlicherweise starb seine Mutter bei der Geburt. Danach habe ich kein neues Weib genommen.«

»Oh!« Roisin schluckte. Schlagartig wurde ihr warm. »Das tut mir sehr leid.« Sie meinte es aufrichtig und schämte sich über den kleinen Funken Freude, der ihr Herz schneller schlagen ließ.

»Ich hoffe, Ihr habt nicht zu großen Ärger mit Eurem Bruder bekommen«, fuhr Rhys fort.

»Unsere Nachbarin ist gestern gestorben«, erklärte Roisin. »Das Unglück überschattet alles andere.«

»Ihr mochtet Eure Nachbarin?«

Roisin nickte, einen Kloß im Hals. »Sie war mir eine gute Freundin.«

In diesem Moment kam die Frau des Hufschmieds am Haus vorbei. Sie musterte den Fremden skeptisch, sah dann Roisin an und runzelte die Stirn. Schließlich ging sie weiter, drehte aber noch mal den Kopf.

»Apropos Nachbarn«, sagte Rhys. »Ich fürchte, wenn ich

noch länger Eure Zeit in Anspruch nehme, könnte das weiteren Ärger für Euch bedeuten.«

Das befürchtete Roisin ebenfalls. Sie wusste, sie sollte den Händler bitten, zu gehen und niemals wiederzukommen. Ein Teil von ihr wollte aber nicht, dass er für immer aus ihrem Leben verschwand. So unsinnig es auch war, dass ein stattlicher Mann wie Dylan Rhys etwas mehr als Sympathie für einen hinkenden Krüppel empfinden konnte. Rhys war einfach ein Mensch, der sich Gedanken und Sorgen um andere Leute machte. Nicht mehr und nicht weniger.

Bevor Roisin ihn bitten konnte zu gehen, sagte hinter ihr Edward: »Was wollt Ihr hier? Auf Besuch sind wir nicht eingestellt.«

Der Bruder war gerade erst aufgestanden, obwohl die Mittagszeit nicht mehr fern war. Seine Wangen waren mit Stoppeln bedeckt, sein Haar zerzaust, und in seinem Atem roch Roisin Bier. Edward trug eine helle Leinenhose und ein vor der Brust offenes braunes Hemd. Beides wirkte, als hätte er darin geschlafen, und er war barfüßig.

Rhys Dylan ignorierte den desolaten Zustand des Steinmetzes. Er deutete eine Verbeugung an, und sein Lächeln war offen und freundlich, als er seinen Namen und den Grund seines Besuches nannte.

Edward ließ den Wollhändler aussprechen, dann sagte er kühl, aber nicht unfreundlich: »Eure Entschuldigung habe ich zur Kenntnis genommen, Mister Rhys. Eure Handlung war zunächst ehrenhaft, meine Schwester vor den Halsabschneidern zu bewahren, dann jedoch unüberlegt, wie Ihr einräumt. Dass Ihr keine Hintergedanken hegt, glaube ich Euch, denn ich kenne meine Schwester. Kein Mann, der seine fünf Sinne beisammenhat, würde mehr von Roisin erwarten als eine unverbindliche Plauderei.« Grinsend fügte Edward hinzu: »Zumindest solang man sitzt und nicht herumlaufen muss.«

Roisins Gesicht wurde dunkelrot. An Beleidigungen gewöhnt, trafen sie Edwards Worte vor Dylan Rhys trotzdem mitten ins Herz.

»Ihr seid sehr hart zu Eurer Schwester, Meister Talwyn«, sagte Rhys bedächtig. Sein Lächeln war jedoch verschwunden. »Miss Roisins wacher Verstand lässt ihre kleine körperliche Einschränkung in den Hintergrund treten. Könnte es sein, dass Ihr nicht zu würdigen wisst, welche Stütze Eure Schwester für Eure Familie ist?«

Edward fuhr zu Roisin herum. Seine Augen funkelten zornig. »Was hast du erzählt?«, blaffte er. »Hast du dich gegenüber einem Fremden etwa beklagt und deine Familie durch den Dreck gezogen?«

»Das hat sie nicht!«, unterbrach Rhys. Seine Stimme klang nun wie scharf geschliffener Stahl auf einem Eisenblock. »Miss Roisin ist absolut loyal Euch gegenüber. Aber ich habe Augen im Kopf und Ohren zum Hören.«

»Verschwindet!« Edward packte den Händler am Arm und schob ihn vom Haus fort. »Geht zurück in Eure Heimat und mischt Euch nicht in meine Angelegenheiten ein.« Seine Worte bekräftigte Edward mit einem Schubs, dann herrschte er Roisin an: »Geh ins Haus! Sofort! Wir haben einiges miteinander zu besprechen.«

Roisin wusste, wann es besser war, zu schweigen und dem Bruder zu folgen. Krachend fiel die Tür hinter Edward zu. Breitbeinig, die Hände in die Seiten gestemmt, baute er sich vor Roisin auf. »Hast du ihm etwas von unserer Vereinbarung verraten?« Edwards Stimme war gefährlich leise.

»Natürlich nicht«, antwortete Roisin. »Du solltest mich besser kennen. Mr Rhys und ich haben uns nur über allgemeine Dinge unterhalten. Heute suchte er mich auf, um, wie er dir sagte, um Verzeihung wegen seines gestrigen Verhaltens zu bitten.«

Edward zögerte, ob er Roisin Glauben schenken sollte. Schließlich sagte er: »Es ist mir gleichgültig, was du treibst, Schwester, solang deine Arbeit nicht darunter leidet. Wenn dir wirklich ein Mann begegnet, der ein paar Stunden Vergnügen bei dir sucht, von mir aus. Komm mir aber bloß nicht mit einem Bastard im Bauch an!«

»Edward!«, rief Roisin erschrocken und empört zugleich. »Wie kannst du das nur von mir denken?« Roisin konnte ihre Tränen nicht länger zurückhalten. Obwohl sie wusste, dass der Bruder kein sehr feinfühliger Mensch war, waren seine Worte wie Peitschenhiebe. »Dylan Rhys würde nie ...« Eine Enge in ihrer Kehle machte weitere Worte unmöglich.

»Wir haben uns also verstanden.« Edward wirkte zufrieden. Aus dem Bierfass füllte er sich erneut den Krug und trank durstig. Dann wischte er sich mit dem Ärmel über die Lippen und sagte: »Du hast jetzt genügend Zeit verschwendet. Solltest du dich nicht um das Mittagsmahl kümmern?«

»Lavinda und Melyn wollen den Tag bei Melyns Mutter verbringen«, antwortete Roisin leise.

»Umso besser.« Ungeniert rülpste Edward. »Ich gehe zu Nate und werde dort essen. Ellis ist noch in meiner Kammer. Du musst dich um ihn kümmern.«

Roisin senkte zustimmend den Kopf. Die Aussicht, die nächsten Stunden allein im Haus zu sein, stimmte sie etwas froher. Sie war die ewigen Auseinandersetzungen leid, dennoch blieb ihr keine andere Wahl.

Trotz der frühen Stunde herrschte auf dem Fischmarkt rege Betriebsamkeit. Auch Roisin stand in der Schlange bei der Frau des Fischers, der frisch gefangene Lampreten anbot. Die Fische, im Volksmund auch *Neunaugen* genannt, waren aufgrund ihres weißen, fetthaltigen Fleisches eine besondere Delikatesse und deshalb etwas teurer. Da heute aber Lavindas Geburtstag war und sie Lampreten besonders mochte, wollte Roisin als Überraschung ihre Lieblingsspeise zubereiten. Vielleicht würde es die Stiefmutter etwas milder stimmen.

Drei Tage waren seit dem Besuch von Dylan Rhys vergangen. Drei Tage, in denen Edward seine Schwester weitgehend ignorierte. Auch Lavinda und Melyn sprachen nur das Nötigste mit ihr. In den vergangenen Nächten hatte Roisin eine neue Figur aus dem Stein gemeißelt. Sie hatte ein langes Gesicht mit einem markanten Kinn, eine schmale Nase und eine volle Oberlippe. Als das Gesicht fertig war, erschrak Roisin über ihre Arbeit. Die Ähnlichkeit mit dem Wollhändler aus dem Süden war unverkennbar. Einen Augenblick lang war Roisin versucht, den Stein mit dem Hammer zu zerstören. Edward durfte die Figur auf keinen Fall sehen! Sie hatte die Arbeit in die tiefe Tasche ihres Kittels gesteckt und wusste, sie würde es nicht übers Herz bringen, sie in den Fluss zu werfen.

Endlich war Roisin an der Reihe und kaufte zwei Fische. Dazu wollte sie ein Rübengemüse mit gepökeltem Schweinespeck machen.

Roisin sah Dylan Rhys erst, als es zu spät war, in eine Gasse zu huschen und abzuwarten, bis er vorbeigegangen war. Er stand direkt vor ihr, sah in den Korb und sagte: »Auch bei Fischen habt Ihr Geschmack.«

»Bitte, lasst mich durch, Sir.«

»Ich sagte Euch bereits, die Anrede Sir steht mir nicht zu, Miss Roisin. Warum nennt Ihr mich nicht Dylan?«

»Das wäre unangemessen.«

Roisin wollte an ihm vorbeigehen, doch er hielt sie am Arm fest. Scharf zog sie die Luft ein. »Wie könnt Ihr!« Aus ihren Augen sprühten Funken.

Schnell zog er seine Hand fort und trat einen Schritt zurück. »Und wieder benehme ich mich ungebührlich.« Er sagte das mit so viel Charme, bei dem die kleinen Fältchen in seinen Augenwinkeln auf und ab tanzten, dass Roisin unwillkürlich lächeln musste. Prompt sagte er: »Ihr seid schöner, wenn Ihr lacht. Allerdings steht zu befürchten, dass dies in Eurem Haus nicht oft geschieht.«

Roisin seufzte. Es hatte keinen Zweck, dem Händler etwas vorzumachen. Zu viel hatte er von Roisins Leben bereits mitbekommen.

»Ich bin zufrieden«, erwiderte sie ausweichend. »Wir haben ein dichtes Dach über dem Kopf, immer ein Feuer im Herd und zweimal täglich warme Mahlzeiten auf dem Tisch. Das ist unendlich mehr, als viele andere haben. Selbst hier in Conwy, obwohl die Stadt als wohlhabend gilt.« Von unten heraus sah sie Rhys fragend an. »Warum seid Ihr noch hier und nicht längst wieder in den Süden gereist?«

»Ich habe noch etwas Wichtiges zu erledigen.« Er streckte einen Arm aus. »Gestattet, dass ich Euren Korb trage?«

Roisin wollte ablehnen und sagen, sie könne das gut allein, aber sie reichte Rhys den Korb. Langsam gingen sie in Richtung Mill Gate. Es war das einzige Tor, das am frühen Morgen geöffnet wurde, damit die Leute von außerhalb zu den Fischhändlern gelangen konnten.

»Habe ich Euch schon gesagt, dass ich in Cardiff ein Haus besitze?«, fragte er. Roisin schüttelte den Kopf. »Es ist drei Stockwerke hoch, das untere ganz aus Stein erbaut, und liegt unweit der Burg. Ich beschäftige eine Köchin und zwei Mägde. Die sind zwar nicht die Schlausten, kümmern sich aber gut um das Haus und meine Belange. Wenn ich auf Reisen bin, kommt eine Cousine in mein Heim, um sich um meinen Sohn zu kümmern.«

»Gereth, ich erinnere mich.«

»Hinter dem Haus befindet sich das Lager«, fuhr er unbeirrt fort. »Die Mauern sind aus massivem Stein. So ist die Ware bei einem eventuellen Brand geschützt. Auf der anderen Seite befindet sich der Pferdestall.«

»Ihr habt eigene Pferde?«, rief Roisin erstaunt. Nur reiche Kaufleute konnten sich das Halten von Rössern leisten.

»Einen Hengst, mit dem ich hierher geritten bin. Der Ochsenkarren wird von meinem Gehilfen kutschiert. Dann noch zwei wunderschöne, lammfromme Stuten.« Er blieb stehen und sah sie fragend an. »Könnt Ihr reiten, Roisin?«

Sie schüttelte den Kopf. Erst dann bemerkte sie, dass er das *Miss* weggelassen hatte. In ihrem Kopf wirbelten die Gedanken durcheinander.

»Ihr solltet reiten lernen«, fuhr Rhys fort. »Auf dem Rücken eines Pferdes könnt Ihr weite Strecken schnell und problemlos zurücklegen.«

»Ich weiß«, bemerkte Roisin, einen Hauch Bitterkeit im Unterton. »Mit dem Laufen klappt es bei mir ja nicht so gut. Leider jedoch gehört ein Steinmetz nicht zu denen, die sich eigene Pferde halten.«

Dylan Rhys runzelte die Stirn. Mit einem Mal wirkte er ärgerlich. »Hört endlich auf, immer Euer lahmes Bein zu erwähnen! Es gibt weitaus schlimmere Schicksale, als ein Bein nachzuziehen. Während eines Fiebers verlor die Tochter meines Nachbarn das Augenlicht. Trotzdem höre ich das Mädchen niemals jammern, und sie meistert ihr Leben.«

Ich jammere doch gar nicht, lag es Roisin auf der Zunge, doch sie schwieg. Er hatte ja nicht unrecht. Ihr ganzes Leben hatte Roisin von ihrer Familie gehört, wegen ihres verdrehten Beines würde niemals ein Mann Interesse an ihr zeigen. Das hatte sich so in Roisins Denken eingegraben, dass sie Dylan Rhys' Interesse skeptisch gegenüberstand und einen Haken bei der Sache suchte.

Sie hatten den Rand der Siedlung erreicht. Es war jetzt

hell, die Sonne verbarg sich aber hinter dichten, grauen Wolken, die Regen versprachen. Aus den meisten Kaminen stieg Rauch, und mehrere Frauen gingen in Richtung der Stadt oder kehrten aus ihr zurück.

»Bitte, gebt mir den Korb.« Roisin streckte die Hand aus. »Ab hier gehe ich allein weiter. Wenn mein Bruder uns zusammen sieht ...« Vielsagend zog sie die Augenbrauen hoch.

»Könnt Ihr Euch vorstellen, Roisin, Eurer Familie Grund zum Tratschen zu geben? Wir sollten den Unterstellungen doch eine Basis geben.«

»Wie bitte?« Roisin glaubte, sich verhört zu haben.

Er zwinkerte ihr zu. »In solchen Dingen bin ich nicht besonders geschickt oder gar galant.« Dylan Rhys räusperte sich. Plötzlich wirkte der imposante Mann verlegen. Nachdem er intensiv seine Schuhspitzen betrachtet hatte, hob er den Kopf, sah Roisin fest in die Augen und fragte: »Könnt Ihr Euch vorstellen, meine Frau zu werden?«

Roisin schnappte nach Luft. Sie schwankte zwischen Ungläubigkeit und Zorn. Es siegte ihre Wut. »Wie könnt Ihr es wagen? Ich hielt Euch für einen Ehrenmann! Dabei habt Ihr mich von Anfang an verspottet!« Sie riss Rhys den Korb aus der Hand. »Wie absolut schändlich, auf meine Kosten zu scherzen. Außer Euch lacht niemand darüber, Sir.«

Sie drehte sich um und stapfte davon. Es war ihr bewusst, dass das Hinken jetzt besonders auffällig war. Darauf kam es aber nicht mehr an. Die Tränen, die über Roisins Wangen rannen, waren eine Mischung aus Zorn und Enttäuschung.

Schwer legte sich seine Hand auf ihre Schulter und zwang sie zum Stehenbleiben. Er drehte sie zu sich um und sah ihre Tränen.

»Ich wollte Euch nicht zum Weinen bringen. Meine Worte waren unbedacht und plump gewählt«, sagte er leise und eindringlich. »Es tut mir leid, Euch brüskiert zu haben. Mit meinem Antrag ist es mir sehr ernst, Roisin. Wenn Ihr wollt, falle ich hier im Staub der Straße vor Euch auf die Knie.«

»Warum wollt Ihr ausgerechnet mich zum Weib nehmen?«, fragte Roisin. Den Korb stellte sie auf die Erde. »Euch müssen die Frauenherzen doch nur so zufliegen. Da braucht Ihr wahrlich keinen Krüppel zu wählen.«

»Von einer Frau … von meiner Frau erwarte ich mehr, als dass sie den ganzen Tag vor dem Spiegel sitzt und sich bunte Bänder ins Haar flicht.«

»Ihr besitzt einen Spiegel?«, rutschte es Roisin heraus.

Er nickte. »Ich erwähnte bereits, dass ich einen gewissen Wohlstand mein Eigen nennen darf. Roisin!« Er wurde wieder ernst und legte die zweite Hand auf ihre andere Schulter. »Ihr und ich – wir begegnen uns auf Augenhöhe. Die Frau, mit der ich mein Leben teilen möchte, muss Verstand, Tatkraft und Güte haben. Vor allen Dingen Güte! Mit ihr möchte ich meine Sorgen und mein Glück teilen.«

Die Bemerkung brachte Roisin zum Schmunzeln. »Das mit der Augenhöhe passt bei uns aber nicht.«

Er beugte die Knie, bis ihre Gesichter auf einer Höhe waren und lachte laut. »Auf Dauer schadet das aber meinen Gelenken. Ernsthaft, Roisin: Ihr verfügt über so viel Empathie, wie man sie selten bei Menschen findet. Auch seid Ihr klug, zupackend und charmant. Am Rande bemerkt: Ihr habt ein hübsches Gesicht und sehr schöne Augen.«

Verunsichert trat Roisin von einem Fuß auf den anderen. Meinte Dylan Rhys seine Worte wirklich ernst? Oder trieb er einen besonders grausamen Schabernack mit ihr und ihren Gefühlen? Er musste bemerkt haben, dass sie mehr als Sympathie für ihn empfand.

»Ihr wollt bestimmt nur eine Mutter für Euren Sohn«, murmelte sie, weil ihr gerade nichts anderes einfiel.

»Das möchte ich nicht leugnen«, gab er zu. »Mein Haus

muss auch wieder von einer weiblichen Hand geführt werden. Treue Dienstboten sind zwar viel wert, sie sind aber eben nur Dienstboten. Roisin, ich habe Euch bisher nicht gefragt: Aber wie alt seid Ihr?«

»Im Sommer werde ich vierundzwanzig.«

»Ich bin achtunddreißig«, erklärte Dylan Rhys. »Ich könnte Euch zu alt sein.«

»Das ist es nicht.« Roisin suchte nach den richtigen Worten. »Euren Antrag muss ich ablehnen«, stieß sie heraus. »Ich kann meine Familie nicht verlassen.«

»Warum nicht?«, fragte er verdutzt. »Eure Stiefmutter und Eure Schwägerin machen auf mich einen kräftigen, gesunden Eindruck. Sie haben Eure Hilfe nicht nötig. Und Euer Bruder ist ein angesehener und erfolgreicher Handwerker, der der Familie ein gesichertes Auskommen beschert.«

Wenn du wüsstest, dachte Roisin. Sie versuchte, ihre Gedanken von ihrem Gesichtsausdruck fernzuhalten.

»Es geht einfach nicht«, sagte sie bestimmt. »Bitte, reitet nach Hause und lasst mich in Ruhe. Wir werden uns niemals wiedersehen.«

»Aber Roisin!« Er runzelte die Stirn. »Im Moment muss ich Eure Absage akzeptieren, wenngleich ich sie nicht verstehe. Vielleicht habe ich vergessen zu erwähnen, dass ich Euch aufrichtig zugetan bin. Ja, ich schäme mich nicht zu sagen, dass ich Euch liebe.«

»Hört auf!« Roisin presste die Hände auf die Ohren. »Oh, bitte sprecht nicht weiter! Ich kann nicht Eure Frau werden! Es ist unmöglich!«

Sie nahm den Korb auf und ließ ihn stehen. Dieses Mal folgte er ihr nicht, rief ihr aber nach: »Denkt bitte über meinen Antrag nach, Roisin! Ich logiere im *Red Lion Inn* und werde dort drei Tage lang auf Euch warten.«

II.

D ein Lieblingsfisch, Mutter.« Nicht ohne Stolz stellte Roisin die Platte mit den gebratenen Lampreten auf den Tisch. Auch die Beilagen waren ihr gut gelungen und rochen köstlich. »Alles Gute zum Geburtstag.«

Lavinda beugte sich vor und betrachtete skeptisch die Fische.

»Neunaugen?«, sagte sie langgezogen und gänzlich ohne Freude. »Wie viel hast du dafür ausgegeben? Wir müssen die Pennys beisammenhalten.«

»Es ist doch dein Geburtstag, Mutter.« Roisin fühlte sich enttäuscht. »Der Fisch ist nur für dich, Edward und Melyn. Mir reichen die Rüben.«

»Das wird auch gut sein«, meinte Lavinda mit heruntergezogenen Mundwinkeln. »Du hättest eine so hohe Geldausgabe mit mir absprechen müssen, Mädchen.«

Es kam kein Dank für die Glückwünsche oder die Mühe, die sich Roisin mit der Zubereitung des Mahls gegeben hatte, über Lavindas Lippen. Auch Melyn schwieg. In diesem Moment kam Edward in die Küche.

»Oh, Lampreten!« Erwartungsvoll leckte er sich die Lippen. »Welchem Umstand haben wir einen solchen Genuss zu verdanken?«

»Dem Geburtstag unserer Stiefmutter«, sagte Roisin kühl. »Wie üblich hat sie aber wieder etwas auszusetzen. Schade, dass ich alle Gräten aus den Fischen sorgsam entfernt habe. Es passiert nämlich immer wieder, dass Leute an ihnen ersticken. An Gräten, aber auch an ihren eigenen Bosheiten.«

»Wie kannst du es wagen!« Lavinda fuhr hoch. Sie bebte am ganzen Körper. Nur der Tisch zwischen ihnen hinderte Lavinda daran, Roisín zu ohrfeigen.

»Roisin!« Edward packte sie grob am Arm und schüttelte sie. »Entschuldige dich sofort bei unserer Mutter.«

»Sie ist nicht unsere Mutter!« Mit einem Ruck machte sich Roisin aus dem Griff des Bruders frei und warf das Tuch, mit dem sie die heiße Platte gehalten hatte, auf den Tisch. »Warum sollte ich für die Wahrheit um Verzeihung bitten? Ich rackere mich für euch ab! Für auch alle!« Ihr ausgestreckter Zeigefinger deutete auf Edward. »Besonders für dich, Bruder!«

»Halt den Mund!« Sein Schlag kam so unvermittelt, dass Roisin sich nicht mehr ducken konnte. Es war, als würde ihr Schädel explodieren. Sie schmeckte Blut auf ihren Lippen. »Geh mir aus den Augen, bevor ich mich völlig vergesse!«, zischte Edward leise. »Zum Essen bekommst du heute nichts. Heute Nacht kannst du im Hühnerstall schlafen. Da hast du Zeit, über dein Verhalten nachzudenken.«

Roisin merkte, wie ihre Oberlippe anschwoll. Edwards Ohrfeige hatte sie nicht nur im Gesicht getroffen, sondern mitten ins Herz. Dort war der Schmerz um ein Vielfaches stärker. Sie starrte den Bruder an, ihre Blicke stellten die Frage: Warum hast du das getan? Edward merkte es nicht oder vielmehr: Er wollte Roisins Erschrecken nicht sehen. Seelenruhig setzte er sich an den Tisch und zog die inzwischen abgekühlte Platte mit dem Fisch zu sich heran.

»Was meinte Roisin, sie würde für dich arbeiten?«, fragte Melyn. So dumm, wie sie sich manchmal gab, war sie offenbar nicht.

»Ich fürchte, der Geist meiner Schwester beginnt sich zu

verwirren«, antwortete Edward seelenruhig. »Wir haben ihr zu viel durchgehen lassen. Allein die schändliche Angelegenheit mit dem Wollhändler.«

»Du weißt gar nicht, wie gern ich dieses Haus verlassen möchte, Edward«, sagte sie leise. »Daher kann ich euch die freudige Mitteilung machen, dass ich für immer fortgehen werde, denn Dylan Rhys hat mich gebeten, ihn zu heiraten. Und ich werde seinen Antrag annehmen.«

Das ungläubige Staunen dreier sie anstarrender Augenpaare ließ Roisin allen Schmerz vergessen. Sie verließ das Haus und widerstand der Versuchung, die Tür zuzuknallen. Stattdessen zog sie sie langsam und leise hinter sich zu. Draußen gelang es ihr, zu lächeln. Die Entscheidung war gefallen, und nichts und niemand würde sie umstimmen können. Es hatte wohl so kommen müssen, dass Edward sie geschlagen hatte, denn jetzt fühlte sie sich dem Bruder gegenüber nicht länger verpflichtet.

Im *Red Lion Inn*, direkt am Marktplatz der Stadt gelegen, stiegen nur vermögende Kaufleute und Händler ab. Dementsprechend vollmundig war der rote Wein, von dem Roisin in kleinen Schlucken trank.

»Du machst mich sehr glücklich«, sagte Dylan.

»Dein Antrag macht mich glücklich«, erwiderte Roisin. Sie musste sich erst daran gewöhnen, ihn zu duzen und mit Vornamen anzusprechen.

Außer ihnen saßen nur noch ein Greis mit schlohweißer Mähne und zwei junge Burschen in der Gaststube. Der Alte starrte in seinen Bierkrug, die Jungen unterhielten sich tuschelnd und lachten immer wieder laut auf. Nachdem Roisin den Wirt nach Dylan gefragt und dieser den Händler geholt hatte, war Dylan bei ihrem Anblick erschrocken. Lange, erklärende Worte waren unnötig. Er wusste sofort, wer für

Roisins blutverkrustete Lippe verantwortlich war. Er bestellte Wein, Brot und Käse, da er selbst noch nicht zu Mittag gegessen hatte. Der süffige Wein breitete sich warm in Roisins Magen aus und milderte ihre Schmerzen.

Dylan Rhys kniff ein Auge zusammen, mit dem anderen musterte er Roisin. »Du heiratest mich aber nicht nur, um von deiner Familie wegzukommen?«, fragte er, als sie mit dem Essen fertig waren.

»Nicht nur«, antwortete Roisin ehrlich. »Ich kenne dich zwar erst ein paar Tage, die damalige kurze Begegnung zählt nicht, aber irgendwie … Nun ja, du bist ein attraktiver Mann. Als ich meinte, du seist verheiratet, stimmte mich das traurig.«

Über den Tisch griff er nach Roisins Hand und küsste ihre Fingerspitzen. Schnell sah sie sich um, aber niemand schenkte ihnen Beachtung.

»Wollen wir hier in Conwy oder erst in Cardiff vor den Altar treten?«, fragte Dylan.

»Am liebsten würde ich noch heute abreisen«, erwiderte Roisin. Sie seufzte. »Ich kann aber nicht mit dir die weite Reise in den Süden machen, solang wir nicht Mann und Frau sind.«

Er nickte verstehend. »Wir gehen nachher zum Priester. Ich denke, er kann uns kommenden Sonntag trauen. Damit du nicht wieder zu deinem Bruder zurückkehren musst, werde ich dir hier im Gasthaus ein Zimmer …«

Roisin hob unterbrechend die Hand. »Das ist keine gute Idee, die Leute würden reden. Auch wenn wir Conwy verlassen werden, möchte ich frei von jedem Makel in die Zukunft gehen. Die drei Tage werden schnell vergehen. Außerdem …« Sie zögerte, unsicher, wie viel sie Dylan erzählen sollte. Zwischen Mann und Frau sollte es keine Geheimnisse geben, aber dieses Geheimnis betraf nur ihren Bruder und sie.

»Hast du etwa ein schlechtes Gewissen, deine Familie im Stich zu lassen?«, fragte Dylan. »Nach allem, was sie dir angetan haben?«

»Ich kann darüber nicht sprechen. Nicht jetzt, Dylan. Wenn wir im Süden sind, wirst du alles erfahren.«

»Gut, ich habe es zu akzeptieren«, sagte er, wirkte jedoch skeptisch. »Wenn dein Bruder aber wieder die Hand gegen dich erhebt, kommst du sofort zu mir. Das musst du mir versprechen, Roisin!«

»Ich verspreche es, aber es wird kein zweites Mal geschehen. Edward ist sonst nicht so. Er wird sich bestimmt bei mir entschuldigen, wenn ich nach Hause komme.« Sie trank einen Schluck Wein, dann fragte sie: »Wie komme ich in den Süden? Wie du weißt, kann ich nicht reiten.«

»Du wirst neben meinem Burschen auf dem Karren sitzen«, erklärte Dylan. »Das ist zwar nicht sehr bequem, aber unterwegs werden wir in guten Häusern rasten.«

»An Unbequemlichkeit bin ich gewöhnt. Ich bringe keine Mitgift mit in die Ehe«, gab Roisin zu bedenken. »Nur etwas Kleidung und das hier.« Aus ihrem Kragen nestelte sie eine dünne, silberfarbene Kette mit einem kleinen, kreuzförmigen Anhänger. »Materiell ist es wohl kaum von Wert, für mich bedeutet das Schmuckstück aber viel. Es ist von meiner Mutter. Sie trug die Kette bei ihrem Tod.«

»Du hast sie sehr lieb gehabt.« Er war eine Feststellung, keine Frage.

Roisin nickte. »Ich wünschte, die Erinnerung an sie würde nicht von Jahr zu Jahr mehr verblassen.«

»Solang wir die Erinnerungen an Verstorbene in unserem Herzen tragen, sind sie nicht fort«, sagte Dylan einfühlsam. Dann wechselte er das Thema: »Was ist mit dem Hund? Möchtest du ihn mit in den Süden nehmen?«

»Wenn du nichts dagegen hast«, antwortete Roisin. »Ich

fürchte, sonst würde es Jack schlecht ergehen, denn Lavinda und Melyn mögen ihn nicht.«

»Selbstverständlich kommt Jack mit uns! Wie ich dir sagte, hatte ich bis vor Kurzem selbst einen Hund. Gereth wird vor Freude außer sich sein. Der Junge mag Tiere, besonders Hunde.«

»Dein Sohn …« Roisin war froh, dass Dylan ihn angesprochen hatte, denn es brannte ihr noch eine Frage auf der Seele. »Wie wird Gereth darauf reagieren, wenn du mit einer neuen Frau zurückkehrst?«

»Er ist ein guter Junge«, antwortete Dylan. »Du wirst ihm eine liebevolle Stiefmutter sein. Gerade, weil du böse Erfahrungen mit der zweiten Frau deines Vaters gemacht hast.«

»Wenn er mich aber nicht mag?«

Fest drückte er Roisins Hand. »Sei einfach du selbst, meine Liebe, dann wird dich jeder schnell in sein Herz schließen. Nun etwas anderes: Zu Hause lehre ich dich das Reiten. Wenn du magst, auch das Schreiben und Lesen.«

»Ich kann schreiben, lesen und auch leidlich gut rechnen. Mein Bruder lernte es bei den Mönchen und brachte es mir bei. Heimlich, damit die Eltern es nicht erfuhren.«

»Und da fragst du, warum ich dich anziehend finde?«, fragte er augenzwinkernd. »Beherrschst du etwa auch noch Fremdsprachen?«

»Nein, Edward lernte nur Englisch, und an die walisische Sprache erinnere ich mich kaum noch. In die Gegend, in der ich geboren wurde, verirrten sich nur selten englische Soldaten. So sprachen Vater und Mutter zu Hause Walisisch. Nachdem wir in Conwy angekommen waren, aber nur noch Englisch. Meine Stiefmutter duldete nicht, dass Vater etwas tat, was die Engländer gegen uns hätte aufbringen können, nicht, weil sie die Fremden in ihr Herz geschlossen hat. Lavinda fürchtet um ihr Auskommen, denn Geld ist ihr ungemein wichtig.« Sie runzelte unwillig die Stirn und fügte leise hinzu: »Wichtiger als Ehre und Selbstachtung.«

»Für deine Stiefmutter hege ich wahrlich keine Sympathien«, erwiderte Dylan. »In dem einen Punkt muss ich ihr jedoch zustimmen. Wir alle haben lernen müssen, uns mit den Engländern zu arrangieren und unsere wahren Gefühle zu verbergen, um zu überleben. Die einen mehr, die anderen weniger.« Er trank seinen Becher leer, stand auf und reichte Roisin die Hand. »Komm, lass uns gleich den Priester aufsuchen.«

Als seine große, kräftige Hand ihre kleine umschloss, fühlte sich Roisin geborgen. Diesem Mann konnte sie ihr Leben anvertrauen. Was aus Edward und der Familie werden sollte – darüber wollte und konnte sie jetzt nicht nachdenken.

Vorsichtig strich Roisin mit einem Finger über die vor ihr liegenden Werkzeuge, als wären sie zerbrechlich. Für sie waren sie das Wertvollste, was sie besaß. Nun ja, eigentlich gehörten die Gerätschaften nicht ihr. Edward hatte sie von ihrem Vater geerbt. Roisin nahm den kleinen Meißel in die Hand. Mit ihm schuf sie die filigranen Ranken und Rauten. Den Riffelhammer für gröbere Arbeiten, das lange, schmale Beizeisen, um erste Konturen in einen Steinblock zu meißeln. Mit dem Zahneisen entfernte sie die Bosse, das überflüssige Gestein, von den Figuren.

Roisin erinnerte sich an Vaters Aussage: »Gute Werkzeuge sind unabdingbar für gute Arbeit! Daran darf nicht gespart werden. Ich habe eine Unsumme für die Ausrüstung bezahlt, aber du siehst: Alles ist in gutem Zustand und wird bei guter Pflege noch viele Jahre brauchbar sein.«

Er hatte es zu Edward gesagt, aber Roisin hatte gut zugehört. Dem Vater war nicht in den Sinn gekommen, dass sie sich bereits als Kind die Namen der einzelnen Werkzeuge und für welche Arbeit welches verwendet wurde, genau gemerkt hatte. Wie der Vater reinigte auch Roisin jedes Teil mit feinen, weichen Pinseln und wickelte sie in mit Bienenwachs getränkte Leinentücher. Sie seufzte und packte die Werkzeuge sorgsam ein. Sie war geneigt, sie mit in ihr neues Leben zu nehmen, wusste aber, dass ihre Finger niemals wieder mit Meißel und Hammer arbeiten würden. Dylan Rhys war ein überaus verständnisvoller Mann, der gerade ihre Klugheit schätzte. Roisin konnte indes nicht verlangen, dass er ihre Leidenschaft des Steinmetzens akzeptierte. Warum sollte sie es auch weiterhin machen? Nach allem, was Dylan ihr erzählt hatte, musste sie ein größeres Haus führen, dessen Türen stets für Gäste offen standen. Wahrscheinlich würde sie auch bald Mutter werden. Dann wären ihre Tage von früh bis spät ausgefüllt. Beim Gedanken, was zwischen Eheleuten in den Nächten vor sich ging, war es Roisin nicht bange. Sie war nicht weltfremd und fühlte sich auch körperlich zu Dylan Rhys hingezogen. Sicherlich hatte er eine Menge Erfahrung, was Frauen betraf. Sie würde sich seiner Führung überlassen. Die Aussicht, in weniger als einem Jahr ein Baby in den Armen zu halten, war dies alles wert.

Die Türangeln quietschten. Roisin fuhr herum. »Ach, du bist es!« Erleichtert atmete sie auf.

Edward hatte die Tür mit der Schulter aufgestoßen, denn er trug in der einen Hand einen Krug, in der anderen einen Holzteller mit Brot, Käse und einem verschrumpelten Apfel.

»Ich wusste, dass ich dich hier finde.« Edward stellte die Sachen auf den Tisch.

»Wenn du mir Vorwürfe machen willst, weil ich nicht im Hühnerstall …«

»Es waren Worte des Zornes gewesen.« Edward winkte ab. »Ich hätte dich nicht schlagen sollen, Schwester. Aber ich dachte, du würdest unser kleines Geheimnis verraten und wollte dich am Reden hindern.«

»Du kennst mich wirklich schlecht, Bruder. Ich war zwar schrecklich wütend, hätte dich aber niemals vor Lavinda und deiner Frau bloßgestellt.«

»Tut es sehr weh?«

Roisin zuckte mit den Schultern. »Es gibt Schlimmeres. Ich bin froh, dass du dich entschuldigst. Am besten wir vergessen den Vorfall.« Sie griff nach dem Krug und trank direkt aus ihm einen langen Schluck. Das Brot und den Käse schob sie zur Seite.

»Du musst doch Hunger haben«, sagte Edward.

»Im Moment nicht.«

»Roisin …« Er trat näher und legte eine Hand auf ihre Schulter. »Lavinda gegenüber warst du heute wirklich sehr böse. Ich gebe zu: Es ist nicht einfach, mit ihr auszukommen. Es ist aber eine Sünde, der eigenen Mutter den Tod zu wünschen.«

»Das habe ich nicht ernst gemeint«, gab Roisin zu. »Ich dachte, ich könnte Lavinda an ihrem Geburtstag mit ihrer Lieblingsspeise eine Freude machen. Nun, ich habe mich nicht zum ersten Mal in Lavinda getäuscht.«

»Morgen musst du dich bei ihr entschuldigen«, beharrte Edward. »Ich bin glücklich, dass sich Lavinda und Melyn gut verstehen, und für Ellis ist Lavinda eine gute Großmutter.«

»Das ist auch nicht schwer, wenn man sich um den Jungen so gut wie gar nicht kümmert und die Sorge um ihn mir überlässt.« Das zu sagen, hatte sich Roisin nicht verkneifen können. Sie räusperte sich und deutete auf die mittelgroße Holzkiste. »Ich habe die Zeit genutzt. Alle Rosetten sind fertig und bereits verpackt. Morgen Nacht mache ich dann die drei Löwen. Somit ist alles zusammen, was du für deine nächste Fahrt nach Caernarvon brauchst.«

Zufrieden rieb sich Edward die Hände. »Bestimmt werde ich mit einem neuen, großen Auftrag zurückkehren! An und in der großen Festungsanlage gibt es noch so viel zu tun! Ich denke, für den Rest meines Lebens haben wir ausgesorgt.«

Roisin holte tief Luft, stieß sie geräuschvoll aus, dann sagte sie fest: »Am Sonntag werde ich Conwy verlassen.«

»Was?« Edward riss die Augen auf.

»Dylan Rhys und ich werden heiraten«, erklärte Roisin, bemüht sachlich zu sprechen. »Künftig werde ich an der Seite meines Gemahls im Süden leben.«

Edwards Unterkiefer klappte herunter, seine Augen weiteten sich. »Ich hielt es für einen Scherz! Du hast das nur gesagt, um uns zu ärgern.«

»Ich weiß, dass niemand von euch geglaubt hat, ein Mann könnte mich je zum Weib nehmen, aber es wird nun geschehen.« Und irgendwie kann ich es selbst nicht glauben, fügte sie in Gedanken hinzu.

»Das kannst du nicht tun!«, schrie Edward. »Du wirst dieses Haus nicht verlassen!«

»Meine Entscheidung ist unumstößlich, Edward. Ich habe das Recht auf eine eigene Familie und ein bisschen Glück.«

»Du kennst den Mann überhaupt nicht!« Edward verlegte sich aufs Mahnen. »Du hast keine Ahnung, was dich an der Seite dieses Händlers erwartet. Vielleicht wird er dich belügen und betrügen, wenn nicht gar schlagen. Und dann wirst du ganz allein in der Fremde sein. Roisin, ich möchte dich nur beschützen.«

»Ich bin alt genug, meine eigenen Erfahrungen zu machen«, erwiderte Roisin fest. Innerlich war sie aber keineswegs so ruhig, wie sie Edward glauben machte. Seit sie Dylan Rhys ihr Jawort gegeben und sie gemeinsam Pläne geschmiedet hatten, waren ihr ähnliche Gedanken durch den Kopf gegangen. »Edward ... Bruder ...«, fuhr sie sanft fort, »für dich muss es wirken, als würde ich dich im Stich lassen. Aber ich halte es mit Lavinda zusammen unter einem Dach nicht länger aus.«

»Du gibst mich der Lächerlichkeit und deine Familie der Armut preis«, presste Edward zwischen schmalen Lippen hervor. Seine schäumende Wut hatte sich gelegt, jetzt wirkte er allerdings kalt und abweisend.

»Auch du kannst ein guter Steinmetz sein«, versuchte es Roisin ein weiteres Mal. »Man muss nur jede Menge Geduld und Fleiß aufbringen. Wenn du jetzt nach Caernarvon reist, solltest du dort beginnen, nebenher kleinere Arbeiten anzufertigen.«

»Das wirst du bereuen!«, zischte er. »Keinen einzigen Tag wirst du glücklich sein! Glaube aber nicht, du kannst hier wieder ankommen und Aufnahme bei uns finden, wenn der Händler von dir genug hat und dich auf die Straße setzt! Wenn du am Sonntag wirklich gehst, bleibt dir diese Tür für immer verschlossen.«

Roisin schluchzte, nachdem Edward die Werkstatt verlassen hatte. Am Mittag hatte sie die Entscheidung, Dylan Rhys zu heiraten, aus Trotz getroffen. Sie wollte Edward und besonders Lavinda für ihre Bosheiten bestrafen. Dass es ihr so schwerfallen würde, den Bruder zu verlassen, hätte Roisin dann doch nicht gedacht. Wenn sie ehrlich zu sich war, dann plagten sie Schuldgefühle. Vielleicht würde ihr Fortgehen Edward aber doch dazu bringen, endlich die ganze Verantwortung für seine Familie zu übernehmen.

Jetzt konnte sie keinen Rückzieher mehr machen, gegenüber Dylan Rhys wäre es nicht fair. Und Roisin wollte seine Frau werden. Sie wollte nach Cardiff gehen, ein großes Haus führen, ihrem Mann bei den Geschäften helfen und seinem Sohn eine gute Mutter sein. Wenn sie jetzt nicht die Chance, die ihr das Leben bot, ergriff, würde sie sich hier abrackern, bis sie alt und grau war.

Die nächsten zwei Tage verliefen in eisigem Schweigen. Wie gehabt stand Roisin früh auf, bereitete das Morgenmahl zu, kümmerte sich um Ellis, kaufte in der Stadt ein, flickte Edwards Wams, mit dem er an einem Nagel hängen geblieben war, und arbeitete in der Werkstatt, wenn Lavinda und Melyn schliefen. Am Samstagnachmittag suchte sie Seth Corris auf und sagte ihm, sie würde am nächsten Tag heiraten und Conwy verlassen.

»Es tut mir sehr leid, Seth. Normalerweise halte ich meine Versprechen. Es hat sich einfach ergeben.«

Seth, der immer noch um seine Frau trauerte, lächelte. Wahrscheinlich zum ersten Mal seit Tagen. »Ich freue mich für dich, Roisin. Und Nia würde überglücklich sein, dass du einen guten Mann bekommst.«

»Woher willst du wissen, dass mein Bräutigam ein guter Mensch ist?«, fragte Roisin. Es sollte scherzend klingen, ein Funken Unsicherheit schwang in ihrer Stimme dennoch mit.

»Sonst würdest du ihn nicht zum Mann nehmen«, stellte Seth trocken fest. Er seufzte. »Ich werde Mary fragen, ob sie sich um die Kühe kümmert. Lavinda oder Melyn werden es wohl nicht tun.«

»Das wird sicher so sein«, entgegnete Roisin. »Die Milch würden sie zwar gern haben, nur darf man dafür nichts tun müssen. Ab nächster Woche werden sie eben in die Stadt gehen und dort Milch kaufen müssen. Jack nehme ich aber mit. Mein künftiger Gatte hat nichts gegen den Hund.«

»Alles erdenklich Gute«, sagte Seth mit einem aufrichtigen Blick. »Mögest du in deinem neuen Leben so glücklich werden, wie Nia und ich es gewesen sind.«

Spontan umarmte Roisin den älteren Nachbarn. Auch, damit Seth den feuchten Schimmer in ihren Augen nicht bemerkte.

In der Nacht zum Sonntag machte Roisin kein Auge zu. Die Knie an die Brust gezogen und die Arme darum geschlungen, kauerte sie vor dem Herdfeuer und starrte in die Glut. Ihre wenigen Sachen hatte sie bereits gepackt. Es war nur ein kleines Bündel, in das sie auch das steinerne Abbild des Kopfes von Dylan Rhys gewickelt hatte. In Cardiff würde sie ihm die Figur zeigen und die Wahrheit gestehen. Dylan würde es verstehen.

Beim Morgengrauen fütterte sie die Hühner und säuberte den Stall. Ein letztes Mal brachte sie die Eier zu Seth und kehrte mit einem Krug noch warmer Milch zurück. Ein letztes Mal bereitete sie die Hafergrütze zu und schnitt Scheiben von dem Roggenbrot ab, das sie tags zuvor beim Bäcker gekauft hatte. Lavinda und Melyn kamen herunter. Auch heute würdigten sie Roisin keines Blickes, ließen sich das Frühstück aber schmecken.

Dann sagte Lavinda plötzlich: »Melyn, wir gehen heute nicht in die Kirche. Das Weib da …«, ihr ausgestreckter Zeigefinger deutete auf Roisin, »macht es unmöglich, dass wir Gottes Segen empfangen.«

Melyn bekreuzigte sich dreimal hintereinander. »Ich denke, der Pater wird es uns verzeihen. Ich sehe es wie du, Mutter. Keineswegs möchte ich Zeuge werden, wenn das Mädchen in ihr Unglück rennt.«

Roisin, die neben dem Fenster stand, sagte spöttisch: »Ihr könnt es Pater Thomas selbst sagen. Er kommt nämlich die Gasse entlang und hält geradewegs auf unser Haus zu. Warum jedoch wird er von zwei Soldaten und dem Stadtvogt begleitet?«

Lavinda sah neben Roisin durch das Fenster, dann öffnete sie die Tür, als die vier Männer unmittelbar vor dem Haus waren.

»Was wünscht Ihr?«.

»Ist das das Haus des Steinmetzes Edward Talwyn?«, fragte der Stadtvogt.

»Ja, aber mein Sohn schläft noch«, antwortete Lavinda.

»Dann müsst Ihr ihn wecken«, sagte der Geistliche, nicht unfreundlich, aber bestimmt.

Roisin fragte sich, ob Edward etwas angestellt hatte. Nach ihrer gestrigen Auseinandersetzung war er fortgegangen, sicherlich wieder zu Nate. Später hatte sie ihn gehört, als er nach Hause gekommen war, ihn aber weder gesehen noch mit ihm gesprochen. Da sie die ganze Nacht über wach gewesen war, wusste sie mit Bestimmtheit, dass Edward die Nacht im Anbau verbracht hatte.

»Sagt mir, Mister Hughes«, wandte sich Melyn an den Stadtvogt, »warum wollt Ihr meinen Gemahl sprechen? Ihr kennt mich doch! Ich bin die Tochter Eures Schreibers Argall.«

Vogt Hughes sah an Melyn vorbei und sagte kühl: »Bringt Edward Talwyn her, dann werdet Ihr alles erfahren.«

Melyn runzelte die Stirn, dann ging sie durch die Küche zur Hintertür, um Edward zu holen.

Während sie warteten, schwiegen die Männer. Keiner verzog eine Miene. Pater Thomas, den Dylan gebeten hatte, nach dem heutigen Gottesdienst die Trauung zu vollziehen, sah geflissentlich an Roisin vorbei, wenn sie versuchte, seinen Blick einzufangen.

Nach etwa fünf Minuten trat Edward zu ihnen. Seine Haare waren verstrubbelt, über der Hose trug er nur ein schlichtes Leinenhemd, aber er wirkte wach und ausgeschlafen.

»Ihr möchtet mich sprechen?«, fragte er und sah von einem Mann zum anderen.

»Ihr seid der Steinmetz Edward Talwyn?«, fragte der Vogt.

»Ja, der bin ich, aber das wisst Ihr doch, Mister Hughes.«

»Dann kennt Ihr den aus Cardiff stammenden Wollhändler Dylan Rhys?«, fuhr der Vogt fort.

»Wir sind uns einmal begegnet«, erwiderte Edward knapp.

Roisin drängte sich vor. »Was ist mit Mister Rhys? Pater Thomas, Ihr kennt mich und den Händler. Vor drei Tagen waren wir bei euch und baten, uns heute zu vermählen.«

»Nun ja ...« Der Pater räusperte sich. »Heute Morgen wurde Dylan Rhys tot am Flussufer aufgefunden.«

»Was sagt Ihr da?«, fragte Edward. Zu Roisin drangen seine Worte wie durch ein dickes, festes Tuch, das sich unvermittelt um ihren Kopf geschlungen hat. »Seid Ihr sicher, dass es sich um den Wollhändler handelt?«

Die Wachen nickten unisono. Zum ersten Mal sprach einer von ihnen: »Mister Rhys wurde durch seinen Burschen und den Wirt des *Red Lion Inn* eindeutig identifiziert. Er war in dem Gasthaus abgestiegen.«

»Wurde er beraubt?«, stellte Edward die nächste Frage. Irgendwo in weiter Ferne dachte Roisin, dass auch sie das gefragt hätte.

»Es ist davon auszugehen, denn sein Beutel fehlt«, antwortete der Vogt.

»Wie ... Wie ... Ist er ... Ich meine, was ...«, stotterte Roisin. Sie riss sich zusammen und fragte klar und deutlich: »Was ist passiert? Wie ist Dylan Rhys gestorben?«

Pater Thomas sah sie an. Roisin meinte, in seinen Augen Mitleid zu lesen. Ruhig antwortete er: »Der Händler wurde mit mehreren Stichen ins Herz getötet, also eindeutig ermordet. Die Stadtwache muss alle Leute befragen, die in Kontakt mit dem Mann standen.«

In Roisins Kopf surrte es wie in einem Bienenstock. Sie schwankte und wäre zu Boden gestürzt, wenn Edward sie nicht aufgefangen hätte. Sie hörte den Bruder noch sagen: »Bitte, nehmt Rücksicht auf meine Schwester. Sie hat gerade ihren Bräutigam verloren«, dann schwanden ihr die Sinne.

12.

Es fiel Edward schwer, nicht gelangweilt zu wirken. Er unterdrückte ein Gähnen. Obwohl es ein kühler, regnerischer Septembertag war, war die Luft in dem kleinen Raum warm und stickig. Wie schön wäre jetzt ein schäumendes Bier und ein Würfelspiel mit Nate! Dabei kam es Edward nicht so sehr aufs Gewinnen an, wobei er nichts dagegen hatte, mit ein paar geschickten Würfen zusätzliche Münzen in seinen Beutel füllen zu können. Stattdessen musste er seine kostbaren freien Stunden bei einer Versammlung verbringen, deren Ausgang sowieso feststand. Er war aber nicht in der Position, die Zunft vor den Kopf zu stoßen, indem er dem Treffen fernblieb. Aus dem Augenwinkel sah Edward zu der Person, die in einem Sessel in der Ecke kauerte. Zwei kräftige Männer hatten den Zunftmeister Castellmare hereingetragen. Edward fragte sich, warum der Kranke an der heutigen Versammlung überhaupt teilnahm. Vor drei Wochen war Castellmare auf der Baustelle von jetzt auf gleich einfach umgefallen, als er an einem Steinblock die Ecken abrundete. Zuerst dachten alle, er würde die Nacht nicht überleben, doch er starb nicht. Nun ja, Edward war unsicher, ob ein rascher Tod nicht besser für den Mann gewesen wäre. Castellmares rechte Körperhälfte war gelähmt, sein Augenlid und die Lippen hingen herunter. Immer wieder floss Speichel aus dem Mund und tropfte auf sein Gewand. Sprechen konnte der Zunftmeister nicht mehr. Manchmal bewegten sich aber die Finger seiner linken Hand, und die gesunde Gesichtshälfte zuckte, als wollte er etwas mitteilen. Keiner konnte mit Gewissheit sagen, ob der Zunftmeister von seinem Umfeld etwas mitbekam und hören konnte, was heute besprochen wurde.

»Wir kommen jetzt zum Grund unserer heutigen Versammlung.« Die sonore Stimme des Steinmetzes Llewellyn riss Edward aus seinen Gedanken. Er setzte sich aufrecht hin und lenkte seine Aufmerksamkeit auf den Sprecher. »Wir müssen einen neuen Zunftmeister wählen, da Meister Castellmare das Amt derzeit nicht ausüben kann.«

»Derzeit ist wohl der falsche Ausdruck!«, rief Meister Bevan, ein älterer Steinmetz, mit einem spöttischen Unterton. »Wir müssen eher mit seinem baldigen Tod rechnen. Es ist wohl niemand im Raum, der ernsthaft glaubt, dass er jemals wieder gesund wird.«

Edward sah wieder zu Castellmare. Täuschte er sich, oder funkelte dessen linkes Auge zornig? Wahrscheinlich war es nur eine Lichtspiegelung.

»Wie dem auch sei«, wandte Meister Wheeler ein, »wir brauchen jemanden, der uns gegenüber dem Baumeister vertritt und die Löhne aushandelt. Und das so schnell wie möglich. An der Stadtmauer gibt es jede Menge Arbeit, deswegen sollte unsere Bezahlung erhöht werden.«

Zustimmendes Nicken war die Antwort.

Llewellyn ergriff wieder das Wort: »Da die Zunft der Steinmetze nicht nur in Conwy, sondern auch beim Bau der Burg in Caernarvon tätig ist, muss der Mann über Erfahrung auf beiden Baustellen verfügen, die Leute und die Umstände kennen und allgemein angesehen sein.«

Auf Edward wirkte Meister Llewellyn siegessicher. Nach Castellmare war er der Älteste der Zunft. Es lag nahe, dass die anderen ihn zum neuen Zunftmeister wählen würden.

Edward mochte ihn nicht besonders. Llewellyn war ihm zu überheblich. Außerdem verbarg er nicht seinen Neid auf Edwards Steinfiguren. Er wusste, dass es Llewellyn gewesen war, der versucht hatte, ihn bei Meister Castellmare in Verruf zu bringen. Edward seufzte verhalten. Die künftige Zusammenarbeit mit dem älteren Steinmetz könnte sich als schwierig gestalten. Nur gut, dass er bald wieder nach Caernarvon reisen würde. Dort konnte Edward nahezu selbstständig arbeiten, denn Llewellyn verließ Conwy nur selten.

»Vorschläge?«, fragte Llewellyn und sah in die Runde. An seiner Miene konnte Edward ablesen, dass er erwartete, dass unverzüglich sein Name genannt wurde.

Dodd, ein Steinmetz Ende zwanzig, erhob sich langsam, dann sagte er laut und deutlich: »Ich schlage Meister Talwyn vor.«

Edward schnappte ebenso nach Luft wie die anderen Männer. Sein Herz pochte schneller.

»Edward?«, rief Llewellyn fassungslos. »Der Grünschnabel, der nicht einmal trocken hinter den Ohren ist?«

»Ich muss doch sehr bitten!« Edward sprang auf.

Dodd, der neben ihm saß, legte beruhigend eine Hand auf Edwards Arm. »Setz dich wieder.« Nachdem Edward der Bitte gefolgt war, fuhr Dodd fort: »Natürlich ist Meister Talwyn noch jung, der Jüngste von uns allen. Er hat auch nicht die sieben Jahre umsonst gearbeitet, die in anderen Zünften vorgeschrieben sind, bevor die Männer als gleichwertige Mitglieder aufgenommen werden. Dazu wurde Edward Talwyn nicht die Gelegenheit gegeben, wie wir alle wissen. Die Verletzungen seines Vaters, dann dessen Tod …« Dodd sah Llewellyn direkt in die Augen. »Niemand hier kann und wird leugnen, dass Edward Talwyns filigrane Arbeiten von ungewöhnlicher und außerordentlicher Präzision, Feinheit und Schönheit sind. Den Titel Meister hat er mehr als verdient.«

Llewellyn Gesicht wurde so hart wie der Stein, den er sonst bearbeitete.

»In der Tat erhält Meister Talwyn trotz seiner Jugend den höchsten Lohn von uns allen, und das zu Recht«, ergänzte Bevan Dodds Ausführungen. »Seit Monaten arbeitet Edward ebenfalls in Caernarvon und ist mit den dortigen Gegebenheiten bestens vertraut.«

»Ich lasse mir von keinem Jungspund Vorschriften machen«, grollte Llewellyn, die grauen, buschigen Augenbrauen zu einem Strich über der Nasenwurzel zusammengezogen. »Dein Vater, Edward, war fraglos ein guter Steinmetz. Du bist aber noch lange nicht so weit, um in seine Fußstapfen zu treten, im Gegenteil. Von den Älteren hast du noch viel zu lernen.«

»Ich fülle meines Vaters Fußstapfen nicht nur aus«, unterbrach Edward Llewellyn barsch, »sondern übertreffe seine Fertigkeiten bei Weitem.« Neben Llewellyns Vorwurf, er sei zu jung, ärgerte es Edward, von dem Mann geduzt zu werden. Mochte er auch der Jüngste unter ihnen sein – bei den Versammlungen gehörte es sich, jedem gebührend zu begegnen. Langsam sah er von einem zum anderen, hielt mit jedem der Männer längeren Augenkontakt, dann sagte er leise: »Ich schlage vor, Ihr stimmt darüber ab. Ich werde mich Eurer Entscheidung fügen.« Edward senkte den Kopf, faltete die Hände vor dem Körper und wirkte demütig.

»Ich weigere mich, über eine solche Narretei abzustimmen«, rief Llewellyn zornig. »Ja, mich überhaupt weiter mit dem Thema zu beschäftigen. Jeder, der seine fünf Sinne beisammenhat, muss erkennen, dass man keinem Grünschnabel ein derart verantwortungsvolles Amt übertragen kann.«

»Ja, stimmen wir ab«, bemerkte Dodd, Llewellyns Einwand missachtend. »Wer ist dafür, dass Meister Edward Talwyn der neue Führer der Steinmetzzunft von Conwy und Caernarvon wird?« Er hatte noch nicht zu Ende gesprochen, als seine Hand schon nach oben gegangen war.

Nach kurzem Zögern hob auch Meister Wheeler die Hand.

»Ich bin dagegen«, sagte Llewellyn mit eisig kalter Stimme und sah zu Bevan. Dieser nickte und meinte: »Dagegen. Ich stimme in allen Punkten mit Meister Llewellyn überein.«

»Unentschieden«, bemerkte Llewellyn sichtlich zufrieden. »In einem solchen Fall liegt die Entscheidung beim ältesten Zunftmitglied, das bin wohl ich.«

»Wartet!« Edward deutete auf Castellmare. Zur Überraschung aller hob der alte Meister seinen unversehrten linken Arm. Seine Finger zuckten hin und her. Mühsam formten seine Lippen stumme Worte. Er brauchte mehrere Versuche, dann jedoch hörten alle, wie er sagte: »Ja, Edward.« Ein Speichelfaden lief ihm aus dem Mundwinkel und tropfte auf sein Wams.

Edward wurde es heiß und kalt zugleich. Sie alle hatten sich in Castellmare getäuscht. Der Alte bekam mehr mit, als sie gedacht hatten, und war in der Lage, seine Meinung zu äußern. Edward hoffte, nicht wie ein Jüngling blutrot anzulaufen. Er, Edward Talwyn, war mit gerade erst einundzwanzig Jahren Zunftmeister der Steinmetze von Conwy und Caernarvon! Nie zuvor hatte er eine solche Befriedigung verspürt. Das hier war besser als jeder Beischlaf mit einer Frau! Nichts und niemand konnte ihn jetzt noch aufhalten, eines Tages sogar Baumeister zu werden. Dann würde er ein steinernes Haus in der Stadt beziehen, mit kostbaren Teppichen auf den Böden, bestickten Wandvorhängen und Dienerschaft. Dass James of St. George, der derzeitige Baumeister, ein Engländer normannischer Herkunft war, verdrängte Edward ebenso wie die Tatsache, dass der König niemals einen walisischen Handwerker in ein so hohes Amt berufen würde.

Kommt Zeit, kommt Rat – nach diesem Grundsatz hatte sein Vater gelebt. Edward war derart euphorisch, dass er mit keinem Wimpernschlag daran dachte, dass nicht seine Hände die Skulpturen fertigten, die ihm den heutigen Triumph einbrachten.

»Somit ist es beschlossen«, sagte Wheeler ruhig, zwinkerte Edward aber kurz zu. »Meister Edward Talwyn ist der neue Zunftmeister. Möge das Glück mit Euch sein!«

»Danke«, sagte Edward kurz und knapp. Er mied den Blickkontakt mit Llewellyn, wusste aber, dass der ältere Mann ihm am liebsten an die Gurgel gesprungen wäre. Er nickte den Männern kurz zu, gegenüber Dodd und Wheeler mit einem Lächeln, und verließ den Raum. Erst auf der Straße erlaubte er sich ein befreiendes Lachen. Kurzentschlossen betrat Edward den Laden des Krämers, der in der High Street direkt neben dem Zunfthaus lag. Er kaufte ein Stück festen, goldfarbenen Honig, den Lavinda gern mochte, und ein dunkelgrünes Brusttuch für Melyn. Das freudige Ereignis war es wert, seine Familie zu verwöhnen. Edward wollte dem Händler gerade die Münzen hinlegen, als sich ein Funken schlechten Gewissens in ihm regte.

»Wartet«, bat er den Händler. »Ich möchte noch etwas für meine Schwester kaufen.« Für Roisin wählte Edward ein breites grünes Band, mit dem sie ihre Haare zusammenbinden konnte.

Sein nächster Weg führte Edward in den *Silver Dragon*. Es war gerade Mittagszeit, dementsprechend gut besucht. Edward fand noch einen freien Platz in der Ecke.

»Was ist passiert?«, fragte Nate. »Du siehst aus, als wäre dir das größte Wunder der Welt geschehen.«

»Ja, es grenzt an ein Wunder«, antwortete Edward. »Bring mir Wein!«, forderte er. »Vom besten Fass, das ihr im Keller habt.«

Nate grinste. »Da wir nur eine Sorte Wein haben, ist das nicht schwer.« Er musterte den Freund. »Was ist los?«

»Ich erzähle es dir gleich und lade dich ein.«

Das ließ sich der Wirtssohn nicht zweimal sagen. Wenige Minuten später prosteten sich die Männer zu. Der dunkelrote Wein war süß und schwer. Jeden Schluck ließ Edward erst langsam auf der Zunge zergehen, bevor er ihn durch die Kehle rinnen ließ.

Idris kam zu Edward und setzte sich auf seinen Schoß. »So fröhlich, mein Liebster? Spendierst du mir auch einen Schluck Wein?«

Bereitwillig reichte Edward der Hure seinen Becher. Idris trank ihn halb leer, dann streichelte sie seine Wange.

Edward drehte den Kopf zur Seite. »Heute nicht.«

Idris griff in seinen Schritt, ihre Finger kneteten sein Geschlecht. Enttäuschung malte sich auf ihrem Gesicht. »Was ist denn los, Eddy?«

»Mein Weib ist wieder schwanger«, antwortete Edward.

Idris lachte. »Das hat dich bisher nicht gehindert, in mein Bett zu steigen.«

»Ich habe heute keine Lust. Verschwinde!«, sagte Edward laut und barsch.

Beleidigt zog sich Idris zurück. Edward hörte sie murmeln: »Komm mir bloß nicht wieder angekrochen! Meine Tür bleibt dir verschlossen.« Die Hure sah sich in dem Gastraum um, dann setzte sie sich neben einen älteren Mann, der allein sein Mittagsmahl verspeiste, und sprach auf ihn ein.

Edward und Nate tauschten einen Blick, dann sagte der Freund trocken: »Eingeschnappte Weiber sind ein Graus! Sobald Idris das Geld ausgeht, wird sie dich wieder bereitwillig in die Arme schließen.« Er beugte sich vor und sah Edward in die Augen. »Also, warum bist du heute so guter Stimmung?«

Edward erklärte es dem Freund. Nate teilte seine Freude aber nicht in dem Maß, wie Edward erwartet hatte.

Mit skeptisch gerunzelter Stirn flüsterte Nate: »Nun arbeitest du den Besatzern noch mehr in die Hände. Wie kann ich länger glauben, du bist auf unserer Seite, das Land von der Knute der Engländer zu befreien?«

»Das eine hat nichts mit dem anderen zu tun«, wehrte Edward ab. »Wenn ich mehr Geld verdiene, kann ich dir mehr geben, damit Bingham weitere Waffen liefert. Das Problem, wo und wann wir die Männer an ihnen ausbilden sollen, ist immer noch nicht gelöst.«

Nate seufzte. »Wenn der Herbst kommt, es kühler und regnerischer wird, sollten wir ein Treffen auf dem Hügel wagen. Dann verbringen die Soldaten ihre Zeit lieber am Feuer in den Schenken, anstatt die Gegend zu kontrollieren.« Er deutete auf Edwards inzwischen leeren Becher. »Noch einen Wein?«

Edward lehnte ab. Aus seinem Beutel nahm er die Münzen, legte sie auf den Tisch, dann stand er auf und verließ das Gasthaus. Inzwischen hatte der Regen aufgehört, und stellenweise blitzte die Sonne durch die Wolken.

Zu Hause fand Edward seine Frau und die Stiefmutter in der Kammer neben der Küche vor. Sie saßen einander gegenüber am Fenster, jede mit einem Stickrahmen. Bei Edwards Eintreten sagte Lavinda nur ein Wort: »Und?«

Edward drehte sich einmal um die eigene Achse, dann antwortete er voller Stolz: »Vor euch steht der neue Zunftmeister der Städte Conwy und Caernarvon.«

Achtlos warf Melyn den Stickrahmen zu Boden, sprang auf und umarmte ihren Mann. »Herzlichen Glückwunsch! Das hast du dir mehr als verdient.«

»Es war nur eine Frage der Zeit«, ergänzte Lavinda. »Wahrscheinlich waren nicht alle einverstanden, weil du noch jung bist.«

Edward nickte. »Ich fürchte, in Meister Llewellyn habe ich mir einen Feind gemacht. Er hegte die Hoffnung auf den Posten. Tja, gute Arbeit setzt sich schlussendlich durch.«

Hinter sich hörte Edward ein verhaltenes Schnauben. Er drehte sich um. Roisin stand in der Tür. Die Arme vor der Brust verschränkt, musterte sie Edward mit regungsloser Miene.

»Willst du deinem Bruder nicht gratulieren?«, fragte Melyn. »Du starrst ihn an, als hätte Edward gerade einen Pakt mit dem Teufel geschlossen.«

Roisin zog eine Augenbraue hoch. »Meinen Glückwunsch, Bruder«, sagte sie leise.

Edward wollte sich durch seine Schwester nicht die gute Stimmung verderben lassen. Er griff in seine Taschen und breitete die Geschenke auf dem Tisch aus. Sofort leckte Lavinda an dem Honig und verdrehte genüsslich die Augen. Melyn legte sich das Tuch um. Sie strahlte und küsste Edward, Roisin zögerte jedoch.

»Was ist?«, fragte Edward unwillig. »Magst du die Farbe nicht? Ich dachte, das Band passt gut zu deinen Augen.«

»Es ist sehr schön«, erwiderte Roisin. Sie schluckte schwer, presste heraus: »Ich danke dir, Edward« und verließ die Kammer. Das Haarband lag noch auf dem Tisch.

»So ein undankbares Ding«, grummelte Lavinda. »Fast scheint es mir, als neide Roisin dir den Erfolg.«

»Ach, Mutter, Roisin ist eben seltsam«, wandte Melyn ein. »Seit dem Tod des Wollhändlers ist sie noch befremdlicher geworden. Ein bisschen verstehe ich sie. Es ist schrecklich, am Tag der Hochzeit zu erfahren, dass der Bräutigam ermordet worden ist.«

»Seitdem sind vier Monate vergangen«, bemerkte Lavinda. »Jeder erleidet Schicksalsschläge. Ich habe meine beiden Ehemänner begraben müssen. Man kann wirklich erwarten, dass sich Roisin zusammenreißt. Mit ihrer ständigen Leichenbittermiene verdirbt sie jede Stimmung.« Sie stupste Edward in die Seite. »Geh deiner Schwester nach. Roisin soll heute ein Festmahl zubereiten. Wir haben Grund zum Feiern!«

Edward grinste. »Meine Ernennung zum Zunftmeister ist nicht die einzige Überraschung, die ich für euch habe.«

»Oh, was denn noch?«, fragte Melyn gespannt.

Edward wollte die Frauen nicht länger auf die Folter spannen. Was jetzt kam, das hatte er am Morgen vor der Versammlung der Zunft bereits geklärt. »Seth Corris hat sich entschlossen, in Caernarvon zu bleiben«, erklärte er. »Da der Wiederaufbau der Burg und der Stadtbefestigung nach dem Aufstand noch viele Jahre andauern wird, wird Seth wohl bis an sein Lebensende sein Auskommen haben.«

»Was interessiert mich unser früherer Nachbar?«, fragte Lavinda ungehalten.

»Ich glaube, ich weiß, was Edward uns mitteilen will«, sagte Melyn. »Du hast das Haus bekommen.«

Edward nickte. »Heute Morgen bat ich den Stadtvogt, mir das Nachbarhaus zuzuteilen. Du erwartest wieder ein Kind, Melyn, da wird es in dieser Hütte eng werden. Mister Hughes hat meiner Bitte zugestimmt.«

»Nicht ganz unwesentlich wird sein«, warf Lavinda ein, »dass sein Schreiber Melyns Vater ist.«

Edward zuckte mit den Schultern. »Und wenn schon? Hauptsache, wir haben mehr Platz. Melyn, ich denke, in unserem neuen Heim sollten wir eine Magd anstellen.«

»Warum?«, fragte Melyn verwundert. »Roisin kann sich weiterhin um alles kümmern. Unser neues Haus liegt gleich nebenan, da muss sie ja nicht weit hinken.« Lavinda lachte laut auf. Melyn fuhr fort: »Ein zweites Kind kostet Geld, Edward, und das Haus muss ich neu einrichten. Die Corris haben doch sehr bescheiden gelebt. Ich möchte Teppiche auf den Böden und Wandbehänge.«

Skeptisch runzelte Edward die Stirn, aber Lavinda schlug sich auf die Seite ihrer Schwiegertochter. »Melyn hat recht, mein Junge. Als Zunftmeister musst du Gäste bewirten, gute Speisen servieren, und Melyn muss entsprechend gekleidet sein. Roisin hat wahrlich genügend Zeit, auch bei euch den Haushalt zu führen. Sonst kommt das Mädchen nur auf dumme Gedanken.«

Mit einem eifrigen Nicken unterstrich Melyn Lavindas Worte. Keinen Moment regte sich in Edward das schlechte Gewissen, der Schwester noch mehr Arbeit zuzumuten. Mit ihrem Ansinnen, zu heiraten und fortzugehen, was unweigerlich seine öffentliche Bloßstellung zur Folge gehabt hätte, hatte sich Roisin alles selbst zuzuschreiben. Nate bekräftigte ihn, der Schwester gegenüber Strenge zu zeigen.

»Weibern muss man sagen, wo es lang geht«, hatte der Freund gesagt. »Du hast dir lange genug von dem Krüppel auf der Nase herumtanzen lassen.« Nate musste es wissen, denn schließlich war er älter und erfahrener als Edward.

»Hörst du mir noch zu?«, riss ihn Lavindas Frage aus den Gedanken.

»Die zusätzlichen Kosten einer Magd können wir tatsächlich einsparen«, antwortete er.

Melyn stand auf und küsste ihn auf die Wange. »Mein Gemahl ist jetzt ein bedeutender Mann in der Stadt.«

Er strich ihr übers Haar. »Nun, einen gewissen Einfluss übt der Zunftmeister in der Stadt durchaus aus. Es ist aber erst der Anfang. Wenn ich fleißig bin, stehen mir weitere Möglichkeiten offen.« Von der Vorstellung, eines Tages Baumeister zu werden, wollte Edward jetzt nicht sprechen. Bis dahin war es noch ein weiter Weg.

»Wann ziehen wir um?«, fragte Melyn.

»Wenn ich nächste Woche wieder nach Caernarvon gehe«, antwortete Edward, »nehme ich die persönlichen Sachen von

Seth mit. Dann könnt ihr das Haus putzen. Wir ziehen ein, wenn ich zurückgekehrt bin.«

»Wir sollen putzen?«, begehrte Lavinda auf. »Deine Frau ist guter Hoffnung!«

»Melyn ist schwanger, aber nicht krank«, erwiderte Edward, lachte dann aber laut. »Selbstverständlich wird Roisin euch unterstützen. Ich suche sie gleich und sage es ihr.«

Er fand seine Schwester in der Werkstatt. Es war selten, dass sich Roisin tagsüber hier aufhielt. Sie saß vor dem Tisch, einen mittelgroßen, eckigen Stein in der Hand, den sie eingehend betrachtete.

»Roisin.« Edward räusperte sich. Sie sah ihn an, in ihren Augen konnte er aber nichts lesen. Seit Dylans Tod waren ihre Blicke verschlossen. »Was hätte ich denn tun sollen? Den Männern der Zunft sagen, dass nicht mir die Ehre gebührt, sondern meiner Schwester?«

»Nein, natürlich nicht.« Sie seufzte und legte den Stein auf den Tisch und ballte die Hände zu Fäusten. »Ach, Edward, es ist so ungerecht!«, brach es aus ihr heraus. »Nur weil ich eine Frau bin, darf ich nicht das tun, was ich am besten kann. Ich bin gut genug, um zu kochen, zu backen, zu putzen und die Wäsche zu waschen. Solch niedrige Tätigkeiten können wahrlich keinem Mann zugemutet werden! Dass aber noch in Jahrhunderten Menschen durch die Burgen gehen und die filigranen Dekorationen und Figuren bewundern werden, die die Hände einer dummen Frau geschaffen haben – das darf niemals jemand erfahren. Ach, ich wünschte, Gott hätte mich als Junge zur Welt kommen lassen.«

»Für alles, was Gott tut, hat er einen Grund«, murmelte Edward, mehr, um etwas zu sagen, als aus Überzeugung. Auch er zweifelte hin und wieder an Gott und der Kirche. Wenn alles, was Gott tat, gerecht und von Nutzen war: Warum wurde dann Roisin die Gabe zuteil und nicht ihm, dem einzigen Sohn eines Steinmetzes?

»Melyn, Ellis und ich werden bald in das Nachbarhaus ziehen«, wechselte Edward das Thema. »Seth wird nicht nach Conwy zurückkehren.«

»Eine gute Entscheidung«, stimmte Roisin zu. »Ich nehme an, ich soll Lavinda und Melyn helfen, das Haus in einen ordentlichen Zustand zu versetzen, während du weg bist.«

Er nickte. »Du musst zwar die neuen Aufträge erledigen, es wäre aber auffällig, wenn du Melyn nicht bei dem neuen Haus hilfst.«

»Ich werde meine Arbeit wie immer tun.« Roisin lächelte bitter. »Ich wundere mich täglich aufs Neue, dass niemand hinter unser Geheimnis kommt. Jede Nacht befürchte ich, dass Melyn oder Lavinda in die Werkstatt kommen und die Wahrheit entdecken.«

»Wenn Lavinda und du allein hier wohnen«, erwiderte Edward, »wird es einfacher für dich werden. Lavinda hat einen ausgezeichneten Schlaf. Wir haben einfach Glück, Schwesterchen.«

»Ja, wir haben Glück. Für dich und Melyn wendet sich alles zum Guten, und Ellis bekommt auch noch ein Geschwisterchen. Eine kleine, glückliche Familie …«

Edward packte sie an den Schultern und schüttelte sie.

»Du hast keinen Grund, zynisch zu werden«, sagte er hart. »Wie du selbst gesagt hast: Du kannst tun, was dir am meisten Freude bereitet. Es ist wirklich nicht zu viel verlangt, wenn du deinen Pflichten im Haushalt nachkommst. Reiß dich gefälligst zusammen! Ich habe keine Lust, aus deiner Miene den ständigen Vorwurf zu lesen.«

»Ich mache dir keine Vorwürfe, aber …« Mit einem Seufzer brach Roisin ab.

Edward ließ sie wieder los. Er war froh, dass sie nicht auf

Dylan Rhys zu sprechen kann. Was den Wollhändler betraf – da hatte Roisin das Glück verlassen. Ihm, Edward, hatte aber nichts Besseres als der Tod des Mannes passieren können.

»Gefällt dir mein Geschenk aus der Stadt nicht?«, fragte er, einen versöhnlichen Ton anschlagend. »Du hast das Band kaum eines Blickes gewürdigt.«

»Es ist hübsch, und ich danke dir.« Roisins Lippen lächelten, nicht jedoch ihre Augen. »Es ist falsch von mir, dir zu zürnen«, sagte sie leise. »Schließlich habe ich unserer Vereinbarung zugestimmt, und ich werde sie nicht brechen. Wenn ich an den Jungen zurückdenke, der mir Lesen und Schreiben gelehrt hat, hast du dich verändert. Schon damals teilten wir ein Geheimnis. Das hatte uns einander nähergebracht. Heute jedoch fühle ich, dass du mich einerseits zwar brauchst, gleichzeitig aber ganz weit fortwünschst.« Edward zuckte zusammen. Ein weiteres Mal hatte Roisin den Nagel genau auf den Kopf getroffen. Er kannte keine Frau mit einem so scharfen Verstand wie seine Schwester. »Nun, ich arbeite gern«, fuhr Roisin fort. »Mehr habe ich von meinem Leben sowieso nicht zu erwarten. Außerdem komme ich dann nicht zum Nachdenken.«

»Was gibt es heute zu essen?«, wechselte Edward das Thema. »Es ist schließlich ein besonderer Tag in meinem Leben.«

»Als hätte ich es geahnt, habe ich am Morgen zwei Kaninchen besorgt.«

»Dann mach dich an die Arbeit, ich habe einen Bärenhunger.«

Edward verließ die Werkstatt. Für einen Augenblick hatte er befürchtet, Roisin würde Schwierigkeiten machen. Dabei gab es keinen Grund für die Schwester, mit ihrem Schicksal unzufrieden zu sein. Er beschloss, ihr hin und wieder etwas Hübsches aus der Stadt mitzubringen. Wenngleich ein Krüppel, war Roisin doch eine Frau. Jede Frau liebte bunte Bänder oder einen Armreif.

Während Edward über den Hof ging, pfiff er fröhlich vor sich hin. Bald würde er einen zweiten Sohn haben. Er zweifelte nicht daran, dass das nächste Kind auch wieder ein Knabe sein würde, ebenfalls nicht, dass er dieses Mal auf jeden Fall der Erzeuger war. Inzwischen spielte es für ihn keine Rolle mehr, dass er vielleicht nicht Ellis' Vater war. Er empfand zwar keine Liebe für Melyn, das Leben mit ihr machte aber Spaß. Sie war eine sinnliche Frau, die, im Gegensatz zu anderen, ihre Bedürfnisse deutlich machte. Hier ähnelte sie den Frauen, die im *Silver Dragon* anzutreffen waren. Gleichzeitig war Melyn eine fügsame Frau. Durchaus anspruchsvoll, aber sie stellte nie infrage, wer der Herr im Haus war.

Das Leben war einfach wunderbar!

13.

Am Vortag war Edward wieder nach Caernarvon abgereist. Neben den persönlichen Gegenständen von Seth Corris hatte er zwei große Kisten mit kleineren Skulpturen, Wappen, Rosetten und Girlanden auf den Karren geladen, den er sich in der Stadt ausgeliehen hatte. »Es ist praktischer, einen eigenen Wagen zu haben. Leisten kann ich es mir jetzt ja.«

Den ganzen Tag hatte Roisin im ehemaligen Haus von Nia und Seth die zurückgelassenen Möbel gereinigt und den Fußboden geschrubbt. In den nächsten Tagen galt es, die Leintücher der Betten im Fluss zu waschen. Noch waren die Tage sonnig und mild, bald jedoch würden die ersten Herbststürme übers Land ziehen. Bis dahin musste das Haus in Ordnung gebracht sein. Wie die Oberin eines Klosters hatte Lavinda an der Seite gestanden, hatte jeden Handgriff Roisins kritisch beäugt und ihr immer wieder neue Anweisungen gegeben. Am Morgen war Melyn nicht aufgestanden. Sie klagte über diffuse Beschwerden, wobei die rosigen Wangen und ihr guter Appetit ihre Worte Lügen straften. Gegen Abend brachte Roisin ihr eine Gemüsesuppe, Brot und Käse. Sie und Lavinda aßen in der Küche, dann ging die Stiefmutter schlafen, und Roisin zog sich in die Werkstatt zurück. Da Edward nur wenige Tage, höchstens eine Woche, fortbleiben wollte, erwartete er bei seiner Rückkehr neue Stücke. Wie jede Nacht lag Jack neben ihr. Häufig sprach Roisin mit dem Hund. Sie erzählte ihm, welche Figur sie gerade aus dem Stein meißelte, und von ihrem Tagwerk. Roisin zweifelte nicht daran, dass Jack jedes Wort verstand.

Jetzt hob er seinen Kopf, stellte die Ohren auf und winselte, obwohl Roisin in den letzten Minuten kein Wort gesprochen hatte.

»Was ist denn, Jack? Hast du geschlafen und geträumt?«

Da hörte sie, wie der Knauf an der Tür knirschte. Gleich darauf öffnete sie sich – unter dem Sturz stand Lavinda. Sie trug ein Nachthemd und eine Haube auf dem Kopf, in der Hand ein Talglicht.

»Du hier?«, fragte sie verwundert. »Ich erwachte, sah Licht in der Werkstatt und befürchtete, Einbrecher würden uns heimsuchen.«

Roisin, in der einen Hand ein Teil einer steinernen Blumenranke, in der anderen eine grobe Raspel, wusste nicht, was sie sagen sollte. Was sie seit Jahren befürchtet hatte, war eingetreten.

Lavinda trat an die Werkbank und hielt ihr Licht so, dass der Schein auf die Girlande fiel. Scharf zog sie erst die Luft ein, dann rief sie: »Ich weiß, was du hier tust!« Jack schien die Bedrohung zu spüren. Er stellte sich auf, zog die Lefzen hoch und knurrte. »Schick das Viech weg!«, befahl Lavinda. »Sonst schneide ich ihm höchstpersönlich die Kehle durch!«

Roisin zweifelte nicht daran, dass die Stiefmutter ihre Drohung wahrmachen würden. »Scht, Jack! Geh zurück, es ist alles in Ordnung.«

Der Hund zögerte zuerst, dann trottete er langsam in eine Ecke. Dort blieb er stehen und ließ Lavinda nicht aus den Augen.

»Ich räume hier nur etwas auf«, murmelte Roisin. Sie wusste, wie dürftig ihre Ausrede war.

Lavinda lachte höhnisch. »Du hältst mich wohl für dumm?

Nun, verlogen warst du schon immer. Ich weiß genau, was du vorhast! Du sabotierst Edwards Arbeiten!« Mit einer so schnellen Bewegung, dass Roisin nicht reagieren konnte, schlug Lavinda ihr den Stein aus der Hand. Er fiel zu Boden und zerbrach in zwei Teile. »Mutwillig zerstörst du, was dein Bruder in langer, harter Arbeit geschaffen hat, damit er sich vor den anderen blamiert. Edward rackert sich ab, um auch dein Maul zu stopfen und dir bunte Bänder zu schenken, aber du willst seine Zukunft zerstören. Wahrscheinlich geht das schon lange so. Gleich nach deiner Geburt hätte man dich ersäufen sollen, du undankbare Missgeburt!«

Roisins Schrecken verflog, sie wurde völlig ruhig. Bedächtig legte sie die Raspel nieder, stand auf und stellte sich so dicht vor Lavinda, dass ihre Gesichter nur eine Handbreit voneinander entfernt waren. »Du irrst dich, Lavinda.« Bewusst nannte sie die geifernde, zornige Frau nicht Mutter. »Du irrst dich, wie du dich seit Jahren geirrt hast. Vater hat es schon früh erkannt: Edward ist ein schlechter Steinmetz. Er hat weder die Begabung noch das Interesse, kunstvolle Figuren anzufertigen. Lieber betrinkt er sich in der Schenke und lässt die Würfel fallen.«

»Du schamlose Schlampe und Lügnerin!«

Lavindas Ohrfeige kam nicht überraschend. Roisins Wange brannte, aber sie wich nicht zurück. Selbstbewusst, den Rücken durchgestreckt und das Kinn vorgeschoben, bohrte sich ihr Blick in die Augen der Stiefmutter.

»Ich lüge nicht. Jetzt nicht mehr. Seit Vaters Unfall bin ich es, die alles aus dem Stein gehauen hat. Nacht für Nacht arbeite ich in der Werkstatt, fertige neue Figuren an und korrigiere die Stücke, an denen sich Edward tagsüber versucht. Ohne mich hättet ihr längst das Dach über dem Kopf verloren und wärt verhungert.«

Lavinda hob den Arm und warf das Talglicht nach Roisin.

Diese duckte sich. Die Schale schoss an ihrem Kopf vorbei und fiel direkt in den Haufen Stroh, mit dem die Steinmetzarbeiten in den Kisten verstaut wurden. Das trockene Stroh ging sofort in Flammen auf, die schnell auf eine leere Holzkiste übergriffen.

»Jack, raus hier!«, schrie Roisin und lief zur Tür. »Lavinda! Schnell! Wir müssen Wasser holen!«

Die Stiefmutter stolperte aus der Werkstatt, die nun fast völlig im Flammen stand. Sie hustete, was sie aber nicht davon abhielt, zu rufen: »Du wolltest mich umbringen! Ich sage es der Stadtwache, dann wirst du am Strang baumeln.«

Anstatt Wasser aus dem Brunnen zu ziehen, um den Brand zu löschen, stand Lavinda Roisin zudem im Weg. Durch den Tumult geweckt, erschien Melyn. Beim Anblick des Feuers kreischte sie hysterisch.

»Bring Ellis in Sicherheit«, brüllte Roisin ihr zu. »Wir müssen verhindern, dass die Flammen aufs Haus übergreifen.«

Roisin lief zum Brunnen und warf den Eimer hinunter. Sie erkannte, dass die Werkstatt verloren war. Nun galt es, Schlimmeres zu verhindern. Sie drehte gerade an der Winde, um den Eimer hochzuziehen, als eine Hand sie grob an ihren Haaren packte und zu Boden stieß. Breitbeinig stand Lavinda über ihr, in den Händen hielt sie einen dicken Knüppel, der wohl im Hof gelegen haben musste. Der Widerschein der Flammen spiegelte sich auf ihrem hassverzerrten Gesicht.

»Ich bringe dich um!«, schrie Lavinda. »Das hätte ich längst tun sollen!«

Bevor der Knüppel niedersauste, rollte sich Roisin zur Seite. So schnell ihr verdrehtes Bein es zuließ, rappelte sie sich auf.

»Verdammt, Lavinda!«, schrie Roisin gegen das Prasseln der Flammen an, die nun auch das schiefergedeckte Hausdach erreicht hatten. »Willst du alles verlieren?«

Von der Seite sprang Jack auf Lavinda zu und verbiss sich in ihre Wade. Sie schrie auf, versuchte, den Hund abzuschütteln und ihn mit dem Knüppel zu treffen.

»Jack, aus!«, befahl Roisin. »Lass sie los. Sie ist es nicht wert, dass du deine Zähne schmutzig machst.«

Drei Männer aus den Nachbarhäusern kamen in den Hof. Ohne die Frauen zu beachten, zogen sie den Eimer aus dem Brunnen hoch. Roisin hörte, wie einer rief: »Konzentriert euch auf das Wohnhaus!«

Roisin war die Ruhe selbst, sie ging langsam ins Haus. Dort nahm sie unter der Strohmatte neben dem Kamin, auf der sie nach wie vor schlief, einen kleinen Lederbeutel hervor und steckte ihn in die Tasche ihres Kittels. In dem Beutel befanden sich die Münzen, die ihr Edward einst für den Marktbesuch gegeben hatte. Roisin hatte sie nicht ausgegeben. Dann stopfte sie ihr Haar unter die dunkle Haube und wickelte den Umhang um sich.

»Komm, Jack«, rief sie dem Hund zu, der von Lavinda abgelassen hatte und ihr in die Küche gefolgt war. »Wir haben hier nichts mehr zu suchen.«

Von draußen drangen die lauten Stimmen der Helfer an ihr Ohr. Offenbar gelang es ihnen, das Feuer einzudämmen und das Übergreifen der Flammen auf das Haus zu verhindern. Ein letztes Mal sah sich Roisin in dem Raum um, in dem sie gelebt hatte, seit der Vater die Familie nach Conwy gebracht hatte. Dann öffnete sie die Vordertür. Weitere Leute waren auf die Straße getreten, Frauen in Nachtgewändern, aber niemand schenkte ihr Beachtung.

Langsam, das rechte Bein nachziehend, ging Roisin an den Leuten vorbei, Jack dicht neben ihr. Nie zuvor in ihrem Leben hatte sie sich derart frei gefühlt.

Warum hasst mich Lavinda so? Was habe ich der Frau getan, dass sie kurz davor war, mich zu töten? Unablässig hämmerten diese Fragen in Roisins Kopf. Eine Antwort fand sie nicht. Immer hatte sie versucht, mit der zweiten Frau des Vaters auszukommen, hatte für sie geputzt und gekocht, hatte deren Launen ertragen, sie während ihrer diffusen Beschwerden gepflegt und sie sogar *Mutter* genannt. Trotzdem war immer eine Schranke zwischen ihnen gewesen. Lavinda hatte sie niemals in den Arm genommen, geküsst oder gestreichelt. Wenn Roisin als Kind hingefallen und sich die Knie aufgeschlagen hatte, hatte Lavinda sie nicht getröstet, im Gegenteil. »Nutzloser Krüppel« – diese Worte waren der Stiefmutter immer schnell über die Lippen gekommen. Edward hingegen hatte sie vergöttert, obwohl auch er nicht Lavindas leibliches Kind war.

Roisin setzte einen Fuß vor den anderen. Sie spürte weder den Schmerz in ihrem Bein, das sich anfühlte, als würde es von oben bis unten mit einem stumpfen Messer aufgeschlitzt, noch die Wange, auf die Lavinda mit aller Kraft eingeschlagen hatte. Jack trottete neben ihr. Den Schwanz herabhängend, den Kopf gesenkt, als würde er spüren, dass sein Frauchen gerade nicht wusste, was oben und unten war. Roisin bemerkte erst, als ein heller Streifen im Osten am Horizont heraufkroch, dass sie nach Süden lief. Aus der Stadt führten drei Straßen, die lediglich unbefestigte schmale Pfade waren: eine nach Westen entlang des Meeres, eine nach Osten über eine hölzerne Brücke über den Fluss und eben die nach Süden.

Roisin wusste nicht, wohin sie gehen sollte. Eines war jedoch sicher: Sie konnte niemals wieder nach Conwy zurückkehren. Trotz allem, was ihr angetan worden war, hoffte Roisin, dass Lavinda, Melyn und vor allen Dingen der kleine Ellis wohlauf waren. Häuser und Hütten konnte man ersetzen, außerdem hatten Melyn und Edward noch das Nachbarhaus, das von dem Feuer sicher verschont geblieben war. Die Steinfiguren in der Werkstatt waren wohl zerstört. Die Werkzeuge aus Stahl könnten aber den Flammen getrotzt haben.

»Was geht es mich an?«, sagte Roisin laut. Jack hob den Kopf und wackelte mit einem Ohr. »Tja, mein Lieber: Was sollen wir jetzt tun? Wohin gehen?«

»Wuff!« Jack hatte auch keine Antwort.

Die Morgensonne war gerade aufgegangen, als Roisin hinter sich das Malmen von Rädern auf dem Erdreich hörte. Sie trat an den Wegesrand. Ein Ochsenkarren rumpelte auf sie zu. Auf der Höhe von Roisin zügelte der Kutscher das Rindvieh. Neben ihm saß eine Frau, beide waren etwa in Lavindas Alter. Auf der Ladefläche zwischen den Holzkisten hockte ein halbwüchsiges Mädchen mit rotblonden Locken, die vorwitzig unter einer grauen Haube herauslugten.

»Können wir Euch mitnehmen?«, bot die Frau überraschenderweise an. Sie musterte Roisin ungeniert, aber ohne das übliche Mitleid im Blick. »Es ist unschwer zu erkennen, dass Ihr Euch mit dem Gehen schwertut.«

»Ich komme zurecht«, antwortete Roisin.

»Wohin wollt Ihr und Euer zottliger Begleiter zu so früher Stunde?«, hakte die Frau nach.

»Nach Enfys-Pont-y.« Der Name des Weilers, in dem sie das Licht der Welt erblickt und den der Vater vor vielen Jahren verlassen hatte, war Roisin soeben durch den Kopf geschossen.

»Hab' ich noch nie gehört«, murmelte der Mann.

»Das Dorf liegt auf halber Höhe des Yr Wyddfa«, erklärte Roisin. Auch an den Namen des hohen Berges hatte sie sich wieder erinnert.

Er schob seine Kappe zurück und kratzte sich an seiner hohen Stirn. »So weit fahren wir aber nicht.«

»Was wollt Ihr denn in einer solch einsamen Gegend?«, fragte seine Frau neugierig.

»Meine Verwandten besuchen«, antwortete Roisin. Das war keine Lüge. Der Vater hatte eine jüngere Schwester gehabt, die einen Bäcker geheiratet hatte, bevor Elian fortgezogen war. Roisin wusste nicht, ob die Leute noch dort lebten, ob sie überhaupt lebten und noch weniger, ob die Tante erfreut wäre, überraschenden Besuch von ihrer Nichte zu erhalten.

»Bis zu unserem Ziel könnt Ihr mitkommen, wenn Ihr wollt«, bot der Mann an. »Setzt euch zu unserer Tochter auf die Ladefläche.«

»Das ist sehr freundlich von Euch«, erwiderte Roisin. Sie war vernünftig genug, zu erkennen, dass sie den weiten Weg nur schwer zu Fuß zurücklegen konnte.

Das Mädchen rutschte zur Seite, beäugte Jack aber misstrauisch. »Ist das ein Wolf?«, fragte sie mit piepsiger Stimme.

Roisin lächelte. »Jack ist ein ganz normaler Hund. Ich gebe zu, sein Fell sollte mal wieder gekämmt werden.«

Mit einem lauten »Wuff« sprang Jack auf den Karren. Das Mädchen streckte den Arm aus und half Roisin, sich hochzuziehen. Dann trieb der Kutscher den Ochsen wieder an.

»Mein Name ist Roisin«, stellte Roisin sich vor.

»Ich heiße Arwen.«

»Das war auch der Name meiner Mutter.«

Die Frau drehte sich um. »Eure Mutter ist tot?«, fragte sie.

Roisin nickte. »Ebenfalls mein Vater. Deswegen möchte ich zu meiner Tante. In Conwy habe ich niemanden mehr.«

Das Letzte war eine Lüge, aber Roisin würde den Fremden nicht von den Menschen erzählen, die sie seit Jahren ausgenutzt und drangsaliert hatten. Den Anflug eines schlechten Gewissens schob sie schnell beiseite.

»Ich bin Sian«, erklärte die Frau. »Mein Mann wird Delwin genannt.«

Roisin deutete auf die Kisten und fragte: »Ihr seid Händler?«

»Die Kisten sind leer«, antwortete die Frau. »Wir haben Tonwaren in Conwy verkauft. Jetzt fahren wir nach Hause, um dann mit neuer Ware nach Caernarvon zu ziehen. In Conwy hieß es, der König und die neue Königin seien dort. Das zieht viele Leute in die Stadt.«

»Ob sich die junge Königin in der Burg wohlfühlt?«, fragte Roisin. »Soweit mir bekannt ist, sind noch nicht alle Gemächer fertiggestellt.«

Delwin lachte und rief: »Das soll nicht unsere Sorge sein. Hauptsache, die Leute kaufen unsere Töpferwaren.«

»Du hast schwarze Flecken auf den Wangen und auf dem Kittel«, sagte das Mädchen. »Ist das Ruß?« Schnell wischte sich Roisin mit dem Handrücken durchs Gesicht. Das Mädchen plapperte weiter: »Als wir aus der Stadt rausfuhren, war da ein Feuer bei ein paar Häusern.«

Roisin nickte. »Ich bin daran vorbeigekommen. Wahrscheinlich wurde ich dabei rußig.«

»Hoffentlich ist kein Mensch zu Schaden gekommen«, bemerkte Sian.

»Das hoffe ich ebenfalls«, murmelte Roisin. Sie meinte es aufrichtig.

Der Tag schritt voran, manchmal drängte sich die Sonne durch die Wolken. Dann war es angenehm warm. Der ausgefahrene Weg führte an noch grünen Wiesen, auf denen Schafe grasten, und bereits abgeernteten Feldern vorbei. Hin und wieder passierten sie ein einsam gelegenes Gehöft. Aus einem Weiher schoss eine Herde Gänse auf das Fuhrwerk zu. Sie schnatterten und zischten wild und bedrohlich. Der Ochse ließ sich aber nicht aus der Ruhe bringen. Roisin entspannte sich, lehnte sich zurück, Jacks Kopf auf ihrem Schoß, und schloss die Augen. Auch das Mädchen döste vor sich hin, und das Töpferpaar schwieg.

Als die Sonne hoch am Himmel stand, erreichte die kleine

Gruppe ein Waldstück, an dessen Rand ein sprudelnder Bach floss. Sie rasteten und stillten ihren Durst mit dem klaren Wasser. Aus einem Beutel holte Sian einen Laib Brot, brach ein Stück ab und reichte es Roisin. Arwen gab ihr einen rotbackigen Apfel.

»Ich danke Euch«, sagte Roisin. »Einer Fremden gegenüber seid Ihr sehr gütig«.

»Ach, es ist nicht viel, was wir haben, aber wir teilen gern«, erwiderte Sian. »Es wird Euren Hunger vorerst stillen. Nur für Euren Hund haben wir leider nichts.«

Roisin lachte. »Jack wird es nicht schaden, mal einen Tag zu hungern. Wenn wir weiterziehen, wird er sich bestimmt ein Kaninchen fangen.« Dessen war sich Roisin nicht sicher, hatte Jack doch bisher immer als Haushund der Nachbarn gelebt. Überhaupt hatte sie keine Vorstellung, wie sie sich bis zu dem Dorf, in dem sie geboren worden war, durchschlagen sollte. Darüber wollte sie sich erst Gedanken machen, wenn sie sich von der freundlichen Töpferfamilie trennen musste.

»Was ist mit Eurem Bein passiert?«, fragte Arwen ungeniert, als sie wieder auf den Wagen kletterten. »Hattet Ihr einen Unfall?«

»Ich wurde so geboren.«

»Dann hat Gott Großes mit Euch vor.«

»Das verstehe ich nicht.« Roisin runzelte die Stirn. »Gott hat mir die Behinderung gegeben, und ich habe sie akzeptiert.«

»Der Priester sagt, dass Gott den Menschen Beeinträchtigungen gibt«, erklärte Sian ruhig, »wenn er sie besonders liebt. Sozusagen als Prüfung. Wenn wir die Prüfung bestehen, wird uns Großes beschert.«

»Du solltest nicht alles glauben, Weib, was der Priester sagt«, sagte Delwin leise, aber laut genug, dass alle es hören konnten.

Bevor Roisin überlegen konnte, ob die Worte des Töpfers an Blasphemie grenzten, sagte Arwen schnell: »Mein ältester Bruder ist mit nur einem Arm zur Welt gekommen. Er ist furchtbar schlau und kann sogar schreiben und lesen. Die Mönche des nahegelegenen Klosters brachten es ihm bei. Jetzt wird er bald selbst ein Mönch werden. Wenn er zwei Arme hätte, wäre er auch Töpfer geworden. Oder er würde die Felder bestellen.«

Aus dem Augenwinkel bemerkte Roisin, wie Delwin unwillig die Lippen kräuselte. Es war offensichtlich, dass der Vater seinen Sohn ungern an die Kirche verlor. Roisin wollte sich in die Familienangelegenheit nicht einmischen. Sie verschwieg, dass auch sie lesen, schreiben und rechnen konnte.

Die Gegend wurde hügeliger, dann karg und teilweise felsig. Immer wieder mussten sie vom Wagen steigen und laufen, weil der Ochse die schwere Last die Steigungen nicht hinaufziehen konnte. Nach einem besonders steilen Anstieg, bei dem alle kräftig ins Schwitzen gekommen waren, sah Roisin von der Kuppe in ein Tal hinunter. Das Laub der Bäume hatte sich hier bereits verfärbt, während in Conwy noch keine Anzeichen des Herbstes zu bemerken gewesen waren. Um einen Teich scharte sich eine Ansammlung von strohgedeckten Hütten. Es gab sogar eine kleine, hölzerne Kirche. Westlich des Ortes erstreckte sich ein ausgedehnter Wald.

»Unser Zuhause«, sagte Arwen und zupfte Roisin am Ärmel. »Wir können wieder aufsteigen, denn jetzt geht es nur noch bergab.«

Delwin hielt vor einem Haus, dessen Grundmauern aus Stein bestanden. Roisin kletterte von der Ladefläche und nahm ihren Beutel.

»Ich danke Euch aus ganzem Herzen«, sagte sie.

»Ihr wollt doch heute nicht noch weiterziehen?«, fragte Sian. »Es wird bald dunkel. Wie wollt Ihr Euren Weg finden?«

Die Frage war berechtigt. Roisin wusste, sie musste weiter in Richtung Süden gehen. Wo sich Süden jedoch befand, konnte sie nach Sonnenuntergang nicht ausmachen.

»Wir können Euch zwar nur einen Platz in der Scheune anbieten«, schlug Sian vor, »aber besser, als unter freiem Himmel die Nacht zu verbringen.«

»Ich kann nicht noch mehr Freundlichkeit von Euch annehmen«, erwiderte Roisin.

»Warum nicht?« Sian musterte sie eindringlich. »Es scheint mir, dass Euch bisher nicht sehr viele freundliche Menschen begegnet sind, die selbstlos einem anderen helfen.«

Sian hatte den Nagel auf den Kopf getroffen. Roisins Lächeln war etwas verkrampft. »Ich würde sehr gern die Nacht bei Euch verbringen.«

Rasch wurde es dunkel, und es begann in feinen Tropfen zu regnen. Sian wärmte einen Eintopf aus Kohl und Kräutern auf, den sie vor ihrer Reise nach Conwy vorbereitet hatte. Dazu gab es dunkles Haferbrot. Es war schon ein paar Tage alt, dementsprechend hart. Roisin tat es der freundlichen Familie gleich und tunkte das Brot in die schmackhafte Suppe. Danach gab es gelbe, saftige Birnen. Von irgendwoher holte Sian einen nahezu abgenagten Knochen und warf ihn Jack vor. Obwohl sich kaum noch Fleisch daran befand, machte sich das Tier genüsslich über den Leckerbissen her.

Nachdem sie ihr Mahl beendet hatten, nahm Arwen aus einer Truhe eine Wolldecke und vom Tisch das Talglicht und führte Roisin in die Scheune. Hier drinnen war es warm und trocken. Bevor Roisin sich ein Lager im duftenden Stroh bereiten konnte, zog Arwen einen aus Holz geschnitzten, grobzinkigen Kamm aus ihrer Rocktasche und reichte ihn Roisin.

»Ihr solltet Euren Hund kämmen, dann fühlt er sich bestimmt besser. Ich mag es auch nicht, wenn meine Haare zerzaust sind.«

»Ja, er hat es wirklich nötig.«

»Gute Nacht«, wünschte Arwen, dann waren Roisin und Jack allein.

Nur kurz ließ der Rüde es zu, von Roisin gekämmt zu werden. Da sein Fell verfilzt war, musste es ihn ziepen. Jack entwand sich winselnd Roisins Griff und legte sich zu ihren Füßen.

»Schon gut, Jack. Wir versuchen es morgen noch einmal.«

Sie streckte sich im Stroh aus, verschränkte die Arme unter dem Kopf und starrte in die Dunkelheit. Aus der Ferne hörte sie vereinzelt Schafe blöken, hin und wieder bellte ein Hund, was von Jack ignoriert wurde, und immer wieder schrien Käuzchen. Roisin konnte sich nicht erinnern, wann sie das letzte Mal ein Essen bekommen hatte, das sie nicht selbst zubereitet hatte. Wann sie sich das letzte Mal hingelegt hatte, anstatt die Küche zu säubern und dann in der Werkstatt zu arbeiten, bis ihr vor Müdigkeit die Augen zufielen und die Raspel ihren Fingern entglitt. Jetzt lag sie einfach da, mit vollem Bauch, neben sich einen schnarchenden Hund, und hatte nichts weiter zu tun, als Schlaf zu finden. Das war die Glückseligkeit auf Erden!

»Es sieht nach einem Unwetter aus«, bemerkte Delwin am nächsten Morgen nach einem Blick zum Himmel. »Wollt Ihr nicht noch hier warten, bis es vorbeigezogen ist? Oben in den Bergen kann es sehr ungemütlich werden, wahrscheinlich fällt sogar Schnee.«

»Eure Gastfreundschaft kann ich nicht länger in Anspruch nehmen«, antwortete Roisin. Soeben hatte sie einen großen Becher lauwarmer Milch, Brot, das Sian früh am Morgen gebacken hatte, und Käse gegessen. Sie hatte tief und fest geschlafen und fühlte sich frisch und ausgeruht. »Ich fürchte mich nicht vor dem Wetter«, fuhr sie fort. »In den Bergen gibt es zahlreiche Felsüberhänge und kleine Grotten, in denen ich Zuflucht finden kann, sollte es notwendig werden.«

»Wie Ihr wollt«, sagte Sian. »Für unterwegs habe ich Euch noch eine Kleinigkeit eingepackt.« Sian gab Roisin einen in ein sauberes Tuch eingeschlagenen halben Laib Brot, drei Äpfel und zwei Birnen.

»Ich kann für Eure Gastfreundschaft und das Essen auch bezahlen«, sagte Roisin. Sie fingerte nach dem Beutel, den sie an eine Schnur gebunden und diese an der Innenseite ihres Kittels festgemacht hatte.

»Wollt Ihr uns beleidigen?«, rief Sian.

»Es tut mir leid«, erwiderte Roisin betreten. »Mit Eurer gestrigen Bemerkung, mir wäre noch nicht viel aufrichtige Freundlichkeit begegnet, habt Ihr leider recht.« Roisin schluckte, dann fügte sie leise hinzu: »Die Menschen, die mich mochten, so wie ich bin, für die meine Behinderung keinen Makel darstellte …« Bei der Erinnerung an ihre leibliche Mutter, Nia und Dylan bildete sich ein Kloß in ihrem Hals. »Sie sind nicht mehr am Leben.« Roisin straffte die Schultern, lächelte von Sian zu Delwin und zu Arwen, dann pfiff sie nach Jack.

»Komm, alter Junge! Vor uns liegt ein weiter Weg.«

»Viel Glück, Roisin«, sagte Sian. »Wenn Ihr wieder in die Gegend kommt, seid Ihr uns jederzeit herzlich willkommen.«

Roisin wusste, dass Sians Worte aufrichtig gemeint waren. Mit einem letzten Lächeln drehte sie sich um und wandte sich gen Süden.

14.

Roisin schritt so zügig aus, wie es ihr Bein zuließ. Schmerzen verspürte sie keine, sie fühlte sich frisch und munter. In der letzten Nacht hatte sie so tief geschlafen wie selten zuvor, wie überhaupt jemals in ihrem Leben. Eine alte Melodie, die die Mutter Roisin früher vorgesungen hatte und die sie längst vergessen glaubte, schoss durch ihren Kopf. Sie summte vor sich hin. Die walisischen Worte wollten ihr jedoch nicht mehr einfallen. Jack sprang munter mal vor ihr, dann blieb er einige Schritte zurück, schnüffelte an den kaum kniehohen Gewächsen oder hinterließ an einem Felsbrocken seine Marke. Da der Hund zum Frühstück einen zweiten Knochen bekommen hatte, war auch Jack voller Tatendrang.

Roisin war etwa eine Stunde gewandert, als aus den grauen Wolken pechschwarze wurden und der erste Blitz zuckte, gefolgt von bedrohlichem Donnergrollen. Das Gewitter war aber noch weiter weg. Suchend sah sich Roisin um. Etwas oberhalb des Pfades erstreckte sich ein Felsmassiv mit vorragenden Überhängen.

»Jack, komm her! Es ist besser, wenn wir warten, bis das Unwetter vorbei ist.«

Der Aufstieg bereitete Roisin Mühe. Jetzt musste sie vor Schmerzen in ihrem Bein stöhnen. Endlich war es geschafft. Sie fand eine niedrige Grotte, die etwa fünf Fuß in den Felsen hineinragte. Kaum waren sie und Jack hineingekrochen, öffnete der Himmel seine Schleusen. In den Regen mischte sich Graupel, Blitz und Donner folgten nahezu gleichzeitig, und es war so dunkel, als wäre es bereits später Abend.

»Ganz ruhig, mein Junge.« Zitternd streichelte Roisin Jacks Fell. Das Auskämmen am Morgen hatte lediglich nur wenige Zotteln gelöst. Aber Roisin mochte das Tier so, wie es war. »Hier geschieht uns nichts.«

Sie sprach die Worte, um sich selbst zu beruhigen. Der Hund kauerte sich eng an sie. Obwohl nur ein Tier, war Roisin froh, nicht allein zu sein. Eigentlich hatte sie keine Furcht vor Gewitter. Es war aber etwas anderes, die Naturgewalt in einem festen Haus mit sicherem Dach zu erleben als inmitten der Berge.

Endlich wurden die Blitze weniger und der Donner leiser. Schließlich hörte es sogar auf zu graupeln, und die Sonne funkelte durch die Wolken. Roisin kroch aus ihrem Unterschlupf. Sie schnupperte. Die Luft roch, als sei sie gerade frisch gewaschen worden. Auf den Felsen und den Blättern der wenigen Sträucher glitzerten die Tropfen. Aus einer Kuhle schöpfte Roisin mit der Hand Wasser und trank. Es schmeckte besser als jedes Brunnenwasser.

Sie wollte gerade mit dem Abstieg beginnen, als sie einen Schrei hörte. Zuerst dachte Roisin, es sei ein Vogel, vielleicht ein Adler auf der Suche nach Beute. Sie sah sich um. Wieder erklangen die Schreie. Nein, das war kein Vogel, sondern ein Mensch. Die Stimme kam von weiter links und irgendwo über ihr. Worte konnte Roisin keine verstehen, wohl jedoch, dass sich hier jemand in großer Not befand. Vorsichtig, um auf den feuchten Felsen nicht auszugleiten, kletterte Roisin weiter nach oben.

»Ruft weiter!«, schrie sie. »Damit ich weiß, wo Ihr seid!«

Jetzt hörte Roisin Worte. Sie schienen aber in einer fremden Sprache zu sein. Einer Sprache, die sie nicht kannte. Der

Schweiß von der Anstrengung beim Klettern rann Roisin über den ganzen Körper. Sie hatte nun ein Plateau erreicht, auf dem sie aufrecht stehen konnte. Plötzlich jagte Jack, der bisher neben ihr geblieben war, davon und kläffte aufgeregt.

»Aide! Aide!«

Roisin bog um einen großen Felsen. Jack stand vor einem niedrigen Hohlraum, ähnlich dem, in dem sie Schutz gefunden hatte. Er bellte laut, sein buschiger Schwanz peitschte hektisch. Roisin sah nun auch den Grund der Aufregung. In der Grotte kauerte eine Frau.

In den Augen Panik hob sie abwehrend die Hände. »Aide!«, schrie sie, und: »Loup! Loup!«

Roisin trat zu Jack und packte ihm am Nackenfell.

»Keine Angst, er tut Euch nichts.«

»Loup!«

»Es tut mir leid«, sagte Roisin. »Ich kann Euch nicht verstehen.«

»Es ist ein Wolf«, stieß die Frau, jetzt in einem gut verständlichen Englisch, hervor. »Er wird dich zerfleischen!«

Roisin lachte laut. Wie am Vortag zu Arwen sagte sie: »Das ist kein Wolf! Das ist Jack, ein besonders zottliger Mischlingshund.« Sie musterte die junge Frau. »Was macht Ihr hier?«

»Mein Pferd scheute vor dem Gewitter und warf mich ab«, antwortete die Fremde. »Ich fürchte, ich habe mir den Knöchel verletzt. Es gelang mir gerade noch, den Hohlraum zu erreichen, bevor das Unwetter hereinbrach.«

»Ihr wart ganz allein in den Bergen unterwegs?«, fragte Roisin verwundert. Obwohl das Kleid und der Umhang der Frau schmutzig und an einige Stellen eingerissen war und sie ihre Haube verloren hatte, erkannte Roisin, dass sie eine Dame war. Schwarzes, dichtes Haar umrahmte ein herzförmiges Gesicht mit heller Haut, einer schmalen, wohlgeformten

Nase und vollen, roten Lippen. Bei dem Sturz hatte sie sich auch den Kopf angeschlagen, denn an ihrer rechten Schläfe klebte geronnenes Blut.

Sie gab Roisin keine Antwort, fragte stattdessen: »Wie heißt du? Kommst du aus der Gegend?«

»Mein Name ist Roisin.« Gegenüber einer Dame war die Nennung des Nachnamens unbedeutend. »Ich bin auf dem Weg zu Verwandten in den Bergen.« Roisin kniete sich nieder. »Darf ich Euren Knöchel ansehen?« Sie schlug den Rock zurück. Die Haut um den linken Knöchel herum war angeschwollen und stark gerötet. Vorsichtig versuchte Roisin, das Gelenk zu bewegen. Die Dame schrie laut auf.

»Es kann sein, dass etwas gebrochen ist«, sagte Roisin. »Ebenso kann es auch nur eine Verstauchung sein. Auch die ist sehr schmerzhaft.«

»Bist du Heilerin?«

»Nein, aber ich habe meinen Bruder aufgezogen und später unseren Vater gepflegt«, erklärte Roisin. »Kann ich Euch helfen, zu Eurem Heim zu gelangen?«

Sie schüttelte den Kopf. »Wir sind weit geritten. Unmöglich kann ich die Strecke laufen.«

»Wo sind Eure Begleiter?«, fragte Roisin. Sie hatte gleich vermutet, dass die Edeldame nicht allein unterwegs gewesen war.

Sie zuckte die Schultern. »Beim ersten Donnerschlag ging das Pferd durch, auch das Ross meines Begleiters scheute. Vielleicht wurde auch er abgeworfen und liegt wie ich irgendwo.« Sie schluckte und fügte leise hinzu: »Wenn er nicht sogar tot ist.«

»Wir sollten nicht gleich das Schlimmste annehmen«, sagte Roisin beruhigend und stand auf. »Ich werde Hilfe holen.«

»Nein!« Sie griff nach Roisins Handgelenk. »Lass mich nicht allein! In der Gegend gibt es wirklich Wölfe. Ich weiß das, weil sie das Vieh der Bauern reißen und die Männer sie jagen.«

»Das mag durchaus sein«, stimmte Roisin zu. »In der Regel haben die Tiere aber mehr Angst vor den Menschen, als wir sie zu fürchten haben.«

Skeptisch runzelte die Dame die Stirn. »Der Meinung bist du, Mädchen, aber wissen das auch die Wölfe?«

Roisin zollte ihr Respekt. Trotz ihrer Schmerzen und der misslichen Lage hatte die Dame ihren Humor nicht verloren.

»Jack wird auf Euch aufpassen«, schlug Roisin vor.

»Nein! Geht nicht fort!«

Roisin dachte nach. »Gut, dann bringe ich Euch zu einem Dorf«, schlug sie vor. »Es liegt nicht weit von hier. Dort leben freundliche Menschen, die Eure Angehörigen verständigen können.«

»Ich fürchte, ich kann keinen Schritt laufen.«

»Allein wollt Ihr nicht bleiben, aber gehen könnt Ihr auch nicht.« Roisin musterte die Verletzte. »Wir werden es versuchen und gemeinsam das Dorf erreichen«, sagte sie mehr überzeugt, als ihr zumute war. »Wie lautet Euer Name?«

»Elizabeth Aldington.«

»Aldington«, wiederholte Roisin. »Dann seid Ihr Engländerin.«

Sie nickte. »Meine Familie stammt allerdings aus altem französischem Adel. Sie kamen mit dem Normannen Wilhelm nach England. Unser ursprünglicher Name lautete Ald-de-Vaux. Vor etwa einhundert Jahren wandelte er sich in eine englische Aussprache.«

»Was auch einfacher ist. Das andere kann ich nur schwer aussprechen. Dann war das, was Ihr vorhin gerufen habt, französisch?«

Sie nickte. »Du kannst mich Lady Elizabeth nennen. Früher war die französische Sprache am Hof üblich. Inzwischen wird vermehrt Englisch gesprochen, auch vom König und der Königin. Viele meiner Verwandten und Freunde unterhalten sich immer noch in der Sprache unserer früheren Heimat.«

»Ihr müsst jetzt aufstehen«, sagte Roisin, »sonst erkältet Ihr Euch noch.« Der Exkurs über die Sprache war zwar interessant, aber im Moment beschäftigten Roisin andere Sorgen. »Stützt Euch auf meine Schulter, Mylady. Keine Angst, ich bin kräftiger, als ich aussehe.«

Mit Roisins Hilfe zog sich Lady Elizabeth hoch. Sobald sie ihren linken Fuß belastete, stieß sie einen lauten Schrei aus.

»Wenn Ihr erlaubt, fasse ich Euch um die Hüfte«, schlug Roisin vor. »Ich gehe links von Euch. Dann sind unsere gesunden Beine außen, und wir müssen versuchen, wie eine Person mit zwei Körpern zu gehen.«

Erst jetzt schien die Lady Roisins Behinderung zu bemerken. Ihr Blick glitt über den nach innen verdrehten Fuß. »Damit bist du bis hier heraufgeklettert?«, fragte sie.

»Man gewöhnt sich an alles«, antwortete Roisin. »Manches geht zwar langsamer, aber so leicht lasse ich mich nicht unterkriegen.«

»Den Eindruck habe ich ebenfalls«, murmelte Lady Elizabeth.

Roisin sah sich suchend um. Leider gab es hier keinen Ast, der lang genug gewesen wäre, um als Gehstütze zu dienen. So umklammerte Roisin die schmale Taille von Lady Elizabeth, die das Gleiche bei ihr tat. Langsam, immer erst die gesunden Füße, dann die anderen, humpelten sie vorwärts. Roisin lief der Schweiß über den Rücken. Auch Lady Elizabeth schwitzte, ihr Gesicht war jedoch kalkweiß. Sie musste starke Schmerzen haben, aber kein Laut kam über ihre Lippen. Es dauerte eine gefühlte halbe Ewigkeit, bis sie es gemeinsam geschafft hatten, die Felsen hinunterzuklettern. Auf dem ebenen Trampelpfad kamen sie nun schneller voran.

»Ist es noch weit?«, fragte Elizabeth Aldington.

»Das Dorf liegt hinter dem nächsten Hügel«, erklärte Roisin. »Leider geht es noch einmal steil den Hügel hinauf, und dann wieder hinunter. Sollen wir eine Pause machen?«

Lady Elizabeth nickte. Sie setzte sich auf einen Felsbrocken, der in der Sonne inzwischen getrocknet war.

»Habt Ihr Hunger?«, fragte Roisin. »Ich habe Brot und Äpfel.«

»Ich habe keinen Hunger. Du hast nicht zufällig einen Becher, mit dem du mir Wasser aus dem Bach schöpfen kannst?«

Roisin schüttelte den Kopf. »Wenn ich durstig bin, schöpfe ich das Wasser mit meinen Händen.«

Lady Elizabeth musterte sie abschätzend. »Du willst wirklich ganz allein durch die Berge ziehen? Nur in Begleitung eines wilden Hundes? Im Ernstfall wird das zottelige Tier dich kaum beschützen können.«

»Wuff!« Jack hatte wohl gehört, dass von ihm die Rede war, denn er drückte sich gegen Roisins Beine.

»Wovor sollte ich mich ängstigen?«, fragte Roisin. »Vor Männern, die Absichten hätten, mich … nun ja, die es nicht gut mit mir meinen könnten, habe ich keine Furcht. Meine Behinderung schreckt sie ab. Und mich zu berauben, lohnt sich nicht. Ich trage lediglich wenige Münzen bei mir.«

»Regelmäßig werden Menschen überfallen und gar getötet wegen weniger als ein paar Münzen«, gab Lady Elizabeth zu bedenken. »Sogar wegen eines Brotkantens.«

Kein Wunder, wenn die Menschen hungern und um ihr tägliches Überleben kämpfen, dachte Roisin, behielt ihre Meinung aber für sich. Elizabeth Aldington musste dem königlichen Hof angehören, sonst würde sie sich nicht im Norden von Wales aufhalten. Nur wenige adlige Engländer lebten dauerhaft hier. Der Großteil reiste mit dem König in die jeweiligen Regionen und verweilte dort nur für einige Wochen.

»Ich werde mich schon durchschlagen.« Roisin klang zuversichtlicher, als ihr zumute war. Sobald sie das Dorf erreicht und jemanden ausgeschickt hatten, der sie abholte, würde sie Elizabeth Aldington niemals wiedersehen.

»Wirst du von deinen Verwandten dort oben«, sie deutete vage zu den hohen Bergen, »dringend erwartet?«

»Wohl eher nicht«, erwiderte Roisin. »Um genau zu sein, haben sie keine Ahnung, dass ich auf dem Weg nach Enfys-Pont-y bin. Das ist der Name des Dorfes, in dem ich geboren wurde«, erklärte sie. »Meine Eltern verließen es vor langer Zeit. Ich weiß gar nicht, ob noch jemand von der Familie dort lebt.«

»Willst du mich nicht begleiten?«

»Was?« Roisin starrte die junge Adlige überrascht an.

»Ich bin dir etwas schuldig.« Lady Elizabeth lächelte. »Immerhin hast du mein Leben gerettet. Komm mit mir an den Hof.«

»Nach Caernarvon?«, fragte Roisin ungläubig. »An den Hof des Königs?«

»Ja, dort wohne ich derzeit.« Lady Elizabeth zuckte mit den Schultern. »Wahrlich bist du kräftiger, als du aussiehst. Dein krummer Fuß scheint dich kaum zu beeinträchtigen, und du kannst arbeiten. In Caernarvon wird jede Hand gebraucht.«

»Ich kann nicht dorthin gehen«, entfuhr es Roisin. »Nicht nach Caernarvon.«

»Warum nicht?« Lady Elizabeth betrachtete Roisin skeptisch. »Hast du etwas verbrochen, Mädchen? Bist du etwa eine Diebin? Wirst du vielleicht sogar von den Soldaten gesucht?«

»Oh, nein, nein!« Abwehrend hob Roisin die Hände. »Das dürft Ihr nicht von mir denken! Niemals habe ich mir etwas zuschulden kommen lassen, Mylady! Aber ich … ich …« Sie suchte nach einer plausiblen Erklärung. Edward würde bald wieder nach Caernarvon kommen. Die Gefahr, dem Bruder zu begegnen, war zu groß. »Ich fürchte mich vor vielen Menschen«, sagte sie schließlich und hoffte, überzeugend zu klingen. »Die meisten sind unfreundlich zu mir wegen dem hier.« Sie deutete auf ihr Bein.

Elizabeth Aldington nickte verständnisvoll. »Ich kann mir vorstellen, dass du häufig zur Zielscheibe von Spott und Häme wirst. Aber nicht alle Menschen sind so, Mädchen. Ich mache dir folgenden Vorschlag: Du begleitest mich in die Stadt. Du verbringst den Winter dort, und im Frühjahr kannst du entscheiden, ob du in dein Heimatdorf gehen willst. Bis dahin wirst du genügend Geld verdient haben, um nicht mit leeren Händen zu deinen Verwandten zu kommen.«

»Ich würde Geld erhalten, wenn ich arbeite?«, fragte Roisin perplex.

»Selbstverständlich, Mädchen. Selbst die niedrigste Küchenmagd am Hof erhält einen gerechten Lohn.«

Roisin trat einen Schritt zurück, verschränkte die Arme vor der Brust und runzelte die Stirn. »Was macht Euch so sicher, dass man mich anstellen wird?«, fragte sie skeptisch. »Es werden doch mehr Leute in der Burg arbeiten wollen als benötigt werden.«

Mit einem milden Lächeln antwortete Lady Elizabeth: »Das lass meine Sorge sein. Du scheinst weitaus gescheiter als die meisten Frauen deines Standes. Du hast eine Chance verdient, mehr aus deinem Leben zu machen, als in einem einsamen Bergdorf Schafe zu hüten oder alte Verwandte zu pflegen.«

»Einen solchen Eindruck habt Ihr von mir gewonnen? Hat in Eurer Welt eine Frau mehr Wert, als nur den Haushalt zu führen und Kinder zu gebären?«

Die Dame lachte laut auf. »Allein deine Gedanken und die Fähigkeit, sie in solche Worte zu fassen, zeigen mir, dass etwas in dir steckt, was es zu entdecken lohnt. In Caernarvon lässt sich vielleicht jemand finden, der dich im Schreiben und Lesen unterweist. Die Geistlichen scheiden allerdings aus. Die sind der Meinung, eine Frau, die lesen kann, sei ein Werk des Teufels, egal welchen Standes.«

Roisin stimmte in ihr Lachen ein. »Es gibt auch nur wenige Männer, die es können.« Schlagartig wurde sie ernst und sagte leise: »Ich kann lesen, schreiben und auch rechnen. Mein Bruder lernte es von den Mönchen, und er brachte es mir bei.«

Wenig damenhaft spitzten sich Elizabeths Lippen zu einem verhaltenen Pfiff. »Dann muss dein Bruder ein gelehrter Mann sein. Was macht er?«

Die Frage nach Edward hatte Roisin nicht bedacht. Sie nickte und antwortete ausweichend: »Wir führen zwei unterschiedliche Leben.«

Lady Elizabeth gab sich damit zufrieden. »Ich kann dir keine Wunder versprechen«, sagte sie, »aber ein dichtes Dach über dem Kopf, saubere Kleidung und zwei warme Mahlzeiten am Tag werden dir sicher sein.«

Das klang verlockend, die Gefahr, Edward zu begegnen, durfte Roisin allerdings nicht unterschätzen. Andererseits: Was sollte Edward ausrichten? Das Feuer in der Werkstatt war nicht ihre Schuld gewesen, und für die Anschuldigung Lavindas, sie, Roisin, habe sie töten wollen, gab es keinen Beweis.

»Wir müssen weitergehen«, drängte sie Lady Elizabeth. »Sonst könnt Ihr heute niemanden mehr benachrichtigen und Ihr müsst die Nacht im Dorf verbringen. Wird es gehen?«

Lady Elizabeth stemmte sich hoch, biss sich auf die Unterlippe und seufzte. »Während unserer Unterhaltung spürte ich den Schmerz kaum noch. Ich fürchte, ich kann den Fuß immer noch nicht belasten.«

Jack sprang voraus. Die Frauen wollten gerade den beschwerlichen Weg fortsetzen, als sich aus Westen drei Reiter näherten.

»Alan!«, rief die Edeldame, als die Gesichter der Männer zu erkennen waren. »Wie gut, dass Euch nichts passiert ist.«

Die Reiter zügelten ihre Pferde. Alle trugen sie dunkle Kleidung aus besten Stoffen, leichte Brustharnische und flache Kappen mit wippenden Federn. An ihren Seiten baumelten Kurzschwerter.

Ein großer Mann sprang aus dem Sattel, bevor das Ross zum Stillstand gekommen war. »Elizabeth!« Mit ausgestreckten Händen eilte er auf sie zu. »Geht es Euch gut? Ich habe mir große Sorgen gemacht, als ich Euer Pferd ohne Euch auffand.«

Roisin sah, wie Lady Elizabeths eben noch fahle Wangen nun von einer leichten Röte überzogen wurden.

»Ich wurde abgeworfen«, sagte sie leise, »und fürchte, mein Knöchel ist gebrochen.«

Der zweite Mann, in Größe, Statur und Kleidung ähnlich, stieg ab und nahm Lady Elizabeths Hand.

»Schwester, kaum lässt man dich mal allein«, sagte er mit tiefer, sonorer Stimme und sprach wie sein Gefährte Englisch, »gerätst du in Schwierigkeiten. Ich sagte dir, dass ein Unwetter aufziehen wird. Wie üblich wolltest du nicht auf mich hören.«

»Bailan, du hattest recht wie meistens«, erwiderte Elizabeth. »Ich konnte nicht ahnen, dass mein Gaul bei ein bisschen Blitz und Donner derart durchdreht.«

Mit den dunklen Haaren und Augen ähnelte Sir Bailan seiner Schwester. Seine gebräunte Gesichtshaut ließ darauf schließen, dass er sich viel an der frischen Luft aufhielt.

»Der Arzt wird sich deine Verletzung ansehen«, sagte er. »Glücklicherweise reist die Königin nie ohne ihre Londoner Ärzte.« Er gab dem dritten Mann, der inzwischen ebenfalls abgestiegen war, einen Wink. »Hilf meiner Schwester auf, Rob.«

Roisin vermutete, der als Rob Angesprochene war ein Bursche oder Knappe der Ritter. Dessen Wams war aus nicht ganz so gutem Tuch gefertigt.

»Ich nehme Eure Schwester auf mein Ross«, schlug Sir Alan vor. »Es ist kräftig genug, uns beide nach Caernarvon zu tragen.«

»Sie kommt mit uns.« Lady Elizabeth deutete auf Roisin.

Die Blicke der Männer wandten sich Roisin zu. Bisher hatte ihr keiner Beachtung geschenkt.

»Wer ist das?«, fragte Sir Bailan.

»Quasi meine Lebensretterin«, erklärte Lady Elizabeth leichthin. »Ohne Roisin läge ich immer noch dort oben im Berg, wo ihr mich niemals gefunden hättet.«

Das hielt Roisin für übertrieben, denn sie hatte hier unten auf dem Pfad Elizabeths Hilferufe vernommen. Die Ritter hätten sie ebenfalls gehört und gefunden.

Bailan seufzte und verdrehte die Augen. »Du lässt wieder dein gutes Herz sprechen, Schwester. Will das Weib überhaupt mit uns kommen?«

»Heh, Bailan.« Alan stupste ihn in die Seite. »Das ist ja ein Krüppel.« Ungeniert zeigte er mit ausgestrecktem Finger auf Roisins rechtes Bein. »Was will die in der Stadt?«

»Sie kann gut arbeiten«, warf Elizabeth ein. »Jetzt diskutiert nicht mit mir und lasst uns nach Hause reiten. Mein Gewand ist feucht, ich habe Hunger und mein Knöchel muss versorgt werden. Ich werde mich um das Mädchen kümmern.«

Bailan Aldington seufzte, runzelte die Stirn, gab dann aber dem dritten Reiter einen Wink. »Rob!«

»Ja, Herr?«

»Kannst du die da auf deinen Gaul nehmen?«

Rob kratzte sich nachdenklich am Kinn. »Ich fürchte nein,

Herr. Mein Ross lahmt leicht. Eine zusätzliche Last wird es nicht tragen können.«

Bailan seufzte. Sein musternder Blick auf Roisin hatte etwas Abschätzendes. »Dann musst du mit mir reiten.«

Roisin schluckte. Sie war noch nie auf einem Pferd gesessen. Und diese hier waren besonders hoch. Ähnlich den Schlachtrössern, mit denen die Soldaten durch Conwy ritten.

»Ich denke, ich sollte doch besser zu meinen Verwandten …«

»Nichts da!«, unterbrach Lady Elizabeth mit einem Unterton, der Roisin verriet, dass sie es gewohnt war, Befehle zu erteilen. Befehle, die auch befolgt wurden. »Keinesfalls lasse ich dich allein in dieser Einöde zurück.«

»Aber Jack muss auch mitkommen«, sagte Roisin. Prompt sprang der Hund hoch und bellte aufgeregt.

»So ein hässliches Tier habe ich ja noch nie gesehen«, murrte Bailan. »Solang der Hund friedlich ist, soll er uns begleiten.«

Mit Leichtigkeit schwang sich Lady Elizabeths Bruder wieder auf sein Pferd, streckte dann seinen Arm nach Roisin aus. »Ich ziehe dich hoch, du musst dein Bein über den Pferderücken schwingen. Schaffst du das?«

Roisin nickte und ergriff die große Hand, die in einem schwarzen Lederhandschuh steckte. Als wöge sie kaum mehr als eine Feder, zog Bailan Aldington sie in die Höhe. Roisin krallte sich an den Rand des Sattels und schwang das unversehrte Bein über den Rist des Tieres. Trotz der nun schwereren Last verhielt sich das Pferd völlig ruhig. Bailan schnalzte mit der Zunge, und sie trabten an. Auch die anderen setzten sich in Bewegung. Roisin, die Finger beider Hände an den Sattel gekrallt, versteifte sich. Sie hatte Angst, jeden Moment herunterzufallen.

»Schling deine Arme um meinen Körper«, rief Bailan.

Roisin zögerte. »Worauf wartest du?« Seine Stimme klang verärgert. »Willst du etwa abgeworfen werden?« Er sah zu seiner Schwester, die völlig undamenhaft mit gerafften Röcken hinter Alan saß. »Wie bringst du mich immer wieder dazu, etwas zu tun, das ich eigentlich nicht will?«, rief er ihr zu.

Lady Elizabeth lachte. »Weil du mich liebst, Bruder!«

Roisin schlang ihre Arme um die Taille des Edelmanns. Sie fühlte feste, harte Muskeln und kein Gramm Fett. Bailan hieb seine Hacken in die Flanke des Pferdes, die anderen taten es ihm gleich. Nun ging es im flotten Galopp voran. Roisin meinte, ihr Körper sei in eine Walkmühle geraten, so wurde sie durchgeschüttelt. Irgendwie fand sie den richtigen Rhythmus und wippte wie Sir Bailan auf und ab, umklammerte aber weiter fest seinen Körper. Sie spürte seine Wärme und roch den Duft von Leder. Nie zuvor war sie einem Mann, abgesehen von ihrem Bruder, körperlich so nahe gewesen. Auch nicht Dylan Rhys, denn außer, dass er ihre Hand gehalten und sie zweimal auf die Stirn geküsst hatte, waren sie sich nicht näher gekommen. Die enge Verbundenheit zu dem Ritter verwirrte sie. Gleichzeitig fühlte sie sich geborgen.

Jack sprang mal voraus, dann rannte er neben ihnen her. Das Tempo des Rittes hielt er gut mit. Er jagte keinem Kaninchen nach, die zahlreich ihren Weg kreuzten, oder schnupperte an den kniehohen Büschen. Der Hund schien zu spüren, dass er sich anständig verhalten musste, um nicht davongejagt zu werden.

Die Sonne verschwand hinter grauen Wolken, und es begann zu nieseln. Die Reiter erhöhten das Tempo. Roisin hörte Lady Elizabeth immer wieder hell auflachen. Trotz des zügigen Rittes scherzten sie und Alan miteinander, ihr verletzter Knöchel schien vergessen. Es war offensichtlich, dass die Lady und der attraktive, stattliche Ritter miteinander flirteten.

Die Gruppe passierte eine scharfe Biegung nach links.

Roisin hielt die Luft an. Obwohl sie nur an dem breiten Oberkörper von Sir Bailan vorbeisehen konnte, weiteten sich ihre Augen. Vor ihnen ragten so hohe und massive Mauern auf, wie Roisin sie nie zuvor gesehen hatte. Bisher hatte sie die Burg von Conwy als das mächtigste von Menschenhand erschaffene Bauwerk geglaubt. Gegen Caernarvon Castle war Conwy jedoch nur eine kleine Festung. Dabei war die Burg hier noch nicht einmal fertiggestellt, wie Roisin von Edward wusste. Auch hier wurde die Stadt von einer durchgehenden Stadtmauer umschlossen, die ebenso wie die um Conwy herum noch Lücken aufwies. Nun verstand Roisin, warum Edward und Seth der Meinung waren, auf den beiden Baustellen bis an ihr Lebensende in Lohn und Brot stehen zu können. Die noch neuen Steine leuchteten selbst im Regen hell.

Da der Himmel erneut seine Schleusen öffnete, schossen die drei Pferde regelrecht über die hölzerne Brücke über einen Fluss, dann durch ein Stadttor. In den dahinterliegenden schmalen Gassen sprangen die Leute schnell zur Seite, als sich die Reiter näherten. Sie passierten das bewachte äußere Burgtor, dessen Zugbrücke herabgelassen war, und gelangten auf den weitläufigen Platz innerhalb der Burgmauern. Gegenüber dem Tor ragte der Wohnturm empor, von Zinnen bewehrt und ganz aus Stein erbaut. Roisin zählte sechs Geschosse, drei Türme mit jeweils drei weiteren Stockwerken ragten wie mahnende Finger aus dem Dach in den grauen Himmel. Eine schmale, hölzerne Treppe führte in den ersten Stock zu einer Tür, darunter gab es keinen Zugang. Selbst wenn es Feinden gelingen sollte, erst das Stadt-, dann das Burgtor zu überwinden – eine Erstürmung des Wohnturmes erschien unmöglich. Roisin wusste, dass sich bei drohender Gefahr die Bewohner der Stadt und der Burg in den Turm zurückzogen und der hölzerne Stufenaufgang zerstört wurde.

Der Burghof wurde ähnlich dem in Conwy von Dutzenden Holzhütten gesäumt, die sich mit der Rückseite gegen die Burgmauer lehnten. Es wimmelte von Menschen, die geschäftig auf und ab liefen. Einige trugen Eimer, Körbe oder Krüge in den Händen, andere schwere Säcke über den Schultern. Zwischen ihren Füßen pickten Hühner im feuchten Erdreich auf der Suche nach Futter. An einer Seite lag ein Schweinekoben, aus dem es grunzte und quiekte, hier waren Ferkel untergebracht. Aufgrund des hellen Sandsteins und der modernen Bauart war die Anlage durchaus als schön zu bezeichnen. Zudem machte alles einen sauberen Eindruck.

Vor der Treppe zum Wohnturm hinauf zügelten die Reiter die Rösser. Roisin und Lady Elizabeth rutschten von den Pferderücken. Roisin taumelte und wäre beinahe gestürzt, konnte sich aber gerade noch am Schwanz des Gauls festhalten. Dieser schnaubte und schüttelte unwillig die Mähne, blieb aber regungslos stehen. Die Männer stiegen aus den Sätteln. Sofort eilten drei junge Burschen herbei und nahmen die Zügel der Rösser.

»Reibt sie gut ab«, befahl Sir Bailan, »und gebt ihnen ausreichend Hafer. Sie haben einen strengen Ritt hinter sich.«

Er sah weder die Jungen an, noch erwartete er eine Antwort. Roisin merkte genau, dass der Ritter gewohnt war, dass seine Befehle befolgt wurden. Lady Elizabeth legte eine Hand auf den Arm ihres Begleiters. Sie humpelte zwar, plauderte aber fröhlich mit Sir Alan, während sie auf den Wohnturm zugingen. Bailan und Rob folgten ihnen.

Unschlüssig stand Roisin im Hof. »Lady Elizabeth!«, rief sie, aber die Dame schenkte ihr keine Aufmerksamkeit. Jack drängte sich an Roisins Seite. Sie beugte sich nieder und kraulte den Hund zwischen den Ohren. »Ich glaube, man hat uns vergessen«, murmelte sie. »Jetzt sind wir also in Caernarvon, aber was sollen wir hier tun?«

Sie konnte es nicht wagen, den anderen in den Turm zu

folgen. Roisin wusste sehr genau, dass es einfachen Leuten wie ihr nur nach Aufforderung gestattet war. Roisin dachte praktisch. Ihr Magen knurrte, und in ihrem Beutel hatte sie noch das Brot und die Äpfel der freundlichen Töpfer. Da ihr niemand Beachtung schenkte und der Regen stärker wurde, ging sie zu einem Unterstand, in dem sich einige Ballen Stroh befanden. Hier war es trocken. Sie holte das Brot aus dem Beutel, brach kleine Brocken ab und warf sie Jack hin. Obwohl dem Hund wohl eher der Sinn nach einem saftigen Knochen stand, stürzte er sich auf das trockene Brot. Roisin aß noch einen der Äpfel. Diese waren nichts für Tiere, davon bekamen sie Bauchschmerzen. Dann fing sie mit beiden Händen Regenwasser auf, das von dem Strohdach tropfte, trank durstig und setzte sich auf einen der Strohballen. Der Regen rauschte jetzt wie eine graue Mauer herab, aber es zog kein weiteres Gewitter auf. Sie lehnte sich zurück und schloss die Augen. Von dem harten, schnellen Ritt taten ihre alle Knochen weh. Ob Lady Elizabeth vergessen hatte, dass sie ihr eine Arbeit in der Burg besorgen wollte, dachte Roisin noch, dann schlief sie ein.

15.

He! Wer bist du und was machst du hier?« Ein Tritt in die Seite weckte Roisin. Vor ihr ragte ein breiter Schatten empor. »Verschwinde! So weit kommt es noch, dass Bettler und Vagabunden sich hier ausruhen!« Roisin blinzelte noch verschlafen. Die Stimme gehörte einer Frau. Da sie gegen das Licht stand, konnte sie keine Gesichtszüge erkennen. Jack knurrte und fletschte die Zähne. Die Frau hob eine Hand, in der sie einen Holzprügel hielt. »Eine Bewegung, du Köter, und du hast die längste Zeit geknurrt.«

»Bitte, tut Jack nichts!«, rief Roisin. So schnell es ihr möglich war, kam sie auf die Füße. Aufrecht erkannte sie, dass die Fremde gar nicht so groß war. Ihres und Roisins Gesicht waren auf einer Höhe. »Ich bin mit Lady Elizabeth und Sir Bailan Aldington nach Caernarvon gekommen.«

»Ja, sicher!« Die Frau lachte spöttisch. »Und ich bin Königin Margarete höchstpersönlich.« Sie trat einen Schritt zur Seite und stand nicht länger gegen das Licht. Die Sonne war wieder erschienen und färbte einen Streifen am Horizont rosa. Roisin schätzte die Frau auf etwa vierzig Jahre. Sie hatte ein rundes Gesicht mit roten Wangen, blasse Augen und schmale Lippen. Eigentlich wirkte sie recht freundlich.

»Ich verstehe, dass Ihr in dieser wundervollen Burg hier keine Bettler duldet«, sagte Roisin sanft, es gelang ihr sogar, zu lächeln. »Bitte, fragt Lady Elizabeth nach mir.«

»Selbst wenn ich auch nur ansatzweise in Erwägung ziehen würde«, erwiderte die Frau, »Mylady mit einer solchen Sache zu belästigen: Welchen Namen sollte ich ihr nennen?«

»Roisin. Lady Elizabeth und ich trafen uns außerhalb der Stadt, als das schwere Gewitter niederging. Ihr Pferd hatte gescheut und sie wurde abgeworfen. Ich habe mich um sie gekümmert. Sir Bailan, Sir Alan und der Bursche Rob waren auf der Suche nach der Edeldame. Nachdem sie uns gefunden hatten, forderten sie mich auf, sie zu begleiten.«

Roisins Erklärung, aber hauptsächlich ihre geschliffene Ausdrucksweise, ließen die Frau zögern.

»Nun ja, man muss vorsichtig sein.« Sie musterte Roisin abschätzend. »Was ist mit deinem Fuß?«, stellte sie dann auch prompt die Frage.

»Ich wurde so geboren.«

»Hast du Hunger?«

Roisin nickte. Sie musste länger als geplant geschlafen haben, da die Sonne bereits unterging. »Und Jack hat auch Hunger«, sagte sie leise.

Der Hund saß jetzt ruhig auf den Hinterpfoten, ließ die Frau aber nicht aus den Augen. Zu Roisins Erstaunen beugte sie sich hinunter und streckte eine Hand nach Jack aus. Er schnüffelte an ihr, dann ließ er sich von der Frau über den Kopf streicheln.

»Na, du siehst zwar aus wie ein wildes Tier«, sagte sie, und Roisin hörte einen glucksenden Unterton, »aber verhungern sollst du wahrlich nicht.« Sie gab Roisin einen Wink. »Komm mit.«

Roisin folgte ihr über den Burghof. Immer noch herrschte rege Betriebsamkeit. Die ersten Fackeln in den schweren Eisenträgern entlang der Mauern waren entzündet worden. Rechts versetzt vom Wohnturm betrat die Frau ein flaches, langgezogenes Gebäude, ebenfalls aus Stein erbaut und mit grauen Schieferplatten gedeckt. Roisin wollte gerade einen Fuß über die Schwelle setzen, als ihr Blick nach oben ging. Scharf zog sie die Luft ein und blieb wie angewurzelt stehen.

»Was ist?« Die Frau drehte sich nach ihr um.

Roisin deutete auf den Türsturz. Rechts und links rankte sich ein schlichtes Ornament, das in der Mitte mit dem Gesicht einer nicht mehr jungen Frau verbunden wurde.

»Schön, nicht wahr? Hier arbeiten hervorragende Steinmetze. Nicht nur die Wohnräume, auch die steinernen Nebengebäude wie die Küche werden mit kleineren Arbeiten verziert. Im Wohnturm gibt es natürlich noch eine Küche. In der wird für das Königspaar, die Adligen und die Gäste gekocht und gebacken. Wir hier sind für die Verpflegung der Leute, die innerhalb der Burgmauern arbeiten, zuständig. Oft dürfen wir aber auch alle an den unteren Tischen in der großen Halle essen.«

Die plötzliche Gesprächigkeit der Frau, die sie zuerst so barsch angegangen war, rauschte wie ein Wasserfall an Roisins Ohren vorbei. Das Ornament, unter dem sie stand, hatte sie geschaffen. Das Gesicht war das Antlitz von Nia Corris. Roisin hatte es wenige Tage nach dem Tod der Nachbarin aus dem Stein gehauen.

»Komm endlich rein!«, forderte die Frau sie auf. »Wenn du länger auf der Burg sein solltest, wirst du überall filigrane Steinmetzarbeiten finden. Oberhalb des Haupttores sind die drei heiligen Könige zu sehen und einige andere Figuren aus der Bibel. Derzeit arbeitet ein Handwerker an den Kaminen in den Wohnräumen, da diese ebenfalls verziert werden sollen.«

Roisin unterdrückte den Impuls zu nicken. Auch die Figuren der heiligen drei Könige und der anderen Heiligen hatte sie gestaltet. Edward hatte sie nach Caernarvon gebracht und hier lediglich eingesetzt. Obwohl es niemand wissen durfte, erfüllte sie der Anblick mit Stolz.

»Kennt Ihr den Steinmetz?«, fragte Roisin.

»Kann sein, dass ich ihm begegnet bin«, antwortete die Frau. »In der Burg wimmelt es von Handwerkern, denn die Vollendung des Baus soll bald vollbracht sein. Ich habe gehört, der Steinmetz käme aus Conwy. In der dortigen Burg habe er bereits Wunderdinge vollbracht.«

»Wunderdinge nicht unbedingt«, entschlüpfte es Roisins Lippen. »Ein guter Handwerker sollte sein Metier beherrschen. Hält sich der Steinmetz derzeit hier auf?«

»Keine Ahnung. Wie ich eben sagte, weiß ich gar nicht genau, wie er aussieht. Warum willst du das wissen?«

Scheinbar desinteressiert zuckte Roisin mit den Schultern. »Ich würde gern den Menschen sehen, der so schöne Figuren aus dem Stein hauen kann.«

»Ich bin übrigens Kyndra«, stellte sich die Frau nun vor, Roisins Worte ignorierend. »Mir untersteht diese Küche und die Verpflegung für alle, die im Burghof arbeiten.« Sie deutete in die rechte Ecke. »Setz dich da an den Tisch.«

Die Küche war lang und schmal. An der Ostseite befand sich eine raumbreite und deckenhohe Feuerstelle mit Kaminabzug. Über dem Feuer hingen große Kessel, drei Hühner steckten auf Spießen, die von einem Jungen kontinuierlich gedreht wurden. Auf der anderen Seite erkannte Roisin einen großen Backofen. Es duftete köstlich!

Außer ihr und Kyndra waren nur noch zwei weitere Frauen in der Küche, die Kohl und Karotten in kleine Stücke schnitten und in die Kessel warfen.

Roisin ließ sich auf einem wackeligen Hocker nieder. Jack verkroch sich unter dem Tisch. Offenbar traute er der plötzlichen Freundlichkeit nicht. Auch Roisin blieb vorsichtig.

Aus einem Kessel schöpfte Kyndra Suppe in eine Holzschale, stellte sie vor Roisin, dann schnitt sie eine daumendicke Scheibe Haferbrot ab und reichte sie ihr. Ein hölzerner

Löffel lag bereits auf dem Tisch. Roisin kostete von der Suppe. Sie war kräftig gewürzt, und es schwammen sogar fette Speckstücke darin. Für Jack füllte Kyndra einen Napf mit Fleischabfällen. Der Hund stürzte sich auf die Mahlzeit und schlapperte so wild, dass kleine Brocken nach allen Seiten spritzten. Roisin schmunzelte, dann aß auch sie mit großem Appetit.

Kyndra setzte sich auf den zweiten Schemel und wartete, bis Roisin den letzten Rest Suppe mit dem Brot aus der Schale gewischt hatte, dann sagte sie: »Also, wer bist du und was willst du wirklich hier? Bisher war ich freundlich zu dir. Wenn du aber weiter lügst, kann ich auch anders.«

»Es ist wirklich wahr«, erwiderte Roisin. »Oben in den Bergen trafen Lady Elisabeth, ihr Bruder Sir Bailan, ein weiterer Ritter mit Namen Alan und dessen Begleiter, der auf den Namen Rob hört, aufeinander. Lady Elizabeth sagte, ich könne hier in der Burg oder in der Stadt als Magd arbeiten. Deswegen habe ich sie begleitet. Das ist die Wahrheit! Ich schwöre es bei dem Grab meiner Mutter.« Bei den letzten Worten traten Tränen in Roisins Augen. Schnell blinzelte sie sie fort und sprach weiter: »Nachdem wir im Burghof angekommen waren, gingen die Herrschaften in den Wohnturm. Offenbar haben sie mich vergessen. Schickt doch nach der Lady. Sie wird bestätigen, was ich sage.«

Kyndra stützte die Ellenbogen auf den Tisch, faltete die Hände und legte ihr Kinn darauf. Der Blick aus ihren wasserhellen Augen war skeptisch, aber nicht unfreundlich.

»Man schickt nicht einfach nach einer Hofdame der Königin«, sagte sie.

»Lady Elizabeth ist Hofdame?«, fragte Roisin überrascht.

Kyndra nickte. »Du willst also als Magd arbeiten«, stellte sie fest. »Eine Magd muss fest anpacken können. Wie willst du das machen? Das ist harte, körperliche Arbeit.«

Roisin drückte den Rücken durch und streckte das Kinn vor. »Seit ich denken kann, habe ich meinen Eltern den Haushalt geführt«, sagte sie mit fester, entschlossener Stimme. »Als mein Vater krank wurde und das Bett nicht mehr verlassen konnte, habe ich ihn gepflegt. Zusätzlich habe ich mich um den Säugling meines Bruders gekümmert. Von Sonnenaufgang bis zum Abend habe ich geputzt, gekocht und die Wäsche gewaschen.« Und in den Nächten habe ich noch viel mehr gearbeitet, dachte Roisin. »Mein Bein mag lahm sein, meine Schritte langsamer als die von Gesunden – was harte Arbeit bedeutet, weiß ich sehr wohl.«

Von Roisins gut gewählten Worten war Kyndra beeindruckt. »Du scheinst auch was im Köpfchen zu haben«, entgegnete die Frau. Sie seufzte. »Heute Abend werden wir nichts mehr ausrichten können. Du und die Kreatur, die du als Hund bezeichnest, könnt im Stall schlafen. Morgen früh werde ich versuchen, mit Lady Elizabeth zu sprechen.« Kyndra runzelte die Stirn und seufzte ein weiteres Mal. »Auf den ersten Blick scheint die Burg ein geschützter Hort zu sein«, erklärte sie. »Trotzdem müssen wir vorsichtig sein. Das Königspaar ist hier nicht sicher. Obwohl die Rebellion niedergeschlagen wurde, kann der König niemandem vertrauen. Unter den Walisern sind viele Aufständische, die mit allen Mitteln versuchen, in die Burg einzudringen. Denen ist keine List fremd.«

»Ich bin keine Spionin der Feinde.« Roisin sprang auf. »Es war ein Fehler, nach Caernarvon zu kommen. Eigentlich wollte ich meine Verwandten aufsuchen. Und dahin gehe ich jetzt auch. Am besten sofort!«

Gemächlich stand Kyndra auf, legte eine Hand auf Roisins Schulter und sagte beruhigend: »Du wirst diese Nacht hierbleiben, morgen sehen wir weiter. Keinesfalls schicke ich eine lahme Frau mitten in der Nacht fort.«

Roisin schluckte trocken. Die Vorstellung, bei Dunkelheit den sicheren Hort der Burg verlassen zu müssen, war alles andere als verlockend. Sie senkte den Kopf und sagte leise: »Ich danke Euch. Ihr werdet sehen: Morgen klärt sich alles auf. Sollte ich gelogen haben, könnt Ihr mich immer noch der Burg verweisen.«

Ein halbwüchsiger Junge mit wirrem, rötlichem Haarschopf stolperte in die Küche. Er trug ein schlichtes, braunes Wams aus gutem Stoff und helle Beinlinge. In einer Hand hielt er eine Fackel.

»Ist hier eine gewisse Roisin?«, rief er mit einer piepsenden Stimme, die auf seinen Stimmbruch hinwies.

»Das bin ich.« Roisin trat auf den Jungen zu.

»Na endlich«, murrte er. »Ich habe schon alles abgesucht.«

»Was willst du von ihr?«, fragte Kyndra.

»Lady Elisabeth schickt mich«, antwortete der Bursche. »Die da«, er deutete auf Roisin, »soll morgen zum Frühstück in die Halle hochkommen. Mylady möchte mir ihr sprechen.«

Der Junge machte kehrt und eilte ohne einen Abschiedsgruß aus dem Raum.

»Glaubt Ihr mir jetzt?«, fragte Roisin mit einem triumphierenden Lächeln.

»In diesen Tagen kann man nicht vorsichtig genug sein«, brummte Kyndra. »In dem Aufzug kannst du aber nicht in der Halle erscheinen. Du musst dich waschen.«

»Das würde ich sehr gern«, erwiderte Roisin. »Aber ein anderes Kleid habe ich nicht.«

»Komm, ich zeige dir jetzt, wo du schlafen kannst. Morgen bei Sonnenaufgang kümmern wir uns um den Rest.«

Roisin verstand durchaus, dass man Fremden gegenüber skeptisch war. Sie wusste nicht viel von dem, was ihr Bruder und dessen Freund Nate ausheckten. Mehr als einmal hatte Edward angedeutet, er würde mithelfen, die Engländer aus

Wales wieder zu vertreiben. Und Edward ging in der Burg ein und aus …

Sie konzentrierte sich wieder auf Kyndra und sagte: »Ihr seid sehr freundlich zu mir.«

»Will nur keinen Ärger bekommen. Lady Elizabeth ist sehr beliebt, ebenso ihr Bruder. Ich gebe dir den guten Rat: Stell dich gut mit ihr, dann kannst du hier ein angenehmes Leben führen.«

Nichts anderes hatte Roisin vor. Wobei sie immer noch unentschlossen war, ob sie in Caernarvon bleiben sollte. Unweigerlich würde sie früher oder später auf ihren Bruder treffen.

Roisin blieb auf der Schwelle stehen und hielt für einen Moment lang die Luft an. Vor ihr öffnete sich eine Halle, wie sie sie nie zuvor gesehen hatte. Der Raum nahm die gesamte Fläche des Wohnturmes ein und reichte zwei Stockwerke in die Höhe. An zwei Seiten befanden sich so große Kamine, dass in ihnen gut und gern vier erwachsene Männer nebeneinander aufrecht stehen konnten. In drei Ecken führten steinerne Wendeltreppen nach oben. Aus den Erzählungen des Vaters vom Bau der Burg in Conwy wusste Roisin, dass die Treppen zu den Wohnräumen des Königspaares und hochgestellter Adliger führten. Die Ritter, deren Knappen und Bedienstete nächtigten auf dem Fußboden der Halle, der mit einer dicken, sauberen Schicht aus Stroh bedeckt war.

Dem Eingang gegenüber, direkt vor einem Kamin, in dem Flammen loderten, stand ein langer Tisch mit hochlehnigen Stühlen auf einem Podium. Hufeisenförmig schlossen sich weitere Tische an, an denen schlicht gezimmerte Bänke standen. Hier saßen Männer und Frauen bunt durcheinander und löffelten Brei aus hölzernen Schalen. Alle waren sie schlicht, aber gut gekleidet, und sie schwatzten und lachten unbeschwert miteinander. Roisin hörte auch fremdländische Wörter. Sie vermutete, dass hier noch vereinzelt Französisch gesprochen wurde.

Nervös strich sie mit den Händen über ihren Rock. Noch vor Sonnenaufgang hatte Kyndra sie an ihrem Schlafplatz oberhalb eines Schweinekobens geweckt und im Dämmerlicht zu einem Brunnen hinter dem Gebäude geführt. Dort hatte sich Roisin nackt ausziehen – zu der frühen Stunde kam hier niemand vorbei – und sich mit einer Bürste von oben bis unten abschrubben müssen. Das eiskalte Wasser belebte Roisin, und sie war froh, sich wieder richtig waschen zu können. Dann hatte ihr Kyndra ein Unterkleid aus grob gewebter Wolle über den Kopf gestreift. Darüber kam ein leinenes, graues Gewand, das in der Taille mit einem schmalen, schwarzen Ledergürtel ohne Zierrat zusammengehalten wurde. Mit einem Kamm fuhr Kyndra durch Roisins Haare. Das hatte furchtbar geziept, aber kein Laut war über ihre Lippen gekommen. Eine helle Haube verbarg dann ihr Haar vollständig.

»Deine Schuhe kannst du anbehalten«, hatte Kyndra abschließend gesagt. »Sie sind sauber und noch einigermaßen gut.«

Jetzt stand Roisin in der Halle, dem Herzstück der Burg. Unschlüssig sah sie sich um. Unter den rund zwei Dutzend Anwesenden befanden sich weder Lady Elizabeth, ihr Bruder, Sir Alan oder der Bursche.

»Bist du Roisin?«, sagte plötzlich eine Stimme hinter ihr. Sie fuhr herum und nickte. Der Sprecher war ähnlich gekleidet wie der Bursche am Vorabend, nur deutlich älter. »Komm mit!«, forderte er sie auf.

Hinter dem Mann durchquerte Roisin die Halle. Sie stiegen die rechte Wendeltreppe hinauf. Wie überall in der Burg waren die Steine von heller Farbe und die Stufen noch nicht in der Mitte ausgetreten. Wie auch, dachte Roisin, älter als drei oder vier Jahre kann die Treppe nicht sein. Ob Edward und zuvor der Vater auch hier mitgearbeitet hatten?

Zu weiteren Überlegungen kam Roisin nicht, da der Mann jetzt eine niedrige Tür öffnete.

»Das Weib, Mylady!«

Roisin betrat eine Kammer. Durch ein großes Rundbogenfenster fiel helles Licht. Mit einem schnellen Blick erkannte Roisin ein breites Bett mit gedrechselten Pfosten, Vorhängen und einem Baldachin aus hellgrünem Stoff. Ein Tisch, zwei Stühle und eine Truhe vervollständigten die Einrichtung des kleinen Raums. Der Dielenboden war ebenso bloß wie die steinernen Wände.

Von dem gepolsterten Sitz in der Fensternische erhob sich Lady Elizabeth.

»Ah, da bist du ja.« Sie winkte Roisin, näher zu kommen. »Wie ich sehe, hat man sich um dich gekümmert. Du bist gewaschen und trägst ein sauberes Gewand.«

Roisin knickste. »Die Frau aus der Hofküche nahm sich meiner an. Ihr Name ist Kyndra.«

»Gestern Abend habe ich Ihrer Majestät von dir erzählt«, fuhr Lady Elizabeth fort. Sie lächelte spitzbübisch. »Königin Margarete wollte natürlich alles über mein kleines Erlebnis wissen. Ich erwähnte, mein Leben habe ich einer jungen Frau zu verdanken, die, obwohl aus dem einfachen Volk, lesen und schreiben kann.«

»Das war sehr freundlich, Mylady«, sagte Roisin. »Ihr meintet, ich könne in dieser Burg als Magd arbeiten.«

»Ach was!« Mit glockenheller Stimme lachte Lady Elizabeth lauf auf. »Was für eine unsinnige Vorstellung! Du kannst doch keine Magd sein.«

Roisin verbarg ihre Enttäuschung. Sie hätte es wissen müssen: Die hohen Herrschaften versprachen schnell etwas, wovon sie tags darauf nichts mehr wissen wollten. Kyndra hatte recht behalten: Eine verkrüppelte Magd war ohne Bedeutung. »Warum habt Ihr mich rufen lassen, Mylady?«, fragte Roisin die Lady und sich selbst in Gedanken, ob sie das neue, schöne Gewand wohl behalten durfte, wenn sie die Stadt wieder verlassen musste. »Wenn es keine Arbeit für mich gibt, werde ich zu meinen Verwandten gehen. Am besten breche ich gleich auf, denn am großen Berg fällt frühzeitig der Schnee.«

»Ich sagte nicht, dass du hier nicht arbeiten kannst«, bemerkte Lady Elizabeth. »Dreh dich im Kreis«, forderte sie. Diese tat wie geheißen, verunsichert, was das Verhalten der Lady zu bedeuten hatte. Offenbar gefiel ihr, was sie sah, dann sie sagte: »Komm, ich bringe dich zur Königin.«

»Zur Königin?« Der Schrecken fuhr Roisin durch alle Glieder.

»Ja, sicher.« Lady Elizabeth nickte. »Ach, habe ich es nicht gesagt? Ihre Majestät möchte, dass du ihr vorliest. Vielleicht auch hin und wieder etwas für sie aufschreibst. Sie selbst kann es nämlich nicht. Das erledigt dann ein Mönch für sie. Manchmal jedoch«, sie zwinkerte Roisin vertraulich zu, »möchte eine Frau Dinge aufs Pergament bringen, die nicht für die Ohren eines Geistlichen gedacht sind.«

»Ich soll für die Königin arbeiten?«

»Ja, wenn sie dich mag. Vor einiger Zeit bat sie mich, nach einer geeigneten Frau Ausschau zu halten. Nebenbei bemerkt, werde auch ich deine Dienste in Anspruch nehmen.« Ein erneutes Zwinkern und sie fügte hinzu: »Und die eine oder andere Dame am Hof ebenfalls.«

Roisins Mund war trocken. Auf dem Tisch standen zwar ein Krug und zwei Becher, sie wagte aber nicht, um etwas zum Trinken zu bitten. Über die Wendeltreppe stiegen sie und Lady Elizabeth ein Stockwerk hinauf. Die Edeldame klopfte gegen eine Tür, öffnete sie und rief: »Majestät, ich bringe Euch die besagte Frau.«

16.

Dies hier sind vierzehn«, sagte Roisin und reihte die Haselnüsse auf der Tischplatte nebeneinander auf. »Wie viele Nüsse müsst Ihr hinzufügen, um fünfundzwanzig zu erhalten?«

Königin Margarete griff mit ihren langen, schmalen Fingern in den Sack, nahm eine Handvoll Nüsse und betrachtete sie nachdenklich.

»Das ist schwer«, sagte sie. »Bisher waren deine Aufgaben einfacher.«

Gelassen erwiderte Roisin: »Ihr sollt ja auch Fortschritte machen, Majestät. Bis zwanzig könnt Ihr inzwischen rechnen, jetzt kommen die höheren Zahlen ins Spiel.« Die Königin runzelte die Stirn, dann zählte sie einige Nüsse ab und legte sie zu den anderen. Sie sah Roisin erwartungsvoll an. Ihr Blick aus den hellblauen Augen glich dem eines Kindes, das auf ein Lob der Mutter wartet. »Eure und meine Nüsse zusammen ergeben leider nur zweiundzwanzig.« Roisin nahm drei weitere Haselnüsse und legte sie zu den anderen. »Zu vierzehn müsst Ihr elf hinzufügen, um fünfundzwanzig zu erhalten, Majestät.«

»Ich werde das nie lernen.« Die Königin seufzte.

»Das stimmt nicht, Majestät«, widersprach Roisin voller Ernst. »In den letzten drei Wochen habt Ihr gelernt, mehr als Euren Namen zu schreiben, Ihr könnt einfache Texte in der englischen Sprache lesen, und Ihr habt viele Rechenaufgaben gelöst.«

Margaretes Mundwinkel hoben sich. »Manchmal ist es zwar mühsam, aber es macht auch Spaß. Dem Hofschreiber missfällt mein Lerneifer.« Sie zwinkerte Roisin regelrecht verschwörerisch zu. »Der gute Mann fürchtet um seine Stellung.« Roisin nickte verstehend. Es war üblich, dass ein Gelehrter die Korrespondenz für das Herrscherpaar erledigte. Auch viele Adlige hielten sich einen eigenen Schreiber. Oft handelte es sich um Mönche, die neben der englischen auch die lateinische Sprache beherrschten. Jetzt griff die Königin nach einem schweren Bleisiegel und zertrümmerte mit ihm eine der Nüsse. »Jetzt habe ich keine Lust mehr. Wir machen mit den Nüssen das, wofür sie von Gott geschaffen wurden.«

Margarete steckte sich den Kern in den Mund und kaute genüsslich. Auch Roisin ließ sich ein paar Nüsse schmecken.

»Soll ich Euch noch etwas vorlesen?«, fragte Roisin, nachdem sie geschluckt hatte.

»Heute nicht mehr«, antwortete die Königin. »Es wird ohnehin bald dunkel. Ach, hier oben im Norden sind die Tage so schrecklich kurz.«

»Ist es in London um diese Jahreszeit denn heller?«, fragte Roisin.

»Eigentlich nicht. Im Dezember mangelt es eben an Sonnenlicht. Ich bin überrascht, dass noch kein Schnee gefallen ist. Letztes Jahr zum Christfest lag London unter einer dichten Schneedecke.«

»Am Meer schneit es selten«, erklärte Roisin. »In den Bergen, wo ich geboren wurde, liegt oft schon im Oktober Schnee, und er weicht nicht vor April.«

»Ich mag keinen Schnee. Mir ist der Sommer lieber.«

Ein weiteres Mal wirkte Margarete von Frankreich, die zweite Ehefrau des englischen Königs Edward I., wie ein

Mädchen. Ihre Gestalt war klein und zierlich. Die Königin reichte Roisin nur bis zur Schulter. Mochte Margarete auf den ersten Blick schüchtern, beinahe naiv wirken, hinter ihrer Stirn befand sich ein aufgeweckter, klarer Verstand. Obwohl sie die Tochter des früheren französischen Königs Philipp III. war, wurde bei Margaretes Erziehung offensichtlich kein Wert auf Lesen, Schreiben und Rechnen gelegt. Schon bei ihrer Geburt war beschlossen worden, dass sie eines Tages einen König oder zumindest einen sehr hochstehenden Adligen heiraten würde. Da war Bildung nicht notwendig. Es gab viele Edelmänner und Ritter, die selbst nicht lesen konnten. Keinesfalls durfte ein Weib ihren Ehemann an Intelligenz überflügeln.

Binnen weniger Tage hatte Roisins Leben eine absolute Kehrtwendung genommen. Zunächst war sie ängstlich gewesen, der Königin zu dienen. Aber bereits am zweiten Tag in Margaretes Gesellschaft hatte sie festgestellt, dass die Herrscherin eine ganz normale junge Frau war. Sie mochte Musik und Gesang mehr als die Arbeit am Stickrahmen. Am Hof gab es viele Bücher, verfasst von Männern, deren zum Teil ausländisch klingende Namen Roisin noch nie gehört hatte. Sie mochte die Verse von Layamon über die Geschichte Englands. Besonders die Texte über einen sagenhaften König mit Namen Artus hatten es Roisin angetan. Der Poet, der sich selbst als Priester bezeichnete, nie aber die geistliche Weihe empfangen hatte, schrieb in englischer Sprache. Ein Novum, denn die meisten verfassten ihre Texte in Französisch oder ließen immer wieder fremdsprachige Wörter einfließen.

Bereits nach drei Tagen wagte es Roisin, der Königin vorzuschlagen, selbst das Lesen zu erlernen. Margarete hatte begeistert zugestimmt und es auch ihren Hofdamen angeboten. Aber nur eine, Lady Bourton, eine ältere Dame, ließ sich überzeugen.

»Warum sollte ich das können?«, hatte Lady Elizabeth lachend gesagt. »Ich würde meinem Bruder und Sir Alan jeden Spaß verderben, wenn sie mir keine wohlklingenden Verse mehr vorlesen könnten.«

Es überraschte Roisin nicht, dass Bailan Aldington lesen und schreiben konnte. Sie sah ihn regelmäßig, denn er ging bei der Königin ein und aus. Seine Verehrung für die zierliche junge Frau war in seinen Blicken deutlich zu erkennen. An den Abenden, wenn sie in der großen Halle beim Mahl saßen, blickte Sir Bailan immer wieder zum Königspaar, während Sir Alan seine Blicke nicht von Lady Elizabeth löste. Ihr schenkte keiner der Männer Aufmerksamkeit. Roisins Platz war am unteren Ende der Tafel, was sie begrüßte. Wegen des Hinkens fiel sie sowieso auf. Seit es allgemein bekannt war, dass sie täglich mit Königin Margarete zusammen war, hatte jedoch niemand mehr eine abfällige Bemerkung geäußert, zumindest nicht in ihrer Gegenwart.

Roisin besaß jetzt zwei Gewänder, beide aus dunkler Wolle, und einen festen, warmen Umhang. Von Lady Elizabeth hatte sie ein Paar Schuhe aus Kalbsleder bekommen, die noch einwandfrei waren. Bei Sonnenaufgang wurde das Morgenmahl in der Halle aufgetragen, nach dem Dunkelwerden das Abendessen. Selbst für die niedrigen Angestellten, zu denen Roisin gehörte, gab es mehrmals in der Woche Fleisch- und Fischspeisen. Gesottenes Kaninchen, gebratene Hühner und Schweinespeck ebenso wie fast immer kleine, mit Honig gesüßte Kuchen und kandierte Früchte. Zum Trinken wurde mit Wasser verdünntes Bier gereicht, das in der Burg gebraut wurde. Der Wein, der in langen, dünnen Lederschläuchen aufbewahrt wurde, war allerdings den edlen Damen und Herren vorbehalten. Der König langte kräftig zu. Trotz seines fortgeschrittenen Alters war er von schlanker Statur. Mit über sechs Fuß überragte er alle Männer am Hof, auch den ebenfalls hochgewachsenen Bailan Aldington. Margarete hingegen pickte in ihrem Essen herum wie ein Vögelchen und nippte nur an ihrem Weinkelch. Roisin hatte den Eindruck, die vielen Leute schüchterten sie ein.

Jeden Abend, wenn Roisin sich zum Schlafen zurückzog, fühlte sie sich wie im Paradies. Die kleine Kammer unter dem Dach teilte sie sich mit drei Hofdamen. Sie waren freundlich, und keine von ihnen machte eine Anspielung auf Roisins Gehbehinderung. Zum ersten Mal in ihrem Leben schlief Roisin in einem richtigen Bett mit einer dicken, weichen Matratze, die Decken und Kissen waren mit flauschigen Daunenfedern gefüllt.

Die anfängliche Furcht, ihrem Bruder zu begegnen, hatte Roisin abgelegt. In wenigen Tagen war Weihnachten, da war der Bruder auf jeden Fall zu Hause. Da sie die Burg nicht verließ, hatte sie bisher auch Seth Corris nicht gesehen. Wie in Conwy lebten in Caernarvon die Handwerker außerhalb der Stadtmauern. Roisin wagte es nicht, Erkundigungen einzuziehen, wie es ihrer Familie in Conwy erging. Das Befinden von Lavinda und Melyn konnte ihr egal sein. Auch ihrem Bruder weinte sie keine Träne nach. Seit Rhys Dylans Tod hatte Edward eine Seite gezeigt, die sie zunächst erstaunt und dann abgestoßen hatte. Auch Edward hatte sie behandelt wie eine Magd und keine Dankbarkeit mehr gezeigt. Aber sie sorgte sich um Ellis. Den Jungen hatte sie wie ein eigenes Kind lieb gehabt. Roisin dachte auch an Gereth, den kleinen Sohn von Rhys Dylan, der nun ein Waisenknabe war. Rhys hatte erwähnt, eine Base kümmere sich um den Jungen, wenn er auf Reisen war. Sie hoffte, dass Gereth bei der Dame ein gutes und liebevolles Zuhause gefunden hatte. Als Rhys am Tag, der ihr Hochzeitstag hatte sein sollen, getötet worden war, hatte sie nicht gewusst, wie es weitergehen sollte. An seiner Seite wäre es ein völlig anderes Leben gewesen. Nun führte sie ein neues Leben – auf eine Art und unter Umständen, die sie sich nie hatte vorstellen können.

Regelmäßig suchte Roisin die Hofküche auf, um Kyndra und Jack zu besuchen. Im Wohnturm und in den Schlafzimmern war der Hund nicht geduldet, aber schnell schlich sich Jack in die Herzen der Knechte und Handwerker, die im Hof ihre Hütten hatten. Wenn er Roisin sah, bellte er freudig und sprang an ihr hoch. Nachdem sie seinen Kopf gekrault hatte, verlor er schnell das Interesse und lief davon. Jack ging es also bestens.

Immer wieder überlegte Roisin, was sein würde, wenn der König und die Königin nach London zurückkehrten. Vor dem Frühjahr war es nicht möglich. Davor waren die Wege für den großen Tross des Hofes nicht befahrbar. Sie wusste nicht, ob sie dann weiterhin in der Burg bleiben konnte. In der stetig wachsenden Stadt gab es sicher die Möglichkeit, als Magd zu arbeiten. Den Gedanken, die Verwandten in den Bergen, von denen sie nicht mal wusste, ob sie noch am Leben waren, aufzusuchen, hatte Roisin verworfen. Ein verwegener Gedanke schoss durch ihren Kopf. Vielleicht würde Lady Elizabeth oder sogar die Königin selbst sie auffordern, sie nach London zu begleiten? Nach allem, was Roisin gehört hatte, musste London eine Stadt riesigen Ausmaßes sein, in der so viele Menschen lebten, die selbst sie nicht würde zählen können. Es gab Kirchen, in denen Hunderte Platz fanden, mit Kirchtürmen, die bis in den Himmel hinauf reichten, und Paläste, deren prachtvolle Ausstattung sich Roisin selbst bei der ausführlichsten Beschreibung kaum vorstellen konnte.

Nachdem die Königin von den Haselnüssen genug hatte, verließ Roisin den Wohnturm. Heute pfiff ein heftiger Wind durch den Innenhof. Für die Jahreszeit war er aber angenehm mild. Sie schlenderte zum großen Tor. Die Zugbrücke war herabgelassen, das Tor wurde jedoch von sechs Männern in leichten Rüstungen bewacht. Vier standen an den Seiten, zwei saßen auf einer Holzbank und unterhielten sich miteinander. Roisin konnte ungehindert passieren. Unterhalb des Tores legte sie den Kopf in den Nacken und sah zu dem Sturz hoch. Die Gesichter der Heiligen wirkten, als würden sie jeden Moment anfangen zu sprechen. Gegen den Stolz, der Roisin erfüllte, konnte sie nichts ausrichten. Sie wollte es auch nicht. Niemand würde jemals erfahren, wer die Figuren angefertigt hatte.

Mutig geworden, schlenderte Roisin der Stadt zu. Sie wusste nicht, ob Lady Elizabeth und die Königin sie tadeln würden, wenn sie allein die Burg verließ. Eine entsprechende Anweisung hatte Roisin nicht erhalten. Sie wollte sich nur kurze Zeit in der Stadt umsehen. Täglich konnte das Wetter umschlagen und ein Verlassen der beheizten Wohnräume unmöglich machen.

»Ich hoffe, du hast genügend Skizzen angefertigt«, hörte Roisin eine barsche Stimme hinter sich. »Es ist meine Chance zu zeigen, dass wir keinen dahergelaufenen Steinmetzen aus Conwy brauchen, um unsere Burg so auszuschmücken, wie es einem König gebührt.«

Roisin bleib stehen und drehte sich um. Zwei mittelgroße Männer eilten an ihr vorbei, ohne sie zu beachten. Beim älteren schauten keine Haare unter der flachen Kappe hervor, ein dichter, grauer Bart verbarg den größten Teil seines Gesichtes. Der andere war deutlich jünger, mit weißblondem Haupthaar, hellem Flaum auf den Wangen und einer schlaksigen Statur.

»Der Steinmetz ist aber außergewöhnlich gut«, sagte der Jüngere. Seine Stimme wirkte verunsichert. »Onkel Sam, ich weiß nicht, ob …«

Weiter kam er nicht. Der Ältere hieb ihm so heftig in die

Seite, dass der Junge für einen Moment in sich zusammensackte und keuchte.

»Du sollst mich nicht so nennen!«, sagte der Mann zischend. »Ich mag zwar der Vetter deines Vaters sein, Gott hab' ihn selig, aber hier bin ich Meister Green. Auch für dich. Verstanden?«

»Ja, Meister Green«, presste der junge Mann nach Luft japsend hervor.

»Hat man je davon gehört«, fuhr der Ältere mit einem grimmigen Gesichtsausdruck fort, »dass ein Grünschnabel Zunftmeister wird? Dieser Talwyn mag in Conwy die Steinmetze zur Seite drängen – hier in Caernarvon habe immer noch ich das Sagen! Mögen seine Figuren noch so gut gefertigt sein.«

Die Männer entfernten sich schnellen Schrittes. Roisin konnte nicht mehr verstehen, was der Blonde seinem Onkel antwortete.

Es war nur eine Frage der Zeit, dachte sie, bis ich mit Edward konfrontiert werde. Zwar nicht persönlich, es war nicht anzunehmen, dass der Bruder über die Weihnachtszeit an den Königshof kommen würde, aber seine Arbeiten waren hier allgegenwärtig. Einem plötzlichen Entschluss folgend, ging Roisin den Männern nach. Sie hatte zwar Mühe, sie nicht aus den Augen zu verlieren, aber ihr Weg war nicht weit. In einer Gasse betraten sie ein niedriges Steinhaus. Roisin wartete an der Ecke. Warum und wieso – das konnte sie sich nicht erklären. Das Vernünftigste wäre, sofort in die Burg zurückzukehren, zumal es bereits dämmrig war. Nicht mehr lange und die Dunkelheit lag über der Stadt.

Roisin wollte gerade den Rückweg antreten, als der Ältere das Haus verließ und in entgegengesetzter Richtung davonging. Kurz darauf hörte Roisin ein ihr wohlbekanntes Geräusch. Interessiert näherte sie sich der niedrigen Tür, die nur angelehnt war, und spähte durch den Spalt. Sie hatte sich nicht getäuscht. Der schlaksige Junge saß an einer Werkbank und bearbeitete einen kleineren Block aus Sandstein. Licht spendeten ihm zwei hell brennende Öllampen. Mit dem Krumpholz spaltete der Junge jetzt etwa ein Viertel des Steines ab.

Roisin drückte die Tür weiter auf. Sie knarrte in den Angeln.

Der Junge sah auf. »Wer ist da?«

Roisin trat einen Schritt vor. »Verzeih, ich wollte dich nicht erschrecken.«

»Wenn Ihr zu Meister Green möchtet«, erwiderte der Junge, »er ist fortgegangen.« Sein Blick glitt über Roisins Mantel aus dunklem Samt. »Gehört Ihr zum Hof?«

Roisin nickte. »Ich kam zufällig vorbei und sah durch die offene Tür, wie du den Stein bearbeitest. Meine Neugier trieb mich, hereinzusehen. Mein Vater war nämlich auch Steinmetz. Das Geräusch des Krumpholzes erinnert mich an ihn.«

»Ich bin noch kein Steinmetz«, sagte der Blonde. »Bei Meister Green gehe ich in die Lehre. Wie es aussieht, noch viele Jahre.«

Roisin wollte nicht verraten, dass sie mitbekommen hatte, dass Meister Green der Onkel des jungen Mannes war.

»Du bist noch jung«, sagte Roisin. »Das Steinmetzen erfordert viel Fleiß und Geduld.«

»Fleiß, Geduld und auch Begabung.« Er seufzte. »Ich fürchte, an Letzterem mangelt es mir. Mein Vater wollte, dass ich den ehrenwerten Beruf des Steinmetzes erlerne. Er war nur ein einfacher Bauer. Was unsere Felder einbrachten, war zum Leben zu wenig und zum Sterben zu viel.«

»Ein Steinmetz kann es durchaus zu einem gewissen Wohlstand bringen«, stimmte Roisin zu. »Ich habe die Figuren der Heiligen am Burgtor bewundert«, wechselte sie das

Thema mit einer Unschuldsmiene. »Wer hat sie gefertigt? Euer Meister?«

Der junge Mann lachte mit einem bitteren Unterton. »Die Figuren und zahlreiche andere Arbeiten in der Burg entstammen den geschickten Fingern eines Steinmetzes aus Conwy. Im ganzen Norden von Wales gilt er als Meister seines Faches.« Roisins Herz schlug schneller. Geschickt verbarg sie ihre Aufregung. Unbedarft sprach der Junge weiter: »Sein Name ist Edward Talwyn. Er lebt in Conwy und kam früher nur alle paar Wochen nach Caernarvon, um die bereits fertigen Skulpturen hier anzubringen. Das ist recht seltsam.« Der Junge runzelte die Stirn. »Üblicherweise arbeiten die Handwerker immer direkt auf den Baustellen. Dieser Talwyn war aber so gut, dass ihm die Ausnahme gewährt wurde.«

»Ich verstehe«, erwiderte Roisin. »Du fürchtest, mit dem Steinmetz nicht mithalten zu können, nicht wahr? Nun, er ist auch älter als du …«

»Es ist keine Frage des Alters«, unterbrach der Junge schroff. »Das Steinmetzen ist mehr als ein Handwerk. Es ist eine Kunst. Entweder man hat das Talent dafür, oder man hat es nicht. Selbst Meister Green bringt es nicht fertig, auch nur annährend Gesichter in der Art, wie Talwyn sie macht, herzustellen. Nun jedoch ist der Mann seit Wochen ausgeblieben. Es heißt, er sei erkrankt, vor dem Frühjahr ist nicht wieder mit ihm zu rechnen. Mein Meister will die Zeit nutzen und zeigen, dass er eine ebenso gute Arbeit fertigbringen kann.«

»Ich hoffe, Meister Talwyn ist nicht ernsthaft erkrankt«, sagte Roisin aufrichtig. Sie vermutete, dass er die Krankheit vorschob, weil sie, Roisin, nicht länger seine Arbeit verrichtete.

»Wie ich hörte, sollen seine Finger von einer Art Lähmung befallen sein«, erklärte der Junge. Er zuckte mit den

Schultern. »Ich wünsche niemandem etwas Schlechtes, aber es wäre wirklich eine Gelegenheit für Meister Green, zum ersten Steinmetz am Hof aufzusteigen. Allerdings fürchte ich, dass meine Fertigkeiten meinem Meister eher schaden als nützen.« Er deutete auf den Steinblock auf dem Tisch und seufzte aus tiefstem Herzen. »Mein Meister möchte, dass ich ein Bubengesicht anfertige. Ich habe keine Ahnung, wie mir das gelingen soll.«

»Ach, das ist gar nicht schwer«, erklärte Roisin leichthin. »Von dem Stein schlägst du einfach alles ab, was nicht nach einem Gesicht aussieht.«

»Hä?«

In Roisins Nacken saß ein Teufelchen, denn nur so ließ es sich erklären, dass sie sagte: »Lass es mich versuchen.«

»Hä?«, wiederholte der Junge verständnislos.

»Wie heißt du?«, fragte Roisin.

»William, man nennt mich Bill.«

»Steh auf, Bill.« Der Junge war so perplex, dass er seinen Platz räumte und Roisin sich an den Tisch setzen konnte. »Zünde bitte noch eine Lampe an. Ich brauche mehr Licht.«

Während Bill der Aufforderung nachkam, atmete Roisin den Geruch des Steines tief ein. Die meisten Menschen glaubten, Steine hätten keinen Geruch, dabei roch ein Sandstein völlig anders als ein Granit oder Kalkstein. Für Roisin war es der köstlichste Duft der Welt. Sie nahm einen kleinen Knüpfel in die rechte Hand, mit der anderen führte sie einen kurzen Flachmeißel. Schnell war aus dem eckigen Stein eine ovale Form geworden, in die sie die Merkmale eines Gesichtes meißelte. Roisin vergaß Raum und Zeit um sich herum. Schlussendlich feilte sie an den Kanten und Ecken. Es war kein Meisterwerk, stellte aber eindeutig das Antlitz eines jungen Mannes dar.

»Wie macht Ihr das?«, fragte Bill. »Und so schnell!«

»Ich habe meinem Vater oft über die Schulter gesehen«, erklärte Roisin. »Glaubst du, der Kopf wird deinem Meister gefallen?«

»Er wird nicht glauben, dass ich ihn gemacht habe.«

»Damit könntest du recht haben.« Roisin sah sich in der Werkstatt um. »Darf ich trotzdem noch eine Figur machen?«

Bill wirkte zwar überaus verunsichert, nahm von einem Bord aber einen Sandstein, der bereits in eine babykopfgroße Form gebracht worden war. Schnell entstand unter Roisins Händen das Gesicht eines jungen Mädchens.

»Jetzt ist es ein Geschwisterpaar«, erklärte sie.

Von draußen drang das Geläut der Kirchenglocke in die Werkstatt.

»Ach herrje, es läutet zur Vesper!« Roisin sprang auf. »Ich dachte nicht, dass es schon so spät ist. Ich muss gehen, Bill.«

Unsicher trat er von einem Fuß auf den anderen. »Ich begleite Euch zur Burg«, schlug er schließlich vor. »Es ist bereits dunkel …«

»Das ist freundlich, aber nicht notwendig. Ich danke dir, Bill. Die Arbeit hat mir große Freude gemacht.«

»Kommt Ihr wieder?«

»Das würde ich sehr gern«, antwortete Roisin. »Dein Meister wird es aber nicht gern sehen, wenn eine Frau in seiner Werkstatt arbeitet.«

»Meister Green ist am Nachmittag immer fort. Ihr könntet doch …« Erwartungsvoll, fast schon flehend, sah Bill sie an. Roisin wusste genau, worum der Junge mit seinem Blick bat.

Hastig schüttelte Roisin den Kopf. »Ich werde keine Arbeiten anfertigen, die du als deine ausgeben kannst«, sagte sie bestimmt. »In einer solchen Lüge liegt nichts Gutes. Früher oder später kommt die Wahrheit ans Licht. Dann verlierst du nicht nur die Lehrstelle, sondern auch die Gunst deines Onkels.« Bills Enttäuschung stand ihm ins Gesicht geschrieben, deswegen fügte Roisin hinzu: »Wenn du möchtest, zeige ich dir, wie du geschickter werden kannst.«

Er nickte, dann hielt er Roisin die Tür auf. Ihr Hinken musste ihm auffallen, als sie an ihm vorbei die Werkstatt verließ. Bill erwähnte es weder mit Worten noch mit Blicken. Der junge Mann war zu verdutzt, wie eine Frau scheinbar mühelos zwei lebensechte Kindergesichter aus dem Stein hatte hauen können.

17.

Das Fest der Geburt Christi wurde am Hof aufwendig gefeiert, allerdings unter Auslassung der alten walisischen Bräuche, die Roisin noch aus ihrer Kindheit kannte. In der Einsamkeit der Berge hatte es niemanden gekümmert, dass sich die Menschen nicht an die Vorgaben der englischen Eroberer gehalten haben.

Roisin waren Sentimentalitäten bisher fremd gewesen. Sie jammerte nicht über verschüttete Milch, dachte nicht traurig an die Vergangenheit, die nicht zu ändern war und fragte sich selten: Was wäre, wenn …

An Weihnachten herrschte jedoch eine andere Stimmung. Roisin musste an das Haus in Conwy denken, an ihren Bruder, an den kleinen Ellis, an Melyn und selbst an ihre Stiefmutter Lavinda. Wie würden sie das Fest begehen? In den letzten Jahren hatte es immer einen fetten Enten- oder Gänsebraten gegeben, da es der Familie finanziell gut gegangen war. Einmal hatte Edward sogar ein kleines Fass roten Wein nach Hause gebracht, der auch Roisin gemundet hatte. Kühl berechnend wusste Roisin, dass ihre Angehörigen bestimmt nicht darben mussten, denn die Ersparnisse würden bis ins Frühjahr hinein ausreichen, sofern Lavinda und Melyn sich nicht pelzverbrämte Umhänge oder goldenen Schmuck gekauft hatten. Wie Edward dann jedoch die Familie ernähren wollte, stand in den Sternen. Vielleicht würden sie Conwy verlassen und in den Süden oder gar nach England gehen. Edward war ein guter Steinmetz, solang er keine filigranen Bordüren und Rosetten, Figuren und Gesichter anfertigen musste. Überall im Land wurde gebaut. Wenn sich Edward bemühte, konnte er wieder Arbeit finden.

Schnell unterdrückte Roisin ein in ihr aufkeimendes Schuldgefühl, die Familie im Stich gelassen zu haben. Wehmut über den Tod von Dylan Rhys ließ sie erst gar nicht aufkommen. Sie hatte ein neues Leben begonnen. Ein Leben, mit dem sie durchaus zufrieden sein konnte. Über die Festtage musste sie der Königin nicht zu Diensten sein. So hatte sie Zeit, Kyndra und die anderen zu besuchen, und verbrachte so manche Plauderstunde in der gemütlichen Hofküche. Da in den Werkstätten über die Feiertage nicht gearbeitet wurde, ging Roisin nicht in die Stadt. Vor Weihnachten war sie noch zweimal bei Bill gewesen und hatte ein paar Kleinigkeiten aus dem Stein gehauen. Roisin lächelte still in sich hinein. Die Geschichte wiederholte sich. Es konnte durchaus sein, dass der Junge die Sachen als die seinigen ausgab, wobei Meister Green sofort erkennen würde, dass es nicht Bills Arbeiten waren.

Als am zweiten Tag des neuen Jahrhunderts die Leute erwachten, lagen die Burg, die Stadt und die Umgebung unter einer Schneeschicht. Da es zwar kalt, aber nicht frostig war, würde die weiße Pracht schnell wieder schwinden.

Roisin ging in den Burghof. Kinder und auch einige Erwachsene formten Schneebälle und bewarfen einander unter lautem Gelächter. Auch Jack tollte durch den Schnee. Roisin konnte nicht widerstehen und beteiligte sich an der ausgelassenen Schneeballschlacht.

Zu ihrer Überraschung gesellte sich Lady Elizabeth zu ihr und rief mit geröteten Wangen: »Das macht Spaß!«

Wo die Dame war, war Sir Alan nicht weit. Schnell waren

die beiden in eine Schneeballschlacht vertieft, in der keiner dem anderen etwas schenkte.

»Roisin, du musst mir helfen!«, forderte Elizabeth sie auf.

Dem kam Roisin gern nach. Jetzt sah sich Sir Alan den Schneebällen zweier Frauen ausgesetzt, wobei Elizabeth entweder eine schlechte Werferin war oder den Ritter absichtlich verschonen wollte, denn keine Kugel traf ihr Ziel. Roisin bückte sich und formte mit beiden Händen einen besonders großen Schneeball, dann drehte sie sich um die eigene Achse und schleuderte ihn mit voller Wucht in die Richtung, in der Sir Alan eben noch gestanden hatte.

»Ja, was soll denn das?«

Es war nicht Lady Elizabeths Ritter, den der Ball direkt am Kinn getroffen hatte, sondern Sir Bailan. Sie biss sich auf die Unterlippe, um nicht laut zu lachen. Da Bailan keinen Schal trug, drang der Schnee von oben in seinen Kragen.

Lady Elizabeth hingegen lachte aus vollem Haus.

»Mach mit, Bruder!«, rief sie. »Es ist ein großer Spaß!«

Bailan zögerte, dann formte auch er einen Schneeball und zielte auf Roisin. Sie wollte ausweichen, strauchelte und fiel rücklings in den Schnee.

»Das soll dir eine Lehre sein«, rief Sir Bailan betont streng, aber mit tanzenden Fältchen in den Augenwinkeln, »einen Ritter des Königs tätlich anzugreifen.«

Für einen Moment schloss Roisin die Augen und blieb liegen. Der Sturz war nicht schmerzhaft gewesen, aber die Situation verwirrte sie zutiefst. War es ein Traum, dass sie – die verkrüppelte Tochter eines Steinmetzes – mit einer Hofdame und zwei Rittern des Königs herumalberte und sie sich wie Kinder verhielten, als stünden sie alle auf einer Ebene? Würde sie gleich erwachen und feststellen, dass sie auf dem harten Lager neben dem Herd lag und Lavinda sie anschrie, weil sie mal wieder nicht schnell genug deren Wünsche erfüllte?

»Geht es dir gut?«

Roisin hob die Lider und sah direkt in Bailan Aldingtons Augen. Sie waren von einem strahlenden Blau, das in Kontrast zu seinem schwarzen Haar stand, und von einem Kranz dunkler Wimpern umgeben. Sein Blick war fragend und besorgt.

»Mir geht es gut«, murmelte sie. Sie fühlte sich eigentümlich verwirrt, was zunahm, als Sir Bailan ihr die Hand reichte, damit sie leichter aufstehen konnte.

»Was ist mit deinem Bein?«, fragte er. »Hast du dir wehgetan?«

Roisin schüttelte den Kopf. Durch einen plötzlichen Kloß im Hals konnte sie nicht antworten.

Lady Elizabeth und Sir Alan schienen von der kleinen Episode nichts mitbekommen zu haben. Sie alberten immer noch herum, schubsten sich gegenseitig und lachten. Sir Bailan runzelte die Stirn, als missbillige er das vertraute Miteinander seiner Schwester und dem Freund. Sir Alan war jung, attraktiv und von edlem Blut. Er wäre ein passender Gemahl für Elizabeth Aldington. Eine Dame geriet schnell in Verruf und wurde für eine Ehe ungeeignet, wenn sie sich zu intensiv mit einem Mann einließ.

Roisin klopfte sich den Schnee vom Rock. Es ging sie nichts an. Lady Elizabeth war zu ihr freundlich gewesen und hatte ihr die Stellung am Hof verschafft, in deren Liebesleben würde sich Roisin bestimmt nicht einmischen.

Sir Bailan wandte sich ab und ging mit weit ausholenden Schritten auf den Wohnturm zu. Offenbar hatte er genug von den kindischen Spielen im Schnee. Sein Gang war leichtfüßig und federnd. Roisin meinte, immer noch die Berührung seiner Hand zu spüren. Sie schluckte und zwang sich zu einem unbeschwerten Lächeln.

Bereits am nächsten Tag zog vom Meer her ein Sturm über das Land, der viel Regen mit sich brachte und den Schnee wieder schmelzen ließ. Der Burghof verwandelte sich in eine Schlammwüste, die Menschen blieben in den Häusern vor den warmen Feuern. Roisin verbrachte viel Zeit bei der Königin, die jedoch ihren Lerneifer verloren hatte. Immer schon blass, waren ihre Wangen nun ungewöhnlich fahl. Sie hatte keinen Appetit, und wenn sie ein paar Bissen aß, musste sie sich kurz darauf übergeben. Die meiste Zeit ruhte Margarete, wollte ihre Hofdamen aber um sich haben.

Als Lady Elizabeth zu Roisin sagte, der König sei in großer Sorge und habe nach einem Arzt geschickt, sagte Roisin lächelnd: »Der Arzt wird das feststellen, was offensichtlich ist.«

Elizabeths Augen weiteten sich ängstlich. »Aber die Königin wird doch wieder gesund? Sie muss nicht sterben?«

»Ich schätze, in ein paar Monaten wird es ihr wieder besser gehen«, antwortete Roisin. »Oft hören die Beschwerden auch nach drei Monaten auf, und die Frauen fühlen sich prächtig.«

Endlich verstand Elizabeth. Ihre Wangen färbten sich blutrot. »Aber … aber der König …«, stammelte sie verlegen. »Er ist doch schon so alt. Wie kann er da noch …«

Roisin lachte schallend. »Der König ist auch nur ein Mann, und bei Männern hört es niemals auf.«

Elizabeth kniff ein Auge zu, mit dem anderen musterte sie Roisin skeptisch. »Woher weißt du darüber so gut Bescheid? Du warst nie verheiratet. Oder hast du schon mal einen Liebsten gehabt?«

»Ich stand kurz vor einer Ehe. Er starb jedoch«, erklärte Roisin knapp. »Im Gegensatz zu Euch, Mylady, bin ich nicht behütet aufgewachsen. Man braucht keinen Liebsten zu haben, um zu wissen, was zwischen Mann und Frau in den Nächten geschieht und welche Folgen es nach sich zieht.« Roisin war geneigt, Elizabeth den guten Rat zu geben, sich nicht näher mit Sir Alan einzulassen, solang sie nicht seine Gemahlin war. Das würde dann doch zu weit führen. »Man sollte einen Kamillensud für die Königin zubereiten«, sagte sie stattdessen. »Den meisten Frauen bringt es bei Erbrechen Linderung.«

Die Nachricht, vom Arzt bestätigt, dass die Königin ein Kind erwartete, verbreitete sich auf der Burg und in der Stadt wie ein Lauffeuer. Wie Lady Elizabeth wunderten sich manche, dass der König mit nunmehr über sechzig Jahren noch mal ein Kind gezeugt hatte. Mit seiner ersten Ehefrau Eleonore von Kastilien hatte er sechzehn Nachkommen, von denen aber einige im Kindesalter gestorben waren. Edward, der Thronfolger, war sogar in der Burg von Caernarvon geboren worden. Der König sah darin ein Zeichen seiner engen Verbindung zwischen Wales und England. Beide Länder waren eins, unbestreitbar vereinigt unter einer Krone und einem König. Roisin wusste jedoch, dass viele Einheimische anderer Ansicht waren. Ihr Bruder hatte nie seine Meinung verhehlt, dass er die Engländer aus dem Land treiben und jeden Verbliebenen am liebsten eigenhändig töten wollte. Roisin hoffte, dass Edwards Gemüt sich inzwischen etwas abgekühlt hatte und er sich nicht in Gefahr begab.

Mitte Januar suchte Roisin wieder die Steinmetzwerkstatt auf. In den vergangenen Wochen hatte Bill ihre gegebenen Ratschläge angenommen und teilweise umgesetzt. Am Feinschliff fehlte es ihm natürlich noch, aber er zeigte sich gelehrig und willig.

»Gestern hat mich Meister Green gelobt«, sagte Bill und zeigte Roisin eine Rosette mit dem mittigen königlichen Wappen. »Er sagte, ich hätte nie zuvor eine so gute Arbeit gemacht. Das habe ich Euch zu verdanken, Miss Roisin.«

Sie winkte ab. »Du kannst zu Recht auf dich stolz sein, Bill.

Wenn du weiterhin fleißig bist, wirst du in zwei, drei Jahren ein guter Steinmetz sein.«

»Das ist noch so lange hin.« Der Junge seufzte. »Mögt Ihr heute wieder etwas machen?«

»Deswegen bin ich gekommen«, antwortete Roisin erfreut. Sie setzte sich an den Tisch, auf dem bereits ein größerer Steinblock aus Sandstein und, fein säuberlich nebeneinander aufgereiht, die Werkzeuge lagen. Meister Green legte Wert auf eine gute Qualität der Gerätschaften. Diese hier waren sogar besser als die, mit denen Roisin zu Hause gearbeitet hatte.

Wie immer vertiefte sie sich in die Arbeit. Heute fertigte sie eine Girlande an, in der sich Rosenstängel mit geöffneten Blüten ineinander verschlangen. Bill stand hinter ihr und beobachtete jeden ihrer Handgriffe.

»Du musst bei den Rundungen eine sehr kleine Feile verwenden«, erklärte Roisin und griff nach dem entsprechenden Werkzeug. »Wisch den Staub auch nie mit einem Tuch fort oder puste, sondern verwende immer den Blasebalg.«

»Das habe ich beherzigt«, erwiderte der Lehrling. »Früher habe ich den Lappen genommen. Obwohl er aus weichem Leder besteht, bröckelte immer wieder etwas Stein ab, wenn ich das Ornament säubern wollte.«

»Was geht hier vor?«

Roisin und Bill fuhren herum. In der Tür stand Sam Green. Seine bullige Gestalt füllte den Türrahmen gänzlich aus, einen zweiten Ausgang gab es nicht. Es war unmöglich für Roisin, fortzulaufen. Es wäre auch sinnlos gewesen, denn trotz seiner Beleibtheit hätte der Meister sie schnell eingeholt.

Langsam stand Roisin auf. »Euer Lehrling hat mir ein paar seiner Arbeiten gezeigt, Meister«, sagte sie ruhig.

»Lügt mich nicht an!«, blaffte Green. »Ich habe lange genug hier gestanden, um zu sehen und zu hören, wie Ihr die Girlande gehauen und dem Jungen Erklärungen gegeben habt.«

»Mein Vater war Steinmetz. Von ihm habe ich ein paar Handgriffe erlernt.«

Green kniff die Augen zusammen. »Dann habt Ihr wohl auch die anderen Figuren gemacht, die der Junge mir gezeigt hat?«, fragte er.

Roisin wollte nicht schwindeln und antwortete ausweichend: »Ich weiß nicht, welche Figuren Bill Euch gezeigt hat.«

Der Meister fuhr zu dem Jungen herum. »Sag die Wahrheit! Wag nicht, mich zu belügen, sonst bekommst du den Knüppel zu spüren.«

Bill wurde dunkelrot. Er senkte den Blick und trat unsicher von einem Fuß auf den anderen. Es war offensichtlich, dass er Angst vor seinem Onkel hatte. Roisin vermutete, dass dem Jungen nicht fremd war, von Green verprügelt zu werden.

»Ja, Meister. Die Miss hat einige Stücke gemacht«, gab er zu. »Darunter die Figur der heiligen Maria.«

»Die Mutter Gottes?« An Greens Stirn schwoll eine Ader an. »Die, die ich in der Burgkapelle hinter dem Altar angebracht habe?«

Bill nickte. »Ich habe nie gesagt, dass ich die Figur gemacht habe«, erwiderte er mit einem Anflug von Trotz in der Stimme.

»Das hast du in der Tat nicht. Wie hätte ich aber ahnen können …?« Sam Green stapfte im Raum auf und ab und knetete nervös seine Finger. Dann blieb er so dicht vor Roisin stehen, dass sie seinen Atem auf ihrem Gesicht spürte. »Ihr seid ein Weib!«, schrie er unvermittelt. »Kein Weibsbild ist in der Lage, die komplexen Vorgänge der Steinmetzkunst auch nur ansatzweise zu begreifen, geschweige denn, sie umzusetzen!« Er nahm die Girlande vom Tisch und hielt sie Roisin unter die Nase. »Diese Filigranarbeit erfordert jahrelange Übung. Ihr lügt, wenn Ihr sagt, dass Ihr Euch eine solche Fertigkeit von Eurem Vater abgesehen habt.«

»Ich lüge nicht.« Roisin straffte die Schultern und sah den wütenden Mann unbeirrt an.

Er hielt ihrem Blick stand, ein Funkeln trat in seine Augen. »Hexerei!«, sagte er ruhig. »Wenn Ihr nicht lügt, dann ist Hexerei im Spiel.« Mit einem Ruck riss er Roisins Haube vom Kopf. Ihr kupferrotes Haar ergoss sich über ihre Schultern. Dann schubste er sie so grob, dass Roisin nach hinten taumelte und mit dem Rücken hart gegen das Regal prallte. Ein Schmerzenslaut kam über ihre Lippen. Mit ausgestrecktem Zeigefinger deutete Green auf ihr Bein. »Das sind die deutlichen Zeichen! Das unanständige rote Haar, und der Teufel selbst hat dir seinen Klumpfuß gegeben.«

Für einen Moment war Roisin geneigt, laut zu lachen. Doch in Greens Blick lag etwas Fanatisches, etwas Böses. Ein kühler Schauer lief ihr über den Rücken.

»Viele Waliser haben rote Haare«, sagte sie leise, in der Hoffnung, den Meister beruhigen zu können. »Und mein Bein ist von Geburt an krumm, weil meine Hüfte verdreht ist.«

»Halt dein schändliches Maul!« Er geiferte jetzt so sehr, dass sich in seinen Mundwinkeln Speichelbläschen bildeten. »Mit deiner Zauberkunst hast du meinen Neffen verhext! Hast den armen, unschuldigen William in deinen Bann gezogen, damit er Dinge vollbringt, wofür er bisher viel zu blöd war.«

»Also, das ist jetzt wirklich lächerlich!« Roisin runzelte verärgert die Stirn. »Ich höre mir Euren Schwachsinn nicht länger an, Meister Green. Was Euren Neffen betrifft: Bill ist ein schlauer und fleißiger Junge. Wenn Ihr Geduld mit ihm habt, wird er eines Tages ein guter Steinmetz werden.«

Roisin wollte an Green vorbei zur Tür gehen, er packte sie aber und hielt sie fest. Wie Stahlklammern umschlossen seine Finger ihren Oberarm.

»Lasst mich sofort los!«, forderte Roisin. Sie sah zu Bill. Der Junge war in eine Ecke gewichen, starrte auf den Boden und zitterte am ganzen Körper. »Bill, sag deinem Onkel, er soll mich gehen lassen.«

Bill druckste herum, dann sagte er zu Roisins Entsetzen: »Vielleicht hat der Meister recht. Es ist nicht natürlich, was Ihr mit dem Stein macht. Keine Frau kann ein besseres Handwerk als ein Mann ausüben. Ihr habt mich mit Euren Worten umgarnt und so getan, als wolltet Ihr mir helfen.«

Green lächelte zufrieden, das fanatische Funkeln in seinen Augen blieb jedoch bestehen. Er verstärkte seinen Griff um Roisins Arm. Sie hatte keine Chance, sich zu befreien.

»Woher wollt Ihr so genau wissen, dass ich eine Hexe sein soll?«, fragte Roisin. Ihre Stimme klang weitaus zuversichtlicher, als ihr zumute war. »Wie vielen seid Ihr bisher begegnet, Meister Green?«

»Ich wurde neben einem Kloster groß«, erklärte er und lächelte verschlagen. »Die Mönche haben uns von klein auf vor Hexen gewarnt und erklärt, woran sie zu erkennen sind. Sie sagten, sie seien überall, und man dürfe sich von ihrem unschuldigen Gebaren nicht blenden lassen. Vor zwei Jahren wurde in Caernarvon eine Hexe aufgehängt. Sie sah dir sehr ähnlich, das gleiche rote Haar, nur hatte sie den Teufelsbuckel anstatt des Klumpfußes.«

»Dann seid Ihr ja wirklich ein Fachmann.«

Roisins Zynismus erreichte Green nicht. Er wandte den Kopf zu seinem Neffen und befahl: »Hol die Wachen, Junge.«

»Ja, hol die Wachen«, wiederholte Roisin zornig. »Sie sollen mich zur Königin bringen. Ihr kommt am besten mit, Meister Green, um sich dem Zorn Ihrer Majestät auszusetzen.«

»Du hast die Königin ebenso verhext«, erwiderte Green eisig. »Kein rothaariges, hinkendes Weibsbild würde ohne Zauberkunst in der Gunst des Hofes stehen. Der König wird wissen, wie mit dir zu verfahren ist. Er ist bestrebt, das Beste für unser Land zu wollen. Mit aufmüpfigen Walisern hat der König alle Hände voll zu tun. Er wird nicht dulden, dass auch noch Hexen seine Autorität untergraben. Na los, Neffe! Worauf wartest du noch?«

Bill warf Roisin einen Blick zu, in dem sich Zweifel mit der Bitte um Verständnis paarten. Dann lief er davon. Roisin war dem Jungen nicht gram. Wenn man sie in die Burg brachte, würde sich schnell alles aufklären. Natürlich musste sie jetzt ihr Geheimnis lüften. Sie wollte es aber abschwächen. Auf keinen Fall sollte der Name Edward Talwyn genannt werden. Denn die Arbeiten, die ihr Bruder angeblich gefertigt hatte, waren von einer solchen Qualität, die man einer Frau wirklich nicht zutrauen konnte.

18.

Der Steinmetzmeister Sam Green musste in der Stadt großes Ansehen genießen. Nur so war es zu erklären, dass sich zwei breitschultrige, kräftige Stadtwachen, ohne zu zögern und ohne Fragen zu stellen, bereit erklärten, Roisin zur Burg zu bringen. Grob drehten sie ihre Arme auf den Rücken und banden ihre Handgelenke mit einem Strick.

»Ihr braucht mich nicht zu fesseln«, sagte Roisin. »Ich werde nicht versuchen zu fliehen.«

Die Wachen beachteten sie nicht. Ein zweiter Strick wurde um ihre Taille geschlungen, sodass sie wie ein Stück Vieh hinter den Männern hergehen musste. Wenn sie strauchelte, weil die Männer sehr schnell gingen, bekam sie einen groben Schlag in den Rücken. Sam Green folgte ihnen. Er hatte alle Figuren und Ornamente, die Roisin gefertigt hatte, in einen Sack gepackt, den er über der Schulter trug. Roisin fühlte sich schrecklich. Zwar glaubte sie keinen Moment, dass der König Sam Greens Anklage, sie sei eine Hexe, in Erwägung ziehen würde, aber derart durch die Straßen gezerrt zu werden, war das Beschämendste, was sie in ihrem Leben bisher hatte erdulden müssen.

Es war bereits dunkel, nur noch wenige Leute waren draußen. Sie warfen der Gruppe verwunderte Blicke zu und suchten dann schnell das Weite. Niemand wollte die Aufmerksamkeit der Stadtwache auf sich ziehen.

Am vorderen Burgtor forderte Green, unverzüglich zum König vorgelassen zu werden. Die beiden Wachposten zögerten kurz, als einer von Roisins Bewachern die Bitte wiederholte und meinte, es ginge um eine Angelegenheit, die das Königreich bedrohe, gab der Wächter den Wink, ihm zu folgen.

Das Königspaar und sein Hofstaat saßen in der großen Halle beim Essen. Wie immer sprachen alle durcheinander, und ein Lautenspieler untermalte die Mahlzeit mit sanften Klängen. An der Tafel auf der rechten Seite saßen Lady Elizabeth, ihr Bruder und Sir Alan. Beim Eintreten des Wachpostens, der Männer der Stadtwache, die Roisin hinter sich herzerrten, und Sam Green wurde es schlagartig so still, dass man eine Nadel hätte fallen hören. Der König legte das Hühnerbein, von dem er gerade hatte abbeißen wollen, auf den Teller, erhob sich halb aus seinem Stuhl und runzelte sie Stirn.

»Was hat das zu bedeuten?«, fragte er. »Wer wagt es, unser Mahl zu stören? Und warum?«

»Roisin!« Die Königin hatte sie gesehen, ihre Augen weiteten sich erschrocken. »Was ist passiert?« Margarete war zwar blass, wirkte aber nicht mehr so kränklich wie noch ein paar Tage zuvor.

Sam Green trat direkt vor den Tisch, dem König gegenüber. »Sire, ich habe eine Anklage vorzubringen«, rief er.

»Eine Anklage gegen wen?«, fragte der König ruhig und setzte sich wieder bequem auf den Stuhl mit der hohen, kunstvoll geschnitzten Rückenlehne.

»Eine Anklage gegen dieses Weib hier.« Green gab der Wache einen Wink. Die Männer stießen Roisin vor. »Ich bezichtige sie der Hexerei. Sie ist mit dem Teufel im Bunde und hat versucht, mich und meinen jungen Neffen zu verzaubern.«

»Roisin? Das ist doch lächerlich!«, rief Königin Margarete. »Wer seid Ihr und warum erhebt Ihr einen solchen Vorwurf?«

»Bitte, schweig.« Der König hob die Hand. »Das ist meine Angelegenheit.«

»Selbstverständlich«, murmelte Margarete und senkte den Blick.

»Also, wer seid Ihr, guter Mann?«, fragte der König.

Green straffte entschlossen die Schultern und antwortete: »Mein Name lautet Sam Green, und ich bin Steinmetzmeister. Einer der führenden Meister dieser Zunft in der Stadt, wohlbemerkt. In allen Räumen hier werdet Ihr Arbeiten finden, die unter meinen Händen entstanden sind, Sire.«

»Gut, gut.« Ungeduldig winkte König Edward ab. »Was habt Ihr mit der Frau zu tun? Ihr erwähntet auch Euren Neffen.«

Selbstbewusst hob Green den Kopf und antwortete: »Vor Wochen schon schlich sich dieses Weib ohne mein Wissen in meine Werkstatt. Sie verdrehte meinem Neffen, einem Jungen von gerade mal sechzehn Jahren, so sehr den Kopf, dass er es zuließ, dass sie aus den kostbaren Steinen Figuren anfertigte. Eine Frau!« Green stöhnte und rollte mit den Augen. Dann öffnete er den Sack, nahm einige Stücke heraus und legte sie vor dem König auf den Tisch. »Seht selbst, Sire! Mein Neffe hat bestätigt, dass das alles von dem Weibsbild gemacht worden ist. Das kann nur mit Zauberei vonstattengehen.«

»Wo ist Euer Neffe?«, fragte Edward. »Warum bestätigt er nicht Eure Vorwürfe?«

»Williams Geist wurde durch die teuflischen Machenschaften der Hexe verwirrt, Sire. Der arme Junge liegt darnieder und weiß kaum, wer er ist.«

»Das ist eine schamlose Lüge!«, rief Roisin empört. »Bill geht es ausgezeichnet.«

»Hm.« Edward griff nach der Skulptur mit dem Gesicht des Jungen, die Roisin angefertigt hatte, und betrachtete sie lange. Dann die des Mädchens. »Es ist eine sehr gute Arbeit«, sagte er langsam. »Was meinst du, meine Gemahlin? Kann dies das Werk einer Frau sein? Wenn ja, ist es wirklich außergewöhnlich.«

Margarete beugte sich vor. »Roisin ist eine außergewöhnliche Frau, mein Gemahl«, sagte sie lächelnd. »Obwohl sie aus armen Verhältnissen stammt, kann sie lesen, schreiben und auch rechnen. In den letzten Wochen hat sie mich unterrichtet. Ihr selbst, Sire, wart überrascht, dass ich inzwischen mehr als nur meinen Namen schreiben kann. Das habe ich Roisin zu verdanken.«

Ein Raunen ging durch die Halle. Niemand aß und trank mehr. Ohne sich umzudrehen, wusste Roisin, dass die Blicke aller auf sie gerichtet waren. Auch die Blicke von Bailan Aldington …

»Ich erinnere mich«, sagte Edward ruhig, »dich in den Gemächern der Königin gesehen zu haben. Sag mir: Stimmen die von Meister Green erhobenen Vorwürfe?«

Roisin streckte ihren Rücken durch und antwortete mit lauter, fester Stimme: »Sie entsprechen der Wahrheit dahingehend, dass ich die Figuren, Ornamente und Girlanden aus dem Stein gehauen habe. Unwahr ist jedoch, dass dabei Zauberei im Spiel ist.«

»Warum tust du es dann?«, fragte Edward. Er musterte Roisin, wirkte aber nicht ungehalten.

»Weil ich es kann.« Kaum waren die Worte über ihre Lippen, hätte sich Roisin ohrfeigen können, wenn ihre Hände nicht auf dem Rücken gefesselt wären.

Gelächter erklang in der Halle, auch der König schmunzelte. »Nun, an Selbstbewusstsein mangelt es dir nicht, Weib. Dein Name ist also Roisin. Und wie weiter? Woher kommst du?«

Bisher war es Roisin gelungen, ihren Nachnamen zu verschweigen. Sie war auch nie nach ihm gefragt worden. Vor dem König, dessen Blick ihr durch und durch ging, konnte sie aber nicht lügen.

»Mein vollständiger Name ist Roisin Talwyn. Bevor ich nach Caernarvon gekommen bin, habe ich in Conwy gelebt.«

»Talwyn?«, rief Sam Green überrascht. »Bist du mit Edward Talwyn, dem Steinmetz aus Conwy, verwandt?«

Roisin drehte den Kopf zu dem Meister. »Er ist mein Bruder«, antwortete sie offen. »Wie ich Euch bereits sagte, war unser Vater Steinmetz.« Sie sah wieder zum König. »Beim Einsturz des Deckengewölbes in der Burg zu Conwy wurde unser Vater schwer verletzt. Er starb dann später.«

»Eine schreckliches Unglück«, murmelte der König. »Einige gute Männer haben dabei ihr Leben gelassen. Aber wieder zu dir, Roisin Talwyn. Deine vorhin gegebene Antwort spricht zwar von Mut, erklärt aber nicht, warum du die Arbeit von Männern tust.«

»Es macht mir Freude«, entgegnete Roisin. Sie spürte, dass König Edward ihr nicht feindlich gesinnt war. »Warum sollte eine Frau nicht auch den Stein bearbeiten können? Für Skulpturen wird keine große Kraft benötigt, im Gegenteil. Man braucht Feingefühl in den Fingern und viel Geduld. Es ist ähnlich wie das Besticken eines Altartuches.«

Wieder wurde in der Halle gelacht. Bevor Edward etwas sagen konnte, rief Sam Green laut: »Da hört Ihr es, Sire! Sie verwendet kirchliche Ausdrücke im Zusammenhang mit ihrer schändlichen Gabe, die ihr nicht von Gott, sondern vom Teufel gegeben wurde.«

Unterbrechend hob Edward die Hand. »Langsam, Meister Green. Hat Euch die Kirche nicht gelehrt, dass alle Gaben von Gott kommen? Es liegt an jedem Einzelnen selbst, ob er die Gabe zu Ehren Gottes nutzt oder es zulässt, dass der Teufel die Oberhand gewinnt. Auch ich, obwohl der gesalbte König von England und Wales, bin nur ein einfacher Mensch, von Gott erschaffen. Aber ich weiß, dass der Herr eines nicht mag: das Denunzieren Unschuldiger.« Im Saal erklang nun zustimmendes Gemurmel. Sam Greens Gesicht verfärbte sich rosa. Roisin atmete auf. Ihr und der Blick der Königin kreuzten sich. Margarete nickte ihr aufmunternd zu. »Ich denke, wir sollten die Sache in einem kleineren Kreis besprechen«, fuhr der König fort. Er schob seinen Stuhl zurück und stand auf. Ihr, Green, Miss Roisin und auch Ihr, Aldington und de Beauvoir, folgt mir.«

Dass Sir Bailan ebenfalls in die Angelegenheit hineingezogen wurde, bescherte Roisin einen unangenehmen Druck im Magen.

»Mein Gemahl, kann man Roisin nicht die Fesseln lösen?«, fragte Margarete sanft. »Es ist nicht vorstellbar, dass von ihr eine so große Gefahr ausgeht, dass man sie wie einen gemeinen Verbrecher in Stricke legen muss.«

Der König nickte und gab dem Wachsoldaten einen Wink, der daraufhin Roisins Fessel löste. Erleichtert rieb sie sich die Handgelenke, als das Blut in ihre Hände zurückströmte.

Roisin, Meister Green und die beiden Ritter folgten König Edward durch eine Pforte in einer Ecke der Halle. Dahinter lag eine schmale, schummrige Kammer, die nur von zwei an den Seiten angebrachten Fackeln beleuchtet wurde. Die steinernen Wände und der hölzerne Fußboden waren schmucklos. Es gab einen Tisch und zwei Schemel. Auf einen setzte sich Edward. Die anderen blieben stehen.

»Sir Bailan, Sir Alan«, begann er zu sprechen, »Ihr habt den Sachverhalt verfolgt. Wie denkt Ihr darüber?«

Alan de Beauvoir räusperte sich, aber Bailan Aldington antwortete schnell: »Meiner Ansicht nach ist der Vorwurf der Hexerei übertrieben. Nicht jeder Mensch, der über außergewöhnliche Fähigkeiten verfügt, ist mit teuflischen Mächten im Bunde.«

Sam Green fuhr zu dem Ritter herum. Erneut funkelten seine Augen fanatisch. »Es ist wider die Natur, dass ein Weib etwas vom Handwerk des Steinmetzens versteht.«

»Sagt wer?«, fragte Sir Bailan.

»Es ist allgemein bekannt«, antwortete Green. »Frauengehirne sind zu klein, um solche Dinge zu begreifen.«

»Sagt mir, Meister Green«, sprach Sir Bailan ruhig weiter, »könnt Ihr lesen und schreiben?«

Greens Wangen röteten sich. »Ich bin ein guter Steinmetz.«

»Das ist keine Antwort auf meine Frage«, beharrte Bailan. Roisin hatte den Eindruck, König Edward amüsiere der Disput, wenngleich er wortlos blieb.

»Ich kann meinen Namen und ein paar einfache Wörter schreiben«, antwortete Green schließlich. »Auch meinen Lohn kann ich ausrechnen. Was hat das mit den Machenschaften des Weibsbildes zu tun?« Er fand zu seiner Überlegenheit zurück und fuhr bestimmt fort: »Ihre Kenntnisse sind ein weiterer Beweis, dass es nicht mit rechten Dingen zugehen kann. Dann das rote Haar und der Klumpfuß, den ihr nur der Teufel gegeben haben kann, damit sie sein Abbild wird.«

»Bei allem Respekt, Meister Green«, sprach jetzt Alan de Beauvoir, »aber das führt doch zu nichts. Ist durch Roisins Arbeiten jemandem ein Schaden entstanden? Ist jemand belogen und betrogen worden?«

»Sie hat versucht, meinen Neffen, einen anständigen Jungen, auf Abwege zu bringen«, brachte Green das Argument vor. Er sah zum König. »Sire, was wollt Ihr nun unternehmen?«

»Unternehmen?«, wiederholte Edward. Er schüttelte den Kopf und lächelte. »Miss Talwyn, seid Ihr bereit, unter Aufsicht eine oder zwei Statuetten anzufertigen, damit ich sehen kann, ob Eure Kunst wirklich so gut ist, wie es den Anschein hat?«

»Ich soll den Stein behauen?«, fragte Roisin überrascht. »Mit Eurer Erlaubnis?«

Edward nickte. »Und unter meinen Augen.« Er seufzte und stand auf. »Aber nicht mehr heute Abend. Es ist spät, wir sollten uns zurückziehen. Meister Green, Ihr kommt morgen früh wieder und bringt ein paar Steinblöcke und Euer Werkzeug mit. Ich wäre erfreut, auch Euren Neffen kennenzulernen. Dann werden wir Miss Talwyn auf die Probe stellen.«

»Das ist … das ist …«, stammelte Green fassungslos.

Die beiden Ritter glucksten, und Sir Bailan sagte: »Eine weise Entscheidung, Sire. Wie Ihr stets weise und überlegt urteilt.«

»Es freut mich, Aldington«, erwiderte Edward ernst, »dass Ihr mit meinen Entscheidungen einverstanden seid.«

»Das wollte ich nicht zum Ausdruck bringen, Sire.« Nun war es an Sir Bailan, verlegen zu sein.

Ohne ein weiteres Wort verließ der König die Kammer. Für einen Moment standen die anderen unentschlossen herum, dann gingen auch die Männer. Roisin folgte ihnen. Bailan und Alan drehten sich nicht mehr zu ihr um. Sam Green jedoch sah sie mit einem Blick voller Hass an. Warum begegnet er mir derart feindselig?, fragte sie sich. Weil in der Burgkapelle eine Figur stand, die eine Frau angefertigt hatte? Green konnte die Mutter Gottes jederzeit wieder entfernen und durch eine eigene Statuette ersetzen. Vielleicht war ihr Tun nicht richtig gewesen, sie hatte aber niemandem damit geschadet. Anders als in Conwy zog keiner einen ungerechtfertigten Vorteil aus ihrer Arbeit. Es war Roisin indes gelungen, Bill ein paar Kniffe beizubringen.

In der Halle war das Essen bereits abgeräumt worden, es hielten sich nur noch vier Männer darin auf, auch die Königin hatte sich inzwischen zurückgezogen. Roisin gestand sich ein, dass sie doch ängstlich gewesen war. Jetzt, nachdem die Spannung von ihr abgefallen war, verspürte sie Hunger. Wie es aussah, würde sie mit leerem Magen zu Bett gehen müssen. Schlaf würde sie ohnehin keinen finden. Sie konnte sich nicht erklären, warum der König wollte, dass sie vor seinen Augen ihr Können zeigte. Sie hatte nicht den Eindruck gewonnen, er würde Greens Vorwurf, sie stünde mit dunklen Mächten im Bunde, in Erwägung ziehen. König Edward war zwar als guter Christ bekannt, aber nicht, dass er an übernatürliche Kräfte glaubte.

Wie sie es auch drehte und wendete – heute Abend würde Roisin keine Antworten finden. Sie sollte versuchen, wenigstens zu ruhen, um sich der morgigen Herausforderung stellen zu können.

Roisin konnte sich nicht erinnern, jemals derart nervös gewesen zu sein. Selbst nicht am Morgen des Tages, an dem sie hatte heiraten wollen, obwohl damit ein völlig neuer Lebensabschnitt für sie begonnen hätte. Das Schicksal hatte es jedoch anders gewollt. Es hatte sie aus Conwy fort an den Hof des Königs in Caernarvon gebracht. Hier war Roisin zur Ruhe gekommen, hatte ein dichtes Dach über dem Kopf, immer genügend zu essen, schöne Kleidung, neue Freunde und eine Aufgabe, die sie ausfüllte. Wie lange dieses angenehme Leben noch andauern würde, war jedoch ungewiss, aber Roisin hatte bisher nie lange in die Zukunft gedacht. Sobald es Frühjahr wurde und die Straßen wieder passierbar waren, würde das Königspaar die Stadt verlassen. Außerdem wurde gemunkelt, dass König Edward bald nach Norden ziehen musste, um einen drohenden Krieg mit Schottland zu verhindern.

Heute jedoch war alles auf den Kopf gestellt. Nachträglich hätte sich Roisin ohrfeigen können, an dem Tag den beiden

Männern gefolgt und in die Steinmetzwerkstatt getreten zu sein. Oder es nicht bei dem einen Besuch belassen zu haben. Oder sie hätte einfach keines der Werkzeuge in die Hand nehmen sollen. Oder, oder, oder … Aber nein, sie hatte ihrer Leidenschaft, die der Stein auf sie ausübte, nicht widerstehen können und sich so selbst in den Schlamassel hineingeritten.

Roisin holte tief Luft, als sie ihre Kammer verließ. Wie befürchtet hatte sie in der Nacht kein Auge zugetan. Trotzdem fühlte sie sich nicht müde. Bevor sie die große Halle betrat, strich sie ihren Rock glatt und prüfte mit einer Hand, ob ihre Haube ordentlich auf den Haaren saß. Es war besser, niemanden zu provozieren, indem ihr kupferrotes Haar sichtbar war. Das Hinken konnte sie ohnehin nicht verbergen.

Roisin hatte nicht erwartet, die Halle voller Menschen vorzufinden. Das Frühmahl war längst vorüber, eigentlich hätten alle bei ihrer Arbeit sein sollen. König Edward und Königin Margarete saßen an ihren angestammten Plätzen auf der leicht erhöhten Empore vor dem Kamin. Edwards Gesicht war ausdruckslos, Margarete indes zwinkerte ihr kurz zu. Auch Sam Green war da, hinter ihm stand sein Neffe. Bill starrte auf die Binsen und vermied es, Roisin anzusehen. Aus dem Augenwinkel sah sie Kyndra auf einer der Bänke sitzen, Jack lag zu ihren Füßen. Es war irrational, aber der Anblick des struppigen Hundes beruhigte Roisin. Sie war sogar in der Lage zu lächeln.

Auf einem der Tische an der Seite lagen vier mittelgroße Steinblöcke, lediglich grob aus dem Steinbruch heraus behauen. Daneben das umfangreiche Werkzeug von Meister Green.

»Ihr könnt beginnen, Miss Talwyn«, sagte Edward förmlich.

»Wünscht Ihr, dass ich eine bestimmte Figur mache, Majestät?«, fragte Roisin.

Edward schüttelte den Kopf. »Macht, was Euch einfällt.«

»Darf ich eine Bitte äußern, Sire?« Er gewährte es ihr mit einer Geste. »Das Steinmetzen ist staubig. Ich bitte um einen Becher verdünntes Bier.«

»Das soll Euch gewährt sein«, antwortete der König. Schmunzelnd fügte er hinzu: »Auch wir können etwas zu trinken gebrauchen. Wir bevorzugen jedoch Wein.«

Roisin wartete, bis ihr ein Holzbecher mit dem Bier gebracht wurde. Sie trank einen kleinen Schluck, der kühl durch ihre Kehle rann, dann setzte sie sich auf die Bank. Sie war sich bewusst, dass die Blicke aller auf ihr ruhten. Vereinzelt wurde getuschelt, Wörter konnte sie aber keine verstehen. Sie wählte einen bereits an den Kanten abgerundeten Steinblock und nahm das Beizeisen in die rechte Hand. Während der Nacht hatte Roisin darüber nachgedacht, ob sie heute bewusst ungeschickt auf den Stein einhauen sollte und damit zeigte, dass sie des Steinmetzens nicht mächtig war. Damit wäre der Vorwurf der Hexerei auf jeden Fall vom Tisch. Roisins Ehrgeiz war jedoch geweckt. Hier, vor aller Augen, konnte sie beweisen, dass auch eine Frau in der Lage war, das Handwerk auszuüben.

Roisin arbeitete konzentriert. Vor ihrem geistigen Auge sah sie das Motiv, das sie aus dem Steinblock bilden wollte. Man ließ sie in Ruhe gewähren. Nach etwa einer Stunde verloren einige Zuschauer das Interesse und verließen die Halle. Lady Elizabeth, ihr Bruder, Sir Alan und auch Kyndra verharrten auf ihren Plätzen. Roisin vermied es, zum König oder gar zu Meister Green zu blicken. Die Glocke der Burgkapelle läutete zur Mittagszeit. König Edward musste eine entsprechende Anweisung gegeben haben, denn keine Diener erschienen, um das Mahl zu servieren. Lediglich Mundschenke gingen herum und schenkten verdünntes Bier und Wein aus. Roisins Becher war auch wieder gefüllt worden. Jetzt feilte sie noch einmal an den Rundungen, dann blies sie mit dem kleinen Balg das letzte Staubkorn von dem Stein.

»Ich bin fertig«, sagte sie und legte ihre Arbeit auf dem Tisch ab.

»Meister Green, reicht mir das Gebilde«, befahl der König.

Mit einem Gesichtsausdruck, der wie der Stein war, den Roisin gerade bearbeitet hatte, nahm Green das Objekt und legte es auf den Tisch des Königs.

»Oh!«, rief Königin Margarete. Ein Hauch Rosa färbte ihre blassen Wangen. Sie sah zu Roisin. »Wenn ich es nicht mit eigenen Augen gesehen hätte, würde ich es für unmöglich halten, dass ein Mensch so etwas kann.«

Der König klatschte in die Hände und lachte laut auf. »Ein wahres Wort, meine Gemahlin! Es ist unglaublich.«

Einige der verbliebenen Zuschauer drängten sich zur Empore. Sie wollten sehen, was die Königin derart entzückte und den König erheiterte.

»Miss Talwyn, kommt näher«, befahl Edward.

Roisin trat vor den Tisch. Sie war völlig ruhig, unterdrückte jedoch ein Schmunzeln.

»Ihr erlaubt sicher, dass ich Eure Arbeit in meinen persönlichen Besitz nehme«, sagte Edward. »So habe ich immer ein Andenken an mein Eheweib.«

»Es ist mir eine Ehre, Sire«, entgegnete Roisin bescheiden.

Endlich hielt der König die etwa männerhandgroße Skulptur in die Höhe, damit alle im Saal sie sehen konnten. »Ohs« und »Ahs« erklangen. Der Stein zeigte ein genaues Abbild der Königin, als sei ihr Gesicht direkt auf den Stein gepresst und kopiert worden. Selbst den Faltenwurf von Margaretes Haube hatte Roisin bis ins kleinste Detail wiedergegeben.

»Das geht nicht mit rechten Dingen zu«, rief Sam Green. Er fuchtelte mit den Händen vor seinem Gesicht, als wolle er eine lästige Fliege vertreiben. »Ihr seht nun selbst, Sire, dass

eine Frau ohne teuflische Hilfe solche Dinge nicht fertigbringen kann.«

Des Königs Blick bohrte sich in die Augen des Steinmetzes. »Das Einzige, das ich gesehen habe, ist ein Mensch,
der mit geschickten Händen eine Figur geschaffen hat, die
an Schönheit und Perfektion ihresgleichen sucht. Ich bin der
Ansicht, dass das Geschlecht keine Rolle spielt.« Er legte eine
Hand auf den Unterarm seiner Frau. »Ich fürchte, du musst
künftig auf die Unterrichtsstunden von Miss Talwyn verzichten, meine Gemahlin.«

Roisins Herzschlag schien für einen Moment auszusetzen.
War alles umsonst gewesen? Der König hatte ihre Arbeit zwar
gelobt, die Königin war begeistert über ihr Konterfei – würde
man sie trotzdem der Stadt verweisen? Oder drohte ihr gar
Schlimmeres?

Bei den nächsten Worten schien Roisin der Boden unter
den Füßen entzogen zu werden.

»Miss Talwyn erhält ab sofort den Auftrag, die Kaminsimse und Türstürze der königlichen Kammern der Burg mit
Steinarbeiten zu verzieren«, sagte Edward mit ernster Miene
und laut. Seine Stimme war bis in den letzten Winkel der
Halle zu vernehmen. »Mit dem Baumeister erfolgt die Ab-
sprache, welche Motive Miss Talwyn fertigt. Ebenso die Entlohnung, die einem Steinmetzmeister gleichzustellen ist. Eine
entsprechende Urkunde werde ich noch heute ausstellen. Da
es unmöglich ist, als ledige, alleinstehende Frau eine Werk-
und Wohnstatt in der Stadt zu haben, werden hier in der Burg
für die neue Steinmetzin entsprechende Räumlichkeiten geschaffen.« Er sah Roisin an, jetzt hoben sich leicht seine
Mundwinkel. »Eure Arbeit beginnt mit dem heutigen Tag,
Miss Talwyn.«

»Ich … ich … danke Euch, Sire«, stammelte Roisin. In
ihrem Kopf schwirrte es wie in einem Bienenstock. Sie war

eine richtige Steinmetzin, sogar schriftlich von König Edward bekundet.

Sam Green schnaubte, wagte aber nicht, mit Worten Kritik an König Edwards Entscheidung zu üben. Als sich Roisins und Greens Blicke kreuzten, wusste sie, dass sie sich den Mann zum Feind gemacht hatte.

19.

Die letzten Monate des Winters waren mild und regenreich geblieben. Zwei-, dreimal hatte es noch mal geschneit, aber die weiße Pracht war schnell wieder geschmolzen, wenn der Regen einsetzte. Auch eine länger andauernde Frostperiode war ausgeblieben. So konnte unermüdlich weiter an der Burg gebaut werden. Die beim Aufstand vor fünf Jahren beschädigten Mauern wurden repariert und eine neue nördliche Steinwand errichtet. Sie wurde durch das ebenfalls neue King's Gate unterbrochen, ein dreistöckiges, mit Zinnen bewehrtes Tor mit einem massiven Eisengitter und einer Zugbrücke. Die Bauarbeiten zogen immer mehr Menschen auf der Suche nach Arbeit nach Caernarvon. Hunderte von Handwerkern, die über mangelnde Arbeit nicht zu klagen hatten, mussten verköstigt werden und brauchten die Dinge des täglichen Lebens. So stieg auch die Anzahl der Händler und Kaufleute, Bäcker und Metzger, Schmiede und Sattler, Müller und Gerber. In der Stadt wurde ebenfalls eifrig gebaut. Da viele gutes Geld verdienten, wurden immer mehr Steinhäuser errichtet, die sich nördlich der Burg bis zum Flussufer hinzogen. Von dort konnte die Festung nun auch durch das King's Gate betreten und verlassen werden.

Mit den Bauten der Mauern, Tore und Häuser hatte Roisin nichts zu tun. Ihr Metier war die Innenausstattung der Räumlichkeiten der Burg. Jedes Zimmer, selbst kleinere Kammern, verfügten über Kamine. So gab es viele Simse, die es zu verzieren galt. Über den Türstürzen prangten die Köpfe mit den nahezu lebensechten Gesichtern, für die Roisin bekannt war. Im äußeren Burghof war eigens ein flaches Steinhaus mit zwei großen, nach Westen ausgerichteten Fenstern errichtet worden, das Roisin als Werkstatt diente. Es beinhaltete auch eine schmale Schlafkammer mit einem Kamin, der in kalten Nächten den kleinen Raum angenehm wärmte. Roisin konnte die Mahlzeiten zwar in der großen Halle inmitten aller einnehmen, meistens ging sie aber zu Kyndra in die Hofküche. Dort waren die Speisen einfacher, aber Roisin fand es gemütlicher als in der hohen, mit Menschen überfüllten Halle. Sie und Kyndra hatten auch immer etwas zum Plaudern. Anfänglich hatte die Köchin befremdet reagiert, dass eine Frau ein Männerhandwerk ausübte, aber schnell merkte sie, dass sich Roisin durch die neue, angesehene Position nicht veränderte. »Bereits bei unserer ersten Begegnung spürte ich, dass du keine normale Frau bist«, hatte Kyndra gesagt.

Aus dem Mund eines anderen hätte es wie eine Beleidigung geklungen. Da es von Kyndra kam, nahm Roisin es als Kompliment. Es entsprach ja der Richtigkeit. Eine normale Frau war sie noch nie gewesen, zumindest nicht in der Weise, wie es von den meisten erwartet wurde. Sie stand kurz vor ihrem sechsundzwanzigsten Geburtstag. Ein Alter, in dem Frauen normalerweise schon lange verheiratet waren und mehrere Kinder geboren hatten. Das Schicksal – oder Gott, je nachdem, woran man glaubte – hatte Roisin für eine andere Aufgabe bestimmt. Den gewaltsamen, grausamen Tod des Wollhändlers bedauerte Roisin nach wie vor, sie hatte Dylan aufrichtig gern gehabt, aber sie zweifelte, dass sie als Ehefrau und Mutter ähnlich glücklich geworden wäre. Ja, sie war mit ihrem Leben nun vollkommen zufrieden. James of St. George, der Baumeister, der den Bau aller Burgen in Wales koordinierte, hatte anfänglich versucht, Roisin bei ihrer Entlohnung übers Ohr zu hauen. Er wollte sie monatlich auszahlen, nahm den vereinbarten Wochenlohn aber nur mal dreieinhalb. Blitzschnell hatte Roisin im Kopf gerechnet und St. George die exakte Summe genannt. Zähneknirschend hatte sich der Baumeister geschlagen geben müssen und das Dokument mit dem richtigen Lohn unterzeichnet. Danach hatte Roisin mit St. George kaum noch etwas zu tun. Ein kleiner, dicklicher Mann, ein Engländer mit dem Namen Grandson, führte die Oberaufsicht über den Burgenbau, wenn James of St. George nicht in der Stadt war. Grandson hegte zwar keine Sympathien für Roisin und fand ihre unweibliche Arbeit befremdlich, war aber ein treuer Diener des Königs. Er respektierte Edwards Befehl und behandelte Roisin höflich.

Den größten Teil ihres Lohns sparte sie. Sie hatte ja kaum Ausgaben. Für die Werkstatt und die Mahlzeiten musste sie nichts bezahlen. Großzügigerweise hatte der König den Baumeister angewiesen, Roisin vollständiges Werkzeug von bester Qualität zu besorgen. Wenn sie mit den Gerätschaften sorgsam umging, würde sie in den nächsten Jahren nichts erneuern müssen. Roisin steckte die Münzen in einen ledernen Beutel, den sie hinter einem lockeren Stein der Kaminmauer versteckte. Es war zwar nicht bekannt, dass Diebe ihr Unwesen in der Burg trieben, aber ihre Tür war, wie die meisten Türen, ohne Riegel.

Als das Frühjahr kam, nahm Roisin ein paar Münzen aus dem Beutel und kaufte sich bei einem Händler in der Stadt ein neues Gewand, einen leichten Umhang und ein Paar strapazierfähige Schuhe. Sonst lebte Roisin genügsam. Vielleicht würde sie eines Tages das ersparte Geld noch gut gebrauchen können.

Manchmal begegnete Roisin dem Steinmetzmeister Sam Green. Meistens war er in Begleitung seines Neffen William.

Aus Greens Augen schossen dann stets spitze Pfeile, während Bill den Blickkontakt zu Roisin vermied. Nachdem ihr Bruder die Arbeiten nicht hatte fortsetzen können, war Meister Green mit der Innenausschmückung betraut worden. Dass dies nun Roisin oblag und der ältere Mann seine Kunst lediglich an den Mauern und Toren zeigen durfte, würde er ihr niemals verzeihen. Roisin war froh, dass sie und Green nicht Hand in Hand zusammenarbeiten mussten.

Wie von Roisin erwartet, verließ im März, als die Wege schneefrei waren und die Luft milder wurde, der Hof Caernarvon, um nach London zu ziehen. Königin Margaretes Kind sollte dort zur Welt kommen. Die Beschwerden der Schwangerschaft hatte sie überwunden und sah aus wie blühende Leben. Roisins Sorge, was aus ihr werden sollte, wenn der König Wales verließ, war unbegründet. Die Burg war noch lange nicht fertiggestellt, für sie gab es hier jede Menge Arbeit. Allerdings wurde über einen drohenden Krieg mit Schottland gemunkelt. Nach der für die Engländer erfolgreichen Schlacht von Falkirk zwei Jahre zuvor, die die Unterwerfung der Schotten nach sich zog, flammten ständig neue Rebellionen im Norden auf. Die Schotten waren nicht gewillt, ihr Land König Edward kampflos zu überlassen. Nachrichten, denen man Glauben schenken konnte, drangen jedoch nur spärlich nach Nordwales und wenn, dann mit monatelanger Verzögerung.

Zu Roisins Bedauern hatte auch das Gefolge des Königspaares Wales verlassen. Sie vermisste Lady Elizabeth, ihren Bruder, ebenfalls den leichtlebigen Alan de Beauvoir. Seit der ausgelassenen Schneeballschlacht war es nie wieder zu einem so engen Zusammentreffen mit Sir Bailan gekommen, er hatte sie aber immer freundlich gegrüßt und hin und wieder gefragt, wie sie mit der Arbeit zurechtkam. Roisin war vernünftig genug, in der Freundlichkeit des Ritters nicht mehr zu sehen. Sie lebten in verschiedenen Welten, die einander über ein paar Wochen berührt hatten. Roisin war nicht ausgesprochen gläubig, dennoch bat sie Gott in ihren Abendgebeten, er möge Bailan Aldington verschonen, sollte es zum Kampf gegen die Schotten kommen, denn fraglos würde der Ritter an der Seite seines Herrschers gegen die Barbaren ziehen.

An einem trüben Vormittag im Mai, in dem immer wieder Nieselschauer übers Land zogen, trat dann das ein, wovor Roisin sich seit Wochen gefürchtet hatte. Roisin arbeitete an einer mittelgroßen Statuette des heiligen Franz von Assisi. In der Burgbibliothek hatte Roisin Zeichnungen des Mönchs gefunden, nach denen sie seine Gestalt und sein Gesicht aus dem Stein gehauen hatte. Der Faltenwurf seines Gewandes erforderte eine hohe Konzentration, es war aber jetzt schon sichtbar, dass ihr ein weiteres Kunstwerk gelingen würde.

Die Tür der Werkstatt knarrte in den Angeln. Ohne hochzusehen, sagte Roisin: »Stell den Teller bitte auf den Tisch.«

Vor einer Stunde hatte Kyndra ihr gesagt, sie wolle zum Mittagmahl herzhafte Fleischpasteten backen. »Sie schmecken warm am besten. Da du wieder keine Zeit hast, zu mir in die Küche zu kommen, werde ich dir welche in die Werkstatt bringen.«

Kyndras Pasteten schmeckten ausgesprochen köstlich. Deswegen dachte Roisin, die Köchin bringe ihr jetzt das Mittagessen.

»Du hast es weit gebracht, Schwester.«

Der dünne Meißel rutschte ab, die scharfe Kante bohrte sich in Roisins linken Handballen. Blut trat aus der Wunde, aber sie spürte keinen Schmerz.

»Edward.« Langsam drehte sie den Kopf. In der Tür stand ihr Bruder. Groß gewachsen, breitschultrig, das dunkelbraune, weiche Haar lockte sich wie immer bis auf seine Schultern. Von seinen Nasenflügeln zogen sich zwei Falten bis zum Kinn herunter, auch seine Stirn war für sein noch junges Alter vorzeitig gerunzelt. Beim zweiten Blick erkannte Roisin, dass Edwards Gewand am Kragen geflickt war und in einem seiner Schuhe ein Loch prangte.

»Wie hast du mich gefunden?« In Roisins Ohren klang ihre eigene Stimme fremd.

Edward lachte, es klang bitter. »Alle Handwerker, die im Norden von Baustelle zu Baustelle ziehen, sprechen von der eigentümlichen Frau, die auf den Befehl des Königs in der Burg von Caernarvon als Steinmetzin arbeitet.«

»König Edward brauchte einen Ersatz«, erwiderte Roisin ruhiger, als ihr zumute war. »Du konntest ja nicht mehr ...«

»Ganz recht, ich konnte nichts mehr vorweisen, nachdem du abgehauen bist«, unterbrach er sie aufgeregt. Er stieß sich vom Türrahmen ab, war mit einem großen Schritt bei ihr und hob einen Arm. Sie befürchtete, er wolle sie schlagen, aber Edward ballte nur die Hand zur Faust und schüttelte sie drohend vor ihrem Gesicht. »Du hast Mutter angegriffen und verletzt und deine Familie schändlich im Stich gelassen!«

»Ich nehme an, du würdest mir nicht glauben, wenn ich sage, dass der Vorfall mit Lavinda andersherum gewesen ist?«

»Das glaube ich wahrlich nicht«, rief Edward zornig. »Lavinda hat stets alles getan, damit es uns gut geht. Aber du warst immer schon grenzenlos egoistisch.«

Beinahe hätte Roisin gelacht. Sie und egoistisch! Langsam stand sie von dem Schemel auf. Edward hinderte sie nicht.

»Du musst durstig und hungrig sein«, versuchte sie, die Wogen zu glätten. »Ich lasse dir etwas kommen.«

»Du bleibst hier.« Edward legte eine Hand auf ihre Schulter und hielt sie fest. »Du hast alles zerstört!«

»Edward, jeder hat geglaubt, dass du dich verletzt hast und nicht weiter als Steinmetz arbeiten kannst«, erklärte Roisin.

Mit einem Ruck machte sie sich aus seinem Griff frei. »Ich hoffe, du hast die Wintermonate genutzt, um an deinen Fertigkeiten zu arbeiten.«

»Selbst wenn ich es versucht hätte – es ist vorbei!«, schnaubte er, die Augenbrauen über der Nasenwurzel zusammengezogen. »Vor drei Wochen erhielt ich durch einen Boten die Nachricht, dass meine Dienste in Caernarvon nicht länger nötig sind, auch wenn ich wieder gesund sei. Ein neuer Steinmetz ist mit der Innenausstattung der Burg betraut worden. Nur dass es kein Steinmetz, sondern meine eigene Schwester ist, die meine Existenz zerstört hat. Ich konnte gar nicht so schnell bis drei zählen, bis die Zunft mich abgesetzt und jemand anderen als Meister gewählt hat. Natürlich ist es Llewellyn geworden. Wenn es nach dem Blödmann gegangen wäre, hätte er mich am liebsten am Kragen gepackt und höchstpersönlich auf die Straße gesetzt. Ich muss dir wohl nicht erklären, dass wir bis Monatsende das Haus zu räumen haben. Wenn ich nicht länger als Steinmetz arbeite, habe ich keine Berechtigung, weiter dort zu wohnen, wie du nur zu gut weißt.«

»Und das Haus von Seth Corris?«

»Auch das ist weg«, blaffte Edward. »Du weißt es doch ganz genau: Wer nicht arbeitet, hat kein Wohnrecht in der Siedlung. Ein Haus innerhalb der Stadtmauern kann ich mir nicht leisten.«

»Das tut mir alles sehr leid«, sagte Roisin. Sie fühlte sich tatsächlich betroffen. Sie hatte geahnt, dass nach ihrem Fortgehen schwere Zeiten auf Edward zugekommen waren. Dass es nun so schlimm war, machte sie betroffen.

»Es ist alles deine Schuld!«, schrie er. »Alles lief gut, wir waren glücklich und zufrieden, bis du die Nerven verloren hast.«

»Was erwartest du jetzt von mir?«, fragte Roisin. »Soll ich

zurückkommen und wir machen weiter, wo wir aufgehört haben?« Sie lachte bitter. »Auch wenn du mein Bruder bist: Ich habe dir lange genug geholfen. Ich brauche mich und meine Fähigkeiten nicht länger zu verstecken.« Ärger stieg in ihr auf. Das Argument des jugendlichen Leichtsinns konnte sie nicht länger gelten lassen. Viele Männer in Edwards Alter versorgten bereits eine Familie. Er hatte alle Chancen, etwas aus sich zu machen, verstreichen lassen. »Edward, ich habe niemandem jemals gesagt«, fuhr sie versöhnlich fort, »wer all die Figuren, Gesichter und Rosetten gemacht hat. Das bleibt unser Geheimnis. Für immer!«

»Du kommst mit mir nach Hause«, forderte Edward. »Es geht nicht an, dass eine Frau allein wohnt. Du machst unsere Familie zum Gespött im ganzen Land.«

»Du übertreibst maßlos! Vielleicht mag mich nicht jeder hier gut leiden, dennoch werden ich und meine Arbeit respektiert.«

»Sie haben nur Mitleid mit einem Krüppel. Pack deine Sachen. Wir reisen morgen bei Tagesanbruch. Wenn du dich bemühst, kann alles wieder so werden, wie es war. Mutter und ich sind geneigt, dir zu verzeihen, Schwester.«

»Wie überaus großzügig von Lavinda. Aber meine Antwort lautet Nein.«

»Seit Vaters Tod bin ich das Familienoberhaupt! Du wirst meiner Entscheidung folgen und tun, was ich dir sage.« Edward begann, das Werkzeug auf dem Tisch zusammenzuraffen.

Roisin fiel ihm in den Arm. »Ich treffe meine eigenen Entscheidungen, und ich werde nicht mit dir kommen! Du kannst mich nicht zwingen! Oder willst du mich fesseln und knebeln und wie einen Sack auf deinen Rücken schmeißen?«

»Deine Ironie ist verschwendet.« Edwards Gesichtszüge entspannten sich. Er änderte die Taktik und appellierte an ihr

Verständnis. »Roisin, ich ... wir brauchen dich. Ich habe drei hungrige Mäuler zu stopfen.«

»Drei?« Roisin horchte auf. »Melyn sollte ihr zweites Kind längst bekommen haben.«

»Es starb bei der Geburt. Es war ein Mädchen.«

Roisin legte eine Hand auf seinen Arm. »Das tut mir aufrichtig leid«, wiederholte sie ernst.

»Ein Problem, wie ich ein weiteres Kind satt bekommen soll, weniger.«

»Wie geht es Ellis?«

Edward zuckte mit den Schultern. »Er gedeiht gut, nur hat er ständig Hunger. Ob er nun meinen Lenden entsprungen ist oder nicht – irgendwie fühle ich mich für Ellis verantwortlich. Der Kleine wird sich nützlich machen, wenn wir bettelnd durch die Straßen ziehen müssen. Die Leute geben mehr, wenn sie in die Augen eines hungrigen Kleinkindes sehen.« Fahrig wischte er sich mit dem Handrücken über die Stirn, auf der Schweißperlen standen, obwohl es im Raum kühl war. »Es geht uns schlecht«, stieß er dann hervor. »Über den Winter konnten wir gut von meinen früheren Einkünften leben, aber jetzt wird es eng. Für den Aufbau der Werkstatt, die du angezündet hast, habe ich kein Geld. Glücklicherweise konnte das Übergreifen der Flammen auf das Wohnhaus verhindert werden.«

»Lavinda hat das Talglicht ins Stroh geworfen und das Feuer verursacht«, erklärte Roisin. »Aber auch das wirst du mir wohl nicht glauben.«

»Mutter schildert den Ablauf anders.«

»Was soll's?« Sie zuckte mit den Schultern. »Was ist mit der Stadtbefestigung von Conwy? Du kannst doch daran als Steinmetz arbeiten, dann brauchst du keine Verzierungen zu machen. Es ist ja nicht so, dass du völlig unbegabt bist, Edward.«

»Die Arbeiten in Conwy sind abgeschlossen«, antwortete Edward. »Der Baumeister konzentriert sich auf Caernarvon. Sollte es zu einem Angriff kommen, wird er hier an der Küste erwartet. Weiter südlich werden weitere Festungen errichtet.« Auf einmal wirkte Edward verschlagen. »Die Engländer denken, die Feinde kämen von der See her. Dabei sollten sie besser das Landesinnere im Auge behalten.«

Erschrocken zog Roisin die Luft ein, dann stieß sie hervor: »Du hegst immer noch rebellische Gedanken? Daran ist nur dieser Nate schuld! Du solltest dich von ihm fernhalten, denn er irrt, wenn er König Edward als Tyrannen darstellt. Ich hatte Gelegenheit, ihn näher kennenzulernen. Ja, er ist ein strenger Herrscher und ein Mann des Krieges, gleichzeitig auch ein gütiger, verständnisvoller Mann. Er möchte mit allen in Frieden leben.«

»Wenn der König Frieden will«, erwiderte Edward unwirsch, »soll er die englischen Truppen abziehen und das Land den Walisern zurückgeben.«

Roisin spürte, dass sie in der Angelegenheit nicht zu Edward durchdringen würde. Die Möglichkeit eines erneuten Aufstandes war aber gering. Kein Mann, der seine fünf Sinne beisammenhatte, würde es wagen, gegen die Übermacht der englischen Soldaten zu den Waffen zu greifen. Außerdem war den Walisern das Tragen von schweren Waffen verboten. Verstöße wurden nicht selten mit dem Tod bestraft.

»Ach, Bruder, unser Leben hat sich anders entwickelt, als wir einst gedacht hatten«, wechselte sie das Thema. »Alles begann mit dem Unglück, als Vater verletzt wurde ...«

»Wessen Schuld war das?«, unterbrach Edward sie scharf. Er war nicht bereit, seine Abneigung gegen die Besatzer zu beenden. »Wären die Engländer nicht gekommen, wäre die Burg nie gebaut worden und die Decke wäre nicht eingestürzt.«

»Und Vater hätte nie Enfys-Pont-y, unser Heimatdorf in

den Bergen, auf der Suche nach einer besser bezahlten Arbeit verlassen. Ich war noch ein Kind. An die dauernde Armut kann ich mich aber noch gut erinnern.«

Edward runzelte die Stirn, wandte sich ab und betrachtete die Statuette des Heiligen und das Werkzeug auf dem Tisch. Er nahm die Figur und schleuderte sie mit aller Kraft gegen die Wand. Der Stein zerbrach und fiel in Dutzenden von Teilen auf den Boden.

»Warum hast du das getan?«, fragte Roisin fassungslos. »Fast eine ganze Woche habe ich an dem heiligen Franz gearbeitet.«

»Ich hörte, du wurdest der Hexerei beschuldigt«, erwiderte Edward, ohne auf Roisins Frage einzugehen.

»Du hast mit Meister Green gesprochen.« Es war eine Feststellung, keine Frage. »Dann weißt du auch, dass keine Anklage erfolgte. Durch die völlig aus der Luft gegriffenen Vorwürfe des neidischen Steinmetzen wurde König Edward erst auf meine Fähigkeiten aufmerksam.«

»Du hattest Glück«, erwiderte Edward. »Ich an deiner Stelle würde mich nicht darauf verlassen, dass es andauert. Wie durch ein Wunder bist du in Höhen aufgestiegen. Aber wer oben ist, kann auch schnell wieder fallen. Und dein Fall könnte tief und schmerzhaft sein.« Sein Blick fraß sich an ihrem fest. »Packst du jetzt deine Sachen?«

Ein Schauer rann über Roisins Rücken. »Willst du mir drohen, Edward? Wir sind doch ein Fleisch und Blut.« Als er nicht antwortete, bot sie an: »Ich kann dir Geld geben. Zumindest zur Überbrückung, bis du eine neue Arbeit gefunden hast, würde es reichen. Wenn ich mit dem Baumeister spreche, wird er dich bestimmt hier anstellen.«

»Ich brauche keine Fürsprache meiner verkrüppelten Schwester«, fuhr er sie an. »Von keinem Weib der Welt lasse ich mir noch einmal helfen. Ihr seid alle nur darauf aus, mich als Mann bloßzustellen.« Er streckte eine Hand aus. »Gib mir dein Geld! Dann bleibe eben hier und setze dein schändliches Treiben fort. Du wirst schon sehen, was du davon hast. Von mir aus kannst du verrotten, es ist mir gleichgültig.«

Roisin zögerte. Ihr Angebot, Edward mit Geld auszuhelfen, war aufrichtig gewesen. Etwas in ihr sträubte sich jedoch, vor seinen Augen den Beutel mit den Münzen aus seinem Versteck zu holen. Es war bedauerlich – aber sie traute ihrem Bruder nicht länger.

»Ich habe es nicht hier«, wich sie aus. »Wir treffen uns nachher in der Hofküche. Die Köchin hat Pasteten gebacken, du solltest sie probieren. Dann besprechen wir, wie es weitergehen kann.«

Roisin war erleichtert, dass Edward nickte und ohne ein weiteres Wort die Werkstatt verließ. Jetzt begannen ihre Knie unkontrolliert zu zittern, und sie spürte auch den Schmerz in ihrem Handballen. Die Wunde war nicht groß und blutete nicht länger. Es waren aber nicht die kleine Verletzung durch den Meißel und die mutwillig zerstörte Statuette des Heiligen, die sie aufwühlte. Zum ersten Mal in ihrem Leben hatte sie Angst vor Edward gehabt. Angst vor ihrem eigenen Bruder!

20.

Ihr geht zurück nach Conwy.«
»Wie bitte?« Roisin meinte, sich verhört zu haben. Verständnislos starrte sie James of St.George an. Drei Tage nach Edwards Besuch hatte sich der leitende Baumeister höchstpersönlich zu Roisin bemüht, ihr die Nachricht zu überbringen.

Der große, schlanke Mann nickte. Der Blick aus seinen dunklen, eng stehenden Augen schweifte durch Roisins Werkstatt. Er nahm eine unterarmgroße Figur in die Hand. Sie stellte einen Ritter in aufrechter Haltung dar, die Hände auf ein stehendes Schwert gestützt, der Blick stolz und erhaben.

»Eine ausgezeichnete Arbeit«, murmelte St.George. »Man meint, der Ritter würde jeden Moment zu einem sprechen.« Er legte die Figur wieder auf den Tisch, wandte sich Roisin zu und sagte ernst: »Die Zunft hat beschlossen, dass Ihr zu viel Unruhe in die Burg und die Stadt bringt. Die Steinmetze von Caernarvon möchten unter sich sein, Miss Talwyn. Zudem werden die Bauarbeiten an der Burg bis auf Weiteres eingestellt. Das Geld wird an anderer Stelle benötigt. So bangen die Steinmetze um ihr Auskommen. Fast alle haben Familien, die sie ernähren müssen.«

»Ist es auch der Wunsch des Königs, dass ich die Stadt verlasse?«, fragte Roisin. »Oder der der Königin?«

»Ich habe hier das Sagen.« St.George's Lippen wurden

schmal. »Ihr habt bis Ende der Woche Zeit, Eure Sachen zu packen. Ein Ritter wird Euch nach Hause begleiten.«

»Wo soll ich in Conwy denn wohnen?«, rief Roisin. »Mein Bruder muss sein Haus verlassen und weiß selbst nicht, wohin er gehen soll.«

»Für Eure Unterkunft wird gesorgt sein«, erklärte St. George, »und die Lage Eures Bruders ist mir bekannt. Auch für ihn und sein Weib und Kind wird gesorgt werden. Jahrelang hat Euer Bruder Euch ernährt, jetzt seid Ihr an der Reihe, für die Familie zu sorgen, da er es nicht länger tun kann. Ihr werdet nämlich weiterhin arbeiten, nur eben nicht länger in dieser Stadt. Für die Harmonie unter den Handwerkern ist es wichtig, dass Ihr geht, Miss Talwyn.«

Ihr ging auf, dass der Entschluss des Baumeisters unumstößlich war. Jegliche Widerrede war zwecklos. Außer dem König hatte niemand die Macht, St. George's Anweisungen zu revidieren. Aber der König war weit fort und, wenn man den Nachrichten Glauben schenkte, bereitete er sich auf einen Kampf gegen die Schotten vor.

»Ich muss zwar nach Conwy gehen«, hakte sie nach, »aber ich werde weiterhin als Steinmetzin arbeiten? Bei allem Respekt, Meister St. George, aber der Sinn dieser Entscheidung erschließt sich mir nicht. In Conwy wird ebenfalls nicht weiter gebaut, und die dortige Zunft der Steinmetze könnte ebenfalls Anstoß nehmen.«

»Ihr seid ein Weib und habt meine Anweisungen nicht zu hinterfragen«, blaffte der Baumeister. »Ihr seid gesund und in der Lage, Eure Familie zu unterstützen.« Sein Blick heftete sich auf Roisins Bein. »Zumindest, was Eure Hände betrifft.«

Roisin schluckte trocken. Sie glaubte nicht, dass ihr Bruder die richtigen Fäden an den richtigen Stellen gezogen hatte, damit sie nach Conwy zurückkehren musste. Ein einflussreicher Mann wie James of St. George würde sich nichts von einem einfachen Steinmetz befehlen lassen. Seltsam war es dennoch.

Nachdem St. George Roisin verlassen hatte, suchte sie die Küche auf, um Kyndra die neue Entwicklung mitzuteilen.

»Man munkelt, dass nicht weiter gebaut werden soll«, erklärte Kyndra. »Weder hier noch in Conwy oder an einer anderen Befestigung im Land. Der König benötigt das Geld für den anstehenden Krieg.«

»Dann ist es unausweichlich?« Roisin seufzte und dachte an Bailan Aldington. Schnell wischte sie die Gedanken fort und fragte: »Was wird aus euch allen hier? Werdet ihr die Burg verlassen müssen?«

Kyndra zuckte mit den Schultern. »Bisher hat uns niemand aufgefordert, zu gehen. Ewig wird der Krieg nicht andauern.«

»Trotzdem verstehe ich nicht, warum ich die Burg verlassen muss«, sagte Roisin. »St. George hat gesagt, ich solle weiterhin Steinmetzarbeiten anfertigen, für die ich bezahlt werde. Ob ich das hier oder in Conwy mache, spielt doch keine Rolle! Mit den hiesigen Steinmetzen habe ich kaum Kontakt. Meister Green geht mir geflissentlich aus dem Weg.«

»Ich habe keine Antworten auf deine Fragen«, erwiderte Kyndra. »Die einzige Erklärung, die ich mir vorstellen kann, ist, dass du eben eine Frau bist. Kein Mann lässt sich von einem Weib vor Augen führen, dass sie ebenso gut, wenn nicht besser als er ist.«

»Das ist so ungerecht!«

»Das ganze Leben ist ungerecht«, stellte Kyndra trocken fest. Von einem Tablett nahm sie eine Lammpastete und reichte sie Roisin. »Iss erst mal etwas, Mädchen. Die Pastete ist noch warm. Ich habe sie unmittelbar, bevor du gekommen bist, aus dem Ofen geholt.«

»Du bist sehr freundlich. Ich werde dich vermissen, Kyndra.« Obwohl Roisin keinen Appetit hatte, biss sie in die Pastete.

»Mich oder meine Speisen?«

»Beides!«

»Es ist schön, dass du wieder lachen kannst, Mädchen.«

Es mutete Roisin nicht seltsam an, von Kyndra ständig als Mädchen bezeichnet zu werden. Vom Alter her könnte die Köchin durchaus ihre Mutter sein. In den Monaten in Caernarvon hatte Kyndra ihr mehr Mutterliebe entgegengebracht, als Roisin je von Lavinda erfahren hatte.

»Ich glaube, man nennt es Sarkasmus«, erwiderte Roisin, nachdem sie geschluckt und die Krümel mit einem Schluck lauwarmem Würzwein hinuntergespült hatte.

»Du könntest der Königin einen Brief schreiben«, schlug Kyndra vor. »Sie hat dich immer gemocht und Einfluss auf den König.«

»Daran habe ich auch gedacht«, erwiderte Roisin. »Aber ich weiß nicht, wo sich Königin Margarete aufhält. Jemand hat gesagt, sie wolle in der Nähe ihres Mannes sein und sei deswegen nicht in London. Außerdem steht die Königin kurz vor der Niederkunft. Da hat sie anderes im Kopf, als sich um meine Probleme zu kümmern.«

Als würde Jack spüren, dass sein früheres Frauchen Kummer hatte, drückte er seinen Körper gegen Roisins Unterschenkel und legte seinen breiten Kopf auf ihre Knie. Sie kraulte den Hund zwischen den Ohren.

»Wirst du Jack mitnehmen?«, fragte Kyndra.

Roisin hörte ihren bangen Unterton. »Nein, er hat sich hier so gut eingelebt. Außerdem mag meine Stiefmutter keine Tiere. Zumindest keine, die man nicht essen kann.«

»Wer wird dich nach Conwy begleiten?«, fragte Kyndra.

»St. George meinte, einer der Ritter«, erwiderte Roisin.

»Gestern sind Lady Elizabeth und Sir Bailan zurückgekehrt. Da du sie gut kennst, könnte er dich nach Hause bringen.«

»Wie bitte?« Roisin zuckte zusammen. Das Blut rauschte schneller durch ihre Adern. »Ich kenne ihn kaum«, wiegelte sie ab. »Sir Bailan ist lediglich der Bruder von Lady Elizabeth, die mich nach Caernarvon gebracht hat. Warum sind sie wieder hier? Benötigt der König Sir Bailan nicht länger an seiner Seite?«

»Auch diese Fragen kann ich dir nicht beantworten, Mädchen. Ich denke, du wirst es morgen früh erfahren.«

Roisin nickte. »Ich möchte nicht fortgehen«, rief sie und begann zu weinen. »Zum ersten Mal in meinem Leben war ich richtig glücklich. Lavinda, meine Stiefmutter, hasst mich, und meine Schwägerin ist ein gemeines Biest. Ich werde mich einfach weigern, zu gehen. Man wird mich in Eisen legen lassen müssen, um mich fortzuschleppen.«

»Na, na, Kindchen!« Kyndras Arme schlossen sich um Roisin. »Das hat doch keinen Sinn. Du musst dich dem Befehl des Baumeisters fügen. Vielleicht wird alles gar nicht so schlimm, wie du befürchtest. Immerhin kannst du in Conwy weiterhin als Steinmetzin arbeiten. Für eine Frau hast du es weit gebracht. Es muss nicht das Ende deines Weges sein.«

»Du hast recht, Kyndra. Verzeih, dass ich die Beherrschung verloren habe. Es ist nur Selbstmitleid.« Mit dem Handrücken wischte sie sich die Tränen von den Wangen. »Es ist meine Pflicht, meiner Familie in den schweren Zeiten beizustehen. Mein Bruder ist nicht völlig im Unrecht.«

Kyndra hielt Roisin eine Armlänge von sich entfernt, sah sie fest an und sagte ernst: »Manchmal denke ich, du bist zu gut für diese Welt. Übe dich in Geduld, Mädchen. Gott wird noch Großes mit dir vorhaben.«

Dann sollte er bald damit anfangen, dachte Roisin, denn ich bin keine junge Frau mehr.

Zu Roisins Überraschung war es tatsächlich Bailan Aldington, der sie nach Conwy begleiten sollte. Der erste Streifen des Morgenlichtes zog gerade im Osten auf, als er vor ihrer Hütte stand. Roisin, die in der Nacht kein Auge zugetan hatte, war zur Abreise bereit.

»Warum seid Ihr und Lady Elizabeth zurückgekehrt?«, fragte sie den Ritter.

»Das spielt keine Rolle.«

»Darf ich mich von Eurer Schwester verabschieden? Sie war immer sehr gut zu mit.«

»Sie möchte niemanden sehen«, erwiderte er knapp. Auf Roisin machte er einen missmutigen Eindruck. Wohl, weil er die Order erhalten hatte, sie, eine einfache Frau, nach Conwy zu bringen. Was war geschehen, dass der König ihn fortgeschickt hatte? »Da ich annehme, du kannst immer noch nicht reiten«, riss er sie aus ihren Überlegungen, »wirst du auf dem Maultier sitzen. Es ist ein lammfrohes Tier. Nur werden wir sehr langsam vorankommen. Mein Bursche wird deine Sachen nehmen. Wir müssen uns beeilen, um vor Sonnenuntergang am Ziel zu sein.«

Roisin trat zur Seite, um den Jungen in die Hütte zu lassen. Sie hatte zwei Säcke gepackt: Einen mit ihrer Kleidung, im anderen war das Werkzeug verstaut. Jeden Gegenstand hatte sie sorgsam in einen Stofflappen gewickelt.

»Was wurde Euch gesagt, warum ich wieder nach Conwy muss?«, fragte Roisin.

»Deine Dienste sind hier nicht länger erforderlich.«

»Ist es nicht vielmehr so, dass ich gehen muss, weil ich als Frau eine bessere Arbeit leiste als die männlichen Steinmetze?«

Zum ersten Mal sah Bailan Aldington sie direkt an. »Warum du wieder nach Hause gehen musst, hat mich nicht zu interessieren. Ich folge dem Befehl des Baumeisters.«

»Als Ritter des Königs müsst Ihr den Befehlen eines Baumeisters folgen?«

»James of St.George ist nicht irgendein Baumeister.« Bailans Stimme hatte einen tadelnden Unterton. »Er genießt hohes Ansehen beim König. Ich habe guten Grund, damit …«

Er brach ab, weil der Knappe nun wieder aus der Hütte kam. Der Bursche befestigte die Säcke auf seinem Pferd, dann reichte er Roisin die Hand und half ihr auf das Maultier. Roisin raffte ihr Gewand, soweit es schicklich war, konnte aber nicht verhindern, dass der Rock für einen Moment ihre bloßen Beine bis zu den Knien hinauf enthüllte und die Verdrehung des Unterschenkels deutlich sichtbar war. Der Bursche starrte unverhohlen auf ihr rechtes Bein.

»Keine Sorge, es ist nicht ansteckend«, erklärte Roisin.

Der Junge wurde dunkelrot, beeilte sich, auf sein Pferd zu steigen, und griff nach dem Strick, der um den Hals des Maultiers geschlungen war. Langsam trabte das Tier an. Als sie das King's Gate passierten, wurde Roisins Kehle eng. Sie hatte sich hier heimisch gefühlt und Freunde gefunden. Nein, sie würde jetzt nicht weinen. Diese Blöße wollte sie sich vor Bailan Aldington nicht geben.

Es war ein schöner Tag für die Reise. Vom Meer her wehte eine leichte Brise, sodass es bei dem strahlenden Sonnenschein nicht zu warm war. Das Maultier trottete langsam vor sich hin. Bailan musste sein Ross zügeln, das eine weitaus schnellere Gangart gewohnt war und dementsprechend immer wieder unruhig tänzelte. Als die Sonne im Zenit stand, gab Bailan den Befehl zum Rasten. Sie hielten in der Nähe eines Weilers. Roisin rutschte selbstständig aus dem harten Holzsattel. Verstohlen rieb sie sich das Hinterteil. Es fühlte sich an, als wäre sie mit einer Weidenrute gezüchtigt worden.

Sie setzen sich unter eine Eiche am Ufer eines Baches, dessen klares Wasser über kleine, runde Kiesel rauschte. Das dichte, ausladende Laubwerk spendete angenehmen Schatten. Nachdem sie ihren Durst mit dem frischen Wasser gestillt hatten, nahm Bailan aus einer der Satteltaschen einen ledernen Beutel. In ihm waren ein Laib Brot, ein Stück Käse und drei Äpfel. Er teilte die Mahlzeit auf. Roisin merkte erst jetzt, wie hungrig sie war. Sie aßen schweigend.

Als der Bursche aufstand und zwischen den Bäumen verschwand – Roisin konnte sich denken, warum –, sagte Bailan unvermittelt: »Ich habe mich mit Alan de Beauvoir geprügelt und ihm die Nase gebrochen. Deswegen schickte mich der König fort. Er will keinen Ärger zwischen seinen Edelmännern. Mir ist es gerade recht. Ich will Alan niemals wieder begegnen.«

»Oh! Ich dachte, Ihr seid Freunde.«

»Das dachte ich auch.« Verärgert verzog Bailan die Stirn. »Ich wusste, dass er ein Bruder Leichtfuß ist, und ich hatte ihn mehrmals gewarnt. Ihn und meine Schwester. Dann jedoch … Ich musste ihm eine ordentliche Abreibung verpassen, an die er noch lange denken wird.«

»Und Lady Elizabeth?«

»Ihr Ruf ist ruiniert«, antwortete Bailan grimmig. »Wie ruiniert – das werden die nächsten Wochen zeigen. Ich habe dafür gesorgt, dass sie in der Burg mit niemandem Kontakt hat, außer einer Frau, die sie mit Essen versorgt.«

»Ihr habt Eure Schwester einsperren lassen?«, fragte Roisin entsetzt. »Wenn sie und Sir Alan sich doch lieben …

»Alan liebt niemanden außer sich selbst«, unterbrach Bailan sie scharf. »Für ihn ist alles nur ein unterhaltsames Spiel. Wenn meine Schwester nun ein Kind erwartet, dann Gnade ihm Gott! Eine gebrochene Nase wird dann sein kleinstes Problem sein.«

»Oh!«, wiederholte Roisin. Sie war erstaunt, dass Sir Bailan ihr gegenüber so offen war. Sie verstand, dass er sich um seine

Schwester sorgte und die derzeitige Lage eine gewisse Dramatik besaß. Lady Elizabeth einzusperren, ging jedoch ihrer Ansicht nach entschieden zu weit.

»Du hältst mich für herzlos?«, fragte er, als hätte er ihre Gedanken gelesen, erwartete aber keine Antwort und fuhr fort: »Seit dem Tod unserer Eltern bin ich für meine Schwester verantwortlich. Ich wollte, dass sie ein glückliches, unbeschwertes Leben führt und unserem Namen Ehre macht.« Er fuhr sich mit der Hand durch sein dichtes, dunkles Haar und seufzte. »Du kannst das nicht verstehen. Wie solltest du auch? In deinen Kreisen geht man eheliche Bindungen vielleicht aus Zuneigung ein. Mit ihrem Aussehen und Charme hätte Elizabeth glänzende Aussichten gehabt. Ein Lord oder sogar ein Earl wäre der passende Mann für sie gewesen. Sie hat ihre Zukunft unwiderruflich zerstört.«

Roisin nickte wortlos. Es gab vieles, was sie hätte sagen können. Unter anderem, dass Stand und Geld keine Rolle spielen sollten, wenn es um wahre Liebe ging. Es stand ihr aber nicht zu, die Entscheidungen und Ansichten eines Adligen zu kritisieren.

Der Bursche kam zurück, und sie brachen auf. Sie ritten wieder hintereinander und schwiegen. Bailans Worte, sie könne es nicht verstehen, weil sie einem anderen Stand angehörte, rumorten in Roisins Magen. Obwohl Monate vergangen waren, stand ihr die Erinnerung an die ausgelassene Schneeballschlacht so deutlich vor Augen, als sei sie gestern gewesen. Damals hatte sie für einen klitzekleinen Moment gedacht, zwischen den Aldingtons und ihr bestünden keine sozialen Unterschiede. Wie dumm und vermessen ihr Gefühl gewesen war! Außer ihrer gesellschaftlichen Trennung war sie ein Krüppel. Niemals könnte Bailan Aldington in ihr eine Frau sehen. Sie tat gut daran, jeden Gedanken an ihn so schnell wie möglich aus ihrem Kopf zu verbannen.

In Conwy schien sich nichts verändert zu haben. Sie ritten auf das südliche Tor zu. Beim Näherkommen erkannte Roisin, dass auf allen der einundzwanzig Türme entlang der Stadtmauer Wachen postiert waren. Obwohl Schottland weit fort war, waren in Conwy Maßnahmen getroffen worden, eventuelle Angreifer frühzeitig auszumachen.

Vier Posten mit Brustharnisch und Helmen auf den Köpfen hielten sie am Tor auf. An ihren Seiten hingen Schwerter, in den Händen trugen sie Piken, und sie wirkten sehr wachsam.

»Bailan Aldington, Ritter unseres großen Königs«, erklärte Bailan. »Ich bringe eine Frau nach Hause, die einige Zeit am Hof von Caernarvon gelebt hat.«

Zwei der Posten musterten Roisin abschätzend.

»Wie lautet der Name der Frau?«

»Roisin Talwyn«, antwortete Roisin. Bailan musste nicht für sie sprechen, sie hatte selbst einen Mund.

»Talwyn?«, wiederholte ein Wachposten. »Verwandt mit dem Steinmetz Edward Talwyn?«

»So ist es«, erwiderte Roisin. »Und die Tochter von Elian Talwyn, der maßgeblich zum Bau der Burg und der Stadtbefestigung beigetragen hat.«

»Lasst sie passieren«, meldete sich einer der Soldaten aus dem Hintergrund. »Ich kenne die Frau. Edward hat von seiner verkrüppelten Schwester erzählt. Wir würfeln manchmal zusammen im *Silver Dragon*.«

Die Wachen traten zur Seite, und die drei passierten das Tor mit dem hochgezogenen Fallgitter. Erst jetzt ging es Roisin auf, dass etwas nicht stimmig war.

»Warum reiten wir in die Stadt hinein, Sir Bailan?«, fragte sie. »Die Siedlung der Handwerker liegt außerhalb der Mauern in südöstlicher Richtung.«

»Ich habe Befehl, dich zu deinem Quartier zu bringen«,

antwortete Bailan. »Jetzt halt den Mund und folge mir, damit wir uns in dem Gewimmel nicht verlieren.«

Es ging auf den Abend zu, dementsprechend eilten die Leute geschäftig durch die Straßen. Frauen trugen voll beladene Körbe in den Händen, Männer schwere Säcke auf dem Rücken oder schoben Schubkarren vor sich her. Die ersten Händler schlossen ihre Läden vor den Fenstern, durch die sie ihre Waren verkauften. Bailan bog in eine Gasse unweit des westlichen Stadttors ein. Sie war beidseitig von zweistöckigen und mit Stroh gedeckten Steinhäusern gesäumt und am Ende von der Stadtmauer begrenzt. Roisin erinnerte sich, dass mit dem Bau dieser Häuser begonnen worden war, kurz bevor sie vor Lavinda geflüchtet war.

Sie hielten vor dem letzten Haus auf der rechten Seite.

»Wer wohnt hier?«, fragte Roisin. Waren Edward und seine Familie umgezogen? Wie war es ihm gelungen, die Genehmigung zu erhalten, innerhalb der sicheren Stadtmauern zu leben?

»Du, Roisin.« Bailans Antwort verschlug Roisin die Sprache. »James of St. George hat mir die Gasse und das Haus genau beschrieben. Hier müssten wir richtig sein.«

Roisin rutschte von dem Maultier. Dass sich ihr verlängerter Rücken anfühlte wie ein einziger Bluterguss, trat in den Hintergrund. Drei Stufen führten zu der Tür. Dahinter öffnete sich ein großer Raum mit einem Kamin auf der rechten Seite. Er war ähnlich eingerichtet wie die Werkstatt in Caernarvon Castle, nur die Gerätschaften fehlten. Gegenüber dem Eingang führte eine weitere Tür zur Rückseite des Hauses. Ein schmaler Garten schloss sich an, der bis an die Stadtmauer und einen der Türme reichte. Von hier aus war die Burg gut zu erkennen. Roisin kehrte in den Raum zurück. Eine steile Stiege führte ins obere Stockwerk. Dort vermutete sie eine Schlafkammer.

»Hier soll ich wohnen?«, fragte sie ungläubig Bailan, der an der Tür stehen geblieben war, während der Bursche Roisins Säcke ins Haus trug.

»So lautet meine Anweisung.«

»An wen ist die Miete zu entrichten?«

»Du musst keine Miete bezahlen, Roisin.«

»Aber wieso …« Ungläubig schüttelte sie den Kopf. »Und mein Bruder? Wo sind er und seine Familie?«

»Du stellst zu viele Fragen«, erwiderte Bailan. »Ich habe dir alles gesagt, was du wissen musst. Du solltest dich beeilen, noch ein paar notwendige Lebensmittel zu besorgen. Mein Bursche und ich werden uns eine Unterkunft für die Nacht suchen und morgen früh nach Caernarvon zurückreiten.«

Ohne Abschiedsgruß schwang er sich auf sein Pferd. Der Bursche tat es ihm gleich und zog das Maultier hinter sich her. Dann ritten die beiden Männer die Gasse entlang und waren einen Moment später aus Roisins Blick verschwunden. Sie sank auf einen Schemel. In ihr stritten die unterschiedlichsten Gefühle. Ihre Befürchtungen, sie müsse sich wieder mit Lavinda das Haus teilen, hatten sich glücklicherweise nicht bewahrheitet. Beim besten Willen fand sie keine Erklärung, warum man sie aus Caernarvon fortgeschickt, ihr hier aber ein eigenes Haus und eine Werkstatt zugeteilt hatte.

Roisin erinnerte sich an Bailans Rat und stand auf. Sie hatte nichts zum Essen im Haus. Wenn sie sich beeilte, konnte sie noch Brot, Käse und Milch bekommen, bis alle Händler ihre Läden schlossen.

21.

S ie ist also zurück.«
Nate schob einen Becher Bier über den Tisch zu Edward. Dankbar griff dieser danach und trank einen kräftigen Schluck. Dann rülpste er ungeniert.

»Ja, meine *liebe* Schwester ist wieder in der Stadt«, sagte er grimmig. »Weiß der Himmel, was sie dazu veranlasst hat. Als ich bei ihr war, weigerte sie sich standhaft, Caernarvon zu verlassen.«

»Jetzt hast du erreicht, was du wolltest, mein Freund.«

»Nun ja, nicht ganz«, erwiderte Edward. »Roisin hat ein eigenes Haus mit Werkstatt erhalten – und zwar innerhalb der Stadtmauern. Es wird schwer werden, Druck auf sie auszuüben. Sie muss einflussreiche Bekannte in Caernarvon haben. Mir wurde mitgeteilt, dass ich vorerst mein Heim nicht räumen muss. Allerdings wurde das Nachbarhaus einem neuen Zimmermann gegeben.«

»Ich kann mir nicht vorstellen, dass deine Schwester so großen Einfluss hat«, gab Nate zu bedenken. »Allerdings stand sie mit der Königin auf gutem Fuß.«

Edward seufzte und leerte den Becher bis zur Neige. »Ich fürchte, Roisin wird nicht bereit sein, mir nähere Erklärungen zu geben. Du hättest erleben sollen, wie sie mich bei meinem Besuch in Caernarvon behandelt hat! Als wäre ich ein unmündiges Kind!«

»Warum lässt du dir das gefallen?«, fragte Nate. »In den letzten Monaten hatte ich nicht den Eindruck, deine Schwester bedeutet dir noch viel.«

»Das mag sein.« Edward zuckte mit den Schultern. »Leider ist es aber so, dass ich sie brauche.«

»Was willst du jetzt tun?«

Edward straffte die Schultern. »Das Geld, das meine Schwester mir gegeben hat, ist nahezu aufgebraucht. Sie wird ihre Familie aber nicht im Stich lassen. Ich gehe später zu Roisin und versuche, vernünftig mit ihr zu reden. Zunächst gib mir aber noch ein Bier.«

Nate stand auf und füllte aus dem Fass den Krug bis zum Rand.

»Du solltest nicht so viel trinken, Edward«, mahnte er. »Unsere Sache steht kurz vor der Vollendung. Wenn es beginnt, brauchen wir klare Köpfe.«

»Als ob mich ein paar Krüge Bier umhauen würden!« Edward lachte, es klang aber bitter. »Wann soll es losgehen?«

Obwohl sie allein in der Schankstube waren – das *Silver Dragon* hatte vormittags geschlossen –, beugte sich Nate vor, sodass sein Gesicht nur eine Handbreit von Edwards entfernt war, und flüsterte: »Es dauert nicht mehr lange, alle stehen bereit. Der neuerliche Krieg mit Schottland spielt uns in die Hände. Der Großteil der Männer des Königs ist im Norden.«

»In Conwy wurden die Wachen allerdings verstärkt«, gab Edward zu bedenken. »Denkst du, es wird uns gelingen, die Stadt und die Burg unter unsere Kontrolle zu bringen?«

»Höre ich Zweifel, mein Freund?« Nate runzelte die Stirn und sah Edward ernst in die Augen. »Oder gar Furcht?«

»Ich habe keine Angst!« Edward sprang auf. Dabei stieß er gegen die Tischkante und ein Teil seines Bieres schwappte aus dem Krug. »Wag es nicht nochmal, mich einen Feigling zu nennen!«

»Das habe ich nicht getan«, erwiderte Nate ruhig. »Ich weiß, dass du die Engländer ebenso hasst wie ich und Hunderte andere tapfere, aufrechte Waliser. Wir haben so lange geplant und auf den richtigen Moment gewartet.«

Edward nickte zustimmend und nahm wieder auf der Bank Platz. »Der Überraschungseffekt ist auf unserer Seite. Die verdammten Engländer rechnen mit einem Angriff von den nordischen Barbaren. Sicherlich nicht, dass sich die Waliser ein weiteres Mal erheben. Nach dem Aufstand vor fünf Jahren wiegen sie sich in Sicherheit.«

»Eine trügerische Sicherheit«, bemerkte Nate. »Sei jederzeit bereit, Edward. Du hast den Umgang mit dem Breitschwert geübt?«

»So gut wie täglich«, antwortete Edward. »Es war nicht immer einfach, es vor Lavinda und Melyn zu verbergen. Selbst wenn sie mich bei den Übungen überrascht hätten: Von Weibern lasse ich mir nichts verbieten!« Zur Bekräftigung seiner Worte hieb er mit der Faust auf die Tischplatte. Ein weiterer Schwall Bier schwappte über.

»He, wenn du hier schon kostenlos trinkst«, rief Nate aufgebracht, »dann vergeude nicht das Bier! Sonst berechne ich dir den üblichen Preis.«

Edward wollte aufbrausen, besann sich aber schnell. Er hatte keinen Penny übrig, um für das Bier und den Wein zu bezahlen, zu dem Nate ihn großzügigerweise einlud. Er war jetzt der alleinige Besitzer des *Silver Dragon*. Im vergangenen Winter war sein Vater an einer Lungenentzündung gestorben. Seitdem hatten sich die Gäste in der Schenke geändert. Es kamen hauptsächlich Wachsoldaten in das Gasthaus. In diesem Fall spielte es für Nate keine Rolle, dass die Männer fast ausschließlich Engländer waren, solang sie ihre Münzen großzügig ausgaben. Auch Engländer waren Männer mit gewissen Bedürfnissen. Seit Jahresbeginn arbeiteten vier junge Frauen für Nate, zwei davon waren gerade erst sechzehn Jahre alt. Sie hatten eigene Kammern im Obergeschoss. Drei Viertel ihres Lohns mussten sie Nate aushändigen. Dafür bekamen sie ein dichtes Dach über den Köpfen, drei warme Mahlzeiten am Tag und Schutz vor den Übergriffen der Männer, denen sie zuvor auf den Straßen ausgesetzt waren.

»Cathy hat nicht zufällig gerade Zeit?«, fragte Edward.

»Nee, mein Freund.« Nate grinste. »Die Weiber schlafen noch, die letzte Nacht war lang. Außerdem ist in diesem Haus nicht alles kostenlos.«

Edward seufzte. In diesem Punkt war Nate rigoros. Wenn weiterhin alles so gut lief, würde der Freund in zwei oder drei Jahren ein reicher Mann sein. Allerdings …

»Wenn wir die Engländer aus dem Land vertreiben«, sagte Edward nachdenklich, »werden sie dir als Kundschaft fehlen.«

»Daran habe ich natürlich auch schon gedacht«, erwiderte Nate. »Es werden andere kommen. Kaufleute, Händler, Handwerker … Nachdem unser Land wieder frei ist, wird es aufblühen. Wir werden Handel mit dem Ausland treiben, ohne die horrenden Steuern und Zollgebühren.« Seine Augen glänzten erwartungsvoll. »Es kommen großartige Zeiten auf uns zu, mein Freund! Zeiten, die in die Geschichte eingehen und noch in Jahrhunderten jedem Kind erzählt werden. Unsere Namen werden unvergessen bleiben, selbst wenn unsere Knochen längst zu Staub zerfallen sind.«

»Wer soll Wales regieren, wenn der Umsturz vollbracht ist?«, fragte Edward.

»Das entscheiden wir, wenn es so weit ist«, erwiderte Nate. »Derzeit sind alle Abkömmlinge und Verwandten von Llywelyn, unserem rechtmäßigen Fürsten, entweder in Gefangenschaft oder im ausländischen Exil. Wenn wir unser Land wieder unter Kontrolle haben, werden die Gefangenen befreit und entsprechende Verhandlungen mit den möglichen

Herrschern geführt. Wir, du und ich, mein Freund, werden dabei federführend agieren. Die immerwährende Gunst des künftigen Fürsten ist uns und unseren Nachkommen bis in alle Ewigkeit gewährleistet.«

Edward ließ sich von Nates Zuversicht nur zu gern anstecken. Entgegen seinen Worten hatte er durchaus Zweifel, ob ein neuerlicher Aufstand gelingen konnte. Seit Jahren hatten die Männer heimlich an den Waffen geübt, schlussendlich waren sie alle aber einfache Leute und keine ausgebildeten Soldaten. Ihre Waffen waren Mistgabeln, Knüppel, Dreschflegel und Äxte. Jede Gruppe hatte einen Anführer, aber eine Einheit wie die englischen Truppen waren sie nicht. Allerdings standen an die zweihundert Bogenschützen bereit, von denen es hieß, dass keiner sein Ziel um mehr als eine Handbreit verfehlte. Die Männer hielten sich in den Bergen verborgen und warteten auf das Zeichen, loszuschlagen.

»Du solltest noch etwas wissen«, sagte Nate.

»Ja? Hoffentlich nichts Schlechtes?«

»Im Gegenteil!« Nate grinste und rieb sich siegesgewiss die Hände. »Du darfst es aber niemandem verraten! Das musst du schwören, Edward!« Edward nickte und sah seinen Freund erwartungsvoll an. Flüsternd fuhr Nate fort: »Nicht weit von Conwy entfernt, im Wald von Henryd, sind zwei Katapulte verborgen.«

»Katapulte?«, wiederholte Edward perplex. »Wer hat sie beschafft und bezahlt?«

»Ein großzügiger Gönner«, antwortete Nate. »Ein Engländer, der auf unserer Seite steht. Sein Name tut nichts zur Sache. Er hat allen Grund, König Edward zu Fall zu bringen und ist vermögend genug, die Kriegsmaschinen bauen zu lassen. Ein Katapult wird nach Caernarvon gebracht, mit dem anderen reißen wir die Mauern von Conwy ein.«

Die Burgen und Städte Conwy und Caernarvon waren

massiv befestigt. Die Stadtmauern waren hoch und dick. Mittels der Katapulte war es jedoch möglich, die Mauern zu zerstören, damit die Kämpfer eindringen konnten. Edwards Zuversicht wuchs, dass der Aufstand zum Erfolg führen würde. Wer die Städte Caernarvon und Conwy beherrschte, beherrschte auch Wales. Dieses Mal schlugen sie nicht planlos zu wie vor fünf Jahren. Die Früchte der langen, expliziten Planung waren so gut wie reif. Er und Nate mussten sie nur noch pflücken.

Mit einem Schluck leerte Edward seinen Krug, dann stand er auf. »Ich muss gehen. Du informierst mich, wann wir losschlagen?«

»Du wirst es rechtzeitig erfahren«, antwortete Nate. »Halte dich bereit! Nur noch eine kurze Weile, und unser Volk wird endlich wieder frei sein.«

Nates Worte klangen in Edward nach, als er die High Street entlangging. Bald würden sie das schwere Joch der Besatzer abstreifen! Immerwährender Ruhm, wie Nate ihn anstrebte, war Edward nicht ganz so wichtig wie seinem Freund. Die Aussicht, ein wichtiger Teil der Geschichte der britischen Insel zu werden, war aber durchaus verlockend. Wie er Nate gesagt hatte, verstand er es gut, das schwere Breitschwert mit beiden Händen zu führen. Auch mit dem Bastardschwert, das leichter zu handhaben war, kam er gut zurecht. Bisher waren seine Zielobjekte Kohlköpfe gewesen, die er locker von den Stangen geschlagen hatte. Edward fragte sich, wie es wohl sein würde, einem Menschen den Kopf vom Rumpf zu trennen oder ihm den Dolch ins Herz zu bohren? Unwillkürlich schauerte er. Er hatte noch nie einen Menschen mit eigener Hand getötet. Anders sein Freund Nate. Edward dachte daran, wie der Wirt damals …

Schnell scheuchte Edward die Erinnerung aus seinem Kopf. Vor ihm lag das Stadttor, in dessen Nähe sich die Gasse befand, in der Roisin nun wohnte. Er fand das Haus schnell, klopfte an die Tür, wartete auf keine Antwort, sondern trat ein. Edward bot sich das gewohnte Bild: Roisin saß auf einem Schemel vor der Werkbank und hielt einen kleineren Steinblock in den Händen.

»So sehen wir uns also wieder, Edward«, sagte Roisin. Er meinte einen müden Klang in ihrer Stimme zu hören. »Ich wusste, es würde nicht lange dauern, bis du mich besuchst. Wirst du mir die Frage beantworten, wie es dir gelungen ist, mich nach Conwy zurückzuholen? Hast du mit meinem Geld die richtigen Leute bestochen?«

Abwehrend hob er die Hände. »Ich habe nichts damit zu tun, dass man dich aus Caernarvon fortgeschickt hat. Das hast du dir ganz allein zuzuschreiben, Schwester. Ich nehme an, du bist vielen auf die Zehen getreten, und sie wollten dich loswerden.«

»Was willst du?«, fragte sie.

»Ich bin gekommen, um dich zu Hause willkommen zu heißen«, antwortete er mit einem unverbindlichen Lächeln. »Du könntest ruhig etwas freundlicher zu deinem einzigen Bruder sein.«

Roisin legte den Stein zur Seite, wischte sich mit einem Tuch den Staub von den Händen und stand langsam auf.

»Das hast du damit getan. Was noch? Brauchst du mal wieder Geld?«

»Aber, aber, liebe Schwester!« Edward lachte und merkte, dass es aufgesetzt wirken musste. »Willst du heute nicht zum Abendessen kommen und den Rest der Familie begrüßen? Melyn hat sich zu einer recht passablen Köchin entwickelt.«

»Das freut mich«, erwiderte Roisin. Edward sah, wie seine Schwester mit sich kämpfte. »Nun gut, ich komme. Trotz allem sind wir eine Familie. Nur nehme ich dir nicht ab, dass du mit meiner Rückkehr nichts zu tun hast.«

»Wenn dem so wäre«, sagte Edward, »hätte ich dann erlaubt, dass du ein eigenes Haus innerhalb der Stadtmauern bewohnst? Es wäre doch in meinem Interesse gewesen, dich wieder unter meinem Dach zu haben.«

Auf Roisins Gesicht zeichneten sich Zweifel ab. Edward verstand, dass sie glaubte, er habe sie nach Conwy zurückgeholt. Dem war aber nicht so. Seit er keine Steinmetzarbeiten mehr vorweisen konnte und den Titel des Zunftmeisters verloren hatte, galt sein Wort kaum noch etwas. Mit dem königlichen Baumeister hatte er in all den Jahren lediglich ein paar unbedeutende Worte gewechselt. James of St. George war nicht der Mann, der sich von einem Handwerker etwas vorschreiben ließ.

»Ellis wird sich freuen, seine Tante wiederzusehen.«

»Damit wird er wohl der Einzige sein.«

»Einen Abend lang werden Lavinda und du wohl miteinander auskommen, ohne euch gegenseitig an die Gurgel zu gehen.«

In ihrem Blick stand deutlich zu lesen: Das liegt nicht an mir. Er seufzte verhalten. Die Stiefmutter war gewiss keine leicht zu händelnde Frau. Sie hatten ihr aber viel zu verdanken, und er kannte keine andere Mutter.

»Ich hole dich später ab, Roisin.«

»Danke, aber ich finde den Weg allein«, erwiderte sie. »Lange bleiben werde ich jedoch nicht. Ich muss wieder zu Hause sein, bevor die Stadttore geschlossen werden.«

Zu Hause … Edward beherrschte sich, um nicht aufzubrausen. Verdammt! Seine Schwester hatte nur ein Zuhause – und das lag in der Siedlung der Handwerker vor den Toren der Stadt! Er würde schon dafür sorgen, dass sie die Narretei dieses Hauses und einer eigenen Werkstatt aufgab. Sie musste unter seiner Aufsicht arbeiten, schließlich brauchte er das Geld.

Edward trat in die Küche. Melyn nahm gerade einen Kessel vom Feuer, aus dem es nach gekochtem Kohl roch. Schon wieder Kohl! Edward konnte das Gemüse nicht mehr sehen. Wann hatte es zum letzten Mal eine Speckseite, ein Stück Rindfleisch oder ein gebratenes Huhn gegeben?

»Sie kommt heute Abend«, sagte er. »Wir sollten Roisin mehr als weichen Kohl und hartes Graubrot vorsetzen.«

»Dann gib mir Geld, damit ich Fleisch kaufen kann«, forderte Melyn.

»Andere Frauen kommen auch mit wenig zurecht«, entgegnete Edward scharf. »Trotzdem lassen sie ihre Ehemänner nicht verhungern.«

»Dass du nicht verhungerst«, sagte Lavinda, »dafür sorgt dein zweifelhafter Freund Nate. Bier und Wein füllen auch den Magen.«

»Lass Nate aus dem Spiel!«, fuhr Edward die Stiefmutter an. Schwer ließ er sich auf einen Hocker plumpsen. »Heute Abend werdet ihr freundlich zu Roisin sein. Ist das klar?«

»Hast du sie gefragt, ob sie wieder für dich arbeitet?«, fragte Lavinda mit einem lauernden Unterton.

Edward lachte bitter auf. »Du meinst, ob ich wieder Steinmetzarbeiten als meine ausgebe, die in Wahrheit meine Schwester gemacht hat? Das ist vorbei. Inzwischen hat es sich herumgesprochen, welch Versager ich bin.«

Melyn trat neben ihren Mann und legte eine Hand auf seine Schulter. »Sei nicht so hart zu dir«, sagte sie leise. »Nicht jedem ist das Talent gegeben.«

»Aber nicht jeder betrügt die gesamte Zunft«, zischte Lavinda. »Die Schande, dass das Hinkebein uns über Jahre hinweg ernährt hat, ist schlimmer, als täglich Kohl und Rüben essen zu müssen.«

Und sich keine neuen Gewänder mehr kaufen zu können, fügte Edward in Gedanken hinzu. In den letzten Monaten war Lavinda sichtlich gealtert. Immer mehr graue Strähnen durchzogen ihr einst dunkelbraunes Haar. Ihre Stirn war faltig geworden, und ihre Augen hatten an Glanz verloren. Was sie jedoch nicht verloren hatte, war ihre scharfe Zunge. Melyn hingegen hatte sich mit ihrer aktuellen Lage arrangiert. Ihr Vater, der Schreiber Argall, steckte ihr immer mal wieder die eine und andere Münze zu. Wenn er und Edward sich zufällig auf der Straße begegneten, tat er jedoch, als würde er seinen Schwiegersohn nicht kennen. Es kratzte zusätzlich an Edwards Stolz, dass seine Frau Geld von ihrem Vater annehmen musste, damit sie über die Runden kamen.

Bald jedoch würde das alles vergessen sein. Wenn er als einer der Befreier von Wales galt, würde nicht nur sein Ruhm steigen, sondern auch die Kasse klingeln. Helden hatten überall Kredit und wurden ausgehalten. Man würde ihn mit Arbeitsangeboten überhäufen. Natürlich würde er nur eine Arbeit annehmen, die ihn körperlich und zeitlich nicht allzu sehr beanspruchte. Schließlich gab es noch andere Dinge im Leben, die es zu genießen galt. Zum Beispiel die jungen Mädchen im *Silver Dragon*. Vielleicht sollte er sich Nate als Partner vorschlagen? Sie könnten die Schenke um einen Anbau vergrößern und weitere hübsche Mädchen anstellen. Die Weiber brachten das Geld rein, er selbst würde keinen Finger rühren müssen.

»Woran denkst du?«, fragte Lavinda. »Es muss etwas Schönes sein, so wie du grinst.«

»Bald wird alles besser, Mutter«, antwortete Edward. »Es ist nicht mehr lange nötig, von Roisin unterstützt zu werden.«

»Ach, hast du etwa einen Goldschatz gefunden?«, spöttelte Lavinda. »Das wäre einmal eine gute Nachricht. Mit Fantastereien stillt man nämlich keine hungrigen Mägen.«

Edward stand auf und verließ ohne ein weiteres Wort das Haus. Er brauchte frische Luft. Seit sich seine finanzielle

Lage verschlechtert hatte, war Lavinda nahezu unerträglich geworden. Ein wenig verstand er Roisin, die es mit der Frau nicht mehr ausgehalten hatte. Am liebsten hätte er Lavinda auf die Straße gesetzt. Das würde seinem sowieso angeknackten Ansehen in der Stadt aber zusätzlich schaden.

Das Abendessen verlief besser, als Edward gehofft hatte. Nach einer knappen Begrüßung sprachen Lavinda und Roisin kein Wort mehr miteinander, sie vermieden sogar, sich anzusehen. Melyn hingegen hatte die Schwägerin umarmt und auf die Wange geküsst.

»Ich freue mich so sehr, dich wiederzusehen! Du musst unbedingt Ellis begrüßen.«

Der inzwischen dreijährige Junge lief zu Roisin, klammerte sich an ihren Rock und rief mit strahlenden Augen: »Tante!«

Lächelnd streichelte Roisin das weiche Haar ihres Neffen. Ellis war viel zu jung, als dass er sich an sie erinnern konnte. Sie war überzeugt, Melyn hatte dem Knaben gesagt, wie er zu reagieren hatte. Es spielte keine Rolle. Sie freute sich aufrichtig, dass Ellis trotz der Einschränkungen so prächtig gedieh.

Melyn hatte ein Rübenmus gekocht, dafür eine noch aufbewahrte Speckseite ausgelassen und großzügig mit den Kräutern gewürzt, die im Frühjahr in verschwenderischer Fülle wuchsen und nichts kosteten. Das Mus schmeckte ausgesprochen gut. Edward empfand einen Anflug von Stolz auf seine Frau. Außerdem plauderte sie leichthin über Belanglosigkeiten, streute den einen oder anderen Klatsch ein und gab sich unbeschwert. Edward gab sich keinen Illusionen hin. Roisins Augen entging sicherlich nicht, dass Melyns und Lavindas Gewänder mehrfach geflickt und an den Krägen abgestoßen waren. Auch musste die Schwester das Fehlen des Zinngeschirrs bemerkt haben, das auf dem Bord oberhalb der

Feuerstelle gestanden hatte. Edward hatte es längst zu klingender Münze gemacht.

Als die Dämmerung anbrach, wurde es für Roisin Zeit zu gehen.

»Du könntest heute Nacht hier schlafen«, schlug Edward vor. »Melyn kann dir die obere Kammer richten.«

»Das ist freundlich«, erwiderte Roisin lächelnd, »aber ich möchte nach Hause. Es wartet eine Menge Arbeit auf mich, morgen möchte ich früh beginnen.«

Edward schluckte trocken und behielt seine freundliche Miene bei. Ein weiterer Kratzer an seinem Stolz, dass die behinderte Schwester Arbeit hatte und er nicht.

»Aber du hast nichts dagegen, wenn ich dich bis zum Stadttor begleite?«

»Das nehme ich gern an, Edward«, antwortete Roisin. »Wenngleich ich mich nicht fürchte, allein durch die Straßen zu gehen.«

»Wer sollte sich schon an dir vergreifen?«, murmelte Lavinda. Leise zwar, aber laut genug, dass Roisin ihre bösartigen Worte vernommen hatte.

Sie nahm ihren Umhang und legte eine Hand auf Edwards Unterarm. Nachdem sie das Ende der Gasse erreicht hatten und die Stadtmauer hoch vor ihnen aufragte, sagte Roisin: »Gut, ich werde es tun.«

»Was meinst du?« Edward hoffte, unbeteiligt zu klingen, dabei pochte sein Herz schneller.

»Das Abendessen und eure Freundlichkeit waren doch einzig und allein darauf abgezielt, dass ich euch finanziell unterstütze.«

Scheinbar empört fragte Edward: »Hältst du mich für so naiv, zu meinen, das könnte mir mit einer Einladung zum Essen gelingen?«

»Ja«, sagte Roisin schlicht, dann lachte sie laut auf. »Edward, ich kenne dich in- und auswendig. Ich habe dich quasi mit aufgezogen. Deswegen bin ich dir auch nicht gram. Du hast getan, was du tun musst. Ich ebenfalls.« Sie hob den Kopf und sah ihm fest in die Augen. »Lass uns die Vergangenheit begraben, Bruder. Ich weiß zwar noch nicht, wie viel ich für meine Skulpturen bekommen werde, da die Bauarbeiten an beiden Burgen eingestellt sind. Man sicherte mir aber ein regelmäßiges Einkommen zu. Ich werde es mit dir teilen.«

»Das ist sehr großzügig.« Edward war froh, dass es bereits fast dunkel war und Roisin nicht sehen konnte, wie er errötete.

»Du musst mir aber zwei Dinge versprechen, Edward.«

»Wenn ich es kann.«

»Erstens wirst du das Geld ausschließlich für Essen und Kleidung für deine Familie ausgeben«, forderte Roisin. »Besonders dein Sohn soll nicht darben. Ich hoffe, nicht feststellen zu müssen, dass du die Münzen zu Nate trägst. Und dann such dir Arbeit. Du bist ein gesunder und kräftiger Mann. Wenn es nicht das Steinmetzen sein soll, wird es genügend anderes geben, womit du deine Familie ernähren kannst.«

»Keine Sorge, Schwesterchen!« Edward lachte befreit auf. »Bald wird sich vieles ändern. Auch meine beruflichen Aussichten.«

Roisin legte den Kopf schief und kniff ein Auge zu. »Ich nehme nicht an, du willst mir mehr darüber sagen? Du hast dich hoffentlich nicht in dubiose Machenschaften oder gar Schlimmeres verwickeln lassen? Ein Kampf gegen die Engländer ist zum Scheitern verurteilt. Edward, begeh bitte keine Dummheiten!«

Edward fragte sich, ob Roisin Gedanken lesen konnte. Er sah sie mit einem unschuldigen Blick an und gab ihr einen Nasenstüber.

»Du brauchst dich nicht um mich zu sorgen«, sagte er

leichthin. »Jetzt komm, sonst schließt das Tor und du musst doch mit Lavinda unter einem Dach schlafen.«

Sie nickte und ging davon. Edward dachte, dass er Roisin bald wieder unter seiner Kontrolle haben würde.

22.

Roisin erwachte von lautem Rumpeln. Es war noch vor Sonnenaufgang, das Rechteck des Fensters zeichnete sich vor einem grauen Himmel ab. Sie rekelte sich wohlig, dann knetete sie mit beiden Händen ihren rechten Oberschenkel. Morgens waren die Muskeln häufig verspannt, der leichte Schmerz würde aber bald nachlassen. Roisin dachte an die Gruppe der drei Apostelfiguren, denen sie heute den letzten Schliff geben wollte, und freute sich auf die Arbeit.

In den vergangenen acht Wochen, seit sie wieder nach Conwy gekommen war, hatte sie zwei Dutzend Statuetten und Köpfe mit menschlichen Gesichtern aus dem Stein gefertigt. Jeden Freitag kam Bailan Aldington aus Caernarvon herübergeritten, nahm die Arbeiten mit und übergab ihr einen Beutel mit Münzen.

»Was geschieht mit den Figuren?«, hatte Roisin anfangs gefragt. »Und warum schickt man ausgerechnet Euch für einen niedrigen Botendienst?«

»Auf beide Fragen kann und darf ich dir keine Antworten geben«, erwiderte Bailan gelassen, wirkte gleichzeitig aber auch angespannt. »Ich will dir nur verraten, dass ich nicht mehr sehr hoch in der Gunst des Königs stehe.«

»Wegen Sir Alan und Eurer Schwester? Wie geht es Lady Elizabeth? Ist sie noch in Caernarvon?«

»Sie erwartet kein Kind«, antwortete Bailan. »Wenigstens

dieser Aspekt der unglückseligen Angelegenheit ist gut ausgegangen.« Er wandte sich zur Tür. »Mach einfach weiter wie bisher, Roisin.« Dann war er ohne einen Abschiedsgruß gegangen.

Seitdem beschränkte sich die Konversation bei ihren wöchentlichen Begegnungen auf das Notwendigste. Jeden Freitag bürstete Roisin ihr widerspenstiges Haar besonders gut, bis es glänzte, und achtete darauf, dass ihr Kleid makellos sauber war. Obwohl die Besuche von Bailan Aldington stets nur wenige Minuten dauerten, stellten sie den Höhepunkt in Roisins Leben dar. Die Arbeit mit dem Stein lenkte sie zwar ab, dennoch konnte sie nicht verhindern, dass bei den Figuren so manches männliche Gesicht die Züge des Edelmanns trug.

Inzwischen war es tatsächlich zu einem neuerlichen Krieg zwischen England und Schottland gekommen, und der König hielt sich mit seinen Truppen hoch im Norden auf. Obwohl Bailan Aldington mit seiner Situation haderte, war Roisin dankbar, dass er nicht in den Kampf ziehen musste. Sie hütete sich, es in seiner Gegenwart zu sagen, denn es würde seinen Stolz treffen. Der Platz eines Ritters war an der Seite des Herrschers – besonders in einer solchen Zeit.

Das Geld, das sie erhielt, war nicht üppig, aber so ausreichend, dass Roisin die Hälfte ihrem Bruder überlassen konnte, ohne selbst auf etwas verzichten zu müssen. Edward erschien pünktlich am Samstagmorgen, um seinen Anteil in Empfang zu nehmen. Für Roisin war es zwar ein Verlustgeschäft, aber sie fühlte sich verpflichtet, ihrer Familie zu helfen. Zweimal hatte Melyn sie in Begleitung ihres Sohnes besucht. Roisin hatte kurz das Aufblitzen von Neid in den Augen der Schwägerin bemerkt, aber schnell hatte sich Melyn wieder im Griff gehabt. Sie hatten zusammen verdünntes Bier getrunken und einen süßen Fladen gegessen, den Roisin gebacken hatte, während Ellis neugierig jeden Winkel der Werkstatt erkundete. Durch seine Lebhaftigkeit war zwischen Roisin und Melyn kein Moment peinlicher Stille aufgekommen. Allerdings hörte Roisin kein Wort des Dankes aus dem Mund der Schwägerin. Ebenso wie Edward stets wortlos das Geld nahm und schnell wieder verschwand.

Roisins Schmerz im Bein ließ nach. Sie fühlte sich ausgeschlafen und beschloss, aufzustehen. In diesem Moment rumpelte es erneut, dieses Mal lauter, gleichzeitig zitterten die Wände des Hauses, und sie hörte Menschen schreien. Sie hatte kaum einen Atemzug getan, als es erneut krachte und knirschte. Roisin tappte zum Fenster und spähte hinaus. Ihr Blick ging nach hinten hinaus. Sie sah nur die Umrisse der Burg vor dem sich langsam heller färbenden Himmel im Osten.

Schnell schlüpfte sie in ihre Schuhe und warf sich den Umhang um die Schultern. Dann kletterte sie die Stiege hinunter und öffnete die Tür. Fast alle Nachbarn hatten sich auf der Gasse versammelt. Wie Roisin waren auch sie im Schlaf überrascht worden und trugen Nachtgewänder und Nachtmützen.

»Was ist passiert?«, rief Roisin, ohne jemanden direkt anzusprechen.

Da krachte es ein weiteres Mal ohrenbetäubend unmittelbar neben ihr. Ein Teil der Stadtmauer am Ende der Gasse brach in sich zusammen, ein großer Felsbrocken schlug direkt vor Roisins Haustür auf die Erde, und kleinere Steine prasselten auf die panischen Menschen. Einer traf Roisin an der Schulter.

»Wir werden angegriffen!«, schrie ein Mann. »Sie beschießen die Stadtmauer!«

»Wir werden alle sterben!«, jammerte eine Frau in Roisins Alter. »Die Wilden werden uns alle töten!«

»Wir müssen in der Burg Zuflucht finden«, rief der Mann. Ein Pfeilhagel prasselte durch das klaffende Loch in der

Stadtmauer. Ein Geschoss traf einen Mann seitlich in den Hals. Er röchelte und brach leblos zusammen.

Roisin eilte zurück ins Haus und raffte die wichtigsten Werkzeuge zusammen. Zeit, sich im Obergeschoss anzukleiden, war keine. Ein weiteres Geschoss schlug in das Dach des Nachbarhauses ein. Von allen Seiten erklangen gellende Schreie. Hatten die Schotten die königlichen Truppen besiegt und griffen jetzt Wales an? Das konnte nicht sein! Jemand hätte das Herannahen der nordischen Barbaren bemerken und sie warnen müssen.

Roisin reihte sich in den Strom der Menschen ein, die sich durch die Straßen in Richtung der Burg am anderen Ende der Stadt bewegten. Der Sack mit den Werkzeugen wog schwer auf ihrem Rücken. Frauen kreischten panisch, und Kinder weinten. Jetzt war auch das Klirren von Schwertern zu vernehmen, und weiter wurden Steingeschosse auf die Stadt geschleudert. Ein strohgedecktes Dach direkt vor Roisin ging in Flammen auf. Nur einen Augenblick später das nächste Dach ein Stück weiter.

»Sie schleudern Brandgeschosse!«, rief hinter ihr ein Mann und stieß sie grob in den Rücken. »Los, schneller, du lahmarschiges Weib!«

Roisin stolperte weiter, unfähig, einen klaren Gedanken zu fassen. Das Gedränge wurde immer dichter. Der Angstschweiß der Menschen drang in ihre Nase, Übelkeit machte sich breit. Mehrmals strauchelte sie, und ihr Bein schmerzte unsäglich. Immer mehr Dächer brannten. In den letzten Tagen war kein Regen gefallen, so sprangen die Flammen auf der Suche nach neuer Nahrung rasend schnell von Haus zu Haus. Der dichte Rauch erschwerte das Atmen. Roisin keuchte, in ihrem Hals kratzte es. Das Kampfgetümmel vor der Stadt wurde immer lauter. Aus allen Richtungen strömten Soldaten herbei. Gezogene Schwerter in den Händen, die Köpfe und

Gesichter mit Helmen geschützt. Rücksichtlos drängten sie die Flüchtenden zur Seite. Einige stürzten. In ihrer Panik trampelte die Menge einfach über die am Boden Liegenden hinweg. Endlich hatte Roisin das westliche Burgtor erreicht. Sie und die anderen um sie herum sahen, wie die Wachposten dabei waren, die Seile zu lösen, um das Fallgitter herunterzulassen.

»Wartet!«, schrien mehrere Stimmen.

Es gelang Roisin und rund zwei Dutzend anderen, das Tor zu passieren, bevor das Gitter mit lautem Krachen herunterfiel.

»Lasst uns ein!«, schrie die Menge, der der Zugang in die sichere Burg nun verwehrt war.

»Wir werden alle sterben!«

»Mein Gott, öffnet das Tor!«

Roisin vermutete, dass auch das Burgtor in der südlichen Mauer geschlossen worden war. Conwy Castle war auf einem natürlichen Felsen erbaut und von zwei Seiten von Wasser umgeben. Die Angreifer konnten nur durch die beiden Tore in die Burg vordringen, was ihnen jetzt versperrt war.

Roisin gelangte in den weitläufigen Innenhof. Obwohl das Chaos um sie herum tobte, erinnerte sich Roisin an den Tag, als ihr Vater schwer verletzt worden war. Seitdem war sie nicht mehr in der Burg gewesen. Unschlüssig sah sie sich um. Auch hier rannten Männer auf und ab, aber es herrschte kein dichtes Gedränge. Von den acht zinnenbewehrten Rundtürmen und den Wehrgängen schossen Soldaten Pfeile auf die Angreifer hinunter. Über dem Tor, durch das Roisin in die Burg gelangt war, wurde der Inhalt eines schweren Kessels, den zwei Männer trugen, über die Mauern nach unten geschüttet. Schmerzensschreie erklangen.

»Wer tut das?«, flüsterte eine Frau neben Roisin. Sie war in ihrem Alter, in den Armen hielt sie einen Säugling.

»Ich fürchte, es sind wir selbst«, antwortete Roisin. Auf den verständnislosen Blick der Frau hin erklärte sie: »Ein erneuter Aufstand der Waliser. Es war zu befürchten, dass es passiert, da der König und der Großteil der Ritter im Norden weilen.«

»Aber sie töten auch uns!«, rief die Frau angstvoll. »Wir sind doch Waliser! Das ist Wahnsinn!«

»Jeder Krieg und jede Gewalt sind Wahnsinn«, murmelte Roisin. »Die Rebellen werden die beiden mächtigsten Städte von Wales in ihre Gewalt bekommen wollen. Fallen die Bollwerke Conwy und Caernarvon, haben sie ein Druckmittel gegen König Edward in den Händen. Ich fürchte, das Gleiche wie hier geschieht gerade auch in Caernarvon.«

Und dort waren Lady Elizabeth und Sir Bailan, dachte Roisin. Innerhalb der massiven Burgmauern war die Lady vorerst in Sicherheit, aber Bailan Aldington musste gegen die Aufständischen ins Feld ziehen. Lieber Gott, lass ihm nichts geschehen, betete sie stumm. Dann dachte sie an ihre Familie. War auch sie in Gefahr? In der Handwerkersiedlung lebten fast ausschließlich Einheimische. Würden die Rebellen sie und ihre Häuser verschonen? Die Siedlung lag inmitten des Geländes, von dem die Angreifer auf Conwy vorgedrungen waren.

Ein grauhaariger Mann in einem dunklen, wehenden Gewand kam auf sie zu. »He, kommt mit, Ihr müsst helfen!« Er winkte Roisin und der Frau, ihm zu folgen. Am anderen Ende des inneren Burghofes passierten sie eine schmale Pforte und gelangten in einen kleinen, rechteckigen Raum mit niedriger Decke und drei Schießscharten. Durch eine zweite Tür, hinter der ein Gang steil nach unten führte, schleppten Männer Verwundete herein und legten sie auf den staubigen Boden. Dann eilten sie davon, um weitere Verletzte zu bergen.

Ein Geheimgang, dachte Roisin, der wohl außerhalb der Burg endet. Sie wollte sich gar nicht vorstellen, was in der

Stadt vor sich ging. Den Sack mit den Steinmetzwerkzeugen legte sie in eine Ecke. Diese waren ihr jetzt nicht von Nutzen. Die Frau mit dem Säugling stand erstarrt an der Seite. Ihr Gesicht hatte eine graugrüne Farbe angenommen. Dann presste sie ihr Kind gegen die Brust, drehte sich um und rannte davon.

»Sir, ich brauche Wasser und Verbandsmaterial«, sprach Roisin den Grauhaarigen an.

»Ich werde sehen, was sich machen lässt.«

Eine ältere Frau, deren grauer Kittel blutgetränkt war, trat zu ihr.

»Wir müssen die Blutungen stoppen«, sagte sie und setzte voraus, dass Roisin mithalf. »Kümmere dich um die, die noch schreien. Den anderen ist wohl nicht mehr zu helfen.«

Roisin schluckte beim Anblick der teilweise grausigen Verletzungen. Manchen Männern fehlten Teile ihrer Gliedmaßen, andere hatten klaffende Schwertwunden. Pfeile steckten in Brüsten und Hälsen. Ein Fass mit Wasser wurde hereingeschleppt, zwei weitere Frauen brachten saubere Leinentücher. Roisin gab den Männern zu trinken, wusch ihre Wunden aus und verband sie notdürftig. Schnell färbten sich die Tücher rot. Bis auf die Erfahrung mit der Pflege ihres Vaters hatte sie keine medizinischen Kenntnisse, aber bei einigen wusste sie nach einem Blick, dass ihnen nicht mehr zu helfen war. Wortlos arbeiteten sie und die drei anderen Frauen. Es gab nichts, um die Schmerzen der Verwundeten zu lindern.

Roisin hatte jedes Zeitgefühl verloren. Durch die schmalen Schießscharten konnte sie den Sonnenstand nicht sehen. Es mussten Stunden vergangen sein, aber immer noch war auch hier, am Ende der Burg, das Schlachtengetümmel zu vernehmen.

»Du musst was trinken.« Die ältere Frau reichte Roisin einen Becher. Dankbar nahm Roisin und trank das kühle Wasser. »Du bist aus der Stadt?«

Roisin nickte. »Es gelang mir, die Burg zu erreichen, bevor die Tore geschlossen wurden. Weißt du, was draußen los ist?«

Die Frau zuckte mit den Schultern. »Walisische Rebellen.« Sie spie die Worte aus, als hätte sie Pferdeäpfel im Mund. »Unsere tapferen Soldaten werden ihnen schnell den Garaus machen. Was bilden sich diese Wilden überhaupt ein?«

Roisin erwähnte lieber nicht, dass auch sie Waliserin war. Den Akzent der alten Sprache hatte sie längst abgelegt.

»Gibt es keinen Arzt auf der Burg?«, fragte sie. »Oder zumindest einen Bader?«

»Derzeit nicht. Man hielt es nicht für nötig, weil außer den Soldaten niemand dauerhaft in der Burg lebt. Wenn jemand krank wird, holt man den Bader aus der Stadt. Der wird jetzt aber kaum durchkommen, wenn er überhaupt noch am Leben ist.«

Roisin stellte den Becher ab und widmete sich dem nächsten Verwundeten, der durch den Geheimgang hereingetragen und achtlos ins Stroh geworfen wurde. Seine Gewänder waren zerrissen, sein Gesicht schmutzig und blutverschmiert. An einer Schläfe klaffte eine fingerlange, tiefe Wunde, und aus der Verletzung am rechten Oberarm floss Blut ins Stroh.

»Bailan!«

Roisin legte eine Hand auf seine Brust. Bailan atmete, war aber bewusstlos. Aus dem Kübel holte Roisin frisches Wasser, sie fand auch noch leidig saubere Leinentücher. Vorsichtig wusch sie ihm das Blut aus dem Gesicht und säuberte die Wunde. Sie war breit und tief, blutete aber nur noch wenig. Anders sah es mit der Verletzung an Bailans Oberarm aus. Kaum hatte Roisin das Blut fortgetupft, sprudelte neues hervor. Das Stroh unter dem Ritter war bereits dunkelrot. Roisin faltete ein Tuch zusammen und presste es mit aller Kraft auf den tiefen Schnitt. Bailans Gesichtshaut war fahlgrau, seine Augenlider flatterten, er gab aber keinen Ton von sich.

»Der Arm muss ab«, sagte der Mann, der sie hierhergeführt hatte.

»Bitte nicht!« Roisin blickte auf, nahm ihre Hände aber nicht von der Wunde. Sie fühlte sich an den Tag erinnert, an dem ihr Vater verunglückt war. Damals hatte sie sich vehement gegen die Amputation seiner Hände gewehrt.

»Wenn wir den Arm nicht abschneiden, wird er brandig«, sagte der Mann in dem dunklen Gewand gefühllos. »Seiner Kleidung nach, zumindest dem, was von ihr noch erhalten war, handelt es sich um eine hochgestellte Person.«

»Bailan Aldington ist ein Ritter des Königs«, erklärte Roisin.

Der Mann nickte, er wirkte müde. »Ein Grund mehr, sein Leben zu erhalten.« Er fühlte sich in der Pflicht, Roisin zu erklären: »Ich bin zwar kein Arzt oder Bader, habe auf den Schlachtfeldern aber schon so manche Leiber zusammengeflickt.«

»Die starke Blutung schwemmt das aus der Wunde, was zu einer gefährlichen Entzündung führen könnte«, erwiderte Roisin ruhiger, als ihr zumute war. Ihre These war nicht mehr als eine vage Vermutung.

»He?« Verständnislos starrte der Mann sie an. Seine Lippen kräuselten sich spöttisch. »Seid Ihr ein weiblicher Bader?«

»Ich bin nur eine Frau mit einem gesunden Menschenverstand«, antwortete Roisin selbstbewusst. Hatte sie die gleichen Worte nicht auch damals bei ihrem Vater geäußert? Jetzt galt es, Bailans Leben zu retten. Selbst wenn er die Tortur einer Amputation überstand – ein Ritter mit einem Arm war nutzlos. »Ich werde mich um ihn kümmern. Wir sind … Wir sind Freunde.« Zumindest ein bisschen, fügte sie in Gedanken hinzu.

»Er könnte verbluten.« Der Mann zögerte. Da andere Verwundete um Hilfe schrien, musterte er Bailan kritisch und schlug vor: »Die Wunde am Arm sollte zumindest ausgebrannt werden.«

Roisin schüttelte sich vor Abscheu. »Gerade beim Ausbrennen entstehen die Infektionen. Es ist eine barbarische Methode, die längst abgeschafft gehört.«

Scharf zog der Mann die Luft ein. Seine Augenbrauen wurden zu einer Linie über seiner Hakennase. »Ihr habt Glück, Weib, dass wir gerade andere Probleme haben. Sonst würde ich Euch wegen Eurer ketzerischen Ansicht vor den Richter bringen.«

Demütig senkte Roisin den Blick. »Ich bitte um Verzeihung.« Sie wusste, dass sie zu weit gegangen war. Einzig die Sorge um das Leben von Bailan Aldington hatte sie so reagieren lassen.

»Nun gut, macht, was Ihr wollt, Weib. So oder so wird der Edelmann die Nacht nicht überstehen. Er hat zu viel Blut verloren.«

Er wandte sich ab und widmete sich dem nächsten Verwundeten.

Roisin wusste nicht, wie viel Zeit vergangen war, aber endlich wurde die Blutung geringer. Immer wieder benetzte sie Bailans aufgesprungene Lippen mit Wasser. Die Wunde an seiner Stirn war zwar nicht besorgniserregend, Roisin hatte aber von Leuten gehört, die nach einem Schlag auf den Kopf nie wieder aufgewacht waren. Oder – fast noch schlimmer – deren Geist sich verwirrt hatte. Sie zwang sich, nicht das Schlimmste anzunehmen und zu hoffen, dass Bailan Aldington bald wieder ganz gesund werden würde.

Die ältere Frau reichte ihr eine flache hölzerne Schale mit einer unappetitlich aussehenden grauen Substanz.

»Schwarzes Bilsenkraut und Kamillenblüten«, sagte sie knapp. »Schmiere es auf die Wunden. Es hilft.«

Mit einem dankbaren Nicken nahm Roisin die Schale und

rieb die schmierige Substanz vorsichtig auf Bailans Verletzungen. Sie roch besser, als sie aussah. Als sie die Salbe am Arm auftrug, stöhnte Bailan auf und wand sich unruhig.

»Ihr müsst ruhig liegenblieben«, raunte Roisin an seinem Ohr. Er schlug die Lider auf. Sein Blick war trübe, er schien Roisin nicht zu erkennen. »Ihr werdet wieder gesund. Ich kümmere mich um Euch.«

Sie nahm den Becher mit dem Wasser und setzte ihn an seine Lippen. Mit einer Hand hob sie seinen Kopf an, damit er trinken konnte. Das Wasser lief an seinem Mundwinkel wieder heraus. Offenbar konnte er nicht schlucken. Dann verlor er wieder das Bewusstsein.

Roisin schöpfte neue Hoffnung. Bailan würde nicht verbluten, und dass sich die tiefe Schwertwunde nicht entzündete – dafür wollte sie schon Sorge tragen.

Die Geräusche der Kämpfe wurden leiser, schließlich drangen keine Laute mehr in das Gelass. Roisin hatte keine Furcht, die Angreifer könnten die Burg einnehmen. Allerdings konnte ihnen eine Belagerung drohen. Da die Burgen in Wales aber darauf vorbereitet waren, verfügten sie über Brunnen, und in den Kellern lagerten Nahrungsmittel für Hunderte von Menschen. Sie würden durchhalten, bis der König und seine Soldaten eintrafen.

Als die Dunkelheit durch die schmalen Fenster kroch, wurden die Fackeln an den Wänden entzündet und Öllichter aufgestellt. Das Schreien der Verwundeten war verstummt, nur noch vereinzeltes Wimmern erklang. Immer wieder trugen Männer die Toten hinaus.

Ein junger Bursche, über und über mit Dreck beschmiert, kam herein. »Es ist vorbei!«, rief er. »Alle Feinde sind tot oder gefangen.«

Der Mann, mit dem sich Roisin den verbalen Disput geliefert hatte, fragte: »Weißt du, wer sie sind, Junge?«

»Waliser«, antwortete der Bursche. »Sie wollten eine neue Rebellion anzetteln.« Er grinste breit und schüttelte eine Faust. »Na, denen haben wir es gezeigt! Es heißt, sie haben es auch drüben in Caernarvon versucht, aber auch da waren wir siegreich. Boten sind bereits auf dem Weg zum König. Er wird wohl so schnell wie möglich herkommen.«

»Was ist mit der Stadt?«, fragte eine Frau.

»Ziemlich viel kaputt, aber die Brände sind unter Kontrolle«, erklärte der Junge. »Nur die Stadtmauer ist ziemlich hin. Die Rebellen konnten jedoch kein einziges Tor in ihre Gewalt bringen.«

Roisin lief ein Schauer über den Rücken. Niemand, der bei klarem Verstand war, hatte ernsthaft glauben können, derart befestigte Städte wie Conwy und Caernarvon in seine Gewalt zu bringen. Edward hingegen war ein ehrgeiziger Heißsporn, der durchaus … Es ist nicht gesagt, dachte sie schnell, dass Edward an dem Aufstand beteiligt war.

Sie fragte den Mann in dem dunklen Gewand: »Kann man Sir Bailan in eines der Gemächer bringen? Er ist ein Edelmann und sollte nicht länger hier liegen.«

Der Mann warf einen kritischen Blick auf Bailan. »Lebt er noch?«

Roisin nickte. Mit dem Anflug eines Lächelns antwortete sie: »Und er wird seine Verletzungen überleben. Er verliert kein Blut mehr, und die Wunde ist sauber und wird sich wohl nicht entzünden.«

Mit kundigen Griffen untersuchte der Mann Bailan, dann nickte er zustimmend und sagte: »Ihr habt gute Arbeit geleistet. Wie lautet Euer Name?«

»Roisin Talwyn.«

»Die Steinmetzin?«

»Ihr kennt mich?«

»Bisher sind wir uns nicht begegnet«, erwiderte er. »Aber

die ganze Stadt spricht von der Frau, die lebensechte Figuren und menschliche Gesichter aus einfachen Steinblöcken anfertigt. Sobald der Ritter umgebettet wurde, solltet Ihr Euch waschen und umkleiden. Ihr müsst auch Hunger haben.«

Erst jetzt registrierte Roisin ein nagendes Gefühl in ihrem Magen. In den letzten Stunden war alles zweitrangig geworden. Es hatte nur gezählt, Bailan Aldingtons Leben zu retten.

23.

Niemand hinderte Roisin daran, den zwei Männern, die Bailan Aldington aus dem Gelass trugen, und dem Grauhaarigen zu folgen. Sie brachten ihn in ein Gemach im ersten Obergeschoss eines Turmes und legten ihn auf ein einfaches Bettgestell. Die Strohmatratze und die Decken waren weich und einwandfrei sauber. Roisins Blick fiel auf die Umrandung des Kamins. Sie lächelte. Deutlich erinnerte sie sich daran, wie ihr Vater die steinerne Girlande aus ineinander verschlungenen Lorbeerblättern in der Werkstatt angefertigt hatte. Es musste ein oder zwei Jahre vor seinem Unfall gewesen sein. Das war ein gutes Zeichen! In dieser Kammer würde Bailan schnell wieder genesen. Sie trat an das Bett und betrachtete sein Gesicht. Bailan war immer noch ohne Bewusstsein, wirkte aber entspannt, und sein Gesicht hatte eine rosige Farbe.

»Schlaf dich gesund«, raunte Roisin.

Auf seinen Wangen zeigten sich erste dunkle Bartstoppeln. Sie war kurz davor, über sein Gesicht zu streichen, doch wagte sie dies in Anwesenheit der anderen nicht.

»Ihr könnt jetzt gehen«, sagte der ältere Mann. »Ich lasse einen Mönch kommen, er wird sich nun um den Edelmann kümmern.«

Schweren Herzens verließ Roisin die Kammer, aber sie musste der Anweisung des Mannes folgen. Jetzt, da es Bailan besser ging, gab es keinen Grund für sie, länger an seinem

Bett zu verweilen. Sie holte ihren Beutel mit den Werkzeugen, der noch an der Stelle lag, an der sie ihn abgelegt hatte. Am Brunnen im Burghof wusch sie sich das Blut aus dem Gesicht und von den Händen. Wie in Caernarvon gab es auch hier eine kleine Küche. In einem großen Kessel über loderndem Feuer köchelte Suppe, die an jeden ausgeteilt wurde. Dazu gab es Laibe weißen Brotes. Auch Roisin nahm eine der bereitstehenden Holzschalen und ließ sie sich von der Frau mit der Suppe füllen. In der Brühe aus Rüben und Kohl schwammen fette Fleischstücke. Sie aß im Stehen, so hungrig war sie. Selten hatte ihr eine Mahlzeit derart gut gemundet.

Zwei Soldaten, die Uniformen schmutzig und zerrissen, die Männer aber unversehrt, gingen in unmittelbarer Nähe vorbei. Roisin hörte, wie einer sagte: »Alle Rebellen sind jetzt in den Verliesen. Überraschend viele haben überlebt, von mir aus hätten wir sie gleich abstechen sollen. Warum die Mühe, sie noch einzusperren? Na, einige haben so schwere Verletzungen davongetragen, dass sie wohl schnell krepieren werden.«

»Es liegt in der Entscheidung des Königs«, erwiderte der andere, »was mit den Männern geschehen soll.«

Der erste Sprecher lachte spöttisch. »Was soll mit denen wohl passieren? Es ist doch klar, dass sie allesamt am Strick baumeln werden.«

Die Soldaten entfernten sich. Roisin konnte ihrer weiteren Unterhaltung nicht mehr lauschen. Obwohl ihr Magen jetzt gut gefüllt war, grummelte es in ihm unangenehm. Zusätzlich schien eine kalte Hand über ihren Rücken zu streichen. Wieder dachte sie an Edward. Sie versuchte, ihre Sorgen abzuschütteln. Heute Abend musste sie erst mal nach ihrem Haus sehen, immerhin war direkt daneben ein Teil der Stadtmauer eingestürzt.

Aus den glimmenden Trümmern, die einmal Häuser gewesen waren, qualmte es hier und da noch. Viele Dächer waren eingebrochen, oder es fehlten Wände. Am wenigstens beschädigt waren die Gebäude, die aus massiven Steinen gebaut waren. Die Stadt war von unzähligen Fackeln hell erleuchtet, denn auch in der Nacht begannen die Leute mit dem Aufräumen. Beim oberen Stadttor sah Roisin, dass einige Zinnen nur noch Mauerstümpfe, das Tor sonst aber intakt war. Sie atmete erleichtert auf, ihr Haus äußerlich unbeschädigt vorzufinden. Lediglich die Tür hing schief in den Angeln. In der Stadtmauer am Ende der Gasse klaffte indes ein riesiges Loch. Hier musste ein Großteil der Angreifer in die Stadt eingedrungen sein. Die Erde war blutbefleckt, aber Roisin sah keine Toten. Auch die Leiche des Mannes, der vor ihren Augen von einem Pfeil in den Hals getroffen wurde, war von seinen Angehörigen bereits fortgebracht worden.

Roisin schob die Tür auf. Im Dunkeln tastete sie nach der Kerze, die immer in einer Nische links neben der Tür lag, und dem Feuerstein. Schnell sprühten Funken und die Flamme spendete ein schwaches Licht.

»Wo bist du gewesen?«, erklang eine Stimme aus dem Dunkeln.

Roisin zuckte zusammen. Sie hob die Kerze. Auf dem Schemel an ihrer Werkbank saß Lavinda. Es war das erste Mal seit dem Abend ihrer Ankunft in der Stadt, dass Roisin die Stiefmutter wiedersah.

»Es gelang mir, in der Burg Zuflucht zu finden«, erklärte Roisin. »Du hast dir doch nicht etwa Sorgen um mich gemacht?« Der Spott in ihrer Stimme war unüberhörbar. »Wie ist es euch ergangen? Wurde in der Siedlung auch gekämpft?«

Lavinda schüttelte den Kopf. »Die Männer hatten es auf die Stadt abgesehen.«

Trotz des schwachen Lichtscheines sah Roisin, dass ihre Stiefmutter unnatürlich blass war. Sie zündete zwei der Öllampen an. Sofort wurde es heller.

»Edward ist verschwunden«, sagte Lavinda mit ausdrucksloser Miene.

Der Druck im Magen, den Roisin gespürt hatte, verstärkte sich. »Was willst du damit sagen?« Unwillkürlich flüsterte sie, denn sie ahnte die Antwort.

»Heute Morgen, lange vor Sonnenaufgang, verließ dein Bruder das Haus«, erklärte Lavinda. Endlich zeigte sie eine Emotion, denn ihre Stimme zitterte. »Er war in einen leichten Harnisch gekleidet und trug einen Helm. Außerdem trug er ein Breitschwert und an der Seite eine weitere, leichtere Waffe. Er dachte, ich würde noch schlafen, und erschrak, als ich versuchte, ihn zurückzuhalten. ›Wo willst du hin?‹, habe ich ihn gefragt. Edward hat nur gelacht und gemeint, heute Abend wäre Wales wieder ein freies Land. Dann küsste er mich auf die Stirn und ging davon.«

Roisins Knie begannen unkontrolliert zu zittern. Sie sank auf einen zweiten Hocker. »Daran ist nur sein Freund Nate schuld«, sagte sie leise. »Seit Jahren vermute ich, dass die beiden etwas aushecken.«

»Gibt es Überlebende?«, fragte Lavinda.

Roisin wusste, dass ihre Stiefmutter nicht die englischen Soldaten meinte. »Ich habe gehört, die Rebellen, die überlebt haben, wurden in den Kerker der Burg gesperrt.« Sie zögerte, dann beugte sie sich vor und legte eine Hand auf Lavindas Unterarm. »Edward kann die Flucht gelungen sein.«

»Oder er liegt irgendwo da draußen«, stieß Lavinda hervor. »Von Pfeilen durchbohrt, von Schwertern zerfetzt oder von kochendem Öl verbrüht.«

»So drastisch musst du es nun auch wieder nicht ausdrücken«, entfuhr es Roisin. Unwillig runzelte sie die Stirn. »Heute Nacht können wir nichts mehr unternehmen, Lavinda. Sobald die Sonne aufgeht, werde ich nach den L… – nach den Toten sehen, die noch nicht weggebracht wurden. Wir dürfen die Hoffnung nicht zu schnell aufgeben. Wie geht es Melyn?«

»Sie ist außer sich vor Sorge«, antwortete Lavinda. »Ich weiß, du magst sie ebenso wenig wie mich, aber du täuschst dich in deiner Schwägerin. Melyn hat Edward aufrichtig gern.«

»Das mag durchaus sein«, gab Roisin zu. »Wenn Edward aber ein Hochverräter ist, dann …«

»Ist es ein Verbrechen, unser Land zu befreien?«, brauste Lavinda auf. Sie lachte bitter. »Natürlich, du kannst das nicht verstehen. Schließlich profitierst du von den Engländern. Du wirst sogar vom König selbst gefördert. Er bezahlt dich und schenkt dir sogar ein Haus. Denk nicht, ich weiß nicht, dass dich jede Woche ein englischer Ritter besucht. Ich kann mir lebhaft vorstellen, was in diesem Haus vor sich geht. Wobei ich nicht verstehe, was ein Mann an dir findet. Du warst aber immer schon eine schamlose Person und wendest deine Kniffe und Tricks zielgerichtet an.«

Langsam und ruhig stand Roisin auf. Ihre Stimme klang wie klirrendes Eis, als sie sagte: »Du solltest jetzt besser gehen, Lavinda. Wenn das Tor geschlossen ist, kommst du durch die Lücke in der Stadtmauer heraus.«

»Du musst dich nach Edward erkundigen! Er ist schließlich dein Bruder.«

»Ach?« Roisin fuhr zu ihr herum. »Dafür bin ich dann wieder gut genug, nicht wahr? Geh jetzt, bevor ich die Beherrschung verliere.«

Hoch aufgerichtet wie eine Königin schritt Lavinda an Roisin vorbei. An der Tür drehte sie sich noch mal um und sagte kühl: »Du glaubst, ich müsse dir dankbar sein, am besten vor dir auf den Knien im Staub kriechen. Wenn du es nicht für mich tun willst, denk an Ellis. Soll er als Halbwaise aufwachsen?«

Roisin schwieg. Erst als Lavinda fort war, erlaubte sie sich, die Hände zu Fäusten zu ballen. Die Frau würde sich niemals ändern! Aus ihren Gemeinheiten ihr gegenüber zog sie wohl Kraft und Befriedigung. Beim Gedanken an Edward bekam Roisin einen Kloß im Hals. Da er verschwunden war, bestand durchaus die Möglichkeit, dass er sich den Rebellen angeschlossen hatte. Sie musste sich darauf einstellen, seinen Leichnam vor der Stadt zu finden. Wie sie aber zu Lavinda gesagt hatte: Heute Nacht konnte sie nichts mehr unternehmen.

Im Morgengrauen schlüpfte Roisin durch die Lücke in der Mauer. Wie sie vermutet hatte, lagen noch viele leblose Körper auf den Wiesen rund um die Stadt. Dutzende von Frauen, viele mit kleinen Kindern an ihrer Seite, suchten unter den Toten nach ihren Angehörigen. Da der Morgen versprach, zu einem weiteren sonnigen, warmen Tag zu werden, mussten die Toten schnell fortgeschafft werden. Immer wieder hörte Roisin laute Schreie und jammervolles Wehgeschrei, wenn eine Frau ihren Mann, Sohn oder Vater gefunden hatte. Manche boten einen grausigen Anblick, der Roisin würgen ließ. Trotzdem suchte sie unermüdlich weiter. Edward fand sie nicht.

Ihr nächster Weg führte sie zum *Silver Dragon*. Wenn jemand etwas über Edwards Verbleib wissen konnte, dann Nate. Sofern der Gastwirt nicht ebenfalls in die Kämpfe verwickelt gewesen und entweder tot oder gefangen genommen war. In den Straßen erwachte wieder das Leben. Gemüse- und Obsthändler schlugen ihre Stände auf, die Metzger und Bäcker legten ihre Auslagen in die Fenster, und Frauen holten frische Milch und verdünntes Bier. Die Spuren des gestrigen Kampfes waren noch überall zu erkennen, aber die Einwohner kehrten zur täglichen Routine zurück. Es patrouillierten jedoch sehr viele schwer bewaffnete Soldaten in den Straßen und auf den Plätzen. Jeden Vorbeigehenden musterten sie aufmerksam. Sie hielten Ausschau nach weiteren Aufständischen, denen gestern die Flucht gelungen war.

Bald stand Roisin vor dem *Silver Dragon* oder vielmehr dem, was von der Schenke noch übrig war. Das Gasthaus war bis auf die Grundmauern niedergebrannt. Lediglich der hohe Kamin der Küche stand noch.

»Das haben die Soldaten gemacht«, sagte eine Stimme neben Roisin, »als sie Nate verhaftet haben.«

Mit einem Blick erkannte Roisin, dass die Sprecherin eine von Nates Angestellten für besondere Dienste war. Sie konnte nicht älter als sechzehn Jahre sein, ihre Augen hatten aber den Ausdruck einer Vierzigjährigen.

»Nate war nicht unter denen, die die Stadt angegriffen haben?«, fragte Roisin.

Das Mädchen schüttelte den Kopf. »Dafür ist er viel zu feige. Große Töne spucken und Pläne schmieden – das ist Nates Art. Als der Kampf begann, versteckte er sich hinter den Fässern im Keller. Tja, hat ihm nichts genutzt. Sie haben ihn geholt.«

»Dann wussten die Soldaten, dass Nate zu den Rebellen gehört?«

»Muss ihn wohl jemand verpfiffen haben«, antwortete das Mädchen. »Wo soll ich jetzt bloß hin? Die Arbeit hier war nicht immer schön, aber ich habe sonst niemanden mehr.«

Sie wollte fortgehen, doch Roisin hielt sie am Ärmel fest. »Noch eine Frage: Kennst du Edward Talwyn? Er und Nate sind Freunde.«

»Edward! Natürlich!« Ihre Augen leuchteten. »Er kam regelmäßig ins *Silver Dragon* und sieht ja so gut aus. Nur dumm, dass er immer in Geldnot war und meine ...«, sie zwinkerte

Roisin zu, »Dienste nur selten in Anspruch nehmen konnte. Bei der Sache gibt es bei Nate nämlich nichts umsonst.«

»War Edward hier, als Nate verhaftet wurde?«

»Nein, ich habe ihn seit Tagen nicht mehr gesehen.«

»Ich danke dir.« Aus der Rocktasche fingerte Roisin einen Penny und reichte ihn dem Mädchen. »Ich wünsche dir viel Glück für die Zukunft. Es gibt viele Beschäftigungen für eine junge Frau, deren sie sich nicht schämen muss.«

Schnell verschwand die Münze in der Rocktasche des Mädchens. Ob ihre Worte sie erreicht hatten, konnte Roisin nicht einschätzen. Die Auskunft, Nate habe sich im Keller versteckt, machte sie zornig. Sie zweifelte nicht daran, dass der Wirt ihren Bruder mit dem Harnisch und den Waffen ausgestattet hatte, dann aber feige den Schwanz eingezogen hatte, als der Angriff begann.

In der Stadt kursierten die wildesten Gerüchte.

Hunderte von Rebellen seien in den Verliesen der Burg, sagten manche. Da die meisten der einfachen Leute nicht rechnen konnten, war die Angabe zweifelhaft. Andere behaupteten, die Gefangenen seien inzwischen alle getötet worden. Aber es gab auch leise Stimmen, die bedauerten, dass der Aufstand gescheitert war. Das wagte zwar niemand laut zu äußern, aber der Großteil der Händler und Handwerker war walisischer Abstammung. Nicht wenige darunter, die das Land lieber wieder unter eigener Herrschaft gesehen hätten. Das wussten auch die Engländer. Einen Tag nach dem Aufstand wurden Versammlungen verboten. Man konnte Einkäufe erledigen, aber es war untersagt, auch nur einen Lidschlag länger als unbedingt nötig mit jemandem zu sprechen. Alle Schenken wurden geschlossen, ebenso die Stadttore. Jeder, der in die Stadt hinein oder sie verlassen wollte, und die Wagen, die Nahrungsmittel brachten, wurden streng kontrolliert.

Zwei Tage später begannen Handwerker, die zerstörte Mauer in der Gasse wieder aufzubauen. Auch sie wurden von Soldaten bewacht. Überall herrschte eine gedrückte Stimmung.

Roisin wagte nicht, sich in der Burg nach Bailan Aldington zu erkundigen. Ebenso nicht, zu fragen, ob Edward Talwyn unter den Gefangenen war. Es war sicherer, niemanden wissen zu lassen, dass sie mit einem eventuellen Rebellen verwandt war. Sie stürzte sich in die Arbeit. Die Gesichter, die Roisin jetzt anfertigte, zeigten alle einen ängstlichen Ausdruck. Die Stücke waren zwar nicht ansprechend genug, um eine Burg oder ein Haus zu zieren, aber ihre Hände mussten etwas tun, um die ständig in ihrem Kopf kreisenden Gedanken zu ordnen.

Vier Tage nach dem Aufstand suchte Bailan Aldington sie auf. Seine Wangen, inzwischen wieder glatt rasiert, waren blass, auf seiner Stirn prangte ein faustgroßer blauschwarzer Bluterguss rund um die Wunde, die gut verheilte. Seinen rechten Arm trug er in einer Schlinge.

»Sir Bailan!« Roisin sprang auf, als er in die Werkstatt trat.

»Man sagte mir, ich habe es dir zu verdanken, dass ich noch beide Arme habe«, sagte er ruhig.

Sie zuckte mit den Schultern und hoffte, er würde ihre Erregung nicht bemerken. »Ach, das war doch nichts Besonderes«, wiegelte sie ab. »Die Bader wollen immer gleich schneiden. Ich habe erkannt, dass Euer Arm wieder heilen wird.«

»Er schmerzt zwar noch«, erwiderte Bailan, »die Wunde heilt jedoch ohne eine Entzündung. Eine fette Narbe wird mir wohl als Erinnerung bleiben. Ich wusste bisher nicht, dass du dich so gut auf die Versorgung und Pflege von Verwundeten verstehst.«

»Einst wurde mein Vater schwer verletzt.« In knappen Worten schilderte Roisin, wie sie sich damals um Elian gekümmert hatte.

Nachdem sie geendet hatte, schüttelte Bailan erstaunt den Kopf. »Nicht nur, dass du lesen und schreiben kannst, alle renommierten Steinmetze in den Schatten stellst, verstehst du dich auch auf die Behandlung von Wunden. Du bist wahrlich keine normale Frau, Roisin Talwyn.«

Er hatte fast die gleichen Worte geäußert wie Kyndra. Während Roisin es damals als Kompliment empfunden hatte, traf Bailans Bemerkung sie mitten ins Herz. Sie bemühte sich um ein unverbindliches Lächeln.

»Wie geht es jetzt weiter?«

»Es ist zu erwarten, dass der König in zwei oder drei Tagen in Conwy eintrifft«, antwortete Bailan. »Er behält sich vor, die Aufwiegler selbst zu verurteilen. Keiner wird wohl mit dem Leben davonkommen. Der König ist gezwungen, hart durchzugreifen, damit niemand an einen weiteren Aufstand auch nur denken wird.«

»Wisst Ihr, wie viele Gefangene gemacht wurden?«, fragte Roisin.

Nachdenklich runzelte er die Stirn. »Es müssen an die drei Dutzend sein. Die meisten Rebellen wurden an Ort und Stelle getötet. Das alles muss für dich sehr schlimm sein«, sagte er einfühlsam. »Du bist Waliserin und stehst auf der Seite deiner Landsleute.«

»Das ist es nicht«, rief Roisin. »Ich verabscheue Gewalt jeglicher Art, und ich stehe auf niemandes Seite. Außerdem ...« Sie erinnerte sich an Lavindas Worte. »Außerdem bin ich die Letzte, die sich über Euch Engländer beklagen darf«, sprach sie entschlossen weiter. »Der König persönlich hat mir ermöglicht, als alleinstehende Frau meinen Lebensunterhalt selbst zu bestreiten.«

»Es bedrückt dich doch was, Roisin«, stellte Bailan sachlich fest. »Kann ich dir helfen? Ich, beziehungsweise mein Arm stehen in deiner Schuld.«

»Es besteht die Möglichkeit, Sir«, begann sie zögerlich, »dass sich mein Bruder unter den Gefangenen befindet. Sein Name lautet Edward Talwyn.«

»Dein Bruder ist ein Verräter?« Bailans Stimme war scharf wie ein Schwert.

»Leider deutet einiges darauf hin«, musste Roisin zugeben. »Seit dem Kampf ist er verschwunden. Unter den Toten habe ich ihn nicht gefunden. Edwards Frau und sein kleiner Sohn sind in großer Sorge um ihn.«

Bailans Gesicht wurde hart. »Ich verstehe. Da ich dir viel zu verdanken habe, soll ich ein gutes Wort für deinen Bruder einlegen. Selbst wenn er ein verachtungswürdiger Verräter ist, der den Tod verdient hat.«

»Es liegt mir fern, meinen Bruder und seine Taten zu verteidigen«, erwiderte Roisin energisch. »Das Einzige, um das ich Euch bitte, Mylord, ist, herauszufinden, ob Edward gefangen wurde und wenn ja, welches Schicksal ihm droht.«

»Wenn dein Bruder am Aufstand beteiligt war, gibt es dafür nur eine Strafe – den Tod«, erwiderte Bailan unverhohlen. »Keineswegs reicht mein Einfluss so weit, dass ich bei Hochverrat den König milde stimmen könnte. Sofern ich es überhaupt in Erwägung ziehen würde.« Sein Gesichtsausdruck sagte Roisin, dass er für Verräter keine Gnade gelten ließ.

»Dessen bin ich mir bewusst, Mylord«, erwiderte Roisin. »Bitte, ich möchte nur wissen, ob Edward noch lebt. Seht es nicht als Zeichen Eures Dankes an. Das, was ich getan habe, hätte jeder andere an meiner Stelle auch getan. Wir möchten nur Gewissheit haben.«

»Ich kann dir nichts versprechen.« Er sah sich in der Werkstatt um. Sein Blick fiel auf die Köpfe mit den wenig ansprechenden Gesichtern. »Du musst wieder schöne Sachen machen. Das da kann kaum verkauft werden. Wenn du einen Rat von mir annehmen willst: Du solltest dich bemühen, den König durch deine außerordentlichen Arbeiten milde zu stimmen. Es ist dir sicher bekannt, dass die Familie von Verrätern ihr gesamtes Hab und Gut verlieren und aus dem Land verbannt werden kann?«

Geräuschvoll zog Roisin die Luft ein. Keinen Moment hatte sie an diesen Aspekt gedacht.

»Aber ich, Edwards Frau und erst recht sein kleiner Sohn haben doch nichts getan!«

»In den meisten Fällen spielt das keine Rolle«, erwiderte Bailan. »Da du dir als Steinmetzin einen guten Namen gemacht hast, sehe ich durchaus Chancen, dass du unbehelligt bleibst. Es ist besser, wenn du dich im Hintergrund hältst und keine Fragen stellst oder sonst etwas unternimmst, deinem Bruder zu helfen.«

»Ich verstehe.«

»Ich hoffe, du verstehst es wirklich.« Bailans Tonfall hatte etwas Belehrendes. »Man hat dich schließlich nicht von Caernarvon hierhergebracht, um dein Leben zu retten, damit du es hier wieder aufs Spiel setzt.«

»Dann wisst Ihr also, warum ich Caernarvon verlassen musste?« Sie las die Antwort in Bailans Augen. »Warum war mein Leben dort in Gefahr? Und warum habt Ihr mir bisher nichts gesagt?«

»Meine Güte, Roisin!« Aufgeregt lief Bailan hin und her. »Du stellst zu viele Fragen! Nun gut, ich will es dir sagen. Es war die Königin, die ihre Hand schützend über dich gehalten hat, als der Steinmetzmeister dich der Hexerei beschuldigte. Bevor sie Wales verließ, ordnete sie an, du solltest fortgehen, da sie im Ernstfall nichts für dich tun kann. Es war nicht ausgeschlossen, dass Meister Green eine neue Anklage vorbringt, die für dich übel hätte ausgehen können.«

»Ich habe Königin Margarete sehr viel zu verdanken.«

»Aller Wahrscheinlichkeit nach dein Leben«, fuhr Bailan

fort. »Setz es nicht wegen falsch verstandener Loyalität aufs Spiel.« Er wandte sich zum Gehen.

»Noch eine Frage, Sir!«

»Was denn noch?« Bailan drehte sich wieder um. Seine ganze Haltung drückte Ablehnung aus.

»Ist Lady Elizabeth wohlauf? In der Burg zu Caernarvon war sie doch nicht in Gefahr?«

»Meine Schwester erfreut sich bester Gesundheit«, antwortete Bailan. »Bereits vor dem Aufstand hatte ich sie auf mein Landgut gebracht.«

»Ihr besitzt ein Landgut?« Die Nachricht überraschte Roisin. »In Wales?«

Er nickte. »Es ist nicht groß und liegt südlich von Caernarvon. Sobald das alles hier vorbei ist, werde ich mich dorthin zurückziehen, bis ich wieder vollständig genesen bin.« Er zögerte, dann fügte er hinzu: »Und bis sich die Wogen des Streites mit Sir Alan geglättet haben und der König mir mein unbeherrschtes Verhalten verzeiht.«

Er drehte sich um und ging nun endgültig davon. In Roisin stritten die unterschiedlichsten Gefühle. Sie verstand, dass ein englischer Adliger und Ritter des Königs sich nicht für einen walisischen Verräter einsetzen konnte. Jetzt, Tage nach dem Überfall auf Conwy, war es nahezu Gewissheit, dass Edward involviert gewesen war. Warum sonst sollte er seiner Familie fernbleiben? Die Nachricht, die Königin habe sie vor dem ehrgeizigen Steinmetz Green bewahrt, erfüllte Roisin mit tiefer Dankbarkeit. Allerdings verstand sie nicht, warum man sie über die Umstände im Unklaren gelassen hatte. Sie grübelte über Bailans Mahnung, sich im Hintergrund zu halten, nach. Es gab nicht viele Gründe, warum sie wegen Edward ihr eigenes Schicksal aufs Spiel setzen sollte. Wenn sie aber hier und heute an den Bruder dachte, dann an die gemeinsame Zeit vor Vaters Unfall. Sie erinnerte sich an die Stunden, als Edward sie im Lesen, Schreiben und Rechnen unterwies. Damals waren sie sich sehr nahe und Edward stolz auf seine lernbegierige Schwester gewesen. Harter Arbeit war Edward zwar immer aus dem Weg gegangen, das unsichtbare Band zwischen ihnen war nie völlig durchtrennt worden.

Wie immer, wenn ihre Gedanken nicht zur Ruhe kommen wollten, setzte sich Roisin an die Werkbank. Ihre Finger bewegten sich fast von allein. Als sie Stunden später das fertige Stück betrachtete, sah sie in das Gesicht ihres Bruders. Sie schlug die Hände vor die Augen. Ihre Schultern zuckten. Was sollte sie bloß tun?

24.

Bereits am nächsten Tag erhielt Roisin Gewissheit: Edward Talwyn war gefangengenommen worden und befand sich im Verlies von Conwy Castle.

Ein Botenjunge brachte ihr die Notiz, die auf einem kleinen Stück Pergament in einer geraden, steilen Schrift notiert war.

»Ist Edward verwundet?«, fragte Roisin.

»Ich weiß nichts«, antwortete der Halbwüchsige. »Ich soll Euch nur das da bringen. Ach ja, ich soll Euch noch sagen, eine Antwort sei nicht notwendig und dass Ihr jetzt quitt seid. Was immer das heißen mag.«

Fragend sah er Roisin an und hoffte wohl, sie würde ihm eine Erklärung geben. Sie nahm eine Münze aus dem Beutel, die der Junge hastig in seine Tasche steckte. Das war dann doch besser als jede Erklärung.

Roisin war Bailan Aldington dankbar, dass er sich nach ihrem Bruder erkundigt hatte. Sie konnte sich vorstellen, wie schwer das dem Ritter gefallen war. In ihrer Brust stritten zwei Herzen miteinander. Eines schlug für Edward. Er hatte sich auf eine große Dummheit eingelassen, aber sie konnte nicht tatenlos zusehen, wie er in den Tod ging. Das andere Herz hoffte, Sir Bailan erlitt keine Nachteile, weil er nach einem Verräter gefragt hatte.

Unverzüglich machte sich Roisin auf, die anderen über

Edwards Verbleib zu informieren. Nach wie vor waren die Stadttore auch tagsüber geschlossen. Nachdem Roisin erklärt hatte, sie wolle Verwandte in der Handwerkersiedlung besuchen, ließ man sie passieren. Lavinda und Melyn reagierten gefasst auf die Nachricht. Sie hatten damit gerechnet.

»Was wird jetzt aus uns werden?«, fragte Melyn. Sie war blass und wirkte verzweifelt, weinte aber nicht. »Wir werden das Haus hier wohl verlassen müssen.«

Ellis, der zwar nichts verstand, aber wohl spürte, dass seine Mutter Kummer hatte, drückte sich an Melyns Röcke. Einen Daumen im Mund sah er Roisin aus großen, runden Augen an. Sie waren hellbraun wie Edwards, und in diesem Moment ähnelte der Knabe Roisins Bruder, als dieser im selben Alter gewesen war. Alle Zweifel, Edward könnte nicht der Vater des Jungen sein, verflogen. Mochte Melyn vor der Hochzeit auch ein zweifelhaftes Leben geführt haben – sie hatte sich zu einer liebevollen Mutter entwickelt und ihre Sorge um Edward war aufrichtig.

»Ihr könntet zu deinem Vater ziehen«, schlug Roisin vor.

Melyn lächelte bitter. »Als Schreiber des Stadtvogtes wird er einen Teufel tun, die Frau eines Verräters in sein Haus aufzunehmen.«

Roisin konnte dem nicht widersprechen. »Wenn es zum Schlimmsten kommt, zieht ihr zu mir«, schlug sie vor. »Das Haus ist klein und wir werden eng zusammenrücken müssen, aber das Dach ist dicht.« Lavinda keuchte, eine dunkle Röte überzog ihren Hals und die Wangen. Bisher hatte sie kein Wort gesprochen. Schnell sprach Roisin weiter, bevor sie es sich anders überlegte. »Ich tue das nur für Ellis. Der Junge soll nicht unter der Dummheit seines Vaters leiden. Melyn?«

»Ja?« Die Schwägerin wirkte verunsichert.

Spontan nahm Roisin ihre Hand und drückte sie. »Wir

dürfen die Hoffnung nicht aufgeben. Manchmal geschehen Wunder.«

»Ich bin froh, dass Edward noch am Leben ist«, flüsterte Melyn. Jetzt wurden ihre Augen feucht.

»Ein schneller Tod auf dem Schlachtfeld wäre ehrenvoller gewesen, als vor aller Augen am Strick zu baumeln«, merkte Lavinda an. »Edward steht das nicht durch.«

Es war einer der seltenen Augenblicke in ihrem Leben, in dem Roisin mit Lavinda einer Meinung war. Edward machte den Eindruck eines Draufgängers, der sich vor nichts und niemandem fürchtete. Mit dem Mundwerk war er immer vorn dabei. Roisin kannte ihren Bruder aber besser. Er war nicht Manns genug, um tapfer und aufrecht in den Tod zu gehen. Die Schmach, dass Edward zum Galgen gezerrt würde, wie man ein Tier zur Schlachtbank führt, drückte ihr aufs Gemüt.

»Man erwartet den König demnächst in Conwy«, sagte sie. »Vielleicht lässt er Gnade vor Recht ergehen.«

»Wir wissen, dass das nicht geschehen wird«, erwiderte Lavinda. »Ich bewundere Edward, dass er versucht hat, sich vom Joch der Besatzer zu befreien. Wäre ich ein Mann, hätte ich an seiner Seite gekämpft.«

»Mutter!«, rief Melyn entsetzt. »Solche Worte darfst du nicht sagen! Soll alles noch schlimmer werden?«

»Vielleicht hast du recht«, erwiderte Lavinda emotionslos. »Roisin könnte zum König rennen und uns verraten. Dann sterben auch wir.«

Unverhohlen ballte Roisin die Hände so fest zu Fäusten, dass sich die Fingernägel in ihr Fleisch bohrten. Etwas Unsichtbares schien ihr die Kehle zuzuschnüren. Sie musste es endlich fertigbringen, sich von Lavinda nicht mehr provozieren zu lassen.

»Du wirst dich niemals ändern«, krächzte sie. »Ich habe

nicht übel Lust, mein Angebot, euch aufzunehmen, zurückzuziehen. Oder nur Melyn und Ellis.«

»Tu, was du willst«, erwiderte Lavinda. »Das hast du dein ganzes Leben lang getan. Ich weiß genau, wie egal es dir ist, was aus mir wird.«

Roisin wusste: Hier war jedes weitere Wort Zeitverschwendung, oder sie würde etwas sagen, was sie später bitter bereute. Schließlich wünschte sie niemandem etwas Schlechtes. Kyndras Bemerkung, sie sei zu gut für diese Welt, kam ihr in den Sinn. Die Köchin hatte wahrscheinlich recht. Roisin hatte keinen Grund, Lavinda zu schonen oder ihr gar zu helfen. Sie nickte Melyn zu, strich Ellis über das wellige, braune Haar und verließ das Haus. Erst, als sie einige Schritte zwischen sich und Lavinda gebracht hatte, konnte sie wieder richtig durchatmen.

Der Einzug von König Edward in Conwy erfolgte wenig triumphal. Der König wurde lediglich von einem Dutzend Ritter und etwa fünfzig Fußsoldaten, alle bis an die Zähne bewaffnet, eskortiert. Da Edward nicht vorhatte, länger als nur für ein paar Tage in Wales zu verweilen, war er mit kleinem Gefolge gekommen. Seine Truppen waren im Norden geblieben, um dort die Grenze zu sichern.

Roisin mischte sich unter die Leute, die die Straßen säumten. Vereinzelt erklangen Jubel- und Hochrufe, die allgemeine Stimmung jedoch war sehr gedrückt.

König Edward ist deutlich gealtert, dachte Roisin. Sein Haar war weiß wie frisch gefallener Schnee geworden, und in seinem hageren Gesicht zogen sich tiefe Furchen von den Nasenflügeln zum Kinn hinunter. Der Krieg mit Schottland forderte seinen Tribut. Edward war jetzt einundsechzig Jahre alt, hielt sich aber kerzengerade auf seinem Zelter. Seine imposante Größe beeindruckte Roisin nach wie vor.

Hinter ihm ritt seine Gemahlin. Königin Margarete hatte im Juni einen gesunden, kräftigen Jungen geboren. Da Edward aus erster Ehe nur einen Sohn hatte, der das Kindesalter überlebt hatte, bedeutete der kleine Thomas eine weitere Absicherung des Throns. Roisin wünschte von Herzen, der Knabe möge das Mannesalter erreichen. Margarete war noch jung und konnte weitere Kinder bekommen. Selten hatte Roisin die Königin mit so frischen und rosigen Wangen gesehen. In ein dunkelblaues, am Saum mit hellem Pelz verbrämtes Gewand gehüllt, saß auch sie aufrecht im Sattel. Als die Reiter die Stelle, an der Roisin stand, passierten, hob sie die Hand und winkte. Aber das Königspaar sah geradeaus und bemerkte sie nicht. Sie fragte sich, ob es ihr gelingen könnte, mit Margarete zu sprechen. Die Königin konnte zwar nichts gegen den Willen ihres Gemahls ausrichten, vielleicht jedoch wusste sie eine Möglichkeit, Edward vor dem Schlimmsten zu bewahren.

Am folgenden Morgen zogen Herolde durch die Straßen und verkündeten, alle Einwohner Conwys hätten sich zur Mittagszeit im Burghof einzufinden. Wer sich weigerte, musste damit rechnen, als Verräter festgenommen zu werden.

Wieder war es ein sonniger Herbsttag. Roisin wünschte, es würde regnen, das hätte zu ihrer Stimmung besser gepasst. Jeder, der die Burganlage betreten wollte, wurde am Tor von Soldaten auf Waffen durchsucht. Roisin musste sich gefallen lassen, ihren Körper von plumpen Händen abtasten zu lassen, ob sie einen Dolch unter ihren Kleidern versteckt hielt. Dabei kniff der Soldat ihr sicher nicht zufällig grob in die rechte Brust. Sein Grinsen war eindeutig. Dann ließ er sie passieren. Im vorderen Burghof drängten sich Leute aller Stände und Klassen. Über Nacht war ein Galgen errichtet worden. Auf jedem Querbalken hingen jeweils zwei Stricke, so konnten immer sechs Männer gleichzeitig gehenkt werden. Die Todesurteile sollten sofort und in aller Öffentlichkeit vollstreckt werden. Die Atmosphäre war angespannt, durchzogen von Furcht wie auch Neugier. Hinrichtungen zogen immer viel Publikum an. Auch ohne den Befehl, alle hätten sich heute hier einzufinden, wäre das Gedränge groß gewesen. Roisin verstand nicht, was Menschen daran gefallen konnte, anderen beim Sterben zuzusehen. Sie selbst hatte noch nie einer Hinrichtung beigewohnt – und hätte heute auch liebend gern darauf verzichtet.

Roisin erkannte Lavinda, Melyn und Ellis. Sie drückte sich durch die Menge zu ihnen hinüber. Lavinda beachtete sie mit keinem Blick.

»Wird er heute sterben?«, flüsterte Melyn, die Augen angstvoll geweitet. »Können wir denn gar nichts tun?«

»Ich fürchte nicht«, antwortete Roisin. »Warum hast du Ellis mitgebracht? Der Junge sollte nicht mitansehen, wie sein Vater …«

»Die Anweisung war eindeutig«, erwiderte Melyn. »Jedes menschliche Wesen muss sich einfinden.« Ein Hoffnungsschimmer glomm in ihren Augen auf. »Vielleicht, wenn ich mit Ellis vor den König trete …«

»Wird er sich nicht umstimmen lassen«, unterbrach Roisin. »Die meisten Männer werden Familien haben. Ist es nicht besser, wenn du den Jungen fortbringst? Ich glaube nicht, dass es jemand bemerken wird.«

Melyn schüttelte den Kopf. »Wir sind es Edward schuldig, bis zum Ende in seiner Nähe zu sein. Wenn wir uns in die Augen sehen, bevor er …« Sie schluckte. »Es wird ihm Kraft geben.«

Nie zuvor hatte Roisin ihre Schwägerin derart tapfer erlebt. Nur jetzt war es zu spät, dass aus dem verwöhnten Mädchen eine zupackende Frau geworden war.

Das Erscheinen des Königs wurde durch die lauten Töne zweier Businen angekündigt. Schlagartig wurde es im Hof still. König Edward, ganz in Schwarz gekleidet, betrat das erhöhte Podest in der Nähe des Galgens und nahm auf einem schlichten Stuhl mit Rückenlehne Platz. Ihm folgten vier Edelmänner, die sich zu seiner Linken und Rechten setzten. Zu Roisins Überraschung und gleichzeitigen Freude war Bailan Aldington einer von ihnen. Auch die Ritter waren dunkel gekleidet. Roisin stellte sich auf die Zehenspitzen und reckte den Kopf. Sie bedauerte, die Königin nicht zu sehen. Es war jedoch verständlich, dass die zarte Margarete an dem folgenden Szenario nicht teilnehmen würde.

Eine Pforte in der Mauer hinter dem Galgen öffnete sich. Ein Raunen ging durch die Menge, als die Gefangenen in den Hof torkelten. Man hatte ihnen die Hände auf den Rücken gefesselt und die Fußknöchel zusammengebunden, sodass sie nur kleine Schritte machen konnten. Melyn klammerte sich an Roisins Arm, als sie Edward erkannten. Sein Gewand zwar zerrissen und schmutzig, das Haar hing ihm verfilzt über die Schultern, und in seinem Blick spiegelte sich Angst und Verzweiflung. Dennoch hielt sich Edward aufrecht und wirkte äußerlich ruhig. Direkt hinter ihm taumelte Nate durch die Pforte. Der Gastwirt schlotterte am ganzen Körper. Sein Gesicht war vom Weinen geschwollen. Beim Anblick des Galgens weiteten sich seine Augen vor Grauen.

Soldaten trieben die Gefangenen wie Vieh zu einem Pulk zusammen, bildeten einen Ring um sie herum und hielten sie davon ab, auszubrechen. Ein Herold trat neben den König auf das Podium, entrollte ein Pergament und verlas mit lauter, klarer Stimme jeden einzelnen Namen der achtundzwanzig Männer. Sie waren der bewaffneten Rebellion, die gleichbedeutend mit Hochverrat war, überführt worden.

Nachdem der Herold geendet hatte, erhob sich der König.

Die mehr oder weniger freiwilligen Zuschauer waren so still, dass man eine Nadel hätte zu Boden fallen hören können. Mit kräftiger, ruhiger Stimme sagte König Edward: »Diese Männer haben das Gesetz gebrochen. Es war ein feiger, verachtungswürdiger Angriff auf die Krone, dem viele Unschuldige zum Opfer fielen. Wir können und werden keine Milde zeigen. Bei Hochverrat kennt das Gesetz nur eine Strafe: den Tod. Jeder Mann wird am Halse aufgehängt, bis der Tod eintritt. Sofern Besitztümer vorhanden sind, sei es in Form von Land, Geld und materiellen Gütern, fallen diese mit sofortiger Wirkung der Krone zu. Möge es eine Lehre für alle sein, die das Gesetz missachten und Unsere Autorität infrage stellen.« Der König hob eine Hand. Aus dem Schatten der Burgmauer traten drei Scharfrichter. »Waltet eures Amtes, Henker!«

Sechs Soldaten, für jeden zum Tode Verurteilten einer, packten je einen Delinquenten am Arm. Von den ersten sechs schritten fünf ruhig und gefasst auf das Schafott zu. Ein Mann jedoch fiel auf die Knie.

»Gnade, Euer Majestät! Ich habe Weib und fünf kleine Kinder! Sie haben sonst niemanden. Bitte …«

Der König machte nur eine Kopfbewegung. Daraufhin zog ein Soldat sein Schwert und schlug dem Mann mit einem raschen Hieb den Kopf ab. Die Menge schrie auf, Kinder brüllten und weinten. Roisin riss Ellis in die Arme und drückte sein Gesicht gegen ihren Rock. Der zarte Körper des Jungen war stocksteif. Den anderen fünf Verurteilten legten die Scharfrichter die Schlingen um die Hälse. Einer zählte bis drei, dann zogen sie die Seile an und die Männer in die Höhe. Roisins Herz wurde schwer. Sie wollte schreien, aber kein Wort kam über ihre Lippen. Sie sah zu Bailan Aldington. Der Ritter blickte zu Boden, die Hände im Schoß verschränkt. Auch Lavinda und Melyn hatten ihre Köpfe gesenkt. Andere jedoch starrten wie gebannt auf die grausige Szenerie. Vereinzelt wurde Beifall geklatscht, und eine männliche Stimme rief: »Hoch lebe der König!«

Nachdem die Leiber der Männer erschlafft waren, schnitten die Soldaten sie ab, schleiften sie vom Schafott weg und warfen sie auf einen Haufen. Neue Stränge wurden über die Balken geworfen, dann gingen die Soldaten auf die nächsten Verurteilten zu. Dieses Mal waren Edward und Nate an der Reihe.

»Nein!« Melyn schrie gellend. Sie versuchte, sich nach vorne zu drängen, doch Roisin hielt sie am Arm fest.

»Warte!«, raunte sie der Schwägerin zu. »Kümmere dich um Ellis.«

Roisin schien es, als wäre es nicht sie, die sich durch die Leute drängte. Teilweise stieß sie Menschen rücksichtslos zur Seite. Als sie das Podium fast erreicht hatte, packte sie ein Soldat und drehte ihr die Arme auf den Rücken.

»Lasst mich los!«, rief Roisin. »Ich muss mit dem König sprechen.«

Dieser runzelte die Stirn. Kritisch musterte er Roisin. »Wenn Ihr um das Leben einer der Männer bitten wollt, Weib«, sagte er mit scharfer Stimme, »dann ist Eure Mühe vergeblich. Schert Euch weg!« Er fuchtelte mit einer Hand vor seinem Gesicht herum, als wolle er ein lästiges Insekt vertreiben.

»Sire, auf ein Wort. Ich bitte Euch!« Roisin sah, wie Bailan sich erhob und dicht hinter den König trat. Er senkte den Kopf und flüsterte ihm etwas ins Ohr. König Edward richtete seinen Blick wieder auf Roisin.

»Ihr habt recht, Sir Bailan«, sagte er. »Es ist tatsächlich die Frau, die als weiblicher Steinmetz Unsere Augen mit ihren außergewöhnlichen Arbeiten erfreut hat. Lass sie los.« Er gab dem Soldaten einen Wink, der daraufhin seinen Griff von Roisins Armen löste. »Miss Talwyn, habt Ihr nicht auch meiner Gemahlin das Lesen und Schreiben gelehrt?«

Ein Raunen ging durch die Menschenmenge.

»Das habe ich, Euer Majestät.« Roisin versuchte, so ruhig wie möglich zu sprechen, während sie am ganzen Körper zitterte.

»Ihr seid mit einem der Verräter verwandt?«, fragte der König.

»So ist es, Majestät«, antwortete Roisin. »Sein Name lautet Edward Talwyn, er ist mein Bruder. Unser Vater war Euch treu ergeben, Sire. Er hat sogar seinem einzigen Sohn Euren Namen gegeben. Mein Bruder wurde von falschen Freunden verführt. Schamlos nutzten sie seine jugendliche Unschuld aus, damit er sich zu Taten hinreißen ließ, die falsch und verwerflich sind. Edward Talwyn ist ein guter Mensch und treuer Gefolgsmann Eurer Majestät.«

Die Lüge ging Roisin leicht über die Lippen. Sie sah, wie Bailan spöttisch die Mundwinkel hob. Da er hinter dem König stand, bemerkte dieser es nicht.

Der Blick des Königs schweifte über die verurteilten Männer. »Edward Talwyn, tretet vor!«

Edward stolperte neben Roisin. In seinen Augen paarte sich Hoffnung mit Ungläubigkeit.

»Eure Schwester muss Euch sehr lieben, Talwyn«, sagte der König. »Ihr ist wohl nicht bewusst, dass sie ihr Leben aufs Spiel setzt.«

»Roisin ist stets alles genau bewusst, was sie tut«, erwiderte Edward, frei jeglicher Ironie. »Sonst wäre sie nicht die erste weibliche Steinmetzin des Landes, wahrscheinlich der ganzen Welt, geworden.«

»Damit habt Ihr wohl recht.« Der König runzelte die Stirn. »Miss Talwyn, seid Ihr der Meinung, ich möge Euren Bruder verschonen? Habt Ihr nicht gerade mit eigenen Augen gesehen, was mit Männern geschieht, die meine Vergebung fordern?«

»Ich maße mir nicht an, Sire«, erwiderte Roisin entschlossen, »Euch eine Forderung vorzubringen. Ich spreche mich nur positiv für meinen Bruder aus. Er war sich der Konsequenzen seines Handelns nicht bewusst.« Sie hörte Edward scharf die Luft einziehen. Halt jetzt bloß den Mund, dachte sie und fügte mit einem demütigen Kopfsenken hinzu: »Selbstverständlich muss jeder Verrat streng bestraft werden.«

»Für ein einfaches Weib drückt Ihr Euch ausgesprochen gewählt aus. Kein Wunder, dass die Königin so hohe Stücke auf Euch hält.«

»Hängt endlich die Verräter auf!«, rief ein Mann aus dem Publikum. Es entstand Unruhe, denn die weiter hinten Stehenden hatten den Dialog zwischen Roisin und dem König nicht verstehen können.

»Ja, was soll das Lamentieren?«, rief eine andere Stimme. »Wir wollen die Männer baumeln sehen!«

Von den Zwischenrufen unbeeindruckt, wandte sich der König an Bailan Aldington. Sie flüsterten miteinander. Roisin widerstand dem Drang, von einem Fuß auf den anderen zu treten. Sie tauschte einen schnellen Blick mit Edward. Seine Lippen formten die stummen Worte: »Warum tust du das?« Roisin antwortete auf die gleiche Art: »Weil ich dich liebe.«

»Soldaten!«, rief der König nun laut. »Bringt die beiden in die große Halle. Wenn jemand von der Familie anwesend ist, soll er sich ebenfalls dort einfinden. Ich werde mich um die Sache kümmern, wenn wir hier fertig sind.«

»Was ist mit mir?« Nate stolperte vor. »Majestät, seit Jahren stehe ich mit der Familie Talwyn in enger Freundschaft. Ich ... ich ...« Tränen strömten über sein Gesicht. »Ich flehe Euch an, Sire ...«

»Hängt ihn auf«, befahl der König. Nate wehrte sich mit

aller Kraft, und der Soldat musste ihn zum Galgenbaum zerren. Dann folgten fünf weitere Männer.

Roisin blieb es erspart, deren Todeskampf mitzuverfolgen, denn sie und Edward wurden in die Halle gebracht, bevor die Henker ihre Arbeit fortsetzten. Wenig später stießen Lavinda, Melyn und Ellis zu ihnen.

Melyn stürzte auf Edward zu, ihren Tränen freien Lauf lassend. Sie küsste und streichelte seine schmutzigen Wangen. Edward erwiderte ihre Küsse. Zum ersten Mal hatte Roisin das Gefühl, dass die beiden ein Paar waren, das gut zueinander passte.

»Warum hast du das getan?«, fragte Lavinda.

»Ich bin keine Verräterin, sondern versuche nur, Ellis seinen Vater zu erhalten.«

»Wird er mich am Leben lassen?«, fragte Edward bang.

»Das weiß nur der König selbst. Aus deinem Hass gegen die Engländer hast du nie einen Hehl gemacht, und du warst schließlich am Aufstand beteiligt. Meine Güte!« Aufgewühlt ging Roisin auf und ab. Ob ihrer Aufregung hinkte sie besonders deutlich, aber selbst Lavinda verzichtete jetzt auf eine ihrer gehässigen Bemerkungen. Roisin blieb vor Edward stehen und sah ihn ernst an. »Wie hast du nur so unklug sein können? Niemand, der seine fünf Sinne beisammenhat, konnte ernsthaft glauben, die englischen Soldaten zu besiegen.«

Edwards Kiefer mahlten aufeinander, dann sagte er: »Du hast mich wie einen kleinen, dummen Jungen dargestellt, Schwester.«

»Roisin versucht, dein verdammtes Leben zu retten!«, rief Melyn. Sie klang ungewöhnlich zornig. »Wenn du aber lieber als Held sterben willst …«

»Egal, wie es heute für uns alle ausgehen wird«, fuhr Roisin fort. »Sollen wir den Streit nicht endlich begraben? Wenn wir den heutigen Tag überleben, geht künftig jeder seiner Wege.«

Edward wurde die Kehle eng, er konnte nichts erwidern. Melyn umarmte nun auch Roisin.

Und wieder einmal kann ich nichts weiter tun, als abzuwarten, dachte Roisin. Es schien, als bestünde ihr ganzes Leben aus Warten und Hoffen.

25.

Sieht sie nicht wunderschön aus?« Ein mageres Mädchen zupfte Roisin am Ärmel. »Eines Tages möchte ich auch in einem solchen Kleid heiraten.«

»Das wünsche ich dir von Herzen«, erwiderte Roisin. Sie wollte die Illusion des Mädchens, kaum den Kindesbeinen entwachsen, nicht zerstören.

»Immerhin trage ich den gleichen Namen wie die Lady.« Selbstbewusst streckte Beth das Kinn vor. »Du wirst schon sehen! Ich bleibe nicht für immer Küchenmagd.«

Roisin wurde einer Antwort enthoben, denn jetzt reichte Alan de Beauvoir seiner eben angetrauten Gemahlin die Hand und half ihr beim Aufsteigen auf das Pferd. Der Sattelüberwurf hatte die gleiche lindgrüne Farbe wie das aufwendig gearbeitete und bestickte Kleid der Braut. Von diesem blitzte aber nur ein Stück Saum unter dem langen Pelzumhang hervor. Unter der hellen Haube fiel ihr lockiges, schwarzes Haar bis auf die Mitte ihres Rückens. Als sie auf dem Pferd saß, sah sie ihren Gatten an. Nie zuvor hatte Roisin eine glückstrahlendere Braut gesehen.

Nun hatte sich doch alles zum Guten gewendet, dachte Roisin. Am Morgen waren Lady Elizabeth Aldington und Sir Alan de Beauvoir von einem Priester vor Gott getraut worden. Die Zeremonie hatte in der kleinen hölzernen Kapelle stattgefunden, die zu dem Weiler Rhostryfan gehörte. Die Ansammlung einfacher Hütten lag etwa vier Meilen südlich von Caernarvon und gehörte zum Landgut von Sir Bailan Aldington. Nach der Trauung hatten das Brautpaar und ein paar enge Freunde in der Halle des Hauses ein Mahl eingenommen und brachen jetzt nach Caernarvon auf. Dort wollten sie ein paar Tage verbringen, bevor Alan seine Gemahlin zu seiner Familie nach England bringen würde. Es war Ende November, aber es war noch kein Schnee gefallen und auch nicht frostig kalt.

Roisin freute sich aufrichtig für Lady Elizabeth, wenngleich sie nicht wusste, was Sir Bailan den Sinneswandel beschert hatte, die Hand seiner Schwester dem einstigen Freund anzuvertrauen. Elizabeths Dickkopf und starker Wille stand dem ihres Bruders in nichts nach. Es war anzunehmen, dass sie Bailan mächtig zugesetzt hatte. Wie ein steter Tropfen, der den Stein höhlt, hatte Elizabeth schlussendlich dem Bruder die Einwilligung abgerungen. Roisin hoffte, Sir Alan würde ein liebevoller Ehemann sein und Sir Bailans Bedenken zerstreuen. Aus ganzem Herzen wünschte sie Elizabeth ein glückliches, erfülltes Eheleben.

Seit dem Tag vor knapp zwei Monaten, als die Beteiligten des Aufstandes hingerichtet worden waren, war Roisins Leben ein weiteres Mal auf den Kopf gestellt worden. Sie, Edward, Melyn und Lavinda hatten in banger Unruhe warten müssen, bis auch der letzte Verräter sein Leben ausgehaucht hatte. Erst dann war der König in Begleitung seiner Ritter in die Halle gekommen, hatte jeden Einzelnen der Familie Talwyn eindringlich gemustert und schließlich seinen Entschluss verkündet.

»Ein Verrat bleibt ein Verrat. Ein Verrat an der Krone und dem König, dessen Macht von Gott gegeben wird, ist ein unverzeihlicher Umstand, der mit allen Mitteln aufs Strengste geahndet werden muss.« Roisins Herz war ihr in den Magen gerutscht. Nun würden sie wohl alle sterben. Durch ihre Einmischung hatte sie es nur noch schlimmer gemacht. »Allerdings hat Gott mir auch die Macht gegeben«, fuhr der König fort, »Gnade vor Recht ergehen zu lassen. Euch, Miss Talwyn, spreche ich von dem Vorwurf des Verrates frei. Es ist anzunehmen, dass die Mutter und das Weib des Verräters ebenfalls keinen Anteil an dem Aufstand haben. Und das Kind kann am wenigstens für die Schandtaten seines Vaters.« Edwards Lippen begannen zu zittern. Roisin befürchtete, er könne jeden Moment in Tränen ausbrechen. Sie öffnete den Mund. Mit einer herrischen Handbewegung gebot ihr der König zu schweigen. »So hört nun meine Entscheidung. Ihr werdet aus Conwy und Caernarvon verbannt. Bis an Euer Lebensende dürft Ihr keinen Fuß mehr in eine dieser Städte setzen. Sollte das geschehen, wird unverzüglich das Todesurteil vollstreckt. Ebenfalls wird Euch, Meister Edward und Miss Talwyn, das Recht aberkannt, jemals wieder als Steinmetz zu arbeiten. Weder hier noch an einem anderen Ort in meinem Königreich. Bis spätestens Sonnenuntergang habt Ihr die Gegend zu verlassen. Sollte mir jemals auch nur das Gerücht zu Ohren kommen, Ihr, Edward Talwyn, plant einen weiteren feigen Angriff auf Unser Recht, wird Euch und Eurer Familie keine erneute Gnade zuteilwerden.« Brüsk wandte er sich um, starrte zur Wand und fügte an: »Im Namen Gottes möchte ich Euch niemals wiedersehen.«

»Aber wohin sollen wir denn gehen?«, rief Lavinda.

»Halt den Mund«, zischte Roisin. Sie funkelte die Stiefmutter böse an. »Die Entscheidung Seiner Majestät ist sehr großzügig.«

Der König trat dicht vor sie. Sie legte den Kopf in den Nacken, um Edward in die Augen sehen zu können. »Um Euch, Miss Talwyn, oder vielmehr um Eure Arbeit tut es mir aufrichtig leid. Sir Bailan meinte allerdings, dass sich Euer Bruder nicht an meine Verfügung halten würde, sollte ich Euch erlauben, in Conwy zu bleiben. Meine Gemahlin bestärkte mich in der Entscheidung, auch Euch für immer vom Hof zu verbannen.«

»Ich stehe an der Seite meiner Familie«, erwiderte Roisin fest, ohne ihren Blick von dem hageren Gesicht des Königs abzuwenden. »Wir werden unverzüglich die Stadt verlassen.«

»Wenn ich etwas vorschlagen dürfte, Sire …« Bailan Aldington räusperte sich und trat einen Schritt vor. »Aufgrund meiner Verwundung ist es mir noch nicht möglich, Euch im Kampf gegen die Schotten zu unterstützen. Es wäre das Beste, mich bis zur völligen Genesung aufs Land zurückzuziehen. Auf dem Gut, das Eure Majestät mir großzügigerweise zugeteilt hat, kann ich eine Magd gebrauchen. Miss Roisin kann kräftig zupacken.«

»Sie ist ein Krüppel«, stellte der König nüchtern fest.

»Sie mag nicht gehen können wie ein Gesunder, dennoch wird sich eine Arbeit finden lassen«, erwiderte Bailan. »Was die anderen angeht …« Sein Blick schweifte über Edward, Lavinda und Melyn. Lediglich bei Ellis trat ein freundlicher Schimmer in seine Augen. »Sie werden eine Hütte und ein kleines Stück Land erhalten und als meine Pächter arbeiten. So können sie für ihren Lebensunterhalt sorgen.«

Lavinda erbleichte, während Melyn krebsrote Flecke auf den Wangen bekam.

»Aber ich habe keine Erfahrung als Bauer«, wandte Edward ein.

Melyn stieß ihn in die Rippen. »Dann wirst du es eben lernen, Mann! Du bist jung und gesund. Der Umgang mit Spaten und Schaufel kann so schwer wohl nicht sein.«

Roisin war nahe dran, zu lächeln. Melyn hatte sich wahrlich zu einer Frau gewandelt, die wusste, was sie wollte.

»Dann soll es so geschehen«, bemerkte der König. Er

wirkte erleichtert. »Sir Bailan, sorgt dafür, dass die Leute noch heute zu Eurem Besitz aufbrechen.«

Von Soldaten begleitet, wurde es Edward erlaubt, einige persönliche Gegenstände aus dem Haus in der Siedlung einzupacken. Auch Roisin nahm ihre Kleider und das Steinmetzwerkzeug mit. Der König hatte zwar verboten, dass sie jemals wieder arbeiten durfte, trotzdem wollte Roisin die Sachen nicht zurücklassen. Nachdem die Entscheidung gefallen war, hatte Bailan Aldington zusammen mit dem König die Halle verlassen. Roisins Hoffnung, mit dem Ritter sprechen und ihm danken zu können, erfüllte sich nicht.

Die Säcke wurden auf einen Ochsenkarren geladen, auf den auch sie kletterten. Der Fuhrmann würdigte sie keines Blickes und sprach auch während der Fahrt nicht mit ihnen. Der Karren rumpelte über Stock und Stein, und sie wurden mächtig durchgerüttelt. Einen richtigen Fahrweg nach Südwesten, wo Sir Bailans Gut lag, gab es nicht. Bei Einbruch der Dunkelheit erreichten sie schließlich ihr Ziel.

»Heute Nacht könnt ihr alle hier schlafen«, waren die ersten Worte, die der Fuhrmann an sie richtete. »Morgen werdet ihr dann zu eurer Kate gebracht.« Sir Bailan hatte dem Mann ein Schreiben mitgegeben, das er jetzt einer hageren Frau mit strähnigen hellen Haaren überreichte. Ihr grauer Kittel und ihre ganze Erscheinung wirkten schmuddelig.

Die Nacht verbrachten sie im Kuhstall. Die knochige Frau hatte ihnen einen Krug Milch und ein halbes trockenes Brot gebracht.

»Mein Name ist Kate«, hatte sie gesagt, und dabei wenig freundlich gewirkt. »Ich habe die Oberaufsicht. Wir hier sind aufrichtige und treue Engländer. Bisher hat Sir Bailan keinem Waliser erlaubt, sich in seinem Haus breitzumachen. Ihr vier ...« Ihr Zeigefinger deutete auf Edward, Melyn, Lavinda und Ellis, »verschwindet bei Tagesanbruch. Und du«, mit gerunzelter Stirn musterte sie Roisin, »sollst nach dem Wunsch von Mylord in der Küche arbeiten. Ich rate dir, keinen Ärger zu machen! Mylord lässt mir freie Hand, wie ich mit seinen Arbeitskräften umgehe.«

»Darf ich morgen Lady Elizabeth besuchen?«, fragte Roisin.

»Mylady?« Hätte Roisin gewünscht, zum Mond fliegen zu wollen, hätte Kate nicht fassungsloser sein können. »Du bleibst in der Küche und wirst tun, was ich dir sage. Zu den Herrschaften wirst du keinen Kontakt haben. Lass dir bloß nicht einfallen, heimlich im Haus herumzuschleichen.«

»Willst du wirklich hierbleiben?«, flüsterte Melyn, nachdem die unfreundliche Wirtschafterin gegangen war. »Sir Bailan kann doch nichts dagegen haben, wenn du bei uns wohnst.«

Mit einem Seitenblick auf Lavinda antwortete Roisin: »Es ist der Wunsch des Edelmanns, dass ich als Magd diene. Ich werde nichts tun, das ihn verärgern könnte.« Sie hörte Edward in der Dunkelheit schnauben. »Wäre es dir etwa lieber, in einem Massengrab zu vermodern?«, fragte sie mit Schärfe in der Stimme.

»Besser, als einem dreckigen Engländer zu dienen und ihm bis ans Lebensende dankbar sein zu müssen. Nun ja, es besteht durchaus die Möglichkeit, dass Bailan Aldingtons Lebensende näher ist als das meine. Er wird ja bald wieder in den Krieg ziehen.«

»Edward Talwyn!« Roisin fuhr hoch. Sie fürchtete, jemand könnte sich in der Nähe aufhalten und hätte seine Worte gehört. »Wann wirst du endlich erwachsen werden?«, sagte sie resigniert. »Ja, wir müssen Sir Bailan dankbar sein. Ohne ihn würden wir heimatlos durchs Land ziehen, dabei steht der Winter vor der Tür.«

»Hört endlich auf zu streiten«, bemerkte Lavinda. »Es

ist jetzt nun mal so, wie es ist. Wir werden das Beste daraus machen.«

Es überraschte Roisin, dass Lavinda ihrer Meinung war.

Rhostryfan war ein vierflügeliger Bau um einen kleinen Innenhof herum. Das Erdgeschoss bestand aus Steinen, das Obergeschoss aus Holz. Dem hohen Eingangstor gegenüber führte eine Pforte in einen ummauerten Garten mit einem Ziehbrunnen und Beeten, in denen Kohl, Rüben und Kräuter gezogen wurden. Die Räume der Herrschaften lagen im Westflügel, die Küche an der Ostseite, die Stallungen waren nach Norden ausgerichtet. Schnell erfuhr Roisin, dass das Haus und die Ländereien einst einem vermögenden, einflussreichen walisischen Adligen gehört hatten. Beim Aufstand im Jahr 1295 war er getötet worden, seine Familie wurde vertrieben und der Besitz war der Krone zugefallen. Vor drei Jahren hatte König Edward das Gut Bailan Aldington als Dank für seine Treue und Unterstützung bei der Bekämpfung der Rebellen geschenkt. Wie die Wirtschafterin gesagt hatte: Bei allen anderen Bediensteten handelte es sich um Engländer. Die Küche wurde von Mary geleitet. Auf den ersten Blick ähnelte sie Kyndra in der Größe und Statur, hatte aber wenig von deren Freundlichkeit. Mary war wortkarg und verschlossen, ihr Gesicht wirkte immer etwas grimmig, und sie gab Roisin knappe, herrische Anweisungen. Widerworte duldete die Köchin nicht. Das musste die junge Beth, gerade erst zwölf Jahre alt, am eigenen Leib erfahren. Wenn das Mädchen etwas falsch machte oder nicht schnell genug arbeitete, verabreichten ihr die Köchin oder Kate deftige Ohrfeigen. Da das so gut wie täglich geschah, war Beths Gesicht ständig gerötet. Neben zwei Knechten lebte ein Stallbursche auf dem Gut. Von Beth wusste Roisin, dass Lady Elizabeth noch eine Kammerdienerin hatte. Das Wohngebäude betreten durfte nur Kate, die den beiden Frauen die Mahlzeiten brachte. Außer der Wirtschafterin konnte niemand lesen und schreiben. Roisin verschwieg, dass sie es konnte. Es gab auch kein Buch, das sie hätte lesen, und kein Pergament, das sie hätte beschreiben können. Wem hätte sie auch eine Nachricht zukommen lassen sollen? Geflissentlich erwähnte Roisin mit keinem Wort ihre frühere Arbeit als Steinmetzin. Von Sir Bailan war Kate darüber nicht informiert worden. Den Sack mit ihren Werkzeugen hatte sie in einer Ecke im Schweinestall verborgen. Dort würde er wohl für immer bleiben.

Roisin fühlte sich an die Zeit, bevor ihr Vater den Unfall hatte, erinnert. Ihr Tagwerk begann bei Sonnenaufgang. Sie schürte das Feuer, molk die Kühe und sammelte die Eier ein, machte die Ställe sauber, zog frisches Wasser aus dem Brunnen empor, schrubbte die Böden in den Wirtschaftsräumen, putzte und schnippelte das Gemüse für die Mahlzeiten und wusch die Wäsche. Um die Mittagszeit erhielt sie eine Schüssel Suppe, die mehr aus Wasser als nahrhaften Zutaten bestand. Am Abend gab es graues Brot, Käse und Milch. Ebenso wie früher schlief sie auf dem Fußboden aus gestampftem Lehm neben der offenen Feuerstelle in der Küche. Als der Herbst in den frostigen Winter überging, war Roisin über ihr Kleid aus dichter, grober Wolle und das zweite Paar Schuhe aus festem Rinderleder dankbar. Auf dem Gut bekam Roisin weder einen Lohn noch Kleidung. Die einzige Zeit, in der sie nicht schuftete, war am Sonntagmorgen, wenn alle in die Kapelle zur Messe gingen. Da es Roisin untersagt war, außer zur Kirche das Haus zu verlassen, sah sie nur während des Gottesdienstes die Verwandten. Edward und Lavinda waren schmal geworden, die Wangen blass, aber Melyn wirkte, als hätte sie ihr neues Leben akzeptiert. Dem kleinen Ellis ging es augenscheinlich gut. Er wirkte gesund und gut gelaunt. Hunger mussten Edward und die anderen also nicht leiden.

Es blieb nur wenig Zeit, um nach der Messe ein paar Worte miteinander zu wechseln. Auf Fragen, wie es ihnen erging, erhielt Roisin immer die gleiche Antwort: Sie kämen zurecht.

Bei den wöchentlichen Kirchgängen sah sie auch Lady Elizabeth. Sie war immer noch so schön und elegant, wie Roisin sie in Erinnerung hatte. Ihr einst strahlendes Lächeln war jedoch verschwunden. Die ältere, kräftig gebaute Frau, von der Elizabeth begleitet wurde und die keinen Moment von ihrer Seite wich, wirkte mehr wie eine Kerkermeisterin als eine Dienerin. Einmal trafen sich Roisins und Elizabeths Blicke. Die Lady sah schnell weg und tat, als kenne sie Roisin nicht. Vielleicht hatte sie sie wirklich nicht erkannt, denn es waren Monate seit ihrer letzten Begegnung vergangen.

Erst im November besuchte Bailan Aldington seinen Besitz. Er kam lediglich in Begleitung seines Knappen. Zu Roisins Überraschung suchte er sie am Morgen des folgenden Tages in der Küche auf.

»Man sagte mir, du leistest gute Arbeit und bist willig und folgsam.«

»Ich bemühe mich, Sir«, antwortete Roisin.

»Auch dein Bruder gibt keinen Grund zur Klage«, fuhr Bailan fort. »Zumindest kamen mir keine erneuten Verschwörungspläne zu Ohren.«

»Edward hat seine Lektion gelernt.« Roisin hoffte, es entsprach der Wahrheit. »Außer an den Sonntagen in der Kirche sehen wir uns nicht, Sir.«

Bailan nickte, drehte sich um und stapfte davon. Roisin, erleichtert, allein in der Küche zu sein, sank auf einen Hocker. Sie presste eine Hand auf ihre Brust. Die kurze Zeit in der Gegenwart von Bailan Aldington hatte ihren Herzschlag beschleunigt. Sie sagte sich, es sei nur wegen der Furcht, er könne seinen Entschluss, sie als Magd aufzunehmen, inzwischen bereuen und sie wieder fortschicken. Ihr Gefühl sagte jedoch etwas völlig anderes. Obwohl alles dagegensprach – Roisin konnte nicht leugnen, dass seine Gegenwart sie über alle Maßen in Gefühlsverwirrungen stürzte. Seit ihrer ersten Begegnung in den Bergen hatte sie ihn gemocht. Bei der Schneeballschlacht in der Burg zu Caernarvon war ihr zum ersten Mal die Intensität ihrer Gefühle bewusst geworden. Ebenfalls deren Absurdität. Als sie nach der schweren Verwundung um sein Leben gebangt hatte, wusste Roisin, dass sie ihn liebte. Und wohl lieben würde, bis einer von ihnen für immer die Augen schloss.

»Was sitzt du hier herum?« Unvermittelt erhielt sie einen heftigen Schlag auf den Rücken, der sie beinahe vom Hocker kippen ließ. Roisin hatte nicht bemerkt, wie Kate durch die hintere Tür in die Küche gekommen war. »Hast du nichts zu tun, du faules Stück? Ist der Hühnerstall ausgefegt? Sind die Kühe gemolken?«

»Ich habe alles heute Morgen erledigt, Mistress Kate«, antwortete Roisin mit unbewegter Miene und stand auf. »Sir Bailan sprach lediglich ein paar Worte zu mir.«

Kate holte aus. Roisin konnte gerade noch zur Seite springen, sonst hätte die Hand der Köchin ihre Wange getroffen. »Wie kannst du es wagen, den Namen unseres Herrn zu nennen? Er ist Mylord für dich! Wenn er sich herablässt, das Wort an dich zu richten, dann senkst du den Kopf und schlägst die Lider nieder. Hast du das verstanden?« Roisin nickte wortlos, Kate indes war noch nicht fertig. »Glaubst du etwa, du kannst dir alles erlauben, weil er dir und deiner faulen Bagage das Leben gerettet hat? Wir alle hier wissen Bescheid, was in Conwy geschehen ist. Ich verstehe nicht, warum er einen Hochverräter schützt, der den König töten wollte. Es steht mir jedoch nicht zu, an den Entscheidungen von Mylord zu zweifeln. Ich kann es mir nur so erklären, dass er aus Mitleid für einen Krüppel gnädig war.«

Dessen bin ich mir sehr wohl bewusst, dachte Roisin. Laut sagte sie: »Ich muss jetzt den Schweinestall ausmisten.« An der Tür drehte sie sich noch einmal um und sagte: »Übrigens – niemals wollte mein Bruder den König töten. Er wollte nur, dass die Einwohner von Wales mehr Rechte erhalten.« So genau wusste Roisin das zwar nicht, sie fühlte sich aber verpflichtet, Edward in Schutz zu nehmen.

Ohne auf ein weiteres Wort von Kate zu warten, ging sie zu den Stallungen. Sie hatte gerade angefangen, den Schweinekot mit einer Schaufel aufzunehmen, als Beth in den Koben kam.

»Der Herr ist wieder hier«, sagte das Mädchen. Roisin antwortete nicht und arbeitete unbeirrt weiter. »Sieht er nicht unglaublich gut aus? Hast du jemals einen schöneren Mann gesehen?«

Jetzt sah Roisin auf. In Beths Augen lag ein verträumter Glanz. Roisin hätte ihren Worten zustimmen können. Sie befürchtete aber, ihre eigenen Gefühle mit einem Wort oder einer Geste zu verraten.

Beth erwartete auch gar keine Antwort. Sie trat dicht an Roisin heran und flüsterte, obwohl sie beide allein im Koben waren: »Ich kann mir nicht vorstellen, wie eine Frau einen anderen Mann Mylord vorziehen konnte. Das Weib muss sehr dumm gewesen sein.«

»Was willst du damit sagen?«

»Nun, man erzählt sich hier so einiges«, antwortete Beth. »Mylord war so gut wie verlobt. Mit der Tochter eines unheimlich reichen Lords. Alle dachten, sie würden bald Hochzeit halten. Dann lief das Mädchen mit einem Stallburschen davon. Er hat sie aber nicht geheiratet, und irgendwann kehrte sie zu Bailan zurück. Sie war … Sie war …« Beths Wangen färbten sich rosa, denn sie genoss es sichtlich, Roisin die Ereignisse mitzuteilen. »Sie und das Kind starben bei der Geburt«, fuhr Beth so leise fort, dass Roisin die Worte kaum verstehen konnte. »Mylord war am Boden zerstört. Er hat das Mädchen nämlich geliebt und hätte sie immer noch geheiratet und den Bastard als den seinen anerkannt.« Beth seufzte abgrundtief, als läge alle Last der Welt auf ihren schmalen Schultern. »Nach dem Leid hat er England verlassen und ist nach Wales gegangen. Mylord trauert immer noch um seine verlorene Liebe und schenkt keiner Frau mehr als einen Blick.«

Was Beth erzählt hatte, war der übliche Klatsch unter Dienstboten. In jedem Gerücht steckte aber auch ein Körnchen Wahrheit.

»Wenn das alles in England geschehen ist«, merkte Roisin an, »wird die Geschichte wohl ziemlich aufgebauscht worden sein. Du solltest nicht alles glauben, was die Leute reden.«

»Ich glaube schon, dass es stimmt. Warum sonst ist Mylord noch nicht verheiratet? Er braucht doch einen Erben.« Beths dünne Finger umklammerten Roisins Handgelenk. »Du darfst niemandem sagen, dass ich es dir erzählt habe«, flehte sie, einen ängstlichen Ausdruck in den Augen. »Mistress Kate schlägt mich tot, wenn sie es erfährt. Aber Mylord tut mir so leid! Ich wünsche, er findet eine Frau, die ihn aufrichtig liebt und die große Wunde in seinem Herzen heilt.«

Roisins Mundwinkel zuckten. »Ich wusste nicht, dass auf Rhostryfan Minnesänger zu Gast sind.«

»Minnesänger? Solang ich hier bin, war noch nie ein Sänger da. Was meinst du?«

Roisin winkte ab. »Ach, ich dachte nur, dass deine Worte wie die eines Poeten klingen. Du bist noch zu jung, um über die Liebe und das alles Bescheid zu wissen.«

Unwillig verzog Beth ihr kleines, ovales Gesicht. »Ich bin keineswegs zu jung, um nicht zu wissen, dass ich Mylord liebe. Ich weiß aber auch, dass er mich niemals ansehen wird. Ebenso wenig dich, wir haben nur für ihn zu arbeiten. Nun ja, wenigstens kann ich normal laufen. Sicherlich wird Mylord keinen Krüppel zum Weib nehmen. Was, wenn sein Sohn das erbt?«

»Ich habe nicht vor, einen Mann wie Sir B… wie Mylord zu heiraten«, erwiderte Roisin kühl. Sie sah keinen Grund, dem Mädchen zu erklären, dass ihre Einschränkung keineswegs vererbt war. »Ich habe nicht vor, überhaupt jemals zu heiraten. Jetzt geh und lass mich weiterarbeiten. Sonst bekommen wir beide Ärger mit Mistress Kate.«

Roisin glaubte, die Wände hätten Ohren. Oder die Mäuse und Fliegen trugen die gesprochenen Worte von Raum zu Raum. Nur so war es zu erklären, dass Bailan am nächsten Tag wieder in die Küche kam und Roisin aufforderte, ihm zu folgen, weil er mit ihr sprechen wollte.

Kates Mund blieb offenstehen. Sie wagte nicht zu fragen, was der Herr mit der Magd zu besprechen hatte. Allerdings keuchte sie, als Bailan zu ihr sagte: »Heute wird Roisin nicht mehr in die Küche kommen. Sicherlich kommt Ihr ohne sie zurecht.«

Unsicher folgte ihm Roisin über den Hof in Richtung des Wohngebäudes. Deutlich war sie sich bewusst, dass ihr Kittel von der morgendlichen Arbeit im Stall schmutzig war. Feiner Nieselregen benetzte ihr Gesicht. Sie wischte sich mit der Hand über Stirn und Wangen, um es notdürftig zu säubern. Eigentlich war ihr ihr Aussehen egal; sie schämte sich dennoch. Roisin vermutete, dass ihm ihr gestriges Gespräch mit dem Küchenmädchen zu Ohren gekommen war und er sie jetzt tadeln würde. Oder noch schlimmer: sie fortschicken! Bei der Vorstellung wurde es ihr kalt und heiß zugleich. Vielleicht gab auch Edward wieder Grund zur Klage.

Durch die hohe, breite Holztür traten sie in die Halle des Hauses. Da Roisin zum ersten Mal hier war, sah sie sich interessiert um. Die Halle war lang und schmal, hatte eine niedrige Holzdecke, der Fußboden bestand aus behauenen Steinquadern. In dem Kamin brannte kein Feuer. Ein großer Tisch, an dem ein Dutzend Leute Platz fanden, Armstühle mit blau gepolsterten Kissen und eine längliche Kredenz, auf der Kannen und Becher aus Zinn standen, bildeten das gesamte Mobiliar.

»Bist du glücklich auf Rhostryfan?«, fragte Bailan unvermittelt.

»Wie? Ich fürchte, ich verstehe nicht, Mylord.«

»Mylord? Früher hast du Sir Bailan zu mir gesagt.«

»Früher herrschten andere Zeiten«, erwiderte Roisin ausweichend. »Jetzt bin ich Eure Magd, und meine Familie lebt dank Eurer Großzügigkeit auf und von Eurem Land, Mylord.«

»Ich glaubte, wir seien Freunde. Freunden tut man den einen oder anderen Gefallen.«

Roisin verschlug es den Atem. Hatte er das wirklich gesagt? Oder war sie bei der Arbeit eingeschlafen und träumte sie? Am liebsten hätte sich Roisin gezwickt, das wäre aber doch zu augenfällig gewesen.

»Möchtest du mir nicht antworten, Roisin Talwyn?« Er klang nicht nur freundlich, sondern so, als würde ihn ihre Antwort wirklich interessieren.

Roisin streckte den Rücken durch und sah ihn direkt in die Augen.

»Zwischen Euch und mir kann keine Freundschaft bestehen«, antwortete sie fest.

»Warum nicht? Weil du Waliserin und ich einer der bösen Unterdrücker deines Volkes bin?« Unwillkürlich sah Roisin zu ihrem verdrehten Bein hinunter. Er bemerkte es und seufzte. »Ach, Roisin, als würde mich deine kleine Einschränkung stören. Wenn du sie nicht immer ins Spiel bringen würdest, hätte ich sie längst vergessen. In meinem Leben bin ich schon vielen Krüppeln begegnet. Lahmen, manchen fehlten ganze Gliedmaßen oder sie waren blind. Trotzdem waren sie voller Tatkraft und Lebensfreude. Einer Vitalität, die ich auch an dir geschätzt habe, und dein Temperament hat mir imponiert. Deine Behinderung hat dich nicht daran gehindert, als Steinmetzin alle Handwerker in der Gegend in den Schatten zu stellen. Spricht nicht jede Menge Selbstmitleid aus dir, wenn du ständig dein Hinken für Dinge verantwortlich machst, die ganz andere Ursachen haben?«

»Mit jedem Eurer Worte habt Ihr recht«, stimmte Roisin zu. Sie fühlte sich beschämt. So offen und ehrlich hatte noch nie jemand zu ihr gesprochen. »Ich werde mir Mühe geben, Euren Anforderungen gerecht zu werden.«

»Ich werde mir Mühe geben ...« Bailan lachte auf. »Bleib einfach, wie du bist, Roisin. Das ist Mühe genug. Ach ja, bevor ich es vergesse: Ich soll dich von meiner Schwester grüßen. Ich habe sie noch gesehen, bevor sie und Alan Caernarvon in Richtung London verlassen haben.«

»Ich danke, Mylord, und hoffe, Lady Elizabeth hat ihr Glück gefunden.«

»Es sieht alles danach aus«, entgegnete Bailan. Er schien aber nicht völlig überzeugt. »Meine Schwester ist alt genug, ihr Leben selbst zu gestalten. Apropos glücklich: Du hast meine Frage noch nicht beantwortet, Roisin. Ich möchte wissen, ob du dich in meinem Haus gut eingelebt hast und glücklich bist.«

Sie senkte wieder den Kopf und antwortete: »Unter den gegebenen Umständen bin ich zufrieden.«

»Würdest du gern wieder mit dem Stein arbeiten?«

»Wie bitte?«

»Dein Werkzeug hast du noch?« Roisin nickte. »Aus der Stadt habe ich verschiedene Steinblöcke mitgebracht. Ich denke, in diesem Haus werden wir eine Kammer finden, die dir als Werkstatt dienen kann. Mein Heim«, er machte eine raumgreifende Handbewegung, »ist doch recht schmucklos. Sieh dir nur den schlichten Kaminsims an. Er sollte verschönert werden. Die Arbeiten, die keinen Platz in Rhostryfan finden, bringe ich nach Caernarvon, verkaufe sie und übergebe dir das Geld bei meinem nächsten Besuch.«

»Der König hat verfügt, dass ich nie wieder als Steinmetzin arbeiten darf«, erinnerte Roisin ihn.

»Ach, das.« Er machte eine wegwerfende Handbewegung. »Du würdest ja nicht selbstständig arbeiten, sondern für mich. Was ich mit den Sachen dann mache, interessiert den König nicht.«

Er schien es wirklich ernst zu meinen. Roisin unterdrückte jedoch den kleinen Funken Freude, den sie empfand. »Ich fürchte, meine Arbeit lässt mir keine Zeit für das Steinmetzen«, gab sie zu bedenken.

»Das ist richtig«, stimmte Bailan zu. »Deswegen wirst du nicht mehr als Magd arbeiten, sondern als meine persönliche Steinmetzin. In der Kammer, in der du deine Werkstatt einrichtest, wirst du auch schlafen und die Mahlzeiten in dieser Halle einnehmen. Na, was sagst du dazu, Roisin?«

Vor Verblüffung musste Roisin erst ihre Gedanken sortieren, bevor sie fragen konnte: »Warum tut Ihr das alles für mich und meine Familie, Mylord? Hoffentlich nicht, weil ich am Tag des Aufstandes Euren Arm vor dem Abschneiden bewahrt habe. Diesbezüglich sind wir quitt, Ihr erinnert Euch? Keinesfalls möchte ich noch mehr in Eurer Schuld stehen.«

Sein Lächeln wirkte auf Roisin spöttisch, seine Stimme jedoch klang verständnisvoll, als er sagte: »Glaube mir, Roisin, ich tue niemals etwas, ohne eigenen Nutzen daraus zu ziehen. Ich fordere nämlich von dir, dass du nur Figuren mit fröhlichen, lachenden Gesichtern für mein Haus machst. In der Welt gibt es viel zu viel Trübsal und Tränen. Für die Kaminstürze wünsche ich mir Ornamente, in der Mitte das Wappen der Familie Aldington. Bekommst du das hin?«

»Das ist kein Problem«, antwortete Roisin. »Ich mache sowieso viel lieber lustige Figuren.«

»Also nimmst du meinen Vorschlag an und arbeitest als meine persönliche Steinmetzin?«

Nun zwickte sich Roisin doch mit zwei Fingern fest in den Handballen ihrer anderen Hand. Der Schmerz war deutlich zu spüren. Es war kein Traum, aus dem sie gleich erwachen und sich auf dem Fußboden neben der Feuerstelle wiederfinden würde.

»Wie könnte ich es wagen, Euer großzügiges Angebot auszuschlagen, Mylord?«

»Dann ist es beschlossen«, erwiderte Bailan, er wirkte ausgesprochen fröhlich. »Am besten siehst du dich gleich nach einem Raum um. Hell muss er sein und einen Kamin haben, nicht wahr?«

»Das wäre wunderbar«, murmelte Roisin.

»Ach, da wäre allerdings noch was. Sieh dir bitte das Haushaltsbuch an und rechne die Einnahmen und Ausgaben des letzten Jahres nach.«

»Das Haushaltsbuch?«, wiederholte Roisin verblüfft. »Mistress Kate wird damit nicht einverstanden sein.«

Schlagartig wurde Bailan ernst. »In *meinem* Haushalt bestimme ich, wer meine Gelder verwaltet. Ich halte es für angebracht, dass ein zweites Paar Augen einen Blick auf die Ausgaben wirft. Ich werde das Gefühl nicht los, dass der Unterhalt des Hauses weit mehr verschlingt als auf vergleichbaren Besitztümern. Wirst du es tun?«

»Selbstverständlich, Mylord«, antwortete Roisin. Sein Vertrauen erfüllte sie mit Stolz. »Ihr solltet einen Haushofmeister anstellen, der sich während Eurer Abwesenheit um die Verwaltung kümmert.«

Jetzt lachte er wieder unbeschwert. »Roisin, Rhostryfan ist ein einfaches Landhaus, nicht der königliche Hof. Da ich dich und deinen scharfen Verstand habe, brauche ich niemand anderen. Ich lasse dir das Buch noch heute aushändigen. Beim Abendessen können wir dann darüber sprechen. Aber wenn du mich noch einmal Mylord nennst, könnte ich meinen Entschluss überdenken.« Den letzten Satz hatte er mir einem schelmischen Gesichtsausdruck gesagt.

Roisin konnte nur noch wortlos nicken. Sie sollte im Haus wohnen, wieder als Steinmetzin arbeiten, Sir Bailans Haushaltsführung prüfen und auch noch mit ihm zusammen zu Abend essen. Sie hatte eine genaue Vorstellung davon, welcher Klatsch schnell die Runde machen würde.

26.

Für ihre neue Werkstatt wählte Roisin ein Eckzimmer im ersten Obergeschoss. Ein Fenster war nach Süden, das andere nach Westen ausgerichtet. So hatte sie ausreichend Licht für ihre Arbeit. Ein langer, breiter Tisch war bereits vorhanden. Bailan gab einem Knecht die Anweisung, eine Bettstatt mit Matratze und Decken in die Kammer zu bringen. Danach gingen sie zusammen in die Küche. Kate schnappte fassungslos nach Luft, als Bailan ihr mitteilte, dass sie künftig zusammen mit Roisin die Gelder für den Haushalt verwalten sollte.

»Traut Ihr mir nicht, Mylord?«, fragte sie. Sie wirkte tödlich beleidigt. »Seit zwei Jahren bin ich in diesem Haus. Habe ich Euch je einen Grund gegeben, mich zu kontrollieren?«

»Wenn Ihr reinen Gewissens seid«, antwortete Bailan mit unbewegter Miene, »braucht Ihr Euch nicht sorgen. Miss Talwyn wird künftig lediglich ein Auge auf alles haben.«

Die Wut auf die lahme Magd, die den einen und anderen Hieb von ihr erhalten und jede Menge Beleidigungen hatte erleiden müssen, brach aus Kate hervor, kaum dass Bailan die Küche verlassen hatte und ins Haus zurückgekehrt war.

»Du hinterlistiges Miststück!«, giftete Kate. »Du tust unschuldig, dabei hast du es faustdick hinter den Ohren. Wie hast du Mylord dazu gebracht, diese Entscheidung zu treffen?«

»Das fragt Ihr Euch wirklich, Mistress Kate?« Mary, die Köchin, grinste hinterhältig. »Sie wird dem Herrn sein Bett wärmen und ihre Kniffe haben, ihn zu beeinflussen.«

»Sie ist ein Krüppel!«, rief Kate.

»Ihr Bein ist krumm«, erwiderte Mary. »Alle anderen Körperteile – Teile, die ein Mann für die Befriedigung seiner Bedürfnisse benötigt – werden so normal und gesund wie bei jedem Weib sein.«

»Ihr seid ekelhaft!« Zornig stampfte Roisin mit dem linken Fuß auf. »Ich muss mich Euch gegenüber nicht rechtfertigen, aber ich werde nicht zulassen, dass Sir Bailan in den Schmutz gezogen wird. Ja, ich nenne ihn beim Vornamen, es war sein ausdrücklicher Wunsch.« Roisin streckte die Hand aus. »Ihr habt Sir Bailan gehört: Gebt mir das Buch mit den Ein- und Ausgaben des letzten Monats.«

Kate knirschte mit den Zähnen, konnte sich dem Befehl von Bailan aber nicht verweigern. Roisin nahm das Buch mit in ihre neue Kammer. Den ganzen Nachmittag über studierte sie die Eintragungen. Kates Schrift war scharf umrissen mit geraden, großen Buchstaben. Auf den ersten Blick fand sie keine Unregelmäßigkeiten. Allerdings erschien ihr der Preis für das Mehl, das von einem selbstständigen Müller bezogen wurde, sehr hoch. In Conwy kostete das Pfund Mehl nur die Hälfte, und es war allgemein bekannt, dass in den Städten die Nahrungsmittel teurer als auf dem Land waren. Roisin fand auch einen höheren Betrag für Wandbehänge. Sie waren im Herbst in Flandern bestellt und laut Eintrag erst vor zwei Wochen geliefert worden. Beim besten Willen konnte sich Roisin nicht daran erinnern, dass ein Händler Wandteppiche gebracht hatte, seit sie auf Rhostryfan lebte. Weiter waren Reparaturkosten am Schweinestall vermerkt. Offenbar war ein neues Strohdach notwendig geworden, für das die Handwerker einen guten Lohn erhalten hatten.

Mit einem Seufzer schlug Roisin das Buch zu. Sie wollte niemanden zu Unrecht verurteilen, aber der Verdacht, Kate wirtschaftete in die eigene Tasche, lag nahe. Am Abend wollte sie mit Bailan darüber sprechen. Er würde wissen, ob und was zu unternehmen war.

Als die Dämmerung einbrach, zog Roisin das Kleid aus dunkler Wolle an, welches sie sonst nur für die Kirchgänge trug. Sie kämmte ihr widerspenstiges, rotes Haar, band es mit einer Leinenschnur im Nacken zusammen und setzte sich die helle Haube auf. Obwohl sie oft mit Bailan zusammen in einer Halle die Mahlzeiten eingenommen hatte, schlug ihr heute das Herz im Hals. In der Burg zu Caernarvon waren sie von vielen Leuten umgeben gewesen und nie in unmittelbarer Nähe gesessen.

Roisin wusste nicht, ob sie sich erleichtert oder enttäuscht fühlte, als sie Bailan nicht allein in der Halle vorfand. Ein ganz in Schwarz gekleideter Mann und einer, dessen grünes Wams ihn als Jäger auswies, saßen am Tisch und tranken Bier aus den Zinnkrügen.

»Verzeiht, ich wusste nicht …« Roisin wollte sich wieder zurückziehen, doch Bailan winkte ihr, näherzukommen.

»Roisin, das sind Master Wye, mein Advokat, und mein Jagdaufseher Hertford. Wir hatten etwas zu besprechen, weil ich plane, einen Teil des Waldes zu veräußern.«

»Sehr erfreut«, murmelte Roisin. Der Jagdaufseher machte einen offenen, sympathischen Eindruck. Der Advokat hingegen hatte ein Gesicht wie ein listiger Fuchs. Seine eng stehenden Augen musterten Roisin abschätzend. »Die Herren werden mit uns speisen«, fuhr Bailan fort. »Master Wye, Hertford, das ist Miss Talwyn. Sie führt meinen Haushalt.«

Er ließ unerwähnt, dass sie erst heute Morgen in die Position regelrecht gedrängt worden war. Sie meinte, im Blick des Advokaten Befremden zu erkennen. Vielleicht war es aber nur das Licht der Kerzen und Öllampen, die bereits entzündet worden waren. Nicht irren tat sie sich bei den verwunderten Blicken der Gäste, als sie auf Bailans Wink hin zu einem Stuhl am Tisch hinkte und sich setzte.

Ein Knecht brachte ein Brett mit gesottenem Fisch, dann ein zweites mit gebratenen Hühnchen herein. Dazu gab es die obligatorischen Rüben und den Kohl. Jetzt, da der Winter vor der Tür stand, war kein anderes Gemüse mehr zu bekommen. Zum Essen tranken die Männer Wein, Roisin nippte nur an dem verdünnten Bier, das der Knecht ihr eingeschenkt hatte. Er sagte zwar nichts, würde sich in Gegenwart von Sir Bailan auch davor hüten, die Blicke, die er Roisin zuwarf, sprachen jedoch Bände. In der Hierarchie war er bisher über Roisin gestanden, was sich jetzt geändert hatte. Roisin konnte kaum schlucken, ihre Kehle war wie zugeschnürt. Bailan tat, als wäre sie die Herrin des Hauses. Kein Wunder, dass die Dienstboten ihr ein intimes Verhältnis mit dem Herrn unterstellten.

Die Unterhaltung der Männer drehte sich erst um die Aufstände der Schotten. Als Engländer vertraten Wye und Hertford natürlich die Meinung, dass König Edward der rechtmäßige Herrscher des Nordlandes war. Schließlich hatte er es in einer ehrenvollen Schlacht erobert. Was ist an einer Schlacht schon ehrenvoll, dachte Roisin, außer Blut und Tod? Geflissentlich behielt sie ihre Meinung für sich.

Endlich verabschiedeten sich die Gäste, und Roisin bekam die Gelegenheit, Bailan von den Auffälligkeiten im Haushaltsbuch zu berichten.

»Wandbehänge?« Bailan runzelte die Stirn. »Ich kann mich nicht erinnern, welche bestellt zu haben. Vielleicht war es meine Schwester. Als sie dann geliefert wurden, war Elizabeth bereits abgereist und ich nicht hier.«

»In dem Fall müssten die Gobelins in einem Eurer Räume hängen, Sir«, merkte Roisin an.

»Ich gebe zu, dass ich mir die Einrichtung noch nie so genau angesehen habe«, erklärte Bailan. »Ich bewohne lediglich zwei Räume im Obergeschoss. Kümmere dich bitte darum, Roisin. Was das Mehl betrifft: Sprich mit dem Müller und sag ihm, wir bezahlen künftig den Preis, der auch in der Stadt verlangt wird. Wenn er nicht darauf eingeht, wirst du eine andere Mühle finden, wo uns der Müller nicht übers Ohr haut.«

Roisin wollte gerade sagen, dass sie nicht dem Müller die Schuld gab. Vielmehr vermutete sie, dass Kate, wahrscheinlich zusammen mit der Köchin, falsche Summen notierte. Bailan hielt sich jedoch eine Hand vor den Mund. Er gähnte, schob den Stuhl zurück und stand auf.

»Es ist spät, wir sollten zu Bett gehen. Morgen reite ich wieder fort. Ich denke nicht, dass ich dieses Jahr wieder nach Rhostryfan kommen kann. Ich lasse dir ausreichend Geld hier, sicher verwahrt in einer Kassette.«

»Oh!« Roisin brauchte ihre ganze Beherrschung, um ihn nicht merken zu lassen, wie traurig sie sein Entschluss machte. »Wohin reitet Ihr?«, fragte sie. »Nur, sollte ich Euch eine Nachricht zukommen lassen müssen.«

»Ich begebe mich nach York«, antwortete Bailan. »Mein Platz ist an der Seite des Königs. Nach der Hochzeit von Alan und Elizabeth hat er mir vergeben.« Er lächelte versonnen. »Man sollte es bei einem solchen Kriegsherrn, der sicherer im Sattel sitzt als alle seine jüngeren Ritter und auch im Alter noch mit Leichtigkeit das Schwert führt, nicht vermuten. Aber König Edward ist ein Romantiker. Wohl deswegen ist auch seine zweite Ehe trotz des Altersunterschiedes von Glück gesegnet.«

»Darüber bin auch ich froh«, murmelte Roisin.

»Vergiss bitte nicht meinen Wunsch hinsichtlich der Figuren«, erinnerte Bailan. »Wenn ich zurückkehre, erwarte ich, dass die Räume dementsprechend ausgeschmückt sind.«

Roisin versprach, ihr Möglichstes zu tun. Dann wünschte er ihr eine gute Nacht und stieg die Treppe zu seinem Gemach hinauf.

Roisin sprach nicht gleich mit dem Müller, sondern zuerst mit Kate über den hohen Preis des Mehls. Prompt bezahlte sie bei der nächsten Lieferung deutlich weniger. Auf die Wandbehänge angesprochen, erbleichte Kate zuerst, dann wurde sie dunkelrot.

»Die Arbeiten waren von schlechter Qualität«, sagte sie hastig. »Ich habe die Gobelins zurückgehen lassen. Leider wurde das Geld bisher noch nicht zurückerstattet.«

»Dann sorgt dafür, dass es bald geschieht«, wies Roisin an. Sie wusste, dass Kate log und dieser auch bewusst war, dass Roisin den wahren Sachverhalt ahnte.

Die Haushaltsführung nahm wenig Zeit in Anspruch, da es nur galt, für die Angestellten zu sorgen. So konnte Roisin sich wieder dem Stein widmen. Bis zum Jahresende hatte sie sieben Figuren mit fiktiven freundlichen Gesichtern geschaffen. Es folgten die Girlanden und Bordüren für die Kaminsimse. Roisins Tage waren nun wieder mit den Tätigkeiten, für die ihr Herz brannte, ausgefüllt. Die bange Frage, wie lang es andauern würde, ließ sie in den Nächten oft nicht zu Ruhe kommen. Zu oft hatte sie gedacht, ihren Platz im Leben gefunden zu haben. Zu oft war alles wieder zerstört worden.

Roisin überraschte es nicht, als es wieder einmal ihr Bruder war, der versuchte, ihre Zufriedenheit zu trüben.

»Ich brauche Geld«, sagte er frei heraus. Das Verbot, Rhostryfan nicht zu betreten, ignorierte er geflissentlich. Der Hausherr war schließlich weit fort. »Es ist Winter, die Felder geben nichts mehr her, außerdem bin ich kein Bauer.«

»Ihr werdet sicher rechtzeitig Vorräte eingelagert haben«, sagte Roisin. »So wie es alle Landarbeiter getan haben.«

»Was interessieren mich Vorräte?«, brauste Edward auf. »Schwester, ich habe Schulden! Immense Schulden! Auch hier gibt es Männer, die die Würfel fallen lassen. Sie sind gnadenlos. Wenn ich nicht bezahle, habe ich schneller ein Messer zwischen den Rippen, als ich bis drei zählen kann. Man sagt, Aldington habe dir jede Menge Geld gegeben. Du musst mir etwas leihen, Schwester!«

Roisin seufzte. »Wenigstens bist du ehrlich. Aber ich kann dir kein Geld geben. Bailan vertraut mir, außerdem muss ich über jeden Penny, den ich ausgebe, Buch führen und ihm Rechenschaft ablegen. Wir beide wissen, dass das Geld auch nicht geliehen wäre. Du könntest es niemals zurückzahlen.«

»Du lässt mich also wieder einmal im Stich?«, fragte er leise, die Augen zu Schlitzen verengt. »Du nimmst es in Kauf, dass man mich mordet und dein Neffe ohne Vater aufwachsen muss? Dann hättest du mich auch in Conwy aufhängen lassen können.«

»Du vergleichst Äpfel mit Birnen, Edward.« Es fiel Roisin sichtlich schwer, gelassen zu bleiben. »Ich hatte gehofft, du hast aus deinen Fehlern gelernt, aber auch die zweite Chance trittst du wie ein Stück Dreck.« Sie straffte die Schultern. »Es tut mir leid, aber dieses Mal musst du sehen, wie du deinen Kopf allein aus der Schlinge ziehst. Ich kann und werde dir nicht mehr helfen, Edward.«

»Übrigens: Lavinda ist tot«, sagte er zusammenhangslos.

»Wie bitte? Wann ist es passiert? Und wie?«

Lapidar zuckte Edward mit den Schultern. »Vor einer Woche oder so. Zuerst schien es eine harmlose Erkältung zu sein. Dann kam Fieber hinzu, und plötzlich war sie tot.«

»Warum hast du mich nicht geholt?«, fragte Roisin. »Oder mich unverzüglich von Lavindas Tod unterrichtet?«

»Ich dachte, es würde dich nicht interessieren«, antwortete Edward. »Du hast sie nie gemocht.«

»Das beruhte auf Gegenseitigkeit.« Roisins Gefühle waren gemischt. Sie bedauerte den Tod der Stiefmutter, heuchelte aber keine Trauer, die sie nicht empfand.

»Nate hast du in den Tod geschickt«, wechselte Edward ein weiteres Mal sprunghaft das Thema. »Wahrscheinlich hast du zufrieden gelächelt, als man ihn henkte. Du hast den einzigen Freund, den ich je hatte, umgebracht.«

»Du weißt, dass das nicht stimmt.« Langsam, aber sicher verlor Roisin die Beherrschung. »Für Nate konnte ich nichts tun. Er war nicht dein Freund! Er hat dich verführt, Dinge zu sagen und zu tun, die dich an den Galgen gebracht haben. Ich denke, du solltest wissen, dass sich Nate während des Aufstandes feige versteckt hielt und gebettelt und gewinselt hat, als man ihn aus dem Keller seines Wirtshauses zerrte.«

»Du lügst!«, schrie Edward.

»Ach, ich lüge? Wo war denn dein angeblicher Freund, als der Angriff losging? War er an deiner Seite? Hat er Pfeile abgeschossen oder mit seinem Schwert englische Soldaten getötet? Große Rede schwingen – das konnte Nate. Aber nicht seinen Worten Taten folgen lassen. Er hat dich und viele andere tapfere Waliser eiskalt ins Unglück gestürzt.«

Edward wurde erst blass, dann feuerrot. Er machte keinen Versuch, Nate zu verteidigen. Stattdessen schrie er: »Green hatte recht: Du bist eine Hexe! Ich hätte es längst erkennen müssen. Kein Weibsbild kann ohne die Hilfe des Teufels den Stein metzen. Und du hast Aldington verhext. Du hast ihn in dein Bett geholt und schwarze Rituale mit ihm gefeiert.«

Mit beiden Händen drückte Roisin gegen Edwards Brust und schob ihn zur Tür. Aus ihren Augen sprühten Funken. »Du gehst jetzt. Es ist besser, du kommst erst wieder, wenn du dich beruhigt hast.« Sie schämte sich nicht des Gedankens, dass sie Edward eigentlich niemals wiedersehen wollte. Er war nicht länger der Bruder, den Roisin einst geliebt hatte.

Gegen seine Kraft hatte sie keine Chance. Er drehte sich um, packte sie an den Haaren und schüttelte sie so grob, dass sie vor Schmerzen aufschrie.

»Das sündhafte rote Haar und das Hinkebein sind weitere Beweise. Man hätte dich bereits in Caernarvon auf dem Scheiterhaufen verbrennen sollen. Aber das kann nachgeholt werden.« Am Haarschopf schleifte er sie quer durch die Halle zum Treppenaufgang. »Wo ist Aldingtons Geld? Du wirst es mir sofort geben, sonst kann ich für nichts mehr garantieren.«

»Was willst du machen?«, keuchte Roisin, der Schmerz drückte ihr Tränen in die Augen. »Willst du mich so lange prügeln, bis ich dir das Geld gebe?«

»Wenn du es nicht freiwillig machst, habe ich keine andere Wahl! Mein Leben steht auf dem Spiel!«

Plötzlich wurde Edward von hinten am Kragen gepackt und herumgerissen. Einer von Sir Bailans Knechten, ein hoch aufgeschossener, breitschultriger Kerl, kam Roisin zu Hilfe.

»Du hast gehört, dass die Miss dich hier nicht mehr haben will.« Gegen die Kraft des Knechts, der ihn zur Tür schob, kam Edward nicht an. »Wenn du noch einmal einen Fuß in Mylords Haus setzt, hetze ich die Hunde auf dich. Und jetzt verschwinde!«

Seine Worte bekräftigte der Knecht mit einem deftigen Tritt in Edwards Hinterteil. Er strauchelte und stürzte bäuchlings in den Matsch. Langsam rappelte er sich auf. Mit dem Handrücken wischte er sich den Dreck aus dem Gesicht. Als Roisin seinen Blick sah, stockte ihr der Atem. Edward und sie hatten viele Probleme miteinander gehabt. Aber nie loderte in seinen Augen der Ausdruck, mit dem er Roisin jetzt ansah. Es war blanker Hass.

Sie kamen sechs Tage später bei Einbruch der Dunkelheit. Es waren ein Dutzend Männer, jeder trug eine Fackel, einige

Knüppel und Äxte. Die beiden Knechte hatten keine Chance, die aufgebrachten Männer daran zu hindern, ins Haus einzudringen und sich in der Halle zu verteilen. Den Männern folgten die Wirtschafterin Kate und die Köchin Mary. Als Roisin in deren Gesichter blickte, wusste sie, wer den Männern das Tor geöffnet hatte.

Einer der Knechte zückte sein Messer, das er am Gürtel trug.

»Lass es stecken!« Roisin, die gerade das Abendessen beendet hatte, stand auf. »Es käme nur zu einem unnötigen Blutvergießen.« Entschlossen trat sie dem Advokaten Wye entgegen. »Das letzte Mal, als Ihr in diesem Haus gewesen seid, Master Wye, wart Ihr ein gern gesehener Gast, der mit Mylord gespeist und getrunken hat. Da Ihr wohl wisst, dass Sir Bailan nicht anwesend ist, frage ich mich, warum Ihr ungebeten eindringt. Dazu noch mit großem Geleit.«

Aus seinem Wams zog der Advokat eine Pergamentrolle. Er reichte sie Roisin.

»Ich komme nicht ungerechtfertigt«, sagte er mit kalter Stimme. »Da Ihr des Lesens mächtig seid, lest selbst. Ich habe den Befehl, Euch nach Caernarvon zu bringen, wo Ihr vor Gericht gestellt und angeklagt werdet, Roisin Talwyn.«

»Angeklagt?« Roisin zog eine Augenbraue hoch. »Welches Verbrechens soll ich mich angeblich schuldig gemacht haben? Und wer ist der Ankläger?«

»Steht alles da drin.«

Roisin entrollte das Schreiben. In gestochen scharfer Schrift wurde sie der Zauberei und Hexerei angeklagt. Unterschrieben war das Schriftstück mit drei Namen. Zwei hatte Roisin nie zuvor gehört, den Dritten allerdings schon: Sam Green!

Sie gab Wye die Rolle zurück. »Ich stehe unter dem Schutz von Mylord Aldington.« Sie klang weitaus ruhiger, als ihr zumute war. »Ohne seine Zustimmung habt Ihr kein Recht, mich mitzunehmen.«

»Aldington ist weit weg«, rief einer der Männer aus dem Hintergrund. »Bis er davon erfährt, seid Ihr nur noch ein Häufchen Asche.«

Roisin beachtete seinen Einwurf nicht. »Master Wye, ist Euch die Bestimmung des Königs bekannt, dass ich Caernarvon niemals wieder betreten darf?«, fragte sie. »Es war eine der Bedingungen für die Freiheit meines Bruders. Wenn Ihr mich in die Stadt bringt und der König erfährt davon, könntet Ihr in Schwierigkeiten geraten.«

»Es ist zwecklos, sich ein weiteres Mal hinter dem König zu verstecken«, erwiderte der Advokat. »Auch er ist weit fort und hat andere Probleme, als sich um ein durchtriebenes Weib zu kümmern. Eine Gegenwehr ist sinnlos. Wie Ihr eben richtig erkannt habt, lägen die Knechte tot am Boden, bevor sie überhaupt einem von uns nur einen kleinen Ritzer zufügen könnten. Es ist niemand hier, der Euch Schutz gewährt. Kommt Ihr jetzt freiwillig mit, oder sollen meine Männer Gewalt anwenden?«

»Ihr müsst große Angst vor mir haben«, sagte sie von oben herab, »dass Ihr ein Dutzend bewaffneter Männer benötigt, um mich zu holen. Befürchtet Ihr nicht, ich könnte Euch mit einem Fluch belegen, da ich angeblich über Zauberkräfte verfüge? Oder mich in die Lüfte erheben und davonfliegen?«

Einige Männer bekreuzigten sich hastig mehrmals hintereinander.

»Ihr gesteht Eure Untaten also ein?«, fragte Wye lauernd.

»Keineswegs, Master Wye«, antwortete sie und warf den Kopf in den Nacken. »Gut, ich werde Euch folgen, aber lasst die Leute hier in Ruhe. Sie haben mit alledem nichts zu tun.« Sie sah zu Kate und Mary. »Nun ja, zumindest die meisten von ihnen.« Mary hatte wenigstens den Anstand, verlegen zu wirken, während Kate sie herausfordernd anstarrte. Ihre Miene schien zu sagen: Das hast du nun davon!

Zwei Männer fesselten Roisins Handgelenke auf ihrem Rücken. Roisin meinte, einen Albtraum ein zweites Mal zu erleben. Damals hatte sie Glück gehabt, jetzt jedoch war keine Hilfe zu erwarten.

»Mistress Kate!«

Die Wirtschafterin trat vor. »Ja, Master Wye?«

»Wo ist die Kassette mit dem Geld?«, fragte der Advokat.

»Als ich noch den Schlüssel hatte, bewahrte sie Mylord in seinem Schlafzimmer auf. Sie«, ihr hagerer Zeigefinger deutete auf Roisin, »muss den Schlüssel bei sich tragen.«

»Ihr wollt Sir Bailan ausrauben?« Roisin keuchte. »Genügt es Euch nicht, mich zu töten? Was hat Bailan Euch getan?«

Wye antwortete nicht. Einer der Männer tastete über Roisins Körper und fand den Schlüssel für die Geldkassette, den sie mit einer Kordel an ihrem Gürtel befestigt hatte. Wye gab ihm einen Wink, woraufhin er und Kate die Treppe hinaufgingen.

Ein anderer Mann packte Roisin am Arm und zog sie mit sich. Als die frische Nachtluft ihr erhitztes Gesicht kühlte, hörte sie Wye sagen: »Sobald wir das Geld haben, treibt das Vieh aus den Stallungen. Jeder, der ein Tier brauchen kann, soll es mitnehmen. Dann brennt das Haus nieder. Wenn ich es nicht bekommen kann, soll es auch niemand anderer haben. Am wenigstens ein dreckiger Engländer!«

27.

An der nördlichen Stadtmauer von Caernarvon erwartete sie Sam Green an einer geöffneten Pforte. Der Steinmetzmeister musste einen Schlüssel für die kleine Tür haben. Die Pferde und einige Männer wurden zurückgelassen. Wye zückte einen Dolch und setzte ihn Roisin an die Kehle.

»Ein Laut und Ihr seid tot!« Zur Bekräftigung seiner Worte bohrte er die scharfe Spitze in ihr Fleisch. Roisin spürte einen nur leichten Schmerz, wohl aber, wie ein Rinnsal Blut an ihrem Hals hinunterlief.

Sie wusste, wann sie verloren hatte, und verhielt sich ruhig. In der Dunkelheit und Stille der Nacht bekam niemand mit, wie Roisin von Wye und Green quer durch die Stadt zu einem zweistöckigen Steinhaus geführt und dort im Keller in einen fensterlosen Raum geschubst wurde. Bevor die massive Eisentür hinter Roisin zugefallen war, hatte sie noch gehört, wie jemand von irgendwo her fragte: »Habt Ihr das Geld, Wye? Ich will sofort meinen Anteil. Das seid Ihr mir schuldig für meine Informationen.«

Jedes Härchen an Roisins Körper stellte sich auf. Sie hatte die Stimme erkannt – sie gehörte Edward. Bis eben hatte sie sich geweigert, zu glauben, dass ihr Bruder bei der Sache seine Finger im Spiel hatte. Edward war eigennützig und aufbrausend, er hatte sie wiederholt belogen, betrogen und jetzt sogar tätlich angegriffen – aber sie waren doch ein Fleisch und

Blut! Gezeugt von demselben Vater, geboren von derselben Mutter. Als Kinder hatten sie ein gutes Verhältnis zueinander gehabt. Gegen den Willen des Vaters und Lavindas hatte Edward sie Schreiben und Lesen gelehrt. Für alles Schlechte, was der Bruder bereits früher getan hatte, hatte Roisin immer eine Entschuldigung zur Hand gehabt. Einmal war es seine Jugend, das andere Mal falsche Freunde wie Nate. Stets hatte sie versucht, positiv auf Edward einzuwirken. Die Erkenntnis, dass es jetzt keine Ausreden für Edwards Verhalten gab, schwappte wie bittere Galle in ihre Kehle.

In dem Kellerraum gab es kein Licht. Roisin streckte die Arme aus und tastete sich langsam vor. Schnell berührten ihre Finger eine feuchte, glitschige Wand. Sie tastete weiter und stellte fest, dass das Gelass nur wenige Schritte breit und lang war. Unter ihren Füßen spürte sie Stroh. Sie bückte sich und schnüffelte. Das Stroh schien leidlich sauber zu sein. Mit dem Rücken zur Wand setzte sich Roisin und schlang die Arme um die angezogenen Knie. Die Bemerkung, die Master Wye gemacht hatte, bevor seine Schergen Rhostryfan in Brand steckten, beschäftigen Roisin ebenfalls. Er hatte angedeutet, ein Recht auf das Gut zu haben und Bailan als Engländer beschimpft. Bereits bei ihrer ersten Begegnung hatte Roisin gespürt, dass Wye etwas verbarg und man ihm nicht vorbehaltlos vertrauen sollte.

Roisin, du bist zu gut für diese Welt …

Ein weiteres Mal erinnerte sie sich an Kyndras Worte. Schlussendlich würde die Köchin recht behalten. Niemand, der ihr noch wohlgesonnen war, wusste, dass man sie nach Caernarvon verschleppt und eingesperrt hatte. Edward hatte von der damaligen Anklage als Hexe durch Sam Green gewusst. Er musste sich mit dem Steinmetz in Verbindung gesetzt haben, um an Bailans Geld zu kommen. Die Kassette war bis zum Rand mit Silber- und Goldmünzen gefüllt.

Roisin hatte sie nie gezählt. Sie hatte immer nur die Beträge entnommen, die für die laufenden Kosten benötigt wurden. Selbst wenn Edward das Geld mit Green und Wye teilen musste – wovon Roisin ausging –, bliebe für ihn genügend übrig, um seine Schulden zu tilgen und ein neues Leben zu beginnen. Sie vermutete, er würde Frau und Kind im Stich lassen und das Land verlassen. Sie würde es nie erfahren. Wye hatte ihr eine offizielle Anklage vorgelegt. Sie war aber nur ein einfaches Weib, nach den geltenden Gesetzen rechtlos, und hatte keinen Anspruch auf eine neutrale Verteidigung. Wenn es niemanden gab, der wohlwollend für sie sprach oder sich ihrer gar annahm, war ihr Leben so gut wie verwirkt.

Roisin wusste nicht, wie viel Zeit vergangen war, es musste aber wohl der Morgen angebrochen sein, als ein Wachmann die Tür öffnete. Der schwache Lichtschein einer Fackel fiel in den Raum.

»Trink!« Er reichte ihr einen Becher. Sie schnupperte an der klaren Flüssigkeit. Sie roch nach nichts. »Ist nur Wasser«, brummte der Wachmann. »Trink aus, dann komm mit.«

Durstig leerte Roisin den Becher. Ein Hungergefühl verspürte sie nicht. Draußen wartete ein weiterer Scherge. Die Männer packten Roisin beidseitig an den Armen. Ihr blieb nichts anderes übrig, als ihnen über die steinerne Wendeltreppe in das obere Stockwerk zu folgen, wo sie in einen Raum geschubst wurde. Durch die zwei Fenster fiel helles Sonnenlicht. Nach der Dunkelheit im Keller blinzelte Roisin, dann erkannte sie Sam Green, Master Wye und drei weitere Männer, die sie nie zuvor gesehen hatte. Gleich einer geschlossenen Mauer saßen sie hinter einem schweren Eichentisch. In der Mitte des Raums stand ein Stuhl.

»Setzt Euch dorthin«, wies Wye sie an. »Wenn Ihr Euch ruhig verhaltet, verzichte ich darauf, Euch Fesseln anzulegen.«

Roisin tat wie geheißen. Der Wachmann, der ihr das Wasser gegeben hatte, stellte sich dicht hinter sie. Auf einmal hatte er eine Weidenrute in der Hand.

»Wo ist der Geistliche?«, fragte Roisin. »Ist es nicht üblich, dass eine Anklage wegen Hexerei von Vertretern der Kirche geführt wird? Und wer seid Ihr?« Sie deutete auf die drei anderen Männer. »Welches Gesetz gibt Euch das Recht, über mich zu urteilen?«

»Das Recht des Stärkeren«, antwortete Wye unverhohlen. Er grinste und wirkte wie ein listiger Fuchs, der sich gleich eine fette Henne holen würde.

»Warum der Aufwand, mich hierher zu schleppen? Warum habt Ihr mich nicht gleich in Rhostryfan oder letzte Nacht im Keller ermordet?«

»Selbstverständlich wird ein ordentliches Protokoll über das Verfahren verfasst«, erklärte Wye. »Nur für den Fall, sollten doch einmal Fragen nach Eurem Verbleib gestellt werden.« Er kam näher und beugte sich so tief über Roisin, dass sie seinen schlechten Atem roch. »Als Advokat habe ich durchaus das Recht über Menschen zu urteilen, die eine Gefahr für andere darstellen.«

»Wieviel bezahlt Euch mein Bruder für dieses Schauspiel, Master Wye?«

»Ihr sprecht irre, Miss«, mischte sich Green ein, und einer der anderen Männer, ganz in Schwarz gekleidet, sagte mit kalter Stimme: »Ich werde jetzt die Anklage verlesen. Ihr, Miss Talwyn, schweigt, oder wir sehen uns gezwungen, Euch zu knebeln.« Roisin senkte den Blick und presste die Lippen zusammen. Der Mann stand auf, entrollte ein Dokument, räusperte sich und las: »Roisin Talwyn wird zur Last gelegt, jahrelang ein ungebührliches Verhalten an den Tag gelegt zu haben. In anmaßender Weise arbeitete sie als Steinmetzin, zunächst heimlich, um erst ihren Vater, dann ihren Bruder bloßzustellen. Beide Männer waren angesehene Steinmetze in der Stadt Conwy. Als ihr schändliches Treiben entdeckt wurde, übte sie Einfluss auf unsere gütige, aber noch junge Königin aus, die ihrerseits den König dazu brachte, Miss Talwyns Wirken zu akzeptieren. Dabei war es jedem ersichtlich, dass der Teufel selbst ihr die Gabe des Steinmetzens gegeben hat. Seit ihrer Geburt trägt sie das Zeichen des Satans. Kein Weib ist ohne teuflische Macht in der Lage, die Arbeit eines Mannes zu verrichten. Eine erste Anklage wegen Zauberei wurde niedergeschlagen, weil die Angeklagte den König verhext hatte. Nachdem sie Unterschlupf bei einem Ritter des Königs gefunden hatte, setzte sie ihr schändliches Treiben unvermindert fort.« Er sah von dem Schriftstück auf und gab Wye einen Wink. »Advokat, ruft Eure Zeugin herein!«

Wye ging zur Tür, öffnete sie und kehrte mit Kate in den Raum zurück. Die Wirtschafterin schenkte Roisin keinen Blick. Sie nannte dem Gericht ihren Namen, dann sagte sie: »In den vergangenen vier Wochen verendeten drei Rinder und fünf Schafe in Rhostryfan, obwohl die Tiere tags zuvor noch vollkommen gesund gewesen waren.«

»Das ist eine Lüge!«, rief Roisin. Sofort erhielt sie von dem Wachmann einen derben Schlag mit der Weidenrute auf den Rücken, der ihr die Luft nahm.

Von Roisins Einwurf ungerührt, fuhr Kate fort: »Das Weib hat auch Sir Bailan Aldington verhext, da er der rothaarigen Hexe die Verwaltung seines Besitzes anvertraute. Zwei Jahre lang oblagen mir die Belange des Landgutes. Es gab keinen Grund, warum Mylord mir misstrauen sollte. Ich kenne Sir Aldington! Er ist ein freundlicher, gütiger Mann. Nur unter dem Einfluss von Zauberkunst und teuflischer Mixturen, die die Hexe ihm heimlich eingeflößt hat, hat er so gehandelt.«

Alle murmelten einvernehmliche Zustimmung, und der Steinmetz Green fügte hinzu: »Sir Aldington stand bereits vor Monaten unter dem Bann des Weibsbildes, als sie in Caernarvon eine eigene Werkstatt betrieb. Der Ritter sorgte dafür, dass sie nach Conwy zurückkehren musste. Angeblich, weil man ihr nach dem Leben trachtete.«

»Stimmt das etwa nicht?«, rief Roisin aufgebracht. »Ihr, Master Green, wolltet mich schon damals auf dem Scheiterhaufen brennen sehen.«

Ein weiterer Hieb mit der Weidenrute auf ihren Rücken ließ sie vor Schmerz aufschreien.

»Die Angeklagte hat zu schweigen!«, donnerte Wye. »Master Green, ich stimme Euch zu. Warum sollte ein Edelmann wie Aldington sich für ein einfaches Weib einsetzen, wenn er nicht unter ihrem Zauberbann steht?«

In dieser Art ging es weiter. Roisin hörte Dinge, die so absurd waren, dass sie unter anderen Umständen laut gelacht hätte. Neben den verendeten Rindern sollte sie noch für die schuppige Hautkrankheit eines Bauern verantwortlich sein, ebenso für die Fehlgeburt einer Frau, deren Name Roisin nie zuvor gehört hatte. Niemand kam, um zu ihren Gunsten zu sprechen, sie selbst hatte keine Gelegenheit, sich zu verteidigen. Jedes Mal, wenn Roisin den Mund öffnete, sauste die Rute auf ihren Rücken nieder. Ihr Kittel war zerrissen, und sie spürte, wie Blut über ihren Rücken rann. Der Schmerz war weniger schlimm als die Erkenntnis, dass sie mit ihrem Leben wohl abschließen musste.

Schließlich wandte sich Wye wieder an sie: »Gesteht Ihr Eure Taten ein, Miss Talwyn?«

»Was könnte ich gestehen, was ich nicht getan habe?« Roisin wartete auf einen weiteren Hieb, aber offenbar gestattete man ihr jetzt, zu sprechen. »Ich bin ebenso wenig eine Hexe, wie Ihr ein Zauberer seid, Master Wye. Mein einziges Vergehen besteht darin, dass Gott mir ein Talent gegeben hat, das die Fähigkeiten mehrerer Männer übertrifft. Unter anderem die von Euch, Meister Green. Mylord Aldington war nur freundlich zu mir und meiner Familie, weil ich einst seiner Schwester in einer Notlage zu Hilfe kam. Und wenn Ihr alle Frauen, die von Geburt an eine Behinderung haben und zudem rothaarig sind, auf den Scheiterhaufen schicken wollt – dann wird es im Land bald kaum noch Frauen geben. Ungefähr die Hälfte der Waliserinnen haben rote Haare, und welcher Mensch ist schon wirklich makellos? Gott erschafft jeden von uns anders, jeden mit eigenen Tributen, und das ist gut und richtig. Lange haderte ich mit meinem lahmen Bein. Heute weiß ich jedoch, dass sich Gott auch dabei etwas gedacht hat.«

»Die Worte beweisen«, mischte sich ein Mann ein, der das Geschehen bisher schweigend beobachtet hatte, »dass das Weib mit teuflischen Mächten im Bunde steht. Es gelingt ihr, den Namen Gottes zu nennen, ohne dass dabei ihre Zunge verbrennt. Sie macht den kläglichen Versuch, sich als Märtyrerin darzustellen.«

Die anderen nickten zustimmend, dann taten sie sich tuschelnd zusammen. Es dauerte nur wenige Minuten, dann erhob sich Master Wye und sagte: »Das Gericht hat ein einstimmiges Urteil gefällt. Bei der Schwere der Untaten und Verbrechen kann es nur auf Tod lauten. Allerdings zeigen wir Milde. Der Angeklagten wird der grausame Tod auf dem Scheiterhaufen erspart. Sie wird unverzüglich in den Hof dieses Hauses geführt und dort am Halse aufgehängt, bis der Tod eintritt.«

»Das könnt Ihr nicht machen«, rief Roisin und sprang auf. Der Wachmann packte sie am Arm, aber mit einem Ruck riss sie sich los und ging auf Wye zu. »Wenn der König davon erfährt, werdet Ihr selbst alle hängen! Und er wird es erfahren, dafür wird Sir Bailan sorgen.«

Sie sah die Faust nicht kommen, spürte nur den Schlag

und meinte, ihr Kopf würde in tausend Teile zerspringen. Dann versank Roisin in Dunkelheit.

Jemand spritzte ihr kaltes Wasser ins Gesicht, und sie schlug die Augen auf. Man hatte sie bereits in den Innenhof geführt. Von vier Seiten war er mit Mauern umschlossen, nur in einer Mauer gab es einen Torbogen mit einem Holztor, deren einer Flügel nur angelehnt war. Trotzdem war es für Roisin unmöglich, das Tor zu erreichen und auf der Straße eventuell Hilfe zu finden. Das einzige Gewächs war eine mächtige Eiche. Über einem der Äste baumelte bereits der Strick mit der Schlinge. Daneben standen die beiden Männer der Wache, die Hände an die Hefte ihrer Schwerter gelegt. Ein untersetzter Mann in einer dunklen Kutte, das Gesicht von der Kapuze verborgen, diente wohl als Henker.

Roisin erinnerte sich an den Tag der Hinrichtungen in Conwy. Manche der Männer waren aufrecht und ohne zu jammern in den Tod gegangen. Andere, unter ihnen Nate, hatten gewimmert und um ihr Leben gefleht. Sie hoffte, ihren Mördern ein solches Schauspiel nicht zu bieten.

Die drei ihr unbekannten Männer waren verschwunden, aber Master Wye und Sam Green musterten sie zufrieden. Als Roisin sich umsah, war sie nicht überrascht, in einer Ecke Edward zu sehen.

»Du willst dich persönlich davon überzeugen, dass ich tot bin und dir nie wieder in die Quere komme.«

Edward drehte den Kopf zur Seite.

»Roisin Talwyn«, donnerte die Stimme von Master Wye über den Hof, »seid Ihr bereit, das gefällte Urteil anzunehmen?«

»Das bin ich keineswegs«, antwortete Roisin. »Weder wurde der Prozess vor einem Richter geführt, noch wurde von einem solchen das Urteil gesprochen. Die gegenüber mir erhobenen Vorwürfe entbehren jeder Grundlage. Aus Neid, Habgier und Missgunst wollt Ihr mich töten. Mag ich heute auch sterben – meine Seele wird Euch alle verfolgen, bis Ihr selbst vor dem großen Richter stehen werdet. Ich bin sicher: Euer letzter Weg wird nicht in den Himmel, sondern direkt in die Hölle hinabführen. Jetzt, den Tod vor Augen, beantwortet mir doch die Frage, warum Ihr das tut? Die angeblichen Vorwürfe können unmöglich die wahren Gründe sein.«

Edward stieß sich von der Mauer ab und kam auf Roisin zu. »Du hast mich verraten und im Stich gelassen, Schwester. Mein Leben war gut, bis du alles zunichte gemacht hast.«

»Ich war es nicht«, erwiderte Roisin, »die versucht hat, die Engländer zu bekämpfen. Alles, was danach geschehen ist, hast du selbst zu verantworten, Edward.«

»Talwyn, es ist besser, wenn Ihr geht«, sagte Wye. »Nicht, dass Ihr Eure Meinung doch wieder ändert.«

»Sicherlich nicht«, erwiderte Edward. »Es wird mir eine Erleichterung sein, wenn sie tot ist.«

Roisins Kehle zog sich zusammen. Nun hatte er es ausgesprochen. Sie wollte ihn fragen, warum ein Bruder der eigenen Schwester den Tod wünschte, aber es gelang ihr nicht, auch nur ein Wort zu bilden. Edward warf ihr einen letzten, kalten Blick zu, dann ging er mit großen Schritten zu dem Tor, zog den Flügel auf und war aus ihrem Blickfeld verschwunden.

»Ihr wollt wissen, warum wir das tun?«, wandte sich Sam Green an sie.

»Schweigt, Green«, herrschte Wye den Steinmetz an.

»Warum soll das Weib nicht die Wahrheit erfahren, Master Wye? Sie wird ohnehin auf direktem Weg in die Hölle hinabfahren.« Green sah Roisin an. »Wir können es nicht zulassen, dass ein Weib unsere Arbeit untergräbt und uns lächerlich macht. Selbst bei Eurem eigenen Bruder habt Ihr Euch nicht gescheut, ihn zum allgemeinen Gespött zu machen. Darüber hinaus können wir keine Zeugen brauchen, was Aldingtons Hab und Gut betrifft. Sobald wir mit Euch fertig sind, wird er der Nächste sein. Unsere Leute sind bereits auf dem Weg nach York. Sie werden die Angelegenheit schnell und ohne Aufsehen erledigen.«

»Nun, dann machen sie den Weg umsonst, denn ich bin hier.«

Roisin fuhr herum. Sie glaubte, ihren Augen nicht zu trauen. Durch das nun offen stehende Hoftor schritt Bailan, hinter ihm Alan de Beauvoir und deren Knappen. Alle vier hatten ihre Schwerter gezogen. Die Strahlen der Sonne spiegelten sich in dem blanken Stahl. Bailan wirkte, als würde ihn die ganze Sache amüsieren.

»Löst ihre Fesseln!«, sprach Bailan, ohne jemanden direkt anzusprechen.

»Mylord«, Wye trat einen Schritt vor, »das Urteil wurde von einem ordentlichen Gericht gefällt.«

»Das wage ich zu bezweifeln. Ich bestehe auf einer zweiten Verhandlung vor einem vom König anerkannten Gericht. Gebt auf, Wye! Es ist nicht nötig, noch mehr Blut zu vergießen. Ihr werdet Euch vor dem König zu verantworten haben. Und wenn ich Euch höchstpersönlich nach York schleppen muss!«

»Ihr habt hier gar nichts zu befehlen«, erwiderte Wye schmallippig. »Die Zeiten, in denen ich nach Eurem Willen handeln musste, sind vorbei. Warum seid Ihr gekommen, Aldington? Nun gut, dann werdet Ihr eben zusammen mit Eurer Hure sterben.«

Er gab den beiden Wachen einen Wink. Sie zogen ihre Schwerter und stürmten auf Bailan und Alan ein.

Stahl klirrte auf Stahl. Nach nur fünf oder sechs Attacken traf Bailans Schwert das ungeschützte Handgelenk seines Angreifers. Der Mann schrie auf, ließ sein Schwert fallen und flüchtete durch das Tor.

»Feigling!«, rief Bailan ihm lachend nach.

Der andere Wächter drosch jetzt auf Alan ein, der jeden Streich geschickt parierte. Dann jedoch entglitt Alans Hand das Schwert. Der Angreifer grinste, hob seine Waffe und zielte auf Alan Brust, da traf ihn die flache Seite von Bailans Schwert am Hinterkopf. Wortlos sank er zu Boden und blieb reglos liegen.

Bailan sah sich suchend im Hof um.

»Verdammt!«, fluchte er. »Wye und Green haben sich aus dem Staub gemacht.«

»Wir bekommen sie«, sagte Alan und winkte den beiden Burschen, ihm zu folgen.

»Lass sie aber am Leben«, rief Bailan dem Freund nach. »Ich will, dass sie ordentlich verurteilt werden. Zumindest Master Wye, ob wir dem Steinmetz etwas nachweisen können, ist ungewiss.« Er kam auf Roisin zu. Während des Kampfes war sie in eine Ecke zurückgewichen. »Bist du in Ordnung?« Als er die blutverkrustete Wunde an ihrem Hals und ihren zerfetzten Kittel sah, verengten sich seine Augen zornig.

»Es geht mir …« Sie sah Edward, der mit einem Dolch in der Hand auf Bailan, der ihm den Rücken zudrehte, einstürmte. »Vorsicht! Hinter dir!«

Blitzschnell drehte sich Bailan um die eigene Achse. Mit voller Wucht traf die Schneide seines Schwertes auf Edwards rechte Brust. Der Dolch fiel zu Boden. Fassungslos starrte Edward auf die klaffende Wunde, aus der hellrotes Blut sprudelte. Dann sank er zu Boden.

»Edward!« Roisin kniete sich neben ihn und presste beide Hände auf die Wunde. Das Blut strömte unvermindert hervor. »Wir holen einen Arzt …«

Schwer legte sich Bailans Hand auf Roisins Schultern. »Ich fürchte, kein Arzt der Welt wird ihm noch helfen können.«

Edwards Augenlider flatterten. Roisin beugte sich tief über sein Gesicht.

»Warum, Edward?«, flüsterte sie. »Warum hasst du mich so sehr?«

»Du hast immer alles gekonnt«, presste Edward hervor, begleitet von hellroten Bläschen auf den Lippen. »Alles, was du getan hast, war perfekt. Ich konnte mit dem verdammten Stein nie etwas anfangen. Dann machte ich mir dein Talent zu Nutzen. Mit dem Arrangement lebten wir alle gut, bis du mit dem verdammten Wollhändler fortgehen wolltest. Das musste ich verhindern.«

»Du hast Dylan Rhys getötet?« Fassungslos starrte Roisin ihren sterbenden Bruder an. »Du hast einen Menschen ermordet, um mich weiter an dich zu binden, weil du selbst nicht arbeiten wolltest?«

»Ich habe Nate um den kleinen Gefallen gebeten«, röchelte Edward. »Die Münzen aus Rhys Börse teilten wir uns. Es war weniger, als wir gehofft hatten. Und Nia Corris … Sie hat alles gewusst. Auch um sie hat sich Nate gekümmert. Niemand schöpfte Verdacht.«

Roisin schauderte vor Grauen. Es war, als würde sie direkt in die Hölle sehen, dabei waren es nur die Augen ihres Bruders, die sich zunehmend verschleierten. Ein Schwall Blut schoss über seine Lippen. Dann atmete Edward Talwyn nicht mehr.

Alan und die Burschen hatten Master Wye und Sam Green gestellt, sie in der Burg einschließen lassen und dann die Stadtwache informiert. Knapp berichtete Bailan den Soldaten über das Geschehen. Alan kümmerte sich um die beiden Toten. Als zwei Knechte Edwards Körper davontrugen, musste

Roisin trotz allem, was er ihr angetan hatte, um den Bruder weinen.

»Du musst mich jetzt hassen«, sagte Bailan ernst.

»Warum sollte ich das tun?« Mit dem Handrücken wischte sie sich die Tränen von den Wangen. »Ihr habt mir das Leben gerettet, Mylord. Nebenbei gesagt: Nicht zum ersten Mal.«

»Ich habe deinen Bruder getötet.«

»Es ist nicht Eure Schuld, Mylord«, erwiderte Roisin. »Ihr habt lediglich Euer Leben verteidigt. Ich sah die Mordlust in Edwards Augen. Mein eigener Bruder hätte Euch ermordet!«

»Habe ich dich nicht gebeten, mich nicht ständig Mylord zu nennen?«

Roisin ging auf seine Worte nicht ein. »Wisst Ihr, dass Rhostryfan niedergebrannt und Euer ganzes Geld gestohlen wurde? Master Wye gab den Befehl dazu. Ich dachte, er sei Euer Advokat, dem ihr vertraut.«

»Das dachte ich auch.« Bailan seufzte. »Du solltest wissen, dass Rhostryfan seinem Onkel gehört hatte, bevor das Gut vom König enteignet und mir übertragen wurde.«

»Wye ist kein Engländer?«

»Sein Vater war Waliser, seine Mutter stammt aus London«, erklärte Bailan, einen bitteren Zug um die Lippen. »Ich erfuhr es auch erst an dem Tag, als er und der Jagdaufseher bei uns zu Gast waren. Da ich aber dringend nach York reiten musste, wollte ich später mit ihm darüber sprechen und die Lage zwischen uns klären. Ich vermute, Wye bot mir seine Dienste nur an, um sich bei passender Gelegenheit zu rächen. Was er nun auch getan hat.«

»Warum ließ er das Haus dann aber niederbrennen?«

»Weil Wye es niemals zurückerhalten hätte«, erklärte Bailan. »Er dachte wohl: Wenn er es nicht haben kann, dann soll es auch niemand anderes bekommen.«

Eine weitere wichtige Frage brannte Roisin auf der Zunge.

»Mylord … Sir Bailan, wie kommt es, dass Ihr ausgerechnet heute zurückgekehrt seid? Woher wusstet Ihr, was mit mir geschehen soll und wohin ich gebracht worden bin?«

»Nun, vor zwei Tagen überbrachte mir ein Bote die Nachricht, dass dein Leben in Gefahr sei«, antwortete Bailan. »Man plane, dich nach Caernarvon zu bringen, wo du in einem Scheinprozess zum Tode verurteilt werden sollst. Man nannte die Namen Wye und Green. Da wusste ich, dass die Nachricht von großer Brisanz war. Unverzüglich machte ich mich auf den Weg. Mein Pferd hat sich eine extra große Portion Hafer verdient.«

»Eine Nachricht? Wer sandte sie Euch?«

Zu Roisins Erstaunen schmunzelte Bailan. »Ich hätte nicht übel Lust, dich raten zu lassen. Da ich aber weiß, dass du niemals auf die richtige Person kommen wirst: Die Botschaft kam von Eurer Schwägerin.«

»Von Melyn? Das glaube ich nicht!«

»Es besteht kein Zweifel. Offenbar hat sie heimlich belauscht, wie Edward und andere den teuflischen Plan schmiedeten. Auch sie kann schreiben. Nun ja, die Wörter waren fehlerhaft und ihre Schrift ungelenk, der Inhalt der Nachricht aber unmissverständlich. Mistress Talwyn hat eine Schmuckspange verkauft, um den Boten bezahlen zu können. Ich denke, du hast Melyn falsch eingeschätzt.«

Roisin nickte. »In den letzten Monaten hatten wir nur wenig Kontakt, aber ich bemerkte, wie sich Melyn zum Positiven veränderte. Ich stehe nun in ihrer und Eurer Schuld, Sir.«

»Wir haben nur getan, was ein jeder Christenmensch tut, wenn ein Leben in Gefahr ist.« Bailans Hände legten sich auf Roisins Schultern. »Ich fürchte, ich habe genug von Wales. Es gibt nichts mehr, was mich hier hält. Auch möchte ich nicht mehr kämpfen. Wenn der König mich ruft, muss ich gemäß meinem Treueschwur an seine Seite eilen. Bis das jedoch geschieht, werde ich nicht nach York zurückkehren. Ich glaube, ich ziehe mich für eine Weile nach England zurück.«

Roisin verstand seine Beweggründe. Sie schluckte trocken. Ein weiteres Mal hatte sie das Dach über dem Kopf und ihre Besitztümer verloren, mochten sie auch von geringem Wert gewesen sein.

»Erlaubt Ihr, dass ich künftig bei Melyn und meinem Neffen lebe?«, fragte sie zaghaft. »Meine Schwägerin braucht jetzt jemanden, der sich um sie kümmert. Oder muss sie Euer Land verlassen?«

»Ich, wir beide, Roisin, schulden Melyn Dankbarkeit«, antwortete Bailan, eine steile Falte über der Nasenwurzel. »Wenn sie in der Kate bleiben möchte, habe ich nichts dagegen. Die Scholle wird sie und den Jungen ernähren. Es ist zu erwarten, dass Melyn bald wieder heiratet. Eine attraktive Witwe mit einem kleinen Kind bleibt nicht lange allein. Mit dir habe ich allerdings andere Pläne. Du musst wissen, dass ich ein Haus vor den Toren Londons mein Eigen nenne, in dem ich geboren wurde und meine Kindheit verlebte. Viel zu lange war ich nicht mehr dort. Es wird Zeit, nach dem Rechten zu sehen.«

»Die schrecklichen Erinnerungen haben Euch bisher abgehalten, Euer Elternhaus aufzusuchen.«

»Natürlich habe ich Erinnerungen an mein Elternhaus. Wie kommst du darauf, sie könnten schrecklich sein?«

Verlegen trat Roisin von einem Fuß auf den anderen. Sie wollte sich aber nicht in Ausflüchte retten.

»Ich weiß von der Lady«, sagte sie und wich seinem Blick aus, »die Ihr einst geliebt habt. Sie starb bei der Geburt des Kindes. Die Erinnerungen an die Dame könnt Ihr nicht ertragen, darum habt Ihr England verlassen und bleibt Eurer Heimat fern.«

»Wer hat dir von Maud erzählt?« Mit zwei Fingern hob

Bailan ihr Kinn an, sodass sie direkt in seine Augen sehen musste. »Ich nehme an, es war der übliche Klatsch meiner Bediensteten.« Zu ihrer Verblüffung lachte er aus vollem Hals. »Ich möchte nur wissen, wo sie diese hanebüchene Geschichte aufgeschnappt haben. Es stimmt, Maud und ich sollten heiraten. Wir kannten uns seit der Kindheit. Unsere Väter wünschten die Verbindung. Maud war dafür erzogen worden, die Gemahlin eines Edelmanns zu sein. Dann kam alles anders, wie du wohl erfahren hast. Als Maud dann vor meiner Tür stand, konnte ich sie nicht fortschicken. Ihre Eltern waren zwischenzeitlich gestorben, sie stand ganz allein auf der Welt. Ich fühlte mich für Maud verantwortlich. Ja, ich hätte sie geheiratet, um ihr die Schmach und Schande zu ersparen. Doch Gott hat sie und das arme Würmchen, das sie gebar, zu sich geholt. Es war tragisch und ich habe Maud betrauert, mein Herz wurde jedoch nicht gebrochen.«

»Ihr habt Lady Maud nicht geliebt?«

»In meinen Kreisen wird selten aus Liebe geheiratet«, gestand Bailan offen ein. »Romantische Gefühle verfliegen schnell, wenn der Alltag einkehrt. Maud war so gut wie jede andere ihres Standes. Ich habe nie Gefühle für sie gehegt, die über die Zuneigung, die ich für meine Schwester empfinde, hinausgingen. Mauds Geschichte veranlasste mich jedoch dazu, Elizabeth beschützen zu wollen. Ich hielt Alan für leichtfertig und ohne ernste Absichten. Wenn ich mich geirrt habe, dann gestehe ich es ein. Alan ist meiner Schwester ein guter Gemahl. Sie erwarten ihr erstes Kind.«

»Das freut mich sehr für Lady Elizabeth«, murmelte Roisin. »Sie war immer gut zu mir.«

»Deswegen sollten wir sie besuchen«, schlug Bailan vor. »Alans Besitz liegt nicht weit von meinem Haus bei London entfernt. Ich denke, Elizabeth würde sich freuen, dich an ihrer Seite zu haben, wenn das Kind kommt. Und du wirst nicht allein sein, sollte der König doch wieder meine Dienste benötigen.«

»Ich soll mit Euch nach England gehen?« Nun war Roisin nahe dran, zu lachen, so absurd war sein Vorschlag nach alledem, was geschehen war. »Das ist vielleicht freundlich gemeint, Sir Bailan, aber ich werde nicht wieder die Verwaltung Eures Haushaltes übernehmen und mich Gerüchten und Klatsch aussetzen. Es ist angebrachter, wenn ich bei Melyn bleibe.«

»Du willst mich wirklich allein lassen?«, fragte er in einem Tonfall, den Roisin nicht interpretieren konnte. »Was willst du jetzt in Wales machen? Als Steinmetzin zu arbeiten, ist zu gefährlich. Schurken wie Green und Wye gibt es überall.« Roisin war ihm dankbar, dass er nicht auch Edward nannte. »Ich kann nicht immer zur Stelle sein, um die bösen Buben zu vertreiben. Ergo muss ich dich mitnehmen, wohin mich mein Weg auch führen mag. Allerdings wirst du reiten lernen müssen. So wie ich dich kenne, wird das kein Problem sein. Meinst du nicht auch?«

»Bitte, macht Euch nicht lustig über mich.« Roisin wusste, dass ihre Augen die Gefühle, die sie für ihn empfand, offen darlegten. Es war ihr gleichgültig. Wenn er nach England ging, würden sie sich niemals wiedersehen.

»Es liegt mir fern, zu spaßen, im Gegenteil. Meine Güte, Roisin, mach es uns doch nicht so schwer!« Er wirkte nervös und fuhr sich mit einer Hand durch sein dichtes Haar. »Du sollst an meiner Seite bleiben. Fürs ganze Leben, Roisin. Ich will dich heiraten, wenn auch du mich willst.« Roisin konnte ihre Tränen nicht länger zurückhalten. Ihre Schultern zuckten, sie schluchzte haltlos. Er nahm sie in die Arme und zog sie an sich. »Ist mein Antrag so schrecklich, dass du eine kleine Überschwemmung auslösen musst?«

Mit einem heftigen Ruck machte sich Roisin aus seinen

Armen frei. Schnell wich sie zurück. »Warum tut Ihr das, Mylord? Bis an mein Lebensende werde ich Euch für alles, was Ihr für mich und meine Familie getan habt, dankbar sein. Was habe ich jedoch getan, dass Ihr mich derart verspottet?«

»Roisin!« Er kam näher. Abwehrend hob sie die Hände und wich so weit zurück, bis sie wieder die Mauer im Rücken spürte. »Verdammt noch mal!« Es war das erste Mal, dass sie ihn fluchen hörte. »Romantische Worte oder gar Minnegesänge liegen mir nicht. Bis auf Maud, der ich versprochen war, habe ich noch nie eine Frau gebeten, mich zu heiraten, darum weiß ich nicht, wie das richtig geht. Eines weiß ich jedoch mit Bestimmtheit: Ich will dich an meiner Seite haben, Roisin Talwyn. Hier, in London oder am Hof des Königs.«

»Aber warum, Mylord? Wenn es wegen des Klatsches ist …«

»Der Teufel soll den Klatsch holen«, ereiferte er sich. »Ich will, dass du bei mir bleibst. Ich … ich … Also …« Er gab sich einen Ruck. »Ich liebe dich, Roisin Talwyn. Seit unserer ersten Begegnung fand ich dich interessant. So völlig anders als alle Frauen, die mir zuvor begegnet sind. Du bist selbstbewusst, äußerst offen deine Meinung und meisterst alle Widerstände. Und ich habe festgestellt, dass es mit dir nie langweilig wird. Bevor du jetzt daran denkst, dein Bein ins Spiel zu bringen: Es ist mir völlig gleichgültig, dass du hinkst. Ebenfalls egal ist mir deine Abstammung. Ich liebe die Frau, die hier vor mir steht, genau so, wie sie ist.«

In Roisins Kopf wirbelten die Gedanken durcheinander. Ereignete sich dieses unfassbare Wunder wirklich, oder waren seine Worte nur ein schöner Traum? Wunder dieser Art gab es doch gar nicht!

»Ich lasse nur einen Grund gelten«, fuhr er mit einem schelmischen Lächeln fort, »dass du meinen Antrag zurückweist. Wenn du mir sagst, dass du mich nicht liebst und den

Rest deines Lebens nicht an meiner Seite verbringen willst. Dann drehe ich mich um, gehe davon und werde dich niemals wieder belästigen.«

»Ach, Mylord ...«

»Wenn du noch einmal Mylord zu mir sagst, küsse ich dich so lange, bis dir die Luft wegbleibt.«

»Mylord! Mylord! Mylord!«

Zu mehr kam Roisin nicht, denn er machte seine Drohung wahr. Sie lag in seinen Armen und überließ sich seinen Liebkosungen. Sie konnte es noch immer nicht glauben. Im Augenblick war sie nur glücklich. Sie wusste nicht, wie viel Zeit vergangen war, als sich ihre Lippen voneinander lösten. Roisin atmete schneller, auch Bailan hatte etwas von seiner sonstigen Ruhe verloren.

»Lass uns sofort heiraten«, schlug er vor. »Wir gehen gleich zum Priester.«

Roisin sah an sich herunter. »Ähm ... Ich bin nicht eitel, aber ich sollte mich zumindest waschen und ein neues Kleid anziehen. Allerdings sind alle meine Sachen zusammen mit Rhostryfan in Flammen aufgegangen.«

»Das ist meine stets praktisch denkende Roisin.« Lachend nahm er ihre Hand. »Auch ich kann ein Bad gebrauchen. Wir gehen in ein Wirtshaus. Während du badest, besorge ich dir ein Kleid, das einer Königin würdig sein wird.«

»Bloß nicht!«, wehrte Roisin ab. »Ein Kleid, das der künftigen Lady Aldington würdig ist, ist mehr als genug.«

»So soll es geschehen.«

Er ließ ihre Hand los, reichte ihr stattdessen seinen Arm. Vertrauensvoll legte sie ihre Hand auf den weichen Stoff seines Ärmels. Gemeinsam verließen sie den Hof, in dem Roisin gedacht hatte, ihr Leben zu beenden. Sie wusste nicht, was die Zukunft bringen würde. Ob ihre Liebe alle Widerstände, die mit Sicherheit nicht ausbleiben würden, überstehen konnte.

Obwohl Roisins bisheriges Leben von mehr Tiefen als Höhen geprägt gewesen war, war sie voller Optimismus. Sie liebte Bailan aus ganzem Herzen – und er liebte sie.

Was konnte ihnen also geschehen?

Nachwort

Die Steinmetzin ist ein historischer Roman und soll trotz des Bezugs und der Schilderungen realer Ereignisse auch als solcher gelesen werden. Die Geschichte rund um Roisin, ihre Familie, Freunde, Gegner und Bailan entsprang meiner Fantasie.

Historisch fundiert sind die Tatsachen, dass im Jahr 1283 der englische König Edward I. (1239–1307) in zwei Feldzügen Wales einnahm und die bisherigen Fürsten nahezu in der Versenkung verschwanden. Unter Edward wurden befestigte Städte und Trutzburgen gebaut. Neben den Burgen zu Conwy und Caernarvon (bei beiden habe ich mich für die mittelalterliche Schreibweise entschieden) waren es des Weiteren: Builth Castle, Flint Castle, Aberystwyth Castle, Rhuddlan Castle, Harlech Castle und Beaumaris Castle.

Der König demonstrierte damit seine Macht und wollte seine Herrschaft in dem eroberten Land sichern. Für viele Jahre bescherten die Bauarbeiten Tausenden von Menschen ein Auskommen. Gerüchte besagen, dass Menschen aus ganz Wales teilweise mit Waffengewalt an die Küsten getrieben und zur Arbeit gezwungen wurden. Da es diesbezüglich keine absolut gesicherten Beweise gibt, habe ich mich entschieden, dass die Talwyns und alle anderen erwähnten Handwerker freiwillig nach Conwy gekommen sind.

König Edwards einziger Sohn aus seiner ersten Ehe, ebenfalls Edward genannt, wurde 1284 in der Burg zu Caernarvon geboren. Eine weitere Demonstration seiner Macht war, dass Edward I. am 7. Februar 1301 seinen Sohn zum ersten Prince of Wales ernannte und ihn persönlich in Caernarvon krönte. Damit verschaffte er ihm auch ein eigenes Einkommen. Seitdem ist es Tradition, dass immer der jeweilige Thronfolger des englischen Herrschers zum Prince of Wales erhoben wird. Das gilt aber nur für männliche Erben. Folgen Frauen auf den Thron, wie z. B. Queen Elisabeth II., erhalten sie diesen Titel nicht. Der Letzte, der 1969 in einer aufwendigen und prunkvollen Zeremonie in Caernarvon zum Prince of Wales gekrönt wurde, ist der heutige King Charles III. Seit dem Tod seiner Großmutter ist Prince William zwar der Träger des Titels, verzichtet aber auf eine offizielle Krönung in Wales. Er ließ verkünden, dass eine solche Zeremonie nicht mehr zeitgemäß und darüber hinaus viel zu teuer sei. Auch das englische Königshaus ist im 21. Jahrhundert angekommen.

Neben König Edward und seiner zweiten Gemahlin Margarete von Frankreich (um 1282–1318) ist die Figur des Baumeisters James of St. George (um 1230–1309) ebenfalls historisch fundiert. Er stand hoch in der Gunst des Königs und verwaltete und organisierte alle Bauprojekte. Da über mittelalterliche Architekten wenig überliefert ist, der Name James of St. George jedoch wegen seiner bemerkenswerten Arbeit für Edward I. dokumentiert ist, habe ich sein Aussehen und sein Agieren so geschildert, wie ich mir einen damaligen führenden Baumeister vorstelle.

Die Burgen von Conwy und Caernarvon sind heute zwar teilweise Ruinen, bei einer Besichtigung erhält man aber noch einen sehr guten Eindruck, wie imposant sie einst gewesen waren. Wenn Sie bei einem Besuch die kunstvollen Steinmetzarbeiten, die die Zeit überdauert haben, entdecken: Welche davon könnte wohl von den geschickten Händen unserer Roisin angefertigt worden sein?

Die Städte, die um die Burgen herum entstanden, sind ebenfalls sehr sehenswert und vermitteln auch noch heute einen guten Eindruck des Lebens im Spätmittelalter.

An dieser Stelle danke ich Frau Dr. Stefanie Heinen, Lektorin des Lübbe Verlags, ganz herzlich, dass sie mir die Möglichkeit gibt, diese spannende und interessante Geschichte zu veröffentlichen.

Mein weiterer Dank gilt der Lektorin Christa Pohl. Wir arbeiten nun schon achtundzwanzig Jahre sehr produktiv zusammen, und ich kann mich immer auf sie verlassen. Auch diesem Roman gab Frau Pohl den letzten Schliff.

Zu guter Letzt hoffe ich, Ihnen, liebe Leserinnen und Leser, unterhaltsame Lesestunden bereitet zu haben, und möchte nicht versäumen, auch Ihnen herzlich zu danken. Für Ihre Zeit, die Sie damit verbracht haben, Roisin durch eine aufregende Zeit zu begleiten, und für Ihre zahlreichen Zuschriften zu meinen bisherigen Romanen.

Ihre Meinungen sind mir Freude und Motivation, noch viele schöne Geschichten zu Papier zu bringen.

Ihre
Rebecca Michéle

Sie kämpfte für die Rechte der Kinder: Eglantyne Jebb

Birgit Ebbert
EIN GESCHENK
FÜRS LEBEN
Roman über Eglantyne
Jebb, die Mutter der
Kinderrechte

400 Seiten
ISBN 978-3-7577-0104-8

1926. Säuglingsschwester Anni reist aus dem Ruhrgebiet nach Genf, um einer Spenderin den Dank ihres Heims zu übermitteln. Von ihrer Wohltäterin Eglantyne Jebb weiß sie nur, dass ihre Hilfe nach dem Großen Krieg vielen Kindern das Leben rettete. Schnell merkt sie: Die Lebenswelt ihrer Gastgeberin könnte sich von ihrer eigenen nicht mehr unterscheiden. Eglantyne ist Akademikerin, stammt aus einer vermögenden britischen Familie und kämpft seit Jahren für die Rechte der Kinder. Anni selbst ist ein Bergarbeiterkind, für das schon die Ausbildung zur Säuglingsschwester ein Aufstieg ist. Eins aber eint sie: der Wunsch, etwas zu bewegen, damit die Welt ein besserer Ort wird.

Lübbe

Eine junge Diebin, ein sagenumwobener Schatz – und eine gefährliche Mission im Auftrag von Jakob Fugger

Peter Dempf
IM AUFTRAG DER
FUGGER - DER
BURGUNDERSCHATZ
Historischer Roman. Ein
abenteuerlicher Roman
aus dem
spätmittelalterlichen
Augsburg

512 Seiten
ISBN 978-3-404-19396-7

Augsburg 1502. Als sie den Inhalt des Beutels betrachtet, den sie einem Herrn abgeschnitten hat, ist die junge Diebin Afra enttäuscht. Statt Münzen beinhaltet er Zeichnungen von edlem Schmuck. Wenig später findet sie heraus: Die Preziosen gehören zum sagenumwobenen Burgunderschatz, der sich in Bern befinden soll. Geschäftstüchtig, wie sie ist, versucht sie, ihr Wissen an eine der reichen Augsburger Familien zu verkaufen. Erst wird sie abgewiesen, dann aber beauftragt Jakob Fugger sie und einen seiner Boten, den Schmuck zu beschaffen. Afra ahnt nicht, in welche Gefahr sie sich begibt. Denn auch einige finstere Gestalten sind hinter dem Schatz her, und die schrecken vor nichts zurück ...

Lübbe